westermann

Sachsen 12

LINDER
BIOLOGIE

Lehrbuch für die Oberstufe

23., neu bearbeitete Auflage

herausgegeben von Horst Bayrhuber,
Wolfgang Hauber, Ulrich Kull und Antje Starke

LINDER
BIOLOGIE Sachsen 12

Lehrbuch für die Oberstufe
23., neu bearbeitete Auflage
begründet von Professor Dr. Hermann Linder, 1948

herausgegeben von
Prof. Dr. Horst Bayrhuber
Prof. Dr. Wolfgang Hauber
Prof. Dr. Ulrich Kull
Antje Starke

bearbeitet von
Antje Starke, Leipzig

unter Mitarbeit von
Prof. Dr. Horst Bayrhuber, Gettorf
Christian Dietmair, Passau
Dr. Rainer Drös, Mauer
Dieter Feldermann, Münster
Dr. Thomas Hansen, Gettorf
Prof. Dr. Ute Harms, IPN Kiel
Prof. Dr. Wolfgang Hauber, Stuttgart
Dr. Jürgen Heilemann, Paderborn
Dr. Kristin Vorwerck, Elmshorn
Prof. Dr. Ulrich Kull, Stuttgart
Dr. Ole Müller, Frankfurt (Oder)
Dr. Birgit Renke, Wolfsburg

westermann GRUPPE

©2018 Bildungshaus Schulbuchverlage
Westermann Schroedel Diesterweg Schöningh
WinklersyGmbH, Braunschweig
www.westermann.de

Druck A[1]/Jahr 2018
Alle Drucke der Serie B sind im Unterricht parallel verwendbar.

Redaktion Dr. Manuela Röver; Birgit Janisch
Redaktionsassistenz und Satz Tobias Wantzen, Bremen
Illustrationen 2 & 3 d. design. R. Diener, W. Gluszak; Atelier tigercolor Tom Menzel; Grafik-Designer und Illustrator Eike Gall; Grafik Design Helmut Holterman; Heike Keis; Liselotte Lüddecke; Karin Mall; Illustration · Visuelle Didaktik Sonia Schadwinkel; take five - J. Seifried; Werner Wildermuth
Einbandgestaltung Gingco.net
Logo und Typografie Farnschläder & Mahlstedt, Hamburg
Druck und Bindung westermann druck GmbH, Braunschweig

ISBN 978-3-14-150389-0

Inhalt

Aufbau und Besonderheiten des Buches

Einstiegsseiten. Die großen Bildeinstiege machen neugierig und führen anschaulich in vier Themengebiete der Biologie ein. Am Anfang der Kapitel leiten interessante Texte und Abbildungen zu inhaltlichen Fragen über, welche die folgenden Kapitelinhalte vorstrukturieren.

Grundseiten. Das klare, übersichtliche Layout mit Absätzen und Spitzmarken erleichtert die Textarbeit und hilft die Inhalte fachlich zu strukturieren. Wichtige Begriffe sind **fett** gedruckt und werden an dieser Stelle eingeführt. Grün hervorgehobene Abbildungsverweise (Abb. 28.1A) erleichtern das Zusammenführen von Text und Bild. Seitenverweise (S. 27) zeigen inhaltliche Zusammenhänge zwischen verschiedenen Themengebieten auf.

Wie Wissen entsteht. Diese Seiten erklären anschaulich, wie biologische Untersuchungen geplant, durchgeführt und ausgewertet werden. Hier werden auch wichtige biologische Forschungsmethoden beschrieben.

Wie Wissen angewendet wird. Auf diesen Seiten sind moderne Anwendungsbereiche der Biologie dargestellt; dabei werden neueste Forschungsergebnisse berücksichtigt.

Zusammenfassung. Die Zusammenfassung am Ende des Kapitels dient der Wiederholung. Die Erschließungsfelder sind im Text jeweils grün hervorgehoben.

Wahlpflichtseiten. Diese Texte vertiefen verschiedene Themenfelder und stellen auch kapitelübergreifende Zusammenhänge dar.

Aufgaben. Die Aufgaben sind entsprechend den unterschiedlichen Anforderungsbereichen gekennzeichnet.
Bereich I (■): Beschreiben und Anwenden erlernter Arbeitstechniken, Wiederholung des Lernstoffes.
Bereich II (■■): selbstständige Übertragung des Gelernten auf vergleichbare neuartige Fragestellungen.
Bereich III (■■■): planmäßiges, kreatives Bearbeiten vielschichtiger Problemstellungen, selbstständiges Anwenden erlernter Methoden in neuartigen Situationen.

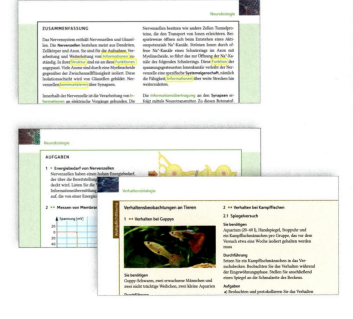

Praktikum. Diese Seiten regen zur Anwendung und Übung biologischer Arbeitstechniken an. Zusätzliche Aufgaben fördern das Verständnis der Methoden.

Genetik

Der Storchschnabel ist eine recht bekannte ausdauernde Pflanze, die 30 bis 70 cm groß wird. Man findet
die heimischen Arten zum Beispiel im Wald oder auf
der Wiese. Die Gattung Storchschnabel oder Geranie
zählt zur Familie der Storchschnabelgewächse und
kommt mit über 400 Arten auf allen Kontinenten vor.
Typisch sind die fünfzähligen Blüten mit ihren violett-
roten Blütenblättern, den zwei Kreisen mit fünf Staub-
blättern und den fünf Fruchtblättern, die zu einem
oberständigen Fruchtknoten verwachsen sind. Der
Waldstorchschnabel *(Geranium sylvatica)* produziert in
den Zellen seiner Blütenblätter einen blauen Farbstoff,
das Delphinidin. Es zählt zur Farbstoffgruppe der An-
thocyane. All diese Merkmale sind genetisch festgelegt.
Der Storchschnabel hat 28 Chromosomen und hier
liegen die entsprechenden Gene. Treten Mutationen
auf, können sie manchmal auch im Phänotyp sichtbar
werden. Gärtner haben zum Beispiel Sorten mit weißen Blüten gezüchtet. Beim Wiesenstorchschnabel gibt
es seit Kurzem eine Gartenform mit gefüllten Blüten.
Andere Sorten zeichnen sich durch große Blüten, dun-
kelviolette Blätter oder sehr guten Wuchs aus. Sie sind
durch Auslesezüchtung entstanden. Der Storchschnabel lässt sich gut vegetativ vermehren. Dazu werden die
Pflanzen von Mai bis August geteilt. Die bewurzelten
Teilstücke von einer Pflanze sind genetisch identisch,
sie sind Klone. Beim Storchschnabel trifft man nicht
nur auf Veränderungen, die durch Mutationen entstanden sind. Man findet beim Waldstorchschnabel zum
Beispiel auch Pflanzen, die sich in ihren Laubblättern
unterscheiden. Pflanzen am Waldrand, die an einem
sonnigen Standort stehen, haben kleinere Blattflächen
und deutlich stärker gelappte Blätter als Exemplare
im Schatten. Hier wird nur eine bestimmte Reaktionsnorm vererbt, die Ausprägung hängt von den Umweltfaktoren ab. Die Blätter des Storchschnabels sind ein
Beispiel für eine fließende Modifikation.

1 Grundlagen der Genetik

»Johanna ist jetzt drei Jahre alt. Den blonden Lockenschopf und die blauen Augen hat sie vom Vater. Die langen Wimpern und die Form der Stirn hat ihr die Mutter vererbt.«

So könnte im Alltag das Aussehen eines kleinen Mädchens beschrieben und mit Bezug auf seine nächsten Verwandten erklärt werden. Dabei erwecken die Formulierungen den Anschein, als ob nicht Gene von Generation zu Generation vererbt werden, sondern körperliche Merkmale. In der Tat entspricht dieser Eindruck der landläufigen, aber falschen Vorstellung, dass bei der Fortpflanzung winzige Teile der verschiedenen Organe der Eltern

an die Nachkommen weitergegeben werden. Bis über die Mitte des 19. Jahrhunderts hinaus waren Züchter und Biologen, darunter auch Charles Darwin, überzeugt, dass derartige Partikel, z. B. Pigmente der Augenfarbe, über den Blutkreislauf in die Geschlechtsorgane gelangen und sich bei der Befruchtung vermischen, wie Farben beim Malen. Demgegenüber konnte Gregor Mendel zeigen, dass nicht Körpermerkmale, sondern Erbfaktoren weitergegeben werden, die die Ausprägung von Merkmalen beeinflussen. Weiterhin entdeckte Mendel, nach welchen Regeln diese Vererbung erfolgt.

Auf der Basis seiner bahnbrechenden Erkenntnisse konnte u. a. die Züchtung von Nutzpflanzen und Haustieren verbessert und die Entstehung von Erbkrankheiten beim Menschen erforscht werden. Im Folgenden werden die wissenschaftlichen Ergebnisse Mendels und anderer Forscher, die auf seinen Leistungen aufbauten, erläutert und angewendet. Zunächst geht es um Aspekte der Fortpflanzung.

Die folgenden Fragen werden behandelt:
- Wie findet geschlechtliche Fortpflanzung statt?
- Wie werden Geschlechtszellen gebildet?
- Welche Bedeutung hat ein Crossover während der Meiose?
- Wie wirkt sich die Umwelt auf die Ausbildung von Merkmalen eines Organismus aus?
- Was versteht man unter kontinuierlicher und diskontinuierlicher Variabilität?
- Wie können sich Gene, Chromosomen und Genome verändern?
- Nach welcher wissenschaftlichen Methode ist Mendel vorgegangen und welche Erkenntnisse hat er gewonnen?
- Warum ist die Taufliege *Drosophila* ein beliebtes Forschungsobjekt der Genetik?
- Was passiert bei den Genommutationen Aneuploidie und Polyploidie?

Abb. 8.1 Nicht Merkmale werden vererbt, sondern Gene

1.1 Geschlechtliche Fortpflanzung

Bei der **geschlechtlichen Fortpflanzung** bzw. Reproduktion vereinigen sich zwei Keimzellen (Gameten) zu einer einzigen Zelle, der **Zygote.** Dieser Vorgang heißt **Befruchtung.** Man unterscheidet verschiedene Formen geschlechtlicher Fortpflanzung. Bei der **Isogamie** verschmelzen gleich große Gameten (Isogameten), die beide beweglich sind. Sind die beweglichen Gameten ungleich groß, liegt **Anisogamie** vor. Bei der **Oogamie** wird ein großer nährstoffreicher und unbeweglicher Gamet, die Eizelle, von einem kleinen beweglichen, der Spermazelle (Spermium), befruchtet. Iso- und Anisogamie gibt es bei vielen Algen und ursprünglichen Pilzen. Oogamie findet man bei höher entwickelten Algen und Landpflanzen und allen mehrzelligen Tieren sowie beim Menschen. Bei diesen entstehen die Eier in den Eierstöcken (Ovarien), den weiblichen Keimdrüsen, die Spermien in den Hoden.

Das Ei des Menschen hat einen Durchmesser von etwa 0,2 mm und ist mit bloßem Auge sichtbar. Sein Volumen ist 1200mal größer als das des Spermiums (Abb. 9.1A). Noch viel größer sind die Eier der Reptilien und Vögel. Deren Entwicklung läuft außerhalb des Körpers ab. Die Eier sind reich an Reservestoffen, dem Dotter. Säugetiere entwickeln sich im Mutterleib. Sie haben dotterarme oder dotterlose Eier. Die Spermien bestehen aus Kopf, Mittelstück und Schwanz und sind etwa 80 µm lang.

Die Befruchtung findet beim Menschen im Eileiter der Frau statt. Die Spermien nehmen Lockstoffe, die das Ei aussendet, mit Rezeptoren wahr, die identisch sind mit denen des Riechepithels. Sie folgen aktiv diesem Duft. Energie dazu erhalten sie von den Mitochondrien aus dem Mittelstück. Hat ein Spermium das Ei erreicht, durchdringt es die Eirinde. Diese wird mithilfe von Enzymen aus der vorderen Kopfspitze perforiert. Durch Umbau der Eirinde wird eine Befruchtung durch mehrere Spermien verhindert (Abb. 9.1B). Nach neuen Erkenntnissen gelangt das ganze Spermium ins Ei. Schwanz und Mittelstück des Spermiums werden mitsamt den Mitochondrien im Ei abgebaut. Die Hüllen beider Zellkerne werden zu Beginn der Zygotenteilung aufgelöst und die Chromosomen von Spermium und Eizelle vom Spindelapparat geordnet. Erst im Zweizellstadium werden die vermischten Chromosomen der Eltern wieder von einer Kernhülle umgeben.

So wie der Mensch sind auch viele Tierarten getrenntgeschlechtlich. Es gibt unter ihnen aber auch **Zwitter** wie die Weinbergschnecke und den Regenwurm. Diese besitzen sowohl Hoden als auch Ovarien. Doch auch bei diesen Arten kommt es zu wechselseitiger Begattung und anschließender Fremdbefruchtung.

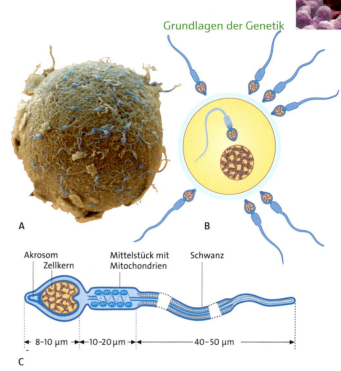

A

B

Akrosom   Mittelstück mit   Schwanz
Zellkern   Mitochondrien

C

|← 8–10 µm →|←10–20 µm→|←   40–50 µm   →|

Abb. 9.1 Befruchtung beim Menschen. **A** Ei des Menschen umgeben von Spermien; **B** Erhärten der Eirinde nach der Befruchtung; **C** Aufbau des Spermiums

Parthenogenese. Bei einigen Arten können sich neue Organismen aus einer Eizelle ohne Verschmelzung mit einem Spermium entwickeln. Dies nennt man Parthenogenese (Jungfernzeugung). Bekannt ist sie vor allem bei Insekten. Bei den Bienen entstehen aus unbefruchteten Eiern die Männchen (Drohnen), aus befruchteten die Arbeiterinnen und die Königinnen. Bei Blattläusen wechseln Parthenogenese und Entwicklung aus befruchteten Eiern ab (Abb. 9.2). Hier ermöglicht die Jungfernzeugung die Produktion zahlloser Nachkommen in der warmen Jahreszeit, befruchtete Eier entstehen meist vor Beginn des Winters (Wintereier). Parthenogenese wurde auch bei Pflanzen und einigen Wirbeltieren nachgewiesen.

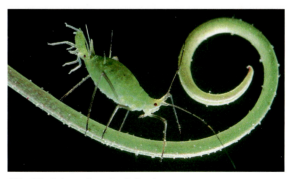

Abb. 9.2 Geburt einer durch Parthenogenese erzeugten Blattlaus

1.2 Meiose

Vor der Meiose besitzt die Zelle einen doppelten Chromosomensatz. Zwei homologe Chromosomen bilden ein **Chromosomenpaar,** von dem das eine Chromosom vom Vater stammt, das andere von der Mutter. Durch Halbierung der Chromosomenzahl von 2n auf n in der Meiose wird verhindert, dass sich die Chromosomensätze von Generation zu Generation verdoppeln.

Die Meiose vollzieht sich in zwei Schritten, den beiden Reifeteilungen (Abb. 11.1). Zu Beginn der **ersten Reifeteilung,** die auch als **Reduktionsteilung** bezeichnet wird, wird das Chromatin schraubig verkürzt. Die homologen Chromosomen lagern sich zusammen, sodass im mikroskopischen Bild Komplexe aus vier **Chromatiden,** so genannte Chromatidentetraden, erscheinen. Die Chromatiden umwinden sich an vielen Stellen. Dabei können Nicht-Schwesterchromatiden an homologen Stellen zerbrechen und wieder über Kreuz verknüpft werden. Diesen Vorgang bezeichnet man als **Crossover** (Abb. 10.1B). Wenn sich die Chromatiden entwinden und immer weiter auseinander rücken, werden als Folgen der Crossover am Ende der Prophase I Überkreuzungsstellen im Lichtmikroskop sichtbar. Diese werden als **Chiasmata** bezeichnet (Abb. 10.1A). Nun schließen sich weitere Phasen

der ersten Reifeteilung an, in der die homologen Chromosomen, die noch aus jeweils zwei Chromatiden bestehen, auf die Tochterzellen verteilt werden (Reduktionsteilung).

In der **zweiten Reifeteilung** werden die Schwesterchromatiden der Chromosomen voneinander getrennt und auf die Tochterzellen verteilt. Dabei bleibt der haploide Chromosomensatz erhalten. Die Meiose führt also zur Bildung von vier haploiden Zellen, deren Chromosomen nur aus einer Chromatide bestehen. Bei der Spermienbildung (Spermatogenese) entstehen vier gleich große haploide Zellen, die zu je einem Spermium heranreifen. Bei der Bildung der Eizellen (Oogenese) hingegen wird das Plasma ungleich geteilt: Die Eizellenmutterzelle (Oocyte) schnürt bei der ersten Reifeteilung eine kleine Zelle ab, die den zweiten haploiden Chromosomensatz enthält und Polkörperchen genannt wird. Die zweite Reifeteilung verläuft wiederum asymmetrisch, sodass ein zweites Polkörperchen entsteht. Die Spermatogenese dauert beim Menschen etwa elf Wochen, die Oogenese bedeutend länger. Sie beginnt bereits im Fetus und wird mit Einsetzen des weiblichen Zyklus in der Pubertät wieder aufgenommen. Sie endet erst nach der Befruchtung mit der Abschnürung des zweiten Polkörperchens, wenn das Spermium in das Ei eingedrungen ist.

Durch die zufällige Verteilung homologer Chromosomen auf die Tochterzellen wird das Erbgut der Eltern neu kombiniert. Wenn sich z.B. zwei homologe Chromosomen nur in einer Erbanlage unterscheiden, können bei nur drei Chromosomenpaaren $2^3 = 8$ verschiedene Keimzellen gebildet werden (Abb. 10.2), bei 23 Chromosomenpaaren wie beim Menschen schon $2^{23} = 8\,388\,608$ unterschiedliche Spermien bzw. Eizellen. Darüber hinaus werden verschiedene Erbanlagen homologer Chromosomenabschnitte durch Crossover rekombiniert.

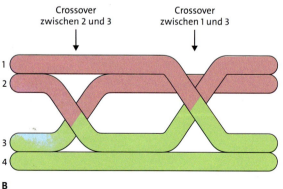

B

Abb. 10.1 Rekombination von Chromosomenabschnitten.
A Chiasmata als lichtmikroskopisch erkennbare Folgen von Crossover; **B** Crossover in der Prophase I (Schema)

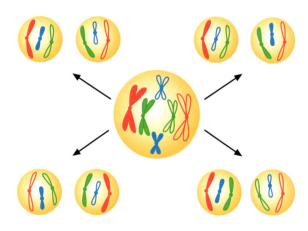

Abb. 10.2 Rekombination mütterlicher und väterlicher Chromosomen in der Meiose

Erste Reifeteilung

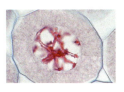

Prophase I Im Zellkern werden die Chromatinfäden schraubig verkürzt und als Chromosomen sichtbar. An vielen Stellen der Chromatiden-tetraden erkennt man Chiasmata. Die Kernhülle löst sich auf.

Metaphase I Die Chromosomen-paare sind in der Äquatorialebene angeordnet.

Anaphase I Die homologen Chromosomen werden von den Spindelfasern jeweils zum ent-gegen gesetzten Pol gezogen und somit getrennt.

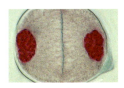

Telophase I An jedem Pol befin-det sich ein haploider Chromo-somensatz und die Zelle teilt sich. Die Chromosomen entschrauben und verlängern sich somit nur unvollständig. Die Kernspindel verschwindet.

Zweite Reifeteilung

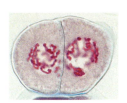

Prophase II Die Chromosomen werden wieder ganz verkürzt. Es bildet sich eine Kernspindel.

Metaphase II Die Chromosomen-paare sind in der Äquatorialebene angeordnet.

Anaphase II Die Schwester-chromatiden der Chromosomen werden getrennt und jeweils zu entgegen gesetzten Polen gezogen.

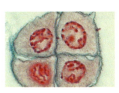

Telophase II Die Chromatiden werden entschraubt und somit verlängert. Es entstehen vier Kerne mit Kernhülle und die Zellen teilen sich.

Bildung der Spermien (Spermatogenese)

Spermienmutterzelle

Bildung der Eizelle (Oogenese)

Eizellenmutterzelle

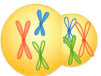

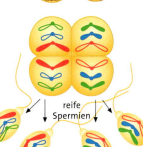

reife Spermien

Eizelle mit Polkörperchen*

* Bei den meisten Säugetieren teilt sich das erste Polkörper-chen nicht mehr.

Abb. 11.1 Meiose.
Links: lichtmikroskopische Aufnahmen der Vorgänge in den Pollenmutterzellen der Königslilie;
rechts: schematische Darstellung der Eizellen- und Spermienbildung

1.3 Variabilität

Teilt man eine junge Löwenzahnpflanze und setzt die eine Hälfte ins Tiefland und die andere ins Gebirge, so entwickeln sich beide deutlich verschieden (Abb. 12.1). Der Löwenzahn im Hochgebirge besitzt im Vergleich zur Tieflandpflanze kleinere Blätter mit stärkerer Behaarung, längere Blütenstiele und eine größere Wurzel. Das Erscheinungsbild eines Lebewesens, sein **Phänotyp,** wird also nicht nur von Genen bestimmt, sondern auch von seiner Umwelt. So können erbgleiche Pflanzen unterschiedliche Phänotypen entwickeln. Die Gesamtheit aller Gene eines Organismus heißt **Genotyp.**

Die Eigenschaft einer Art, unter dem Einfluss der Gene und der Umwelt Phänotypen unterschiedlicher Merkmalsausprägung auszubilden, bezeichnet man als **Variabilität** (Veränderlichkeit). So variieren z. B. die erbgleichen Samen einer Bohnenpflanze in der Masse, weil ihre

Versorgung mit Nährstoffen innerhalb der Bohnenhülse unterschiedlich ist. Stellt man die Anzahl erbgleicher Samen in Abhängigkeit ihrer Masse grafisch dar, so erhält man Variationskurven mit typischer Glockenform (GAUSS'sche Verteilung, Abb. 12.2). Diese Kurven veranschaulichen eine **kontinuierliche Variabilität** des Samengewichts. Sind Boden-, Licht-, Temperaturverhältnisse und auch die Lage innerhalb der Hülse für die Samenentwicklung optimal, werden die Bohnensamen besonders groß ausgebildet. Ausschließlich optimale Wachstumsbedingungen treten allerdings ebenso selten auf wie nur schlechte, am wahrscheinlichsten und damit am häufigsten halten sich positive und negative Umwelteinflüsse die Waage. Daher kommen bei einer Pflanzenart Samen mit einer mittleren Größe am häufigsten vor, ganz gleich, ob die ausgesäten Samen klein oder groß waren. Zieht man genetisch gleiche Individuen einer Sorte der Chinesischen Primel bei einer Temperatur von über 30 °C heran, so blühen sie weiß; hält man sie bei niedrigerer Temperatur, so blühen sie rot. Die Ausbildung der Blütenfarbe ist hier also von der Temperatur abhängig. Es wird demnach nicht das Merkmal »Blütenfarbe« vererbt, sondern die Möglichkeit, einen bestimmten Blütenfarbstoff in Abhängigkeit von der Temperatur zu bilden. Bei der Chinesischen Primel liegen alternative Ausbildungsmöglichkeiten des Merkmals vor, dieses zeigt **diskontinuierliche Variabilität** (Abb. 12.3).

Die Bandbreite der kontinuierlichen Merkmalsausprägung oder der diskontinuierlichen Merkmalsausbildung sind erblich festgelegt. Unter Umwelteinfluss erfolgt die konkrete Ausprägung bzw. Ausbildung. Die durch Gene vorgegebene Bandbreite von Reaktionen auf Umwelteinflüsse heißt **Reaktionsnorm.** Die unterschiedlichen Phänotypen innerhalb einer Population als Folge von Umwelteinflüssen nennt man **Modifikationen.**

Abb. 12.1 Modifikationen des Löwenzahns

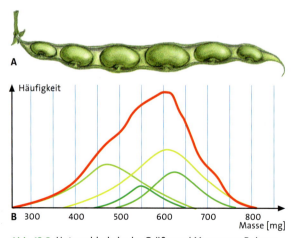

Abb. 12.2 Unterschiede in der Größe und Masse von Bohnensamen. **A** Samen in der Hülse; **B** verschiedene Sorten

Abb. 12.3 Diskontinuierliche Variabilität bei der Chinesischen Primel. **A** Aufzucht bei über 30 °C; **B** bei unter 30 °C

1.4 Mutationen und Mutagene

»Slip on a shirt, slop on sunscreen, slap on a hat« – für australische Jugendliche ist das Anziehen eines T-Shirts, das Eincremen mit Sonnencreme und das Aufsetzen eines Hutes längst Alltag geworden – ebenso wie das Tragen von Badekleidung vom Hals bis zu den Füßen (Abb. 13.1). Beim Aufenthalt in der Sonne wie z. B. beim Sonnenbaden trifft UV-Strahlung auf den Körper. DNA absorbiert diese energiereiche Strahlung und kann dabei geschädigt werden. Die meisten Schäden werden zwar umgehend repariert, einige können jedoch Mutationen durch Veränderung einzelner Nucleotide eines Gens zur Folge haben. Man bezeichnet solche Mutationen als **Genmutationen**. Sind wie beim Sonnenbaden nur Köperzellen betroffen, spricht man von **somatischen Mutationen**. Wie alle Mutationen erfolgen diese zufällig und werden an Tochterzellen weitergegeben. So kann die Sonneneinstrahlung zu Hautkrebs führen (Abb. 13.2 A). Dunklere Hauttypen sind weniger gefährdet, weil das Farbpigment Melanin in der Haut UV-Strahlung absorbiert und in Wärme umwandelt. Je häufiger die Haut ungeschützt intensiver Sonnenstrahlung ausgesetzt wird, desto größer ist die Wahrscheinlichkeit von Genmutationen und damit von Hautkrebs.

Da Ozon ebenfalls UV-Licht absorbiert, hat die Ozonschicht der Stratosphäre eine wichtige Bedeutung für das Leben auf der Erde. Die Verringerung der Ozonschicht bewirkt eine intensivere UV-Strahlung auf der Erdoberfläche und trägt damit zu einer globalen Zunahme der Hautkrebserkrankungen bei. Besonders betroffen sind Australien, Neuseeland und das südliche Südamerika. Schon heute muss sich jeder dritte Australier im Laufe seines Lebens wegen Hautkrebs behandeln lassen. Statt Sonnenbräune ist also zumindest in diesen Ländern Sonnenschutz angesagt. Zudem sollte der Aufenthalt im Freien in der Zeit der intensivsten Sonneneinstrahlung zwischen 11 und 15 Uhr gemieden werden; es gilt die Devise: »between eleven and three stay under a tree«. Auch in Deutschland gehören Untersuchungen auf Hautkrebs inzwischen zu den gängigen Vorsorgeuntersuchungen (Abb. 13.2 B).

Zigarettenrauch hat verschiedene Auswirkungen auf den Körper. Durch Rauchen kommt es insbesondere im Lungengewebe zu Mutationen. Es können aber auch alle anderen Zellen und die Keimzellen geschädigt werden. Sofern die Keimzellen betroffen sind, spricht man von **Keimbahnmutationen**. Raucher und Passivraucher haben somit nicht nur ein erhöhtes Krebsrisiko, sondern können mögliche Keimbahnmutationen auch an ihre nachfolgenden Generationen weitergeben.

Neben der UV-Strahlung können auch andere energiereiche Strahlen wie Röntgen- oder radioaktive Strahlung sowie eine Reihe von Chemikalien zu Mutationen führen. Faktoren, die die Häufigkeit von Mutationen steigern, bezeichnet man als **Mutagene**. So sind neben den Teerstoffen eine Reihe weiterer Mutagene im Zigarettenrauch enthalten. Auch ohne die Einwirkung von Mutagenen kommt es zu Mutationen.

Nicht jede Schädigung der DNA führt zwangsläufig zu einer bleibenden Genmutation. Die meisten DNA-Schäden werden durch **Reparaturenzyme** behoben. Diese Enzyme schneiden das beschädigte Strangstück heraus und bauen es ab. Das fehlende Stück wird neu gebildet, wobei der komplementäre, unbeschädigte Strang als Vorlage dient. Der eingeatmete Rauch einer einzigen Zigarette erfordert mehrere tausend Reparaturvorgänge allein im Lungengewebe.

Abb. 13.1 Umfangreicher Sonnenschutz beim Baden

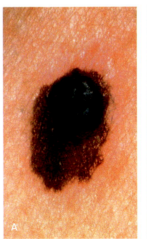
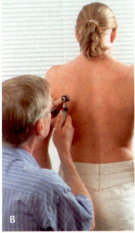

Abb. 13.2 **A** Schwarzer Hautkrebs; **B** Vorsorgeuntersuchung

1.5 Genmutationen

Beim Menschen und bei Tieren kommt eine angeborene Störung des Pigmentstoffwechsels in der Haut vor, der **Albinismus.** Die Haut ist blass, die Haare sind weißlich und die Augen haben wegen des durchscheinenden Blutes eine rote Farbe. Beim Albinismus wird der braune Farbstoff Melanin nicht aufgebaut. Diese Krankheit trifft Albinos in den tropischen afrikanischen Ländern besonders hart. Rund ein Sechstel von ihnen hat Hautkrebs, denn Sonnencremes sind für viele teure Luxusartikel. In manchen Regionen werden sie überhaupt nicht angeboten (Abb. 14.1).

Zur Melaninproduktion sind mehrere Enzyme erforderlich. Die Genwirkkette katalysiert die Bildung des Farbstoffes Melanin aus der Aminosäure Tyrosin über mehrere Zwischenstufen. Ein erstes Zwischenprodukt ist z. B. Dopa. Fällt ein Enzym aus, wird kein Melanin gebildet.

$$\text{Tyrosin} \xrightarrow{\text{Tyrosinase}} \text{Dopa} \rightarrow \bullet \rightarrow \bullet \rightarrow \bullet \rightarrow \text{Melanin}$$

Die Mutation des Tyrosinase-Gens bewirkt z. B. vollständigen Albinismus. Diese Krankheit wird rezessiv vererbt. Beim Albinismus ist normalerweise nur ein einziges Gen betroffen, es liegt eine **Genmutation** vor.

Durch Genmutationen entstehen neue Allele. Die meisten sind rezessiv und damit in vielen Fällen ohne nennenswerte Auswirkung auf die Lebensfähigkeit. Das gilt z. B. für die Allele, die Schlitzblättrigkeit oder Hänge-

formen bei Laubbäumen hervorrufen. In vielen Fällen sind Genmutationen im Phänotyp nur schwer oder gar nicht zu erkennen. Manchmal sind neue Allele nachteilig, z. B. ein Allel für funktionslose Flügel *(Curly)* bei *Drosophila.* Bei Reinerbigkeit können sie tödlich sein. In diesen Fällen bezeichnet man das Allel als **Letalfaktor** (lat. *letalis* tödlich). Ein Beispiel dafür ist das Allel *(D)* für Kurzbeinigkeit bei irischen Dexter-Rindern (Abb. 14.2). Tritt es homozygot auf *(DD),* so stirbt das Tier schon als Fetus. Die kurzbeinigen Dexter-Rinder sind daher alle heterozygot *(Dd).* Bei Kreuzungen heterozygoter kurzbeiniger Rinder kommt es gemäß der zweiten MENDEL'schen Regel zu 25 % Totgeburten.

Multiple Allelie. Mutiert ein Gen im Laufe der Generationen mehrfach, so entstehen unterschiedliche Allele dieses Gens, es liegt multiple Allelie vor. Bei *Drosophila* entstand durch wiederholte Mutation desselben Gens im Laufe von Generationen eine zunehmende Flügelverkümmerung, die letztlich zu einem gänzlichen Flügelverlust führte. Auch zahlreiche Allele für Augenfärbung sind bei *Drosophila* bekannt.

Beim Löwenmäulchen kennt man mehr als zehn Allele eines Gens für die Blütenfarbe. Diese verursachen Abstufungen von Rot über viele Zwischenstufen bis Weiß. Ein diploider Kern kann allerdings immer nur zwei Allele eines Gens enthalten. In einer Population liegt bei vielen Genen multiple Allelie vor.

Abb. 14.1 Schüler mit Albinismus in in Johannesburg

Abb. 14.2 Dexter-Rinder

1.6 Chromosomenmutationen

Blässe und Blutungsneigung sind Symptome von Leukämie. Dabei bewirkt eine vermehrte Bildung von Weißen Blutzellen (Leukocyten) einen Mangel an Roten Blutzellen. Leukämie kann verschiedene Ursachen haben. Eine erbliche Form ist auf eine **Chromosomenmutation** zurückzuführen. Darunter versteht man eine Änderung in der Struktur einzelner Chromosomen (Abb. 15.1).

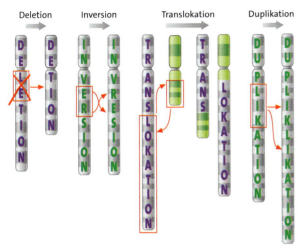

Abb. 15.1 Entstehung von Chromosomenmutationen (Schema)

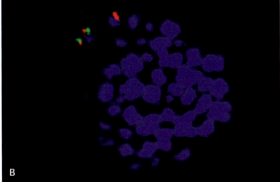

Chromosomen können auseinanderbrechen und dabei Stücke verlieren, die anschließend abgebaut werden. Dies bezeichnet man als **Deletion**. Bei einer **Inversion** wird ein solches Chromosomenstück nicht abgebaut, sondern innerhalb eines Chromosoms umgekehrt eingefügt. Wird es in die Schwesterchromatide eingegliedert, so entsteht in dieser eine **Duplikation**. Wenn es an eine Chromatide eines nicht homologen Chromosoms angeheftet wird, nennt man dies **Translokation**. Im erwähnten Falle der Leukämie z. B. ist ein Stück des Chromosoms 22 am Chromosom 9 angeheftet. Das verkürzte 22. Chromosom wird, weil es in Philadelphia zuerst nachgewiesen wurde, Philadelphia-Chromosom genannt (Abb. 15.2).

Das Katzenschrei-Syndrom beim Menschen beruht auf einer Deletion. Kennzeichen sind helles, katzenartiges Schreien des Säuglings und weit auseinander stehende Augen sowie geistige Behinderungen. Diese Erbkrankheit beruht auf dem Verlust eines kleinen Stücks des 5. Chromosoms (Abb. 15.3).

Obwohl Chromosomenmutationen zu Veränderungen im Aufbau der DNA führen, bleibt das meist ohne nennenswerte Auswirkungen auf den Phänotyp. So sind homologe Chromosomen im mikroskopischen Bild zwar gleich gestaltet, bei molekularer Betrachtung fällt aber auf, dass Mini-Deletionen, Inversionen und Duplikationen sehr häufig sind. Allerdings können Duplikationen dann zu besonderen Krankheitsbildern führen, wenn die Wiederholungseinheiten stark zunehmen. Das ist z. B. vom Fragilen-X-Syndrom bekannt. Es ist die häufigste Ursache einer geistigen Behinderung, die sich in Sprach- und Aufmerksamkeitsstörungen äußert. In einem bestimmten Gen auf dem X-Chromosom liegen normalerweise etwa 40 Basentripletts CGG nebeneinander. Wenn aufgrund einer Expansionsmutation davon mehr als 230 Kopien gebildet werden, tritt die Krankheit auf.

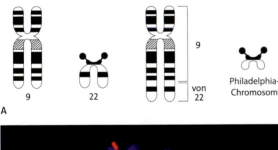

Abb. 15.2 Leukämie. **A** Translokation zwischen Chromosom 9 und 22; **B** Nachweis des verlängerten Chromosoms 9 durch die nebeneinander liegenden roten und grünen Signale

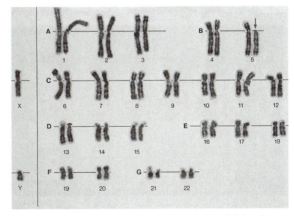

Abb. 15.3 Katzenschrei-Syndrom aufgrund eines Stückverlustes des 5. Chromosoms

1.7 Genommutationen

Manchmal begegnen uns Menschen mit einem flachen Gesicht, schrägen Lidachsen, sichelförmigen Hautfalten an den inneren Augenwinkeln und tief sitzenden Ohren (**Abb. 16.1 A**). Zumeist sind diese Menschen auch geistig behindert. Auf 600 Geburten kommt ein Kind mit diesen Merkmalen, dem **DOWN-Syndrom**. Diese Erbkrankheit wird auch **Trisomie 21** genannt, weil man im Karyogramm dreimal das Chromosom 21 findet (**Abb. 16.1 B**). Sie wird dadurch verursacht, dass in einer der beiden Keimzellen von Mutter oder Vater das 21. Chromosom doppelt enthalten ist.

Dieses Chromosomenpaar wurde in der Meiose nicht getrennt. Bei Müttern unter 30 Jahren liegt die Wahrscheinlichkeit der Geburt eines davon betroffenen Kindes bei 0,04 %. Sie steigt mit zunehmendem Alter an und beträgt bei Müttern über 45 Jahren 6 %. Allerdings stammt in einem Viertel bis Drittel aller Fälle das überzählige Chromosom vom Vater.

Trisomie 21 gehört zu den **Genommutationen**. Bei derartigen Mutationen können im diploiden Satz auch einzelne Chromosomen fehlen. Liegen zu viele oder zu wenige Chromosomen vor, so handelt es sich um **Aneuploidie**. Sie ist bei Zierpflanzen häufig, tritt aber auch beim Menschen z. B. beim TURNER-Syndrom auf (S. 32). Wird der ganze Chromosomensatz vervielfacht, spricht man von **Polyploidie**. Diese kann dadurch zustande kommen, dass bei der Meiose die Chromatidenpaare nicht getrennt werden. Dann entstehen z. B. statt haploider Keimzellen (1 n) diploide (2 n). Diese ergeben bei der Befruchtung mit einer haploiden Keimzelle einen dreifachen Chromosomensatz (triploid, 3 n). Beim Zusammentreten zweier diploider Keimzellen entsteht ein vierfacher Chromosomensatz (tetraploid, 4 n). Fortpflanzungsfähig sind nur geradzahlige Polyploide, bei ungeradzahligen treten in der Meiose Störungen bei der Reduktionsteilung auf.

Polyploide Tiere sind selten. Einen tetraploiden Chromosomensatz hat man beim Grauen Laubfrosch nachgewiesen, der im Westen der USA lebt und nur unwesentlich größer als seine diploiden Verwandten ist. Polyploide Pflanzen sind dagegen relativ häufig, besonders unter Kulturpflanzen. Sie haben im Vergleich zu diploiden zumeist größere Zellen und einen üppigeren Wuchs. Vielfach wirkt sich Polyploidie auch auf die Fruchtgröße aus, z. B. bei vielen Obstsorten. Pflanzenzüchter erzeugen polyploide Formen, indem sie Keimlinge mit Colchicin, dem Gift der Herbstzeitlose, behandeln (**Abb. 16.2**). Es hemmt die Ausbildung der Kernspindel, sodass die Mitose ausbleibt. Daher werden die Chromatiden – und damit das ganze Genom – in der nachfolgenden Synthesephase verdoppelt.

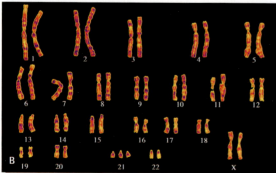

Abb. 16.1 A Kind mit DOWN-Syndrom; **B** Karyogramm mit dreifach vorhandenem Chromosom 21. Die Chromosomen sind mit Fluoreszenzfarbstoffen markiert.

Abb. 16.2 Herbstzeitlose

Entstehung von Kulturpflanzen durch Polyploidisierung. Der Kulturweizen ist im Wesentlichen durch natürliche Polyploidisierung entstanden. Er stammt von drei Wildgrasarten ab, die miteinander Hybride gebildet haben (Abb. 17.1). Eine Ausgangsform ist das Wildeinkorn mit 14 Chromosomen (n = 7). Früheste Funde des Kultureinkorns stammen aus Vorderasien (um 7500 v. Chr.). Wildeinkorn kreuzte sich mit dem Wildgras *Aegilops,* das ebenfalls 14 Chromosomen besitzt, zum tetraploiden Emmer mit 28 Chromosomen (n = 14). Emmer wurde schon 7500 v. Chr. in Vorderasien angebaut. Aus ihm ist der heutige Hartweizen hervorgegangen, dessen Mehl z. B. zur Nudelherstellung geeignet ist. Wildemmer (n = 14) kreuzte sich mit einer weiteren *Aegilops*-Art (n = 7). Daraus entstand der hexaploide Dinkel mit 42 Chromosomen (n = 21). Aus Dinkel züchtete man die heutigen spelzenlosen Weizensorten. Weizenähren enthalten 60 bis 70 Körner, jedes mit der 2- bis 3-fachen Masse des Korns von Wildeinkorn, dessen Ähren jeweils nur etwa 20 Körner besaßen. Das Wildeinkorn hat brüchige Ähren, der heutige Weizen hat feste, die bei der Ernte nicht zerbrechen. Wird wie bei der Polyploidisierung ein ganzer Chromosomensatz verändert, liegt **Euploidie** vor.

Die Pflaume ist vermutlich aus einer Kreuzung von Schlehe und der zur selben Gattung gehörenden Kirschpflaume hervorgegangen (Abb. 17.2). Ihre Ursprünge hat sie in Vorderasien. Von dort wurde sie nach Griechenland und später durch die Römer bis nach Mitteleuropa verbreitet. Im Karyogramm der Pflaume findet man 48 Chromosomen, davon sind 32 identisch mit dem tetraploiden Chromosomensatz (AAA'A') der Schlehe, die übrigen 16 Chromosomen entsprechen dem diploiden Chromosomensatz (BB) der Kirschpflaume. Die Kreuzung von Schlehe und Kirschpflaume führte zu einem sterilen Artbastard (AA'B) mit 24 Chromosomen. Durch Polyploidisierung entstand dann die fertile Pflaume (AAA'A'BB).

Abb. 17.2 Entstehung der Pflaume als Kulturpflanze

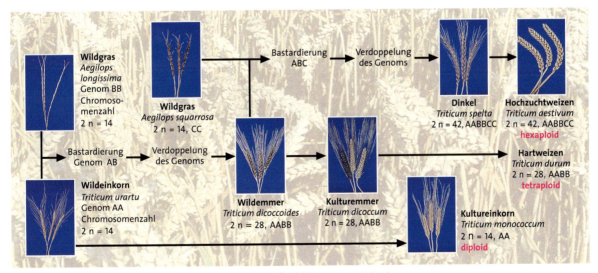

Abb. 17.1 Entstehung des Kulturweizens durch Kreuzung, Polyploidisierung und Auslese

1.8 Die MENDEL'schen Regeln

Kreuzt man gelbe und blaue Wellensittiche miteinander, so haben alle Nachkommen ein grünes Gefieder. Das Ergebnis führt zu der falschen Vorstellung, dass Merkmale, also Eigenschaften des Phänotyps, von den Eltern auf die Kinder vererbt werden. Diese im 19. Jahrhunderts viel diskutierte Vermischungshypothese wurde von GREGOR MENDEL überprüft (Abb. 18.1).

Für seine Untersuchungen verwendete er Erbsenpflanzen. Diese lassen sich in großen Mengen züchten, haben eine große Nachkommenzahl und eine kurze Vegetationszeit. Die Gartenerbse wählte er deshalb, weil sie sich selbst befruchtet. Selbstbefruchter bilden reine **Sorten,** d. h. sie sind **reinerbig** hinsichtlich bestimmter Merkmale; blühen reinerbige Erbsen rot, so haben alle Nachkommen rote Blüten. Entsprechendes gilt für alle weiteren Merkmale, für

Abb. 18.1
GREGOR MENDEL
(1822–1884)

die Selbstbefruchter reinerbig sind, z. B. für die Farbe oder Form ihrer Samen. Welche Eigenschaften zeigen aber die Nachkommen, wenn die Selbstbestäubung verhindert und die reinen Sorten künstlich bestäubt werden? Dieser Frage ging MENDEL nach. Dazu kreuzte er zwei reinerbige Sorten, die sich jeweils nur in einem Merkmal unterschieden (Künstliche Bestäubung, S. 20).

Beispielsweise kreuzte er eine rot blühende Sorte der Gartenerbse mit einer weiß blühenden und säte die entstehenden Samen aus. Die Ausgangsformen der zur Kreuzung verwendeten Pflanzen nannte er Elterngeneration (Parentalgeneration, abgekürzt P). Er erhielt in der ersten Tochtergeneration (Filialgeneration F_1) nur rot blühende Pflanzen. Um auszuschließen, dass das Geschlecht der Eltern das Kreuzungsergebnis beeinflussen könnte, übertrug er sowohl den Pollen der rot blühenden Pflanze auf die Narbe der weiß blühenden als auch den Pollen der weiß blühenden auf die Narbe der rot blühenden. Diese **reziproken Kreuzungen** führten immer zu rot blühenden Nachkommen. Bei der Kreuzung der rot blühenden Pflanzen der F_1-Generation untereinander traten jedoch wieder beide Blütenfarben der Eltern auf. Es entstanden in der zweiten Filialgeneration (F_2) ¾ rot blühende und ¼ weiß blühende Pflanzen (Abb. 18.2). Das Zahlenverhältnis von 3 : 1 stellte sich erst bei der Auszählung einer großen Zahl von Nachkommen heraus. Diese Kreuzungsergebnisse in der F_1- und der F_2-Generation standen nicht im Einklang mit der Vermischungshypothese.

MENDEL schloss aus seinen Versuchen, dass es für die Weitergabe bestimmter Merkmale Vererbungseinheiten geben müsse, die **Erbanlagen** (»Faktoren«). Darüber hinaus postulierte er, dass diese Anlagen in den Lebewesen paarweise vorliegen, sich bei der Bildung der Geschlechtszellen trennen und bei der Befruchtung wieder vereinen. Reinerbige Pflanzen sollten daher zwei gleichartige Erbanlagen besitzen. Da im genannten Beispiel die Erbsen der F_1 nie weiß blühten, weiße Blüten allerdings in der F_2 wieder auftraten, müsse es in der F_1-Generation neben der Anlage für Rot auch eine für Weiß geben, die in der F_1 aber unterdrückt werde. Er nannte die Anlage für Weiß **rezessiv** (zurücktretend), die für Rot **dominant** (beherrschend). Im Kreuzungsschema kennzeichnete er dominante Anlagen mit großen Buchstaben, rezessive mit kleinen.

Neu war an seinem Ansatz nicht die Technik der künstlichen Bestäubung, sondern die Idee, die Ergebnisse quantitativ auszuwerten. Deshalb setzte er eine sehr große Anzahl von Versuchspflanzen ein: Aus 355 künstlich bestäubten Blüten zog er 12 980 **Hybride** (Mischlingspflanzen). Darüber hinaus verfolgte MENDEL die Verteilung der Merkmale auf die Nachkommen der Hybride über mehrere Generationen hinweg.

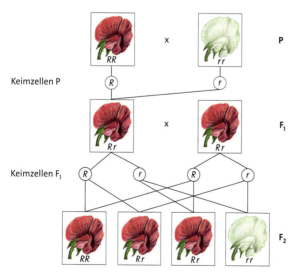

Keimzellen P

Keimzellen F_1

Abb. 18.2 Kreuzung von Erbsen, die sich nur in der Farbe der Blüten unterscheiden (*R* Anlage für rot, *r* für weiß)

Erbgang mit einem Merkmal. MENDEL fasste die Versuchsergebnisse seiner Beobachtungen in Vererbungsregeln zusammen:

1. Kreuzt man zwei Individuen einer Art, die sich in einem Merkmal unterscheiden, das beide Individuen reinerbig aufweisen, so sind die Individuen der F_1-Generation im betrachteten Merkmal gleich. Uniformität der F_1-Individuen tritt auch bei der reziproken Kreuzung auf (erste MENDEL'sche Regel, **Uniformitätsregel**).

2. Kreuzt man die Mischlinge der F_1 unter sich, so spalten in der Enkelgeneration F_2 die Merkmale im durchschnittlichen Zahlenverhältnis 3 : 1 auf. Dieses Zahlenverhältnis gilt für einen dominant-rezessiven Erbgang (zweite MENDEL'sche Regel, **Spaltungsregel**).

Um seine Hypothese zu prüfen, dass die Anlage für die weiße Blütenfarbe auch in der rot blühenden F_1-Generation vorliegt, kreuzte MENDEL solche Pflanzen (F_1-Hybride) mit weiß blühenden Pflanzen einer reinerbigen Erbsensorte (P). Gemäß der Hypothese besaßen die weiß blühenden Pflanzen also zwei gleiche Erbanlagen für die Blütenfarbe, die rot blühenden dagegen zwei unterschiedliche Erbanlagen. Es entstanden rot und weiß blühende Pflanzen im Verhältnis 1 : 1 (Abb. 19.1 A). Dieses Ergebnis stützte MENDELS Hypothese: Die F_1-Hybriden mussten je zur Hälfte Gameten mit den Erbanlagen R und r gebildet haben. Durch Rückkreuzung mit reinerbigen rezessiven Pflanzen lässt sich auch Reinerbigkeit nachweisen (Testkreuzung, Abb. 19.1 B). Haben alle Nachkommen die Eigenschaft des zu testenden Organismus, ist dieser reinerbig.

Statt der Bezeichnung Erbanlage verwendet man heute den Begriff **Allel** und versteht darunter die Ausbildungsform eines Gens. Die Paare von Erbanlagen ein einem Organismus sind Allelpaare. Alle Allelpaare, die MENDEL bei der Erbse untersuchte, zeigten einen dominant-rezessiven Erbgang. So dominiert z. B. das Allel für gelbe Farbe der Samen über das für grüne, das für runde Oberfläche über das für kantige. Diese eindeutige Dominanz eines Allels über das andere ist in der Natur nicht häufig festzustellen.

Dies gilt z. B. für die heterozygoten Träger des Allels für Sichelzellenanämie. Diese Erbkrankheit verläuft bei Homozygoten tödlich. Heterozygote sind zwar gesund, zeigen aber bei körperlicher Anstrengung geringe Symptome der Krankheit. Dann nehmen einige der Roten Blutzellen eine Sichelform an. Das Allel für die normale Ausprägung der Roten Blutzellen dominiert also nicht vollständig über das Sichelzellenallel. Man spricht von **unvollständiger Dominanz.** Dabei bewirken zwei verschiedene Allele eines Allelpaares bei den Heterozygoten ein mittleres (intermediäres) Erscheinungsbild im Vergleich mit den homozygoten Eltern. In der F_2-Generation spalten dann die Merkmale im Verhältnis 1 : 2 : 1 auf (Abb. 19.2).

MENDELS Untersuchungen widerlegten die Vermischungshypothese. Im Jahre 1900 entdeckten drei Botaniker unabhängig voneinander die Vererbungsgesetze neu: HUGO DE VRIES (1848–1935), CARL CORRENS (1864–1933) und ERICH TSCHERMAK (1871–1962). Sie führten ebenfalls Kreuzungsversuche mit Sorten verschiedener

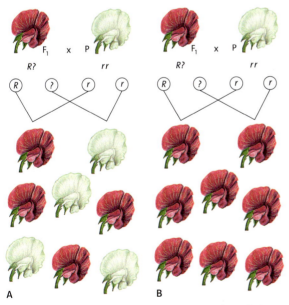

Abb. 19.1 Rückkreuzung von Erbsensorten. **A** Erbse mischerbig; **B** Erbse hinsichtlich der Blütenfarbe reinerbig

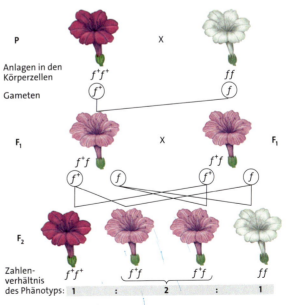

Abb. 19.2 Unvollständige Dominanz der Erbanlagen bei der Wunderblume (f^+ Anlage für rote Blüten, f für weiße)

Pflanzenarten durch. Der Begriff **Gen** wurde 1909 von Wilhelm L. Johannsen eingeführt. Er fasste die Allelpaare unter der Bezeichnung Gen zusammen. Der Begriff Gen gibt somit einen Teil des Genoms an, der zur Ausbildung eines bestimmten Merkmals beiträgt.

Erbgang mit zwei Merkmalen. Was geschieht, wenn man Erbsenpflanzen kreuzt, die sich in zwei Merkmalen unterscheiden, für die sie jeweils reinerbig sind? Mendel ging dieser Frage nach, indem er eine Erbsensorte mit gelben runden und eine mit grünen kantigen Samen kreuzte (Abb. 20.1). Aufgrund der ersten Kreuzungen wusste er, dass die Samenfarbe Gelb über Grün und die Samenform Rund über Kantig dominierte. Gemäß der Uniformitätsregel erhielt er in der F₁-Generation nur runde gelbe Erbsen.

In der F₂-Generation erhielt Mendel überraschenderweise vier Phänotypen, darunter zwei ganz neue Sorten: Erbsenpflanzen mit gelben runden und andere mit grünen kantigen Samen, aber auch Erbsenpflanzen mit gelben kantigen und weitere mit grünen runden Samen. Mendel interpretierte diese Ergebnisse folgendermaßen: Für die Gametenbildung der F₁-Hybriden sah er zwei Möglichkeiten. Entweder die Anlagen bleiben in den Gameten zusammen und werden gekoppelt vererbt. Dann können nur zwei Gametensorten entstehen. Oder die Anlagen der Eltern werden unabhängig voneinander weitergegeben, und es werden jeweils vier Gametensorten gebildet.

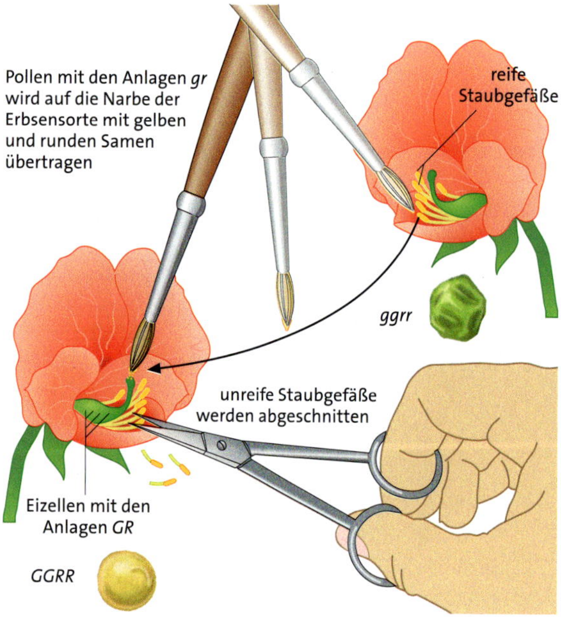

Die Samenmerkmale gelb rund, gelb kantig, grün rund sowie grün kantig traten im Zahlenverhältnis 9:3:3:1 auf (Abb. 20.2). Dabei prägten sich dominante und rezessive Merkmale im Verhältnis 3:1 aus. In diesem Verhältnis treten also gelbe und grüne und runde und kantige Samen auf.

Daraus folgt, dass die einzelnen Gene frei kombinierbar sind. Sie werden also unabhängig voneinander vererbt und bei der Keimzellenbildung neu kombiniert (dritte Mendel'sche Regel, **Unabhängigkeitsregel**). Den Vorgang, bei dem neue Allelkombinationen entstehen, nennt man **Rekombination** und die betreffenden Nachkommen Rekombinanten. Die Unabhängigkeitsregel gilt nur für Gene, die auf unterschiedlichen Chromosomen liegen.

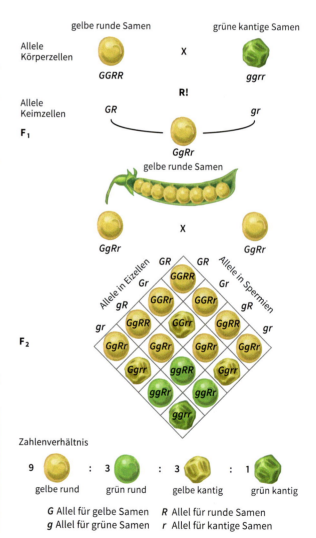

Abb. 20.2 Kreuzung zweier Erbsensorten, die sich in zwei Merkmalen voneinander unterscheiden

Abb. 20.1 Künstliche Bestäubung bei der Kreuzung zweier Erbsensorten

1.9 Chromosomentheorie

Bei mikroskopischen Untersuchungen wurden in den Kernen sich teilender Zellen schon Ende des 19. Jahrhunderts fädige Strukturen entdeckt. Aufgrund ihrer Färbbarkeit, z. B. mit Karminessigsäure, wurden sie als Chromosomen (gr. *chroma* Farbe) bezeichnet. Diese werden geordnet an die Tochterzellen weitergegeben.

Als dann 1900 die Vererbungsgesetze MENDELS wiederentdeckt worden waren, stellten Zellforscher verblüffende Gemeinsamkeiten zwischen den von MENDEL postulierten Erbanlagen und den Chromosomen fest (Tab. 21.1). So gibt es von jeder Erbanlage zwei Allele, von den Chromosomen je zwei homologe. Wie die Allelpaare trennen sich während der Gametenbildung auch die homologen Chromosomen. Folglich ist die Zahl der Chromosomen in den Körperzellen aller mehrzelligen Tiere gerade (Tab. 21.2).

THEODOR BOVERI und WALTER SUTTON stellten aufgrund dieser Gemeinsamkeiten 1903 die **Chromosomentheorie der Vererbung** auf. Sie zeigt, dass Teile der Chromosomen den von MENDEL postulierten Erbanlagen entsprechen. Rund zehn Jahre später wurde die Chromosomentheorie durch die Arbeiten von THOMAS H. MORGAN erweitert. Er wies nach, dass auf einem Chromosom viele Anlagen gekoppelt vererbt werden. Heute kann man z. B. mithilfe von Marker-DNA homologe Chromosomen sichtbar machen (Abb. 21.1). Jedes Chromosom hat eine spezifische Nucleotidsequenz und kann spezifisch gefärbt werden. So erhält jedes homologe Chromosomenpaar eine bestimmte Farbe.

Art und Chromosomenzahl		Art und Chromosomenzahl	
Pferdespulwurm	2	Champignon	8
Drosophila (Taufliege)	8	*Arabidopsis* (Acker-Schmalwand)	10
Honigbiene	32	Erbse	14
Mensch	46	Gartenbohne	22
Schimpanse	48	Storchschnabel	28
Hund	78	Kartoffel	48
Graugans	80	Natternzunge (Farn)	480

Tab. 21.2 Chromosomenzahlen in den Körperzellen einiger Tier-, Pflanzen- und Pilzarten

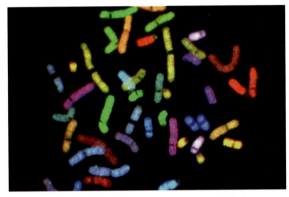

Abb. 21.1 Homologe Chromosomen sind gleich gefärbt (LM-Aufnahme während der Metaphase der Kernteilung).

Annahmen der Vererbungstheorie		Beobachtungen der Zellforschung	
Erbanlagen sind Erbeinheiten, die von Generation zu Generation weitergegeben werden.	*A*		Chromosomen sind Erbeinheiten, die von Generation zu Generation weitergegeben werden.
Erbanlagen treten in Körperzellen paarweise auf, z. B. *AA*, *Aa*, *aa*.	*Aa Bb*		Chromosomen treten in den Körperzellen als homologe Paare auf und bilden einen doppelten Satz.
Allele verschiedener Erbanlagen werden bei der Keimzellenbildung neu kombiniert.	*AB* *Ab* *aB* *ab*		Die Chromosomen von Mutter und Vater werden bei der Keimzellenbildung neu kombiniert
Pro Erbanlage ist nur ein Allel in einer Keimzelle enthalten.	*AB*		Chromosomen treten in den Keimzellen nur im einfachen Satz auf.

Tab. 21.1 Gegenüberstellung der Vererbungstheorie MENDELS und der Beobachtungen aus der Zellforschung

1.10 Genkopplung und Austausch von Genen

Die Taufliege *Drosophila melanogaster* ist in der Wohnung häufig an reifen Früchten zu finden (Abb. 22.3). Sie ist das ganze Jahr über fruchtbar und produziert bei ausreichender Versorgung und Temperatur alle 12 Tage eine neue Generation, das sind 30 Generationen pro Jahr. Aus diesem Grund ist sie für Vererbungsversuche besonders geeignet. Auch kann sie leicht im Labor gehalten und gezüchtet werden. Ein Marmeladenglas reicht z. B. für die Haltung von tausend Fliegen. Darüber hinaus sind Geschlecht und Merkmalsunterschiede mikroskopisch gut zu erkennen. Ferner besitzt sie lediglich vier Chromosomenpaare. THOMAS H. MORGAN nutzte sie Anfang des 20. Jahrhunderts für seine genetischen Forschungsarbeiten (Abb. 22.1). Zusammen mit seinen Mitarbeitern untersuchte er die Vererbung von Merkmalen, die von denen des Wildtyps abwichen. **Wildtyp** heißt der Phänotyp, der in der natürlichen Population am häufigsten ist. Die Forscher ließen nur Fliegen mit gleichen Merkmalen zur Paarung zu. So erhielten sie reinerbige Stämme (Abb. 22.2).

Für einen Kreuzungsversuch wählte MORGAN Weibchen eines Laborstammes mit schwarzem Körper (*black,* Allel *b*) und verkümmerten Flügeln (*vestigial wings,* Allel *vg*) und Wildtypmännchen mit grauem Körper und normal ausgebildeten Flügeln. Die *Drosophila* Weibchen

Abb. 22.3 *Drosophila melanogaster* an einer reifen Zitrone

waren bezüglich der beiden Merkmale reinerbig (*b/b* und *vg/vg*), die Männchen mischerbig (*b⁺/b* und *vg⁺/vg*). Die hochgestellten Pluszeichen kennzeichnen Wildtypallele. Als Nachkommen erhielt MORGAN die Phänotypen der Eltern, nämlich graue normalflügelige und schwarze stummelflügelige Fliegen, und zwar im Verhältnis 1:1 (Abb. 22.4). Nach der dritten MENDEL'schen Regel hätte man jedoch vier unterschiedliche Phänotypen im Verhältnis 1:1:1:1 erwartet.

MORGAN und seine Mitarbeiter schlossen aus diesem experimentellen Ergebnis, dass die Gene für Körperfarbe und Flügelform nicht frei kombinierbar sind, sondern gekoppelt vererbt werden. Die Kopplung erklärten sie damit, dass die Gene gemeinsam auf einem Chromosom lie-

Abb. 22.1 THOMAS H. MORGAN (1866–1945)

A   B

Abb. 22.2 *Drosophila melanogaster.*
A Wildtyp; **B** Mutante mit Stummelflügeln

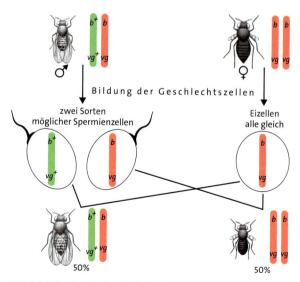

Bildung der Geschlechtszellen

zwei Sorten möglicher Spermienzellen

Eizellen alle gleich

50%   50%

Abb. 22.4 Nachweis der Genkopplung bei *Drosophila*

gen. Demgemäß bilden alle Allele eines Chromosoms eine **Kopplungsgruppe**. Anhand weiterer Versuche fanden sie heraus, dass bei *Drosophila* insgesamt vier Kopplungsgruppen vorkommen. Diese entsprechen der Anzahl der Chromosomen im haploiden Chromosomensatz.

Die Kreuzungsergebnisse fielen anders aus, wenn MORGAN reziproke Kreuzungen mit mischerbigen Weibchen und reinerbigen Männchen durchführte. Es traten zwar ebenfalls die Elterntypen auf, aber nur zu jeweils 40 bzw. 41 %. Die weiteren 19 % waren Rekombinanten, je

etwa zur Hälfte mit einem grauen Körper und Stummelflügeln und mit einem schwarzen Körper und normalen Flügeln. Die mischerbigen Weibchen hatten offensichtlich vier verschiedene Eizellen produziert, solche mit *b vg*, *b⁺ vg⁺*, *b vg⁺* und *b⁺ vg*. MORGAN folgerte daraus, dass bei den Weibchen während der Meiose die Gene der Kopplungsgruppe eines Chromosoms wieder entkoppelt werden können. Rekombinante Phänotypen sind die Folge (Abb. 23.1). Den Austausch von Genen zwischen homologen Chromosomen führte er auf Crossover (S. 10) zurück. Weil bei der Kreuzung mit den heterozygoten Männchen keine Rekombinanten entstanden, vermutete er, dass bei der Spermienproduktion kein Crossover auftritt.

In weiteren Versuchen fand MORGAN für jedes gekoppelte Genpaar einen charakteristischen Prozentsatz von Rekombinanten, die durch Crossover entstanden waren. Diesen Prozentsatz der Entkopplung zweier Gene nennt man deren **Austauschwert**. Für die Gene *b* und *vg* beträgt er 19 %. In zwei weiteren Kreuzungen fand er für die Gene *b* und *pr* (purpurne Augen) einen Austauschwert von 6 % und für die Gene *pr* und *vg* von 13 %. Aus diesen Austauschwerten geht zunächst hervor, dass die Gene *b*, *vg* und *pr* einer Kopplungsgruppe angehören und damit auf einem Chromosom liegen. Aus der Höhe der Austauschwerte ist aber noch mehr abzuleiten. Die Wahrscheinlichkeit für einen Chromatidenbruch zwischen zwei Genen und damit für ein Crossover wächst nämlich mit dem Abstand der Gene voneinander. Damit ist der Austauschwert ein relatives Maß für den Abstand der Gene auf dem Chromosom. Es zeigte sich, dass der Austauschwert gekoppelter Gene unter konstanten Bedingungen stets gleich ist. Demnach sind die Gene auf den Chromosomen hintereinander, also linear, angeordnet. Eine Häufigkeit von 1 % Crossover wird als eine MORGAN-Einheit bezeichnet. Der Genabstand von *b* und *vg* beträgt 19 MORGAN-Einheiten.

Durch den Vergleich der erhaltenen Genabstände innerhalb einer Kopplungsgruppe lässt sich die Reihenfolge der Gene ermitteln.

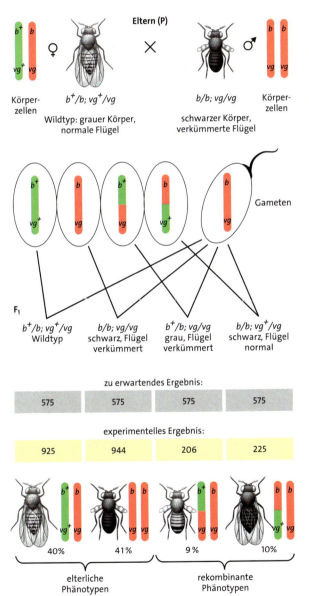

Eltern (P)

Körperzellen

b⁺/b; vg⁺/vg

Wildtyp: grauer Körper, normale Flügel

b/b; vg/vg

schwarzer Körper, verkümmerte Flügel

Körperzellen

Gameten

F₁

b⁺/b; vg⁺/vg Wildtyp

b/b; vg/vg schwarz, Flügel verkümmert

b⁺/b; vg/vg grau, Flügel verkümmert

b/b; vg⁺/vg schwarz, Flügel normal

zu erwartendes Ergebnis:

| 575 | 575 | 575 | 575 |

experimentelles Ergebnis:

| 925 | 944 | 206 | 225 |

40 % 41 % 9 % 10 %

elterliche Phänotypen — rekombinante Phänotypen

Abb. 23.1 Kreuzung von mischerbigen *Drosophila*-Weibchen (*b⁺/b* und *vg⁺/vg*) mit reinerbigen Männchen (*b/b* und *vg/vg*)

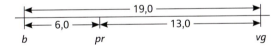

19,0

6,0

13,0

b — *pr* — *vg*

Es entsteht eine **Genkarte** des Chromosoms. Das erste Gen in der Reihe erhält den Wert 0,0, die weiteren Gene erhalten Werte, die in MORGAN-Einheiten dem Abstand des ersten Gens zu den Orten der weiteren Gene auf dem Chromosom entsprechen. Da die Crossover-Vorgänge nicht an allen Orten eines Chromosoms gleich häufig ablaufen, entsprechen diese genetisch ermittelten Abstände nicht genau den tatsächlichen Genabständen.

ZUSAMMENFASSUNG

In diesem Kapitel ging es unter anderem um die Frage, wie bei der Reproduktion eine Neukombination von Genen bzw. Mutationen den Phänotyp beeinflussen und unter welchen Bedingungen Defektallele vererbt werden. Zur Klärung dieser Fragen wird heute auch die Molekularbiologie herangezogen, die die molekulare Struktur von Genen, die Mechanismen des Kopierens von Genen bei der Zellteilung und das Übersetzen der genetischen Information in die Struktur von Proteinen untersucht. Solche Proteine erfüllen zahlreiche Funktionen in der Zelle und sind zum Teil selbst an Mitose und Meiose beteiligt.

Bei der Reproduktion wir Erbmaterial an die Nachkommen übertragen. Das erfolgt in der ungeschlechtlichen Fortpflanzung ohne Bildung von Keimzellen und führt zu erbgleichen Nachkommen. Die geschlechtliche Fortpflanzung beginnt mit der Vereinigung von zwei Keimzellen zur Zygote. Diese entwickelt sich zu einem neuen Organismus. Bei der Parthenogenese entwickeln sich erbgleiche Organismen aus unbefruchteten Eiern.

Die Zygote besitzt einen doppelten Chromosomensatz, sie ist diploid. Keimzellen haben einen einfachen Satz, sie sind haploid. Aus der Zygote von Diplonten entwickeln sich durch mitotische Teilungen diploide Körperzellen.

Variabilität ist die Fähigkeit einer Art, bei der Individualentwicklung Phänotypen mit unterschiedlicher Merkmalsausprägung auszubilden. Diese Modifikationen erfolgen unter dem Einfluss der Gene und der Umwelt. Die von den Genen vorgegebene Bandbreite der Merkmalsausprägung ist die Reaktionsnorm.

GREGOR MENDEL zeigte bei Blütenpflanzen, dass Erbanlagen in Körperzellen doppelt und in Keimzellen einfach vorhanden sind und dass sie dominant oder rezessiv sein können. Auch legte er dar, dass Allele bei der Reproduktion unabhängig voneinander auf die Keimzellen verteilt und frei kombiniert werden. Die Aussagen der MENDEL'schen Regeln entsprechen denen der Chromosomentheorie.

THOMAS H. MORGAN bewies, dass Allele gekoppelt sein können und dann nicht frei kombinierbar sind. Auch zeigte er, dass bei der Reproduktion zwischen den Kopplungsgruppen durch Crossover Allele ausgetauscht werden können.

Durch Genmutationen verändert sich die Struktur eines Gens, durch Chromosomenmutationen die Struktur eine Chromosoms und durch Genommutationen die Anzahl der Chromosomen. Derartige Mutationen verändern die genetische Information und können Erbkrankheiten wie Albinismus, das Katzenschrei-Syndrom oder Trisomie hervorrufen.

AUFGABEN

1 ■■■ **Genetische Beratung aufgrund einer Genomuntersuchung**
Nachdem die ersten beiden Schwangerschaften mit einer Fehlgeburt endeten, rät der Gynäkologe dem Paar zu einer genetischen Beratung. Die Analyse des Genoms der Frau zeigt keinerlei Auffälligkeiten.

a) Beschreiben Sie, wie das Präparat für das lichtmikroskopische Bild der Abb. 24.1 hergestellt wurde.

b) Werten Sie das lichtmikroskopische Bild der Abb. 24.1 aus. Kurze blau erscheinende Abschnitte an den Chromosomen 6 und 12 sind hier unbedeutend.

c) Stellen Sie dar, wie Sie als Humangenetikerin bzw. Humangenetiker das betroffene Paar beraten.

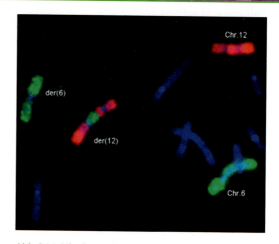

Abb. 24.1 Mit einem Fluoreszenzfarbstoff markierte Metaphasechromosomen des Mannes. Chromosom 12 wurde mit einem roten, Chromosom 6 mit einem grünen und alle übrigen Chromosomen mit einem blauen Fluoreszenzfarbstoff markiert.

2 ▪ Fortpflanzung bei Hornissen

Hornissen pflanzen sich sexuell fort. Aus unbefruchteten Eiern entwickeln sich männliche Nachkommen. Diese werden Drohnen genannt.

Benennen Sie diese Form der Vermehrung und die Chromosomenausstattung der Drohnen.

3 ▪▪ Fellfarbe von Russenkaninchen

Das Russenkaninchen hat ein weißes Fell. Ohren, Läufe und Schwanz sind schwarz. Wird bei einem Russenkanichen, das in unbeheizten Stallungen gehalten wird, ein Teil des weißen Fells im Winter geschoren, wächst dort dunkles Haar nach. Der entstandene schwarze Fleck verschwindet beim nächsten Haarwechsel.

a) Entwickeln Sie aufgrund des Versuches mit dem Russenkaninchen eine Hypothese über die Entstehung der schwarzen Fellpartien. Beschreiben Sie ein Kontrollexperiment, mit dem Sie Ihre Annahme beweisen können.

b) Benennen Sie die Art der Variation beim Russenkaninchen.

4 ▪▪ Rinderkreuzung

Mit »Schwarzbunt« wird eine reinerbige Rinderrasse bezeichnet, deren Fell schwarz und gescheckt ist. Das »Rotvieh« ist reinerbig rotbraun und ungescheckt. Werden diese Rassen gekreuzt, so sind die Tiere der F_1 alle schwarz und ungescheckt.

a) Benennen Sie den Erbgang für die Vererbung von Fellfarbe und Scheckung und geben Sie die Genotypen der reinerbigen Rinderrassen an.

b) Erstellen Sie ein Schema für die Kreuzung der F_1-Tiere untereinander, das alle Kombinationsmöglichkeiten erfasst. Ermitteln Sie sodann Anzahl und Zahlenverhältnis aller Phänotypen.

5 ▪▪ Trisomie 21

In bestimmten Familien tritt die Trisomie 21 gehäuft auf. Dennoch findet man im Karyogramm der Betroffenen nur 46 Chromosomen. Allerdings unterscheiden sich die homologen Chromosomen des 14. Paares. Eins von ihnen ist um das eine Stück des Chromosoms 21 verlängert.

a) Erklären Sie, wie es zu dieser Form der Trisomie 21 kommt.

b) Veranschaulichen Sie die Besonderheit im Karyogramm der gesunden Eltern der Betroffenen mit einer Skizze der Chromosomen 14 und 21.

6 ▪▪ Genexpression bei Bakterien

Ein fiktives Bakteriengen soll für ein »Minipeptid« codieren. Die Peptidsynthese soll durch Genmutationen verändert werden. Die Sequenz des Matrizenstrangs, die die Information zur Synthese des Peptids trägt, besteht aus 21 Nucleotiden. Sie lautet:

3'–T A C A C A G G G C T T C A G T T T A T T–5'

a) Erklären Sie die Bedeutung der Bezeichnungen »3'« und »5'«.

b) Geben Sie die Nucleotidsequenz des Nichtmatrizenstranges an.

c) Welche Nucleotidsequenz hat die bei der Transkription des Gens entstehende mRNA?

d) Ermitteln Sie aus der angegebenen Nucleotidsequenz mithilfe der Codesonne (Abb. 25.1) die Aminosäuresequenz des Peptids.

e) Durch folgende Punktmutationen soll das Gen verändert werden:

1. Deletion an Position 6
2. Insertion eines A-Nucleotids hinter Position 7
3. Nucleotidaustausch an Position 3: Einbau eines G-Nucleotids
4. Nucleotidaustausch an Position 6: Einbau eines G-Nucleotids
5. Nucleotidaustausch an Position 6: Einbau eines T-Nucleotids

Zeigen Sie, welche Auswirkung die Mutationen jeweils auf das Genprodukt haben.

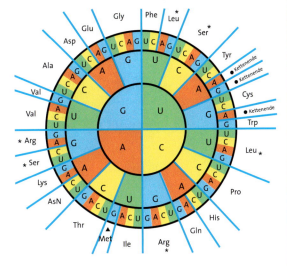

* zweimal auftretende Aminosäuren ● Stopp-Codons ▲ Start-Codon

Abb. 25.1 Genetischer Code als Codesonne. Die Codons sind von innen nach außen zu lesen.

2 Humangenetik

Die vollständige Nucleotidsequenz des menschlichen Genoms wurde von zwei unterschiedlichen Forschungsgruppen in den Jahren 2001 und 2004 veröffentlicht (**Abb. 26.1**). Das Ergebnis überraschte in zweifacher Hinsicht:

Zum einen besitzt der Mensch nur etwa 22 000 bis 23 000 Gene – ungefähr so viele wie eine Maus. Vorher hatte man vermutet, dass der Mensch mindestens 100 000 Gene hätte. Von den insgesamt 3,2 Milliarden Nucleotiden codieren nur etwa ein Prozent für Aminosäuresequenzen. Zwischen den transkribierten Bereichen liegen 75 % nichtcodierende DNA, die restlichen 24 % werden den Introns zugerechnet.

Zum anderen wichen die Ergebnisse der beiden Forschungsteams voneinander ab. Das lag daran, dass sie die DNA unterschiedlicher Personen untersucht hatten. Zwischen zwei beliebigen Menschen einer Population gibt es nämlich durchschnittlich eine Million Unterschiede im Genom. Jeder Mensch besitzt daher sein individuelles Genom, das im Mittel in 0,03 % aller Nucleotide nicht mit dem eines anderen Menschen übereinstimmt. Die Unterschiede sind zumeist auf Punktmutationen zurückzuführen. Erfolgen diese im nicht codierenden Bereich, hat das in der Regel keine Auswirkungen auf den Phänotyp. Mutationen im codierenden Bereich können dagegen Erbkrankheiten hervorrufen.

Die Humangenetik ist die Teildisziplin der Genetik, die sich speziell mit der Erforschung des Erbgutes des Menschen beschäftigt. Sie nutzt molekularbiologische Methoden zur Untersuchung des Chromosomensatzes, einzelner Chromosomen, einzelner Gene bzw. bestimmter Genabschnitte. Dabei geht es sowohl um Diagnostik und Therapie von Erbkrankheiten als auch um die Erforschung der Funktion von Genen und wie sie beim Menschen zusammenwirken.

Dazu sollen folgenden Fragen untersucht werden:
- Wie verläuft eine Polymerase-Kettenreaktion?
- Wie werden Untersuchungen des Genoms durchgeführt?
- Wie bekommt man einen genetischen Fingerabdruck?
- Welche Bedeutung haben die Gonosomen bei der Vererbung?
- Wie lassen sich Erbgänge analysieren?
- Wie werden Blutgruppen vererbt?
- Was sind polygene Merkmale des Menschen und wie werden sie vererbt?
- Wann ist eine genetische Beratung nötig und wie wird sie durchgeführt?

Abb. 26.1 Karikatur zur Veröffentlichung der vollständigen Basensequenz des menschlichen Genoms

2.1 Polymerase-Kettenreaktion

1993 erhielt der amerikanische Biochemiker Kary Mullis für eine Bahn brechende Erfindung den Nobelpreis für Chemie: Das von ihm zehn Jahre zuvor entwickelte neuartige Verfahren der **Polymerase-Kettenreaktion,** häufig kurz **PCR** (engl. *polymerase chain reaction*) genannt, revolutionierte die künstliche DNA-Synthese. Die Methode erlaubt die unbeschränkte Replikation von DNA-Stücken, ausgehend von einem einzigen Molekül.

Die PCR entspricht in ihrem Grundprinzip dem Ablauf einer natürlichen Replikation; auch bei dem künstlichen Syntheseverfahren geht man von Nucleotiden aus, die mithilfe von Oligonucleotid-Primern und einer DNA-Polymerase zu einem DNA-Molekül verknüpft werden. Zunächst wird der DNA-Doppelstrang des zu untersuchenden genetischen Materials durch Erhitzen auf 94 °C aufgetrennt (Denaturierung). Setzt man die vier Nucleotidbausteine, kurze, synthetisch hergestellte DNA-Primer und DNA-Polymerase zu, so kann an jedem der beiden Einzelstränge ein komplementärer Strang aufgebaut werden. Die neuen Doppelstränge lassen sich erneut auftrennen und wieder replizieren. So kann ein DNA-Molekül sehr rasch vervielfältigt werden. Zur Replikation benötigt man eine hitzestabile Polymerase. Sie wird aus *Thermus aquaticus*, einer Bakterienart aus heißen Quellen, gewonnen. Diese *Taq*-**Polymerase** synthetisiert nach Abkühlen auf 70 °C die neuen Stränge. Zum Start der Synthese müssen sich die DNA-Primer an den beiden Strangenden anlagern. Nach einiger Synthesezeit erhitzt man wieder auf 94 °C, um die neu gebildeten Doppelstränge aufzutrennen. Nach erneuter Abkühlung auf 70 °C lagern die Einzelstränge wieder Primer-Moleküle an, und es erfolgt wieder die Synthese komplementärer Stränge (Abb. 27.1B). Diesen PCR-Zyklus lässt man in automatischen Geräten, sogenannten **Thermocyclern,** etwa 25- bis 50-mal ablaufen (Abb. 27.1A). Nach 30 Zyklen sind 2^{30} ($= 1{,}07 \cdot 10^9$) Kopien der Ausgangssequenz entstanden. Eine höhere Anzahl an Zyklen ist nicht sinnvoll, da Reparaturmechanismen fehlen und sich dadurch mit zunehmender PCR-Dauer fehlerhafte DNA-Kopien anhäufen.

Anwendungsgebiete der PCR. Die Polymerase-Kettenreaktion wird immer dann eingesetzt, wenn DNA-Proben weiterverarbeitet oder genauer analysiert werden müssen, die vorliegende Menge an DNA-Ausgangssubstanz aber sehr gering ist.

Das bekannteste Einsatzgebiet ist der sogenannte genetische Fingerabdruck (S. 30). Eine weitere wichtige Anwendung ist das Klonieren einzelner Gene, die in Vektoren eingebaut werden, um sie anschließend in Fremd-DNA einzuschleusen. Auch medizinisch hat die PCR große Bedeutung. So kann mit ihrer Hilfe die DNA von Krankheitserregern aus dem Blut von Patienten vervielfältigt und anschließend analysiert werden. Auf diese Weise ist es beispielsweise möglich, das HI-Virus bei Infizierten nachzuweisen, bevor es zum Ausbruch von Aids kommt. Auch kann PCR dazu dienen, in Fossilien erhaltene geringe DNA-Reste zu kopieren und zur Klärung von systematischen Verwandtschaftsverhältnissen heranzuziehen.

A

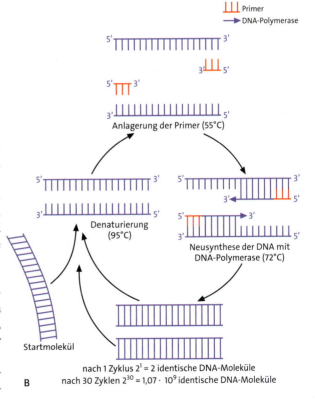

nach 1 Zyklus $2^1 = 2$ identische DNA-Moleküle
nach 30 Zyklen $2^{30} = 1{,}07 \cdot 10^9$ identische DNA-Moleküle

B

Abb. 27.1 Polymerase-Kettenreaktion.
A Thermocyler-Geräte; **B** Schema des PCR-Verfahrens

2.2 DNA-Analyse und Genomforschung

Die letzten Jahrzehnte sind durch einen enormen Erkenntniszuwachs in der Biologie gekennzeichnet. Neue DNA-Analyseverfahren tragen wesentlich dazu bei.

DNA-Sequenzierung. Die Bestimmung der Nucleotidabfolge eines DNA-Abschnittes bezeichnet man als DNA-Sequenzierung. Dabei geht man ähnlich wie bei einer PCR (S. 27) vor: Schritte der Denaturierung-, Primer-Anlagerung- und Synthese werden zyklisch wiederholt. Jedoch wird nur zu einem der beiden Stränge ein komplementärer DNA-Strang hergestellt. Daher benötigt man auch nur einen einzigen Primer. Zusätzlich zu den vier Nucleotiden werden vier sogenannte Abbruchnucleotide eingesetzt (Abb. 28.1 A). Diese enthalten ein verändertes Zuckermolekül, das am 3'-C-Atom keine OH-Gruppe besitzt. Aufgrund dieser fehlenden OH-Gruppe können Abbruchnucleotide nicht mit der Phosphatgruppe des nächsten Nucleotids verknüpft werden. Somit ist eine weitere Kettenverlängerung nicht mehr möglich. Die Reaktion bricht an dieser Stelle ab (Abb. 28.1 B). Hierbei handelt es sich um den entscheidenden Schritt des von FREDERICK SANGER entwickelten Verfahrens der DNA-Sequenzierung, das daher auch **Kettenabbruchverfahren** genannt wird. Da nur wenige Abbruchnucleotide zugesetzt werden und deren Einbau rein zufällig erfolgt, entstehen nach mehreren Zyklen unterschiedlich lange DNA-Einzelstränge mit einem der vier Abbruchnucleotide am 3'-Ende. Um aus diesem Einzelstranggemisch auf eine DNA-Sequenz zu schließen, muss man die vier endständigen Nucleotide unterscheiden können. Dazu wurde jedes von ihnen zuvor mit einem anderen Fluoreszenzfarbstoff markiert.

Nach der Sequenzierreaktion werden die neu gebildeten DNA-Stränge mittels der **Kapillarelektrophorese,** einer Weiterentwicklung der Gelelektrophorese, der Größe nach aufgetrennt (Abb. 28.1C). Die dabei verwendeten Kapillaren haben eine Länge von mehr als 30 cm und einen Durchmesser von wenigen µm. Damit können sogar DNA-Stränge, die sich in der Länge nur um ein Nucleotid unterscheiden, voneinander getrennt werden. Kurz vor Ende der Kapillare ermittelt ein Laser anhand der Fluoreszenzmarkierung die jeweiligen Abbruchnucleotide der DNA-Stränge. Kleine Stränge wandern im Gel der Kapillare schneller als große. Daher wird zunächst das Abbruchnucleotid des kleinsten gebildeten DNA-Stranges bestimmt. Danach folgen die Abbruchnucleotide des zweitkleinsten, des drittkleinsten usw. Somit lässt sich aus der Abfolge der Farbsignale, die am Detektor erscheinen, die Basensequenz des sequenzierten DNA-Stranges bestimmen. Mit dieser Methode lassen sich Abschnitte von etwa 500 Nucleotiden je Ansatz sequenzieren.

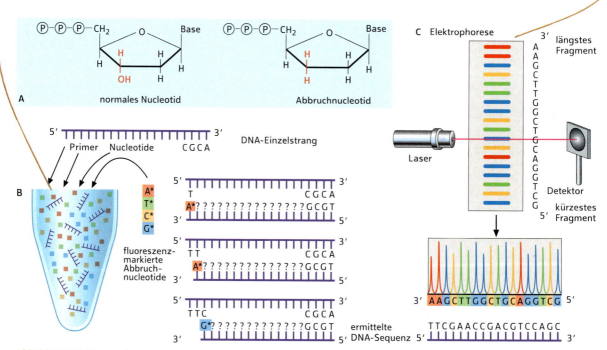

Abb. 28.1 DNA-Sequenzierung.
A normales Nucleotid und Abbruchnucleotid; **B** Synthese unterschiedlich langer Einzelstränge durch den Einbau von Abbruchnucleotiden; **C** Analyse der durch Kapillarelektrophorese (Kapillare in Originalgröße) aufgetrennten Einzelstränge

Genomanalysen. Mit der ersten vollständigen Sequenzierung eines bakteriellen Genoms begann 1995 die Ära der Genomforschung. Seitdem wurden mehrere tausend prokaryotische Genome und einige hundert der deutlich größeren eukaryotischen Genome entschlüsselt. Bei dem heute gängigsten Verfahren, mit dem ein Großteil der Genome analysiert wurde, wird DNA zunächst planlos mittels mechanischer Scherkräfte zerkleinert. Dies erreicht man, indem man beispielsweise die isolierte DNA mit einer Spritze durch eine Kanüle mit kleiner Öffnung hindurchpresst. Da bei diesem Vorgang die DNA in viele kleine Fragmente von ca. 2000 Basenpaaren zerfällt, wird es als **Schrotschuss-Verfahren** (engl. *shotgun*) bezeichnet (Abb. 29.1). Dabei sind die Bruchstellen in der DNA zufällig verteilt. Da durch die DNA-Isolierung das Genom in vielfacher Kopie vorliegt, werden gleiche DNA-Stränge an verschiedenen Stellen aufgebrochen. So entstehen unterschiedliche Fragmente solcher Stränge. An den Enden vieler Bruchstücke werden ca. 500 Basenpaare sequenziert.

Das Zusammenfügen der vielen sequenzierten Teile zur vollständigen Sequenz eines Genoms gleicht einem gigantischen Puzzle, das nur mithilfe eines Rechners zu lösen ist. Dieser sucht Überlappungen der sequenzierten DNA-Abschnitte. Diese liegen immer dann vor, wenn zwei sequenzierte Abschnitte identische Teilabschnitte enthalten. Da die Abschnitte überlappen, stammen sie aus der gleichen Region eines DNA-Stranges. Die entsprechenden Fragmente können daher zu einem größeren Abschnitt zusammengefügt werden. Nun werden weitere Fragmente gesucht, die mit dem zusammengesetzten Abschnitt über-

lappen. Auf diese Weise entsteht ein immer größerer Abschnitt bekannter Sequenz. Schließlich erhält man so die Sequenz der einzelnen Chromosomen und damit die Sequenz des gesamten Genoms. Die Nucleotidabfolge muss nun analysiert werden. Mithilfe bekannter Sequenzen findet anschließend eine Zuordnung von Sequenzabschnitten des Genoms zu Promotorregionen, regulatorischen Abschnitten, Genen sowie ggf. auch Intron- und Exonabschnitten statt. Sofern die Funktion der Gene noch nicht bekannt ist, versucht man durch Vergleiche mit anderen Genomen die Funktion möglichst vieler Gene vorherzusagen, um potenzielle Stoffwechselwege zu rekonstruieren. Findet man z. B. Gene für alle Enzyme der Glykolyse, dann gilt damit das Vorhandensein dieses Stoffwechselweges bei den untersuchten Organismen als belegt.

Während z. B. das Genom des Bakteriums *E. coli* als bakterieller Modellorganismus aus wissenschaftlichem Interesse sequenziert wurde, wurde eine Reihe anderer Genome wegen ihrer medizinischen Bedeutung analysiert. Die Auswertung von Genomen infektiöser Bakterien wie beispielsweise der Streptococcen trägt dazu bei, die krankheitsauslösenden Faktoren besser zu verstehen. Anschließend können dann möglicherweise gezieltere Therapien entwickelt werden. Ein Meilenstein der Genomanalyse stellt das Humangenomprojekt dar. Aus Vergleichen mit den Genomen des Schimpansen und anderer Affen versuchen Wissenschaftler auf genetischer Ebene herauszufinden, was den Menschen zum Menschen macht.

Mit der Analyse ganzer Genome sowie der Funktion und den Wechselwirkungen von Genen befasst sich die **Genomik.**

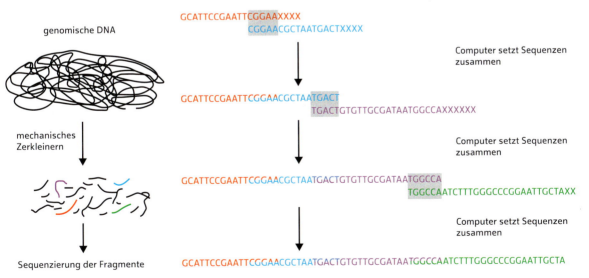

Abb. 29.1 Schrotschuss-Verfahren zur Genomsequenzierung (Schema). Aus Darstellungsgründen umfassen die sequenzierten Bereiche weniger als 500 Basenpaare. X = Nucleotide, deren Sequenz nicht bestimmt werden konnte

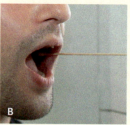

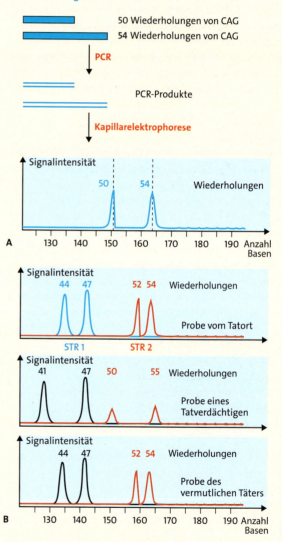

Der genetische Fingerabdruck

Nur wenige kriminelle Taten schockieren unsere Gesellschaft so wie Morde. Zu den wichtigsten Indizien bei Mordprozessen zählt heutzutage der **genetische Fingerabdruck.** Da jeder Mensch, abgesehen von eineiigen Mehrlingen, einen eigenen genetischen Fingerabdruck aufweist, ist dieser geeignet, Personen zu identifizieren. Wodurch kommt die Individualität zustande und wie erhält man einen genetischen Fingerabdruck? Beim Menschen finden sich außerhalb der Gene viele nicht codierende Sequenzen. Eine Methode verwendet die sogenannten *Short tandem repeats* (engl. kurze Tandemwiederholungen), kurz **STR.** Darin werden zwei bis sieben Nucleotide tandemartig 10- bis 50-mal wiederholt (Abb. 30.2 A). Im Genom des Menschen sind eine Reihe verschiedener STRs bekannt. Für die Analyse benötigen Kriminalbeamte DNA-Spuren von nur wenigen Nanogramm, wie sie an Tatorten z. B. auf Zigarettenkippen oder in Spermaflecken gefunden werden (Abb. 30.1 A). Ausgewählte STRs werden durch PCR vervielfältigt. Aufgrund des doppelten Chromosomensatzes findet man meist zwei PCR-Produkte unterschiedlicher Größe je STR (Abb. 30.2). Diese trennt man anschließend durch eine Kapillargelelektrophorese nach ihrer Größe auf. Durch Eichung der Kapillare kann anhand der Laufzeit die absolute Länge ermittelt werden. Daraus ergibt sich, wie viele Tandemwiederholungen bei den beiden STRs jeweils vorliegen.

Für eine zweifelsfreie Zuordnung müssen mehrere STRs betrachtet werden. Durch Kombination von mehr als 10 STRs entsteht so ein sehr spezifisches STR-Profil der am Tatort gefundenen DNA, ein genetischer Fingerabdruck. Das Gleiche geschieht mit der DNA von Tatverdächtigen, die z. B. aus einer Speichelprobe gewonnen wird (Abb. 30.1 B). Durch Vergleiche kann die Tatort-DNA ggf. einem Tatverdächtigen zugeordnet werden (Abb. 30.2 B). Rein statistisch haben zwei von 10 Milliarden Menschen einen identischen genetischen Fingerabdruck, bei Verwandten ist die Wahrscheinlichkeit jedoch größer. Außerdem wird der genetische Fingerabdruck z. B. bei Vaterschaftsanalysen oder einer Identifizierung von Toten eingesetzt.

Aufgabe

Gegen die Speicherung der Daten wird vorgebracht, dass diese Daten von Krankenkassen missbraucht werden könnten. Nehmen Sie dazu Stellung.

Abb. 30.1 A Spurenfund am Tatort; **B** Speichelprobe

STR auf homologen Chromosomen

50 Wiederholungen von CAG
54 Wiederholungen von CAG

PCR

PCR-Produkte

Kapillarelektrophorese

Abb. 30.2 Genetischer Fingerabdruck.
A Erstellen eines genetischen Fingerabdrucks, 1 STR (Schema); **B** Identifizierung eines Tatverdächtigen mittels eines genetischen Fingerabdrucks, Ausschnitt mit 2 STRs unter Angabe der Tandemwiederholungen

2.3 Geschlechtschromosomen

Bei den meisten Tierarten ist das Zahlenverhältnis von Weibchen und Männchen etwa 1:1. Im gleichen Verhältnis treten die Nachkommen bei einer Rückkreuzung auf. Daher lässt sich vermuten, dass Gene, die das Geschlecht bestimmen, in dem einen Geschlecht homozygot und im anderen heterozygot vorliegen. Die Untersuchung der Metaphase-Chromosomen von *Drosophila* und anderen Tierarten lieferte Hinweise auf die Richtigkeit dieser Annahme. *Drosophila* besitzt vier Chromosomenpaare. Ein Paar besteht beim Weibchen aus zwei stabförmigen Chromosomen, den X-Chromosomen, beim Männchen aus einem X-Chromosom und einem hakenförmigen Chromosom, dem Y-Chromosom (Abb. 31.1). Da diese Chromosomen in Beziehung zur Ausbildung des Geschlechts stehen, werden sie als Geschlechtschromosomen oder **Gonosomen** bezeichnet. Die drei anderen Paare sind in beiden Geschlechtern völlig gleich gestaltet, es handelt sich um die **Autosomen.**

In der Meiose werden bei der Reduktionsteilung die Chromosomenpaare getrennt. Daher besitzen alle Eizellen neben einem Satz Autosomen auch ein X-Chromosom. 50 % der Spermien haben ein X-Chromosom, die übrigen ein Y-Chromosom. Bei der Befruchtung ergeben sich somit die Kombinationen XX und XY mit einer Wahrscheinlichkeit von je 50 %, was dem beobachteten Zahlenverhältnis von ca. 1:1 von Weibchen und Männchen entspricht.

Bei den meisten Tierarten mit gonosomaler Geschlechtsbestimmung und beim Menschen ergibt die Kombination XX das weibliche Geschlecht, XY das männliche. Bei den Vögeln, einigen Reptilien und bei Schmetterlingen ist es umgekehrt: Hier hat das weibliche Geschlecht den Genotyp XY, das männliche XX.

Kleine Abweichungen vom Geschlechtsverhältnis von 1:1 erklärt man beim Menschen damit, dass sich Spermien mit einem Y-Chromosom schneller bewegen als die mit einem X-Chromosom. Die leichteren Y-Spermien können daher häufiger eine Eizelle zuerst erreichen. So werden auf 100 Mädchen 106 bis 107 Jungen geboren.

Beim Menschen ist das Y-Chromosom geschlechtsbestimmend. Auf ihm liegt das Gen für die Ausbildung der Hoden. Es bewirkt, dass sich die noch undifferenzierten Keimdrüsen im Embryo zu Hodengewebe umgestalten. Das Hodengewebe produziert dann das männliche Sexualhormon Testosteron, das über eine Signalkette die Ausdifferenzierung der männlichen Geschlechtsorgane veranlasst. Fehlt das Gen für die Ausbildung der Hoden oder ist es defekt, so werden die undifferenzierten Keimdrüsen zu Ovarien umgebildet. Diese veranlassen die Entwicklung weiblicher Geschlechtsorgane.

Bei weiblichen Embryonen des Menschen wird am 16. bis 18. Tag nach der Befruchtung in allen Zellen eines der beiden X-Chromosomen durch Methylierung der DNA, starke Verschraubung und Verknüpfung mit Proteinen zufallsgemäß inaktiviert. Das »stillgelegte« X-Chromosom ist nach Anfärbung lichtmikroskopisch als **Barr-Körperchen** sichtbar (Abb. 31.2). In einem Teil der Zellen wird das vom Vater stammende X-Chromosom, in einem anderen Teil das von der Mutter stammende X-Chromosom inaktiviert. Deshalb können die Allele beider X-Chromosomen im Organismus wirksam werden. Ist die Inaktivierung erfolgt, so bleibt bei allen Tochterzellen das gleiche X-Chromosom inaktiviert. Das andere kann dann nicht mehr stillgelegt werden. Dies führt bei Frauen zu zwei leicht unterschiedlichen Zellpopulationen. Die Folge ist, dass z. B. bestimmte Erbkrankheiten bei Frauen weniger stark ausgeprägt werden als bei Männern. Bei einer besonderen Form einer erblich bedingten Hauterkrankung liegt das dominante Allel dafür auf dem X-Chromosom. Besitzen Männer dieses Allel, können sie am ganzen Körper nicht mehr schwitzen. Frauen, die bezogen auf dieses Gen heterozygot sind, besitzen dagegen Hautbezirke mit und ohne Schweißdrüsen, je nachdem, welches X-Chromosom bzw. welches Allel dort aktiv ist. Diese Frauen sind ein Beispiel für ein genetisches Mosaik.

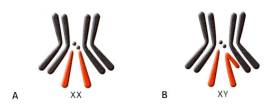

Abb. 31.1 Karyogramm von *Drosophila.* A ♀; B ♂

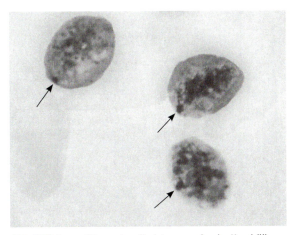

Abb. 31.2 Barr-Körperchen findet man nahe der Kernhülle

Störungen der Geschlechtsentwicklung. Eines von 5000 Kindern kommt nicht als Junge oder Mädchen zur Welt, sondern als **Intersex.** Bei ihm entsprechen die sekundären Geschlechtsmerkmale nicht seinen Gonosomen und Keimdrüsen, also Hoden bzw. Eierstöcken. Die Ursachen sind vielfältig. So kann ein Gendefekt die Ausbildung der Rezeptoren für das männliche Sexualhormon Testosteron verhindern. Obwohl dieses Hormon vom intakten Hodengewebe gebildet wird, reagiert der Körper nicht darauf. Bei einem Menschen mit dem Genotyp XY werden dann weibliche Körpermerkmale ausgebildet, obwohl innere Hoden vorhanden sind. Intersexe haben häufig das Problem, ihre sexuelle Identität zu finden.

Durch Störungen während der Meiose können Geschlechtschromosomen fehlen oder in Überzahl vorliegen (Abb. 32.1). Dies führt aber nicht zu einer Intersexualität. Menschen mit nur einem X-Chromosom haben einen weiblichen Körper; sie sind relativ klein und aufgrund unterentwickelter Eierstöcke unfruchtbar. Doch kann eine frühzeitige Behandlung mit Wachstumshormonen den Minderwuchs verhindern. Weitere Symptome wie Herzfehler, Nierenprobleme und Lymphödeme sind ebenso behandelbar. Von diesem **TURNER**-Syndrom betroffene Mädchen und Frauen können ein normales Leben führen, zu dem auch eine Partnerschaft gehören kann. Das **KLINEFELTER**-Syndrom tritt bei Männern vom XXY-Typ auf. Auffällig sind eine hohe Stimme und ein geringer Bartwuchs. Häufig wird es jedoch erst nach der Pubertät diagnostiziert. Von Männern des XYY-Typs oder Frauen des XXX-Typs sind keine phänotypischen Anomalien bekannt.

Geschlechtsgebundene Vererbung. Im Jahr 1910 kreuzte MORGAN reinerbig rotäugige *Drosophila*-Weibchen mit weißäugigen Männchen und erhielt in der F_1 ausschließlich rotäugige Nachkommen (Abb. 32.2 A). Die reziproke Kreuzung von weißäugigen Weibchen mit rotäugigen Männchen erbrachte dagegen eine Aufspaltung der rot- und weißäugigen Tiere im Verhältnis 1:1, wobei alle Weibchen rote Augen und alle Männchen weiße Augen hatten (Abb. 32.2 B).

Die weißäugigen Weibchen konnten die Farbe ihrer Augen nur an ihre männlichen Nachkommen vererben. Rotäugige Männchen vererbten die rote Augenfarbe nur an Weibchen. Daraus schloss man, dass die Allele für die weiße bzw. rote Augenfarbe auf dem X-Chromosom liegen. Neben den Genen für die Geschlechtsausbildung tragen X-Chromosomen demnach noch Gene für die Augenfarbe, die Y-Chromosomen tragen diese dagegen nicht. Dieses Allel für die Augenfarbe wird nur mit dem X-Chromosom übertragen. So erhalten die Männchen der F_1 das Allel für die Augenfarbe ausschließlich von der Mutter, die Weibchen der F_1 erhalten es sowohl von der Mutter als auch vom Vater. Somit sind die heterozygoten Weibchen der F_1 rotäugig und ihre Brüder weißäugig.

Man nennt Gene, die auf Gonosomen lokalisiert sind, geschlechtsgebunden oder gonosomal gebunden. Durch **geschlechtsgebundene Vererbung** kommt es beim Menschen z. B. zu Bluterkrankheit (Hämophilie) und Rot-Grün-Sehschwäche.

Keimzelle	normal X	normal XX	normal XXX	normal XXXX	normal XXXXX
normal ♂ X	X	XX	XXX	XXXX	XXXXX
	Frau mit Turner-Syndrom	normale Frau	Poly-X-Frauen zunehmend geistig behindert		
normal ♂ Y	Y	XY	XXY	XXXY	XXXXY
	letal	normaler Mann	Männer mit Klinefelter-Syndrom zunehmend geistig behindert		
♂ Y	YY	XYY	XXYY	XXXYY	XXXXYY
	letal	Diplo-Y-Mann	zunehmend geistig behindert		

Abb. 32.1 Abweichende Anzahl von Geschlechtschromosomen mit unterschiedlicher Wirkung

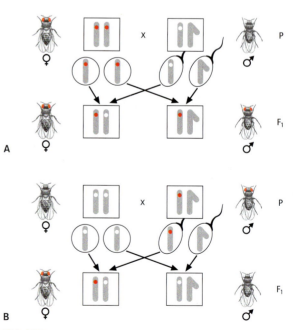

Abb. 32.2 Reziproke Kreuzungen mit *Drosophila* bei gonosomaler Vererbung

Nachweis von Mutationen unter dem Lichtmikroskop

Die Frage, ob eine diagnostizierte Leukämie auf das Philadelphia-Chromosom zurückzuführen ist, können lichtmikroskopische Untersuchungen klären. Chromosomenmutationen sind mikroskopisch an den Metaphasechromosomen zu erkennen. Diese lassen sich beim Menschen leicht aus Weißen Blutzellen gewinnen. Dazu wird die Fingerkuppe mit einer sterilen Nadel angestochen und der austretende Blutstropfen mit einer Pipette aufgesaugt. Das Blut wird dann mit dem Antigerinnungsmittel Heparin bei 37 °C aufbewahrt. Während die Weiße Blutzellen Mitosen durchführen, wird Colchicin, das Gift der Herbstzeitlose, zugeführt. Weil dadurch die Ausbildung der Kernspindel verhindert wird, werden die Mitosen in der Metaphase gestoppt.

Durch Zentrifugieren erhält man Blutzellen in hoher Konzentration. Jetzt wird hypotonische KCl-Lösung dazugegeben, die von den Blutzellen osmotisch aufgenommen wird. Dabei quellen die Weißen Blutzellen. Sie werden dann fixiert und gefärbt und an-

schließend zusammen mit der Flüssigkeit in eine feine Pipette gezogen. Aus dieser lässt man sie Zelle für Zelle auf je einen Objektträger fallen. Beim Aufprall platzt die Zelle, und die Chromosomen breiten sich nebeneinander aus (Abb. 33.1). Die Chromosomen werden nun mikroskopiert und fotografiert. Die Bilder der Chromosomen werden ausgeschnitten, der Größe nach geordnet und durchnummeriert. Die homologen Autosomen legt man nebeneinander, die Geschlechtschromosomen fügt man hinten an. So entsteht ein **Karyogramm** (Abb. 33.2). Darin lässt sich z. B. ein verlängertes Chromosom 9 und ein Philadelphia-Chromosom als verkürztes Chromosom 22 erkennen. Heute weist man diese Mutation mithilfe der Fluoreszenz-Technik nach.

Stückverluste der Chromosomen sind manchmal so klein, dass sie im Karyogramm nicht wahrzunehmen sind. Diese Mikrodeletionen lassen sich nur noch mit Fluoreszenz-Technik identifizieren: Die in Abb. 33.3 A dargestellte DNA-Sonde mit Fluoreszenzfarbstoff bindet an ein Chromosom. Diese findet nur in der Region des untersuchten Gens das passende Gegenstück für die Bindung. Kommt die Bindung nicht zustande, so bleibt das Fluoreszenzsignal an der betreffenden Stelle aus. Damit wird nachgewiesen, dass ein bestimmtes Gen verlorengegangen ist. In Abb. 33.3 B handelt es sich um den Verlust des »Elastin-Gens«, der z. B. zu Wachstumsverzögerungen, Hör- und Schlafstörungen sowie kognitiven Beeinträchtigungen führt.

Aufgabe

Mithilfe einer Gensonde findet man auf dem einen Chromosom nur ein Signal, auf dem homologen zwei kurz hintereinander. Finden Sie eine Erklärung.

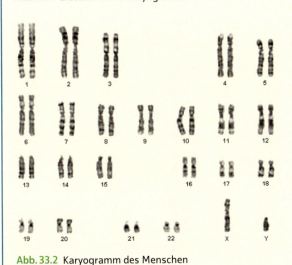

Abb. 33.1 Erstellen eines Karyogramms

Abb. 33.2 Karyogramm des Menschen

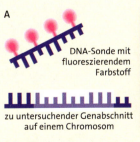

A

DNA-Sonde mit fluoreszierendem Farbstoff

zu untersuchender Genabschnitt auf einem Chromosom

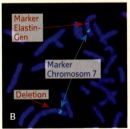

Marker Elastin-Gen

Marker Chromosom 7

Deletion

B

Abb. 33.3 A DNA-Sonde; B Deletion am Chromosom 7. Auf einem Chromosom oben ist das »Elastin-Gen« vorhanden, auf dem homologen unten fehlt es.

2.4 Analyse menschlicher Erbgänge

Paula ist sich nicht sicher, ob sie Kinder haben möchte. Viele ihrer Verwandten leiden an Osteosklerose, einer Knochenerkrankung. Diese äußert sich in heftigen Knochen- und Kopfschmerzen. Mutter und Großvater habe sie, ebenso ein Onkel und eine Tante. Von den drei Kindern ihrer Cousine, die wie ihr Mann auch betroffen ist, haben zwei die Krankheit geerbt. Deshalb möchte Paula von einem Humangenetiker wissen, ob auch sie als Gesunde die Veranlagung für Osteosklerose an ihre Kinder weitergeben kann. Dieser erklärt Paula, dass die Krankheit **autosomal-dominant** vererbt wird. Er nimmt dafür Paulas Stammbaum zu Hilfe (Abb. 34.1). Dieser zeigt das Vorkommen der Krankheit in der Generationenfolge. Männliche Personen werden durch Quadrate, weibliche durch Kreise symbolisiert. Gefüllte Symbole bedeuten Merkmalsträger. Geschwister werden nach Alter von links nach rechts angeordnet.

Jede Person, die an Osteosklerose leidet, hat mindestens einen Elternteil, der diese Krankheit zeigt. Weibliche und männliche Personen sind etwa gleich häufig betroffen. Weil das Gen für Osteosklerose nicht auf einem der Gonosomen X oder Y liegt, sondern auf einem der Autosomen, wird das Merkmal nicht geschlechtsgebunden vererbt. Da sowohl Paulas Cousine als auch ihr Mann erkrankt sind, eines ihrer Kindern aber nicht, müssen beide bezüglich der Osteosklerose heterozygot sein. Nur dann besteht die Möglichkeit, je ein nicht krank machendes Allel an die Kinder weiterzugeben. Schon ein einziges dominantes Defektallel führt zur Ausbildung der Krankheitssymptome. Folglich kann der Merkmalsträger bezüglich des Osteosklerose-Allels homozygot oder heterozygot sein. Paula, die die Krankheit nicht zeigt, ist auf jeden Fall homozygot gesund. Sofern Paulas Partner auch kein Osteosklerose-Allel besitzt, kann die Krankheit nicht an ihre Kinder weitergegeben werden und dürfte unter Paulas Nachkommen auch nicht wieder auftreten. Sie kann nämlich keine Generation überspringen.

Weitere Beispiele für den autosomal-dominanten Erbgang sind Kurzfingrigkeit, Spalthand, erblicher Augenkrebs und der durch ein Enzymdefekt hervorgerufene charakteristischer Uringeruch nach Spargelgenuss.

Allerdings gibt es Ausnahmen von den genannten Besonderheiten dieses Erbgangs. Es kann vorkommen, dass ein Merkmal nicht durchgängig ausgeprägt wird, sodass es in einer Generation nicht erscheint. So kann beim Marfan-Syndrom die Länge der Fingerglieder zwischen extrem lang und normal schwanken. Das beruht auf einem unterschiedlichen Ausprägungsgrad (Expressivität) des Merkmals. Die Expressivität eines Merkmals kann auch geschlechtsabhängig sein. So wird das Längenverhältnis von Zeige- und Ringfinger durch ein autosomales Gen bestimmt. Das Allel, das zu einem relativ kurzen Zeigefinger führt, verhält sich beim Mann dominant, bei der Frau rezessiv. Weitere Besonderheiten können die Stammbaumanalyse erschweren, z.B. dann, wenn sich eine Krankheit erst im fortgeschrittenen Alter zeigt.

Der **autosomal-rezessive Erbgang** ist im Stammbaum der Abb. 34.2 daran zu erkennen, dass gesunde Eltern kranke Kinder haben. Diese besitzen das rezessive Defektallel homozygot, und das betreffende Merkmal tritt in Erscheinung. Folglich haben sie das Allel sowohl vom Vater als auch von der Mutter geerbt. Die Eltern sind heterozygot und damit gesund. Die Erkrankungswahrscheinlichkeit für ein Kind von heterozygoten Eltern liegt bei 25%. Weibliche und männliche Personen sind statistisch gleich häufig betroffen. Beispiele sind Albinismus, Lippen-Kiefer-

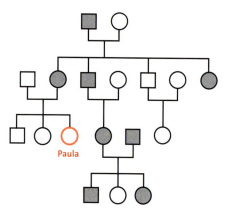

Abb. 34.1 Beispiel eines autosomal-dominanten Erbgangs

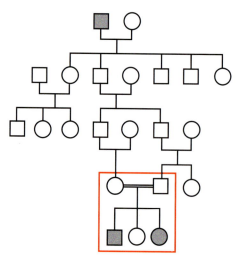

Abb. 34.2 Stammbaum einer Familie mit einem autosomal-rezessiven Erbgang. ○–□ bedeutet Verwandtenehe.

Gaumenspalte und erbliche Taubstummheit. Sehr häufig treten Merkmale, die autosomal-rezessiv vererbt werden, nicht in jeder Generation auf. Auffällig ist ebenfalls, dass die Erkrankung in Abb. 34.2 in einer Verwandtenehe auftritt. Auch wenn ein Merkmal in der Bevölkerung selten ist, kann es vereinzelt vorkommen, dass zwei nicht verwandte Überträger aufeinander treffen und aus ihrer Verbindung homozygot kranke Nachkommen hervorgehen. Bei einer Verwandtenehe ist allerdings die Wahrscheinlichkeit größer, dass beide Partner das krankmachende rezessive Allel besitzen.

Der Stammbaum der Abb. 35.1 zeigt, dass nur Mütter die Krankheit an ihre Söhne vererben, die für die rezessive Erbanlage heterozygot sind. Diese Frauen, die selbst nicht krank sind, werden im Stammbaum durch einen Punkt in der Mitte des Kreises gekennzeichnet. In diesem Fall sind nur Männer von der Krankheit betroffen. Damit handelt es sich um einen **gonosomalen Erbgang**. Da Männer nur ein X-Chromosom besitzen, wirkt sich bereits ein krankmachendes Allel auf den Phänotyp aus, wohingegen bei einer Frau das rezessive Allel auf beiden X-Chromosomen vorhanden sein muss, damit sich die Krankheit im Phänotyp zeigt. Daher gibt es wesentlich mehr Männer mit der entsprechenden Krankheit als

Frauen. Väter übertragen das Allel nur auf ihre Töchter, da männliche Nachkommen vom Vater nur das Y-Chromosom erben. Die gesunden Töchter kranker Väter sind damit alle Überträgerinnen. Söhne solcher Konduktorinnen sind mit einer Wahrscheinlichkeit von 50 % betroffen. Dieser Erbgang gilt u. a. für Rot-Grün-Sehschwäche (Abb. 35.2) und für die Bluterkrankheit. Bei dieser ist eines der Gene auf dem X-Chromosom defekt, die für einen der Gerinnungsfaktoren codieren. Weil dieser den Blutern fehlt, ist deren Blutgerinnung stark verlangsamt.

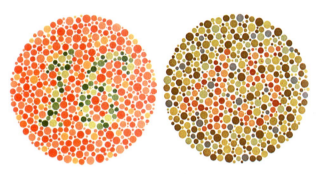

Abb. 35.2 Personen mit einer Rot-Grün-Sehschwäche können diese Zahlen nicht erkennen.

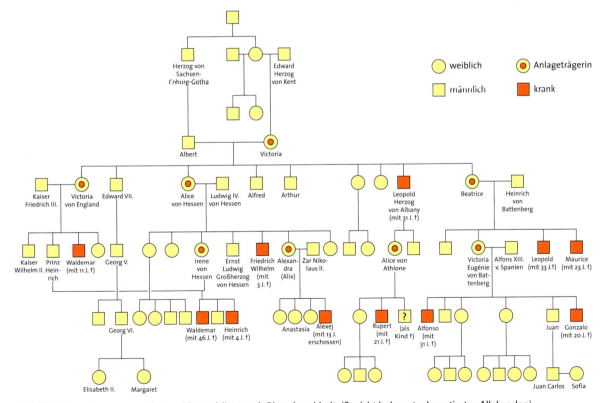

Abb. 35.1 Stammbaum europäischer Fürstenhäuser mit Bluterkrankheit. (?: nicht bekannt, ob mutiertes Allel vorlag).

2.5 Blutgruppenvererbung

Bluttransfusion ist eine heutzutage alltägliche, lebensrettende medizinische Maßnahme. Die ersten gegen Ende des 19. Jahrhunderts unternommenen Versuche, Blut zu übertragen, führten noch häufig zum Tod der Patienten. Erst die systematischen Versuche von Karl Landsteiner zu Beginn des 20. Jahrhunderts, Serum und Blutzellen von verschiedenen Personen zu vermischen, ermöglichten es verträgliche und unverträgliche Kombinationen von Spendern und Empfängern zu erkennen. Bei den unverträglichen Kombinationen verklumpen die Erythrocyten (Rote Blutzellen) eines Spenders. Dieser Vorgang beruht auf einer Immunreaktion. Als Antigene fungieren hier zwei verschiedene Kohlenhydratketten, die an Proteine oder Lipide der Zellmembran gebunden sind. Man unterscheidet die Kohlenhydratketten A und B. Das Vorkommen dieser Antigene auf den Erythrocyten eines Menschen wird bestimmt durch ein Gen mit den drei Allelen i^A, i^B und i^0. Die Kombination dieser Allele führt beim Menschen zum Auftreten von vier verschiedenen **Blutgruppen** (Tab. 36.1 und Abb. 36.1 oben). Die Allele i^A und i^B verhalten sich dominant gegenüber dem Allel i. Die Blutgruppe AB ergibt sich aus den beiden dominanten Allelen i^A und i^B. In diesem Fall treten beide Blutgruppensubstanzen A und B auf. Da hier zwei Allele bei der Ausbildung eines Merkmals zusammenwirken, ohne die Wirkung des anderen zu vermindern, spricht man von **Kodominanz**. Antikörper werden nur gegen körperfremde Antigene produziert. So besitzen Menschen mit der Blutgruppe A nur Anti-B Antikörper, während Menschen mit der Blutgruppe 0 sowohl Anti-A als auch Anti-B Antikörper im Serum besitzen.

Neben dem A/B/0-System gibt es noch andere Blutgruppensysteme, ein wichtiges ist das Rhesusfaktor-System. Dieses ist nach einem weiteren Oberflächen-Antigen, dem **Rhesusfaktor**, benannt. Menschen mit diesem Antigen bezeichnet man als Rhesus-positiv (Rh⁺), die übrigen als Rhesus-negativ (rh⁻). Antikörper gegen dieses Antigen bilden sich erst Monate nach einer Blutübertragung von Rh⁺-Erythrocyten in rh⁻-Personen. Deshalb schadet einem rh⁻-Menschen die erstmalige Übertragung von Blut mit kurzlebigen Rh⁺-Erythrocyten nicht. Antikörper und Gedächtniszellen bleiben aber lange Zeit erhalten, daher können weitere Übertragungen von Blut mit Rh⁺-Erythrocyten zur Verklumpung und damit zu schweren Schädigungen bis zum Tode führen. Bei der Geburt eines Kindes von einem Rh⁺-Vater und einer rh⁻-Mutter können Erythrocyten des Rh-positiven Kindes in das mütterliche Blut übergehen und dort die Bildung von Antikörpern bewirken. Bei einer erneu-

ten Schwangerschaft gelangen diese Antikörper von der Mutter durch die Plazenta in das Blut des Kindes. Ist dieses Rh⁺, so binden die Antikörper an die Roten Blutzellen des Kindes, die dann anschließend zerstört werden. Diese Reaktion lässt sich durch Antikörpergabe bei der Geburt unterdrücken.

Blutgruppe	Phänotyp	Genotyp
A	Antigen A	$i^A i^A$ oder $i^A i$
B	Antigen B	$i^B i^B$ oder $i^B i$
AB	Antigen A und Antigen B	$i^A i^B$
0	keine Antigene	ii

Tab. 36.1 Beim Menschen führen Kombinationen von drei Allelen im Genotyp phänotypisch zu vier Blutgruppen

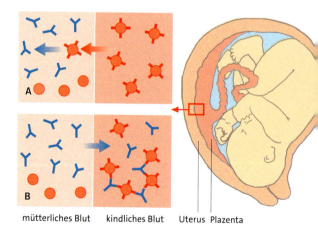

Abb. 36.1 *Oben:* Blutgruppen-Bestimmung nach dem AB0-System; *unten:* Auswirkungen des Rhesusfaktors, wenn Kind und Vater jeweils Rh⁺, die Mutter aber rh⁻ ist. **A** bei einer ersten Schwangerschaft; **B** bei einer zweiten Schwangerschaft

DNA-Chips

Beim Menschen wurden bisher mehrere tausend Genmutationen beschrieben. Um zu prüfen, welche Gene eines Genoms mutiert sind, setzt man **DNA-Microarrays** (engl. *array* anordnen) ein (Abb. 37.1A). Sie werden auch als DNA-Chips bezeichnet. Mit dieser Technik können zahlreiche Gene gleichzeitig analysiert werden. Sie beruht auf Hybridisierungsreaktionen zwischen Genabschnitten und dazu komplementären einzelsträngigen DNA-Molekülen, so genannten **Sonden**. Auf dem DNA-Chip ist eine Fläche von etwa $1\,cm^2$ in viele kleine Abschnitte unterteilt. Jeder enthält eine andere DNA-Sonde in millionenfacher Kopie. Insgesamt kann ein DNA-Chip mehr als 50 000 verschiedene Sonden enthalten und damit die gesamte DNA des Menschen abdecken. Mithilfe eines solchen DNA-Chips kann man ein Genom auf alle bekannten Genmutationen untersuchen und zusätzlich neue entdecken.

Will man z. B. die Disposition einer Patientin für Brustkrebs untersuchen, so markiert man isolierte DNA mit einem Fluoreszenzfarbstoff, stellt durch Erhitzen Einzelstränge her und trägt diese auf den DNA-Chip auf (Abb. 37.1B). An den Stellen des DNA-Chips, an denen es zu einer Hybridisierung kommt, kann man mithilfe eines Lasers ein Fluoreszenzsignal erkennen. Nach der computergestützten Auswertung des gesam-

ten DNA-Chips kann man sagen, welche Genmutationen bei der Versuchsperson vermutlich vorliegen.

Transkriptanalysen. Tumorzellen weichen in ihrer Gestalt deutlich vom umgebenden Gewebe ab. Dies ist eine Folge unterschiedlicher Genexpression. Um zu untersuchen, welche Gene in Tumorzellen und welche in normalen Gewebszellen exprimiert werden, setzt man ebenfalls DNA-Chips ein (Abb. 37.1C). Zunächst isoliert man mRNA aus Zellen beider Gewebe. Daraus stellt man mittels der Reversen Transkriptase jeweils cDNA her. Die beiden cDNA-Proben werden dann mit unterschiedlichen Fluoreszenzfarbstoffen markiert, z. B. die cDNA aus Tumorzellen grün und die andere rot. Anschließend trägt man die markierte cDNA gemeinsam auf einen DNA-Chip auf, der Sonden aller Gene der humanen DNA enthält. Wie in Abb. 37.1C zu sehen, erhält man je nach Hybridisierung ein grünes, ein rotes oder ein gemischtes Fluoreszenzsignal. Daraus ergibt sich, welche Gene jeweils in Tumorgewebe, in gesundem Gewebe oder in beiden Geweben transkribiert werden.

Aufgabe

Erklären Sie, wer Interesse an genetischen Daten haben kann und wem diese zugänglich sein sollten. Begründen Sie Ihre Auffassung.

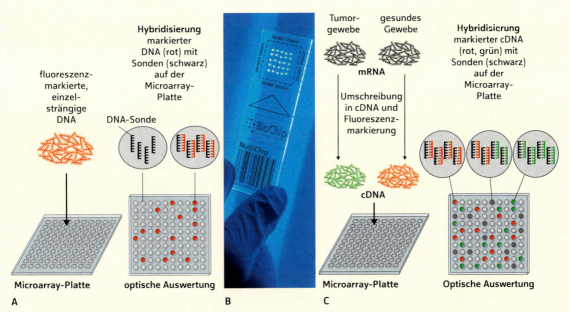

Abb. 37.1 DNA-Microarray. **A** Prinzip der Gendiagnostik mittels DNA-Chip; **B** DNA-Chip; **C** Prinzip der Transkriptanalyse von gesundem Gewebe und Tumorgewebe (Schema)

2.6 Die Erforschung polygener Merkmale

Menschen mit einem weißen und einem schwarzen Elternteil haben i. d. R. eine braune Haut. Nach MENDEL würde man erwarten, dass Mischlinge schwarzer und weißer Vorfahren jeweils zu 25 % weiße und schwarze Nachkommen hätten. **Massenstatistische Verfahren,** bei denen möglichst viele Einzelfälle untersucht und ausgezählt wurden, zeigen ein anderes Bild: Kinder von Mischlingen sind nur äußerst selten ganz weiß oder ganz schwarz. Insgesamt findet man zahlreiche Helligkeitsabstufungen zwischen den beiden Extremen. Im Gegensatz zu den bisher betrachteten Merkmalen wie Kurzfingrigkeit, Albinismus und MARFAN-Syndrom wird die Hautfarbe nämlich nicht monogen vererbt. Weil mehrere Gene an ihrer Ausprägung beteiligt sind, bezeichnet man ihre Vererbung als **polygen.**

Für die Hautpigmentierung sind vermutlich vier Allelenpaare zuständig. Je mehr Allele für die Pigmentbildung bei einem Menschen vorkommen, desto dunkler ist seine Haut (Abb. 38.1). Weil sich die Allele in ihrer Wirkung addieren, spricht man von **additiver Polygenie.** Stehen z. B. die Allele *a, b, c* und *d* für helle und *A, B, C* und *D* für dunkle Haut, so hat der Genotyp *AaBbCCdd* etwa die gleiche Hautfarbe wie *AaBbCcDd.* Beide haben vier Allele für dunkle Haut. So wird verständlich, dass Mischlinge z. B. auch weißhäutige Kinder haben können, dann nämlich, wenn das Kind sowohl vom Vater als auch von der Mutter alle Allele für helle Haut erbt.

Die Stärke der Pigmentierung nimmt beim Menschen vom Äquator nach Norden und Süden ab. Dieses Phänomen hat sich im Laufe der Evolution des Menschen herausgebildet. Grund dafür ist die Wirkung des UV-Lichtes. Einerseits kann es die Haut schädigen, z. B. Hautkrebs verursachen (S. 13). Andererseits wird Vitamin D in der Haut nur unter UV-Licht gebildet. In Äquatornähe schützt die starke Pigmentierung vor dem UV-Licht und lässt dennoch genug Licht für die Vitamin-D-Bildung durch. Im Norden kann nur eine helle Haut eine ausreichende Versorgung mit Vitamin D garantieren. Dementsprechend setzten sich bei der Besiedlung der lichtärmeren Gebiete solche Menschen durch, die eine ausreichend helle Haut besaßen. Halten sich Schwarze lange Zeit z. B. in Europa auf, müssen sie Vitamin D einnehmen.

Der Pigmentierung der Iris und der Haare liegen ebenfalls mehrere Gene zugrunde. Allele für Dunkel dominieren über solche für Hell. Bei der Iris dominiert Braun bzw. Grün über Blau. Blaue Augen enthalten die wenigsten Pigmente.

Polygene Erbgänge sind schwerer zu analysieren als monogene: Die vielen Möglichkeiten der Rekombination führen zu vielfältigen Phänotypen. Hinzu kommt, dass bei vielen polygenen Merkmalen auch die Umwelt einen nennenswerten Einfluss hat. Es ist dann schwierig, genetische Wirkungen und Umwelteinflüsse zu trennen. Dies zeigt sich z. B. bei der Untersuchung der Begabung. Deren erbliche Grundlage ergibt sich aus der Häufung Begabter in bestimmten Familien. Besonders bekannt ist dies von der musikalischen Begabung in der Familie BACH (Abb. 39.1). Über eine lange Reihe von Generationen traten in ihr hervorragende Musiker auf. Neben der genetischen Komponente darf man hier auch fördernde Einflüsse des Elternhauses annehmen.

Zwillingsforschung. Neben der Stammbaumanalyse und dem massenstatistischen Verfahren ist die vergleichende Untersuchung von Zwillingen eine wichtige Methode der Erbforschung beim Menschen. Zweieiige Zwillinge (ZZ)

Abb. 38.1 Hautfarbe einer Europäerin und einer Südinderin, die beide zur Gruppe der Kaukasiden zählen, sowie einer Negriden

entstehen durch gleichzeitige Befruchtung zweier Eizellen. Da die beiden Zygoten verschiedene Genome enthalten, ähneln sich ZZ nicht stärker als andere Geschwister; sie können gleichen oder verschiedenen Geschlechts sein. Eineiige Zwillinge (EZ) entstehen, wenn sich der Embryo bei den ersten Zellteilungen in zwei gleiche Teile spaltet, die sich getrennt entwickeln. Damit sind sie Klone. Sie gleichen einander wie ein Ei dem anderen (Abb. 39.3). Reicht die Ähnlichkeitsdiagnose nicht aus, um zu entscheiden, ob es sich um EZ oder ZZ handelt, kann der genetische Fingerabdruck zur Klärung beitragen, der physische Fingerabdruck ist dagegen selbst bei EZ verschieden. In Mitteleuropa kommt auf etwa 340 Geburten eine Geburt von EZ.

Wegen ihres weitgehend identischen Erbguts müssen die Unterschiede, die EZ aufweisen, vornehmlich von Einflüssen der Umwelt herrühren. Am aufschlussreichsten sind EZ-Paare, die vom frühesten Kindesalter an in verschiedenen Umwelten herangewachsen sind. In manchen Eigenschaften, z. B. den Gesichtszügen oder der Körpergröße, stimmen sie dennoch weitgehend überein. Solche Merkmale sind also umweltstabil. Andere Eigenschaften wie das Körpergewicht sind umweltlabil. Vor allem die Frage nach dem Anteil von Erbe und Umwelt an der Intelligenz wurde mithilfe der Zwillingsforschung untersucht. Verstehen, Urteilen, Schlussfolgern, Zusammenhänge erfassen, abstraktes und anschauliches Denken, Einfallsreichtum, Raumvorstellungsvermögen und Konzentrationsfähigkeit sind Eigenschaften, die der Intelligenz zu-

Vom Vater hab' ich die Statur,
des Lebens ernstes Führen,
vom Mütterchen die Frohnatur
und Lust zu fabulieren.

Urahnherr war der Schönsten hold,
das spukt so hin wieder;
Urahnfrau liebte Schmuck und Gold,
das ruckt wohl durch die Glieder.

Sind nun die Elemente nicht
aus dem Komplex zu trennen;
was ist denn an dem ganzen Wicht
Original zu nennen?

Abb. 39.2 Gedicht von J. W. GOETHE

gerechnet werden. Da diese das Ergebnis einer Vielfalt von verschiedenen geistigen Einzelleistungen sind, kann nur eine Vielzahl von Genen für die Intelligenz zuständig sein. Zu deren Erfassung benutzt man einen Intelligenztest. Die Testwerte stimmen zu 75 % für kurz nach der Geburt getrennte eineiige Zwillinge überein, immerhin aber auch zu 33 % für nicht miteinander verwandte Personen, die zusammen aufwachsen. Offensichtlich wirken sich sowohl das Erbgut als auch die Umwelt auf die Intelligenzentwicklung aus. Studien mit Kindern, die in extrem kargen bzw. besonders förderlichen Umgebung aufwachsen, bestätigen dies. Auch Mangelernährung schränkt die Gehirnentwicklung deutlich ein und führt zur Verminderung der Intelligenz.

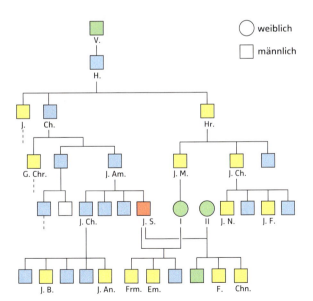

○ weiblich
□ männlich

Abb. 39.1 Stammbaum der Familie BACH. Rot: JOHANN SEBASTIAN BACH; blau: Berufsmusiker; grün: Komponist(in); gelb: Berufsmusiker und Komponist

Abb. 39.3 Eineiige Zwillinge

2.7 Genetische Beratung

In SCOTTY's Krankenzimmer hängt ein verblassendes Bild von einem jungen, kräftigen Mann. Nun, im Alter von 33, vermisst er diese Tage. Nachdem er miterleben musste, wie seine Mutter an der **Huntington-Krankheit** *(Huntington's disease)* erkrankte und daran starb, sieht er sich jetzt mit seiner eigenen schwindenden Muskelkontrolle konfrontiert. Er ist an den Rollstuhl gefesselt und hat Schwierigkeiten zu sprechen und zu essen. Scotty gehört zu den etwa 30 000 US-Amerikanern, die diese Krankheit haben. In Deutschland sind etwa 10 000 Personen betroffen. Das dominant vererbte Leiden beginnt normalerweise im Alter von 35 bis 55 Jahren, gelegentlich aber schon in der Jugend. Es wird durch das Absterben von Nervenzellen verursacht, die den Bewegungsapparat kontrollieren (Abb. 40.1). Ungewollte Muskelbewegungen, und Wahrnehmungsbeeinträchtigungen kennzeichnen diese Krankheit.

Der Gendefekt kann mit einer DNA-Sonde nachgewiesen werden. Bei dem Defektallel liegt das Basentriplett CAG in vielfacher Wiederholung vor (Abb. 40.2). An der Anzahl der CAG-Tripletts lassen sich Schweregrad und Zeitpunkt des Krankheitsausbruchs in etwa abschätzen. Bei 6 bis 34 CAG-Tripletts bleibt die Person gesund, bei einer Anzahl von 35 bis 39 liefert der Gentest keine Gewissheit, ob die Krankheit ausbricht. Ab 40 Wiederholungen werden mit Sicherheit Symptome ausgebildet. Mit weiter zunehmender Anzahl ist mit einem höheren Schweregrad und einem früheren Zeitpunkt des Auftretens der Krankheit zu rechnen. Bis heute gibt es keine Therapie. Die Entscheidung zu einem Gentest setzt voraus, dass man sich zuvor mit den möglichen Konsequenzen auseinandersetzt. Dazu werden umfangreiche Aufklärunsgespräche angeboten.

Bei einer **genetischen Beratung** (Abb. 41.2) erhält ein Paar mit Kinderwunsch darüber Auskunft, wie hoch das Risiko ist, ein Kind mit Defektallelen zu zeugen. In folgenden Fällen bietet sich eine Beratung an:

a) Ein Partner leidet an einer Erbkrankheit oder hat Grund anzunehmen, er sei erblich belastet.

b) Die Partner sind miteinander blutsverwandt. Sie besitzen daher mit größerer Wahrscheinlichkeit gleiche Defektallele als nicht verwandte Paare. Die Analyse der Familiengeschichte gibt Aufschluss über das Risiko für Erbkrankheiten beim gemeinsamen Kind.

c) Eine Schwangere ist 35 Jahre alt oder älter, der Vater mindestens 50. Mit dem Alter der Mutter und möglicherweise auch dem des Vaters steigt das Risiko, ein Kind mit DOWN-Syndrom zu bekommen (S. 16).

d) Das Paar hat bereits ein leibliches Kind, das an einer Erbkrankheit leidet. Es kann das Wiederholungsrisiko abgeschätzt werden.

e) Vor der Zeugung eines Kindes erfolgte bei einem der Partner eine Strahlenbehandlung oder es wurden mutagene Medikamente eingenommen. Eine solche Therapie, die z. B. bei der Behandlung von Krebs eingesetzt wird, kann Erbschäden hervorrufen. Sind davon Keimbahnzellen betroffen, kann defekte DNA auf das Kind übertragen werden. Das Risiko hängt von der Art und der Dauer der Behandlung ab.

f) In der Verwandtschaft traten Chromosomenanomalien auf oder Krankheiten, die möglicherweise oder mit Sicherheit erblich sind.

g) Nach mehreren Fehlgeburten möchte eine Frau wissen, ob bei einer erneuten Schwangerschaft wieder eine Fehlentwicklung des Kindes und eine weitere Fehlgeburt zu befürchten ist.

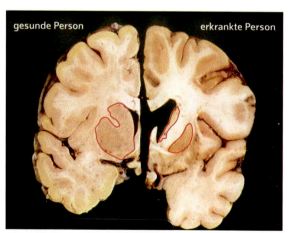

Abb. 40.1 Querschnitt durch das Gehirn. Regionen für die Steuerung von Bewegungsabläufen (rot umrandet) sind bei Huntington-Erkrankten verkleinert.

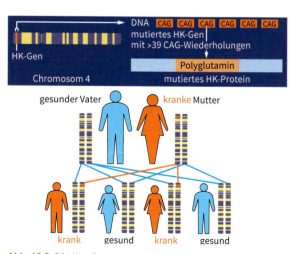

Abb. 40.2 Die Huntington-Krankheit beruht auf einem Defekt auf dem Chromosom 4 und wird autosomal-dominant vererbt.

Die Methoden der genetischen Beratung sind sehr vielfältig. Dazu gehören u.a. Stammbaumanalysen, Ultraschallaufnahmen des Embryos sowie cytologische, biochemische und molekulargenetische Untersuchungen von Chromosomen, Enzymen und Genen (Abb. 41.1).

Bei der Abschätzung der Folgen der genetischen Beratung sind drei Ebenen zu unterscheiden.

Ebene des Individuums: Zum Nachweis von etwa 90 Gendefekten werden Tests angeboten. Doch können die wenigsten Erbleiden geheilt werden. Vorstufen von erblichem Darmkrebs, so genannte Polypen, kann man aus dem Darm entfernen und so den Ausbruch der Krankheit verhindern. Bei erblichem Brustkrebs bestehen gute Heilungschancen, wenn durch häufige Vorsorgeuntersuchungen ein Tumor in frühem Stadium erkannt wird. Inzwischen versucht man, mit kleinen RNA-Molekülen bestimmte Gene zu inaktivieren, um so die Anfälligkeit für Brustkrebs herabzusetzen. Auch Phenylketonurie gehört zu den heilbaren Erbkrankheiten. Wenn allerdings bei einem Fetus eine unheilbare Erbkrankheit diagnostiziert wird, bietet die Medizin nur die Möglichkeit des Schwangerschaftsabbruchs. Die Entscheidung dafür oder dagegen kann allein von den Eltern getroffen werden. Bei der Entscheidung für einen Abbruch können sie die zu erwartenden schlimmen Folgen für das Kind und sich selbst anführen. Sie orientieren sich dann am **Utilitätsprinzip** (Nützlichkeitsprinzip) der Ethik, wonach menschliches Handeln möglichst vielen Menschen zum größtmöglichen Glück verhelfen soll. Die Entscheidung gegen einen Abbruch kann mit dem **Prinzip der Menschenwürde** begründet werden. Danach besitzt jeder Mensch von Anfang an einen absoluten Wert (Würde des Menschen) und genießt daher unbedingten Schutz, das Leben des Menschen ist unantastbar. Folgen einer Disposition für eine Erbkrankheit bleiben unberücksichtigt.

Ebene der Gesellschaft: Wenn Erbkrankheiten behandelt werden können, sind die Kosten für die Frühdiagnose und anschließende Therapie im Allgemeinen niedriger als eine spätere Langzeitbehandlung. Wer aus diesem Grund die genetische Beratung fördert, orientiert sich am allgemeinen Wohl und damit ebenfalls am Utilitätsprinzip.

Ebene der Evolution: Durch eine verbesserte Therapie kann die Häufigkeit von Defektallelen in der Bevölkerung zunehmen. Dies dauert bei seltenen Allelen aber Hunderte von Jahren. Die Zunahme der genetischen Mitgift, also der mutierten Allele, die von den Eltern übernommen werden, ist damit geringfügig. Von Therapien unbeeinflusst sind der genetische Zufluss und der genetische Ausfall. Unter genetischem Zufluss versteht man zusätzliche Mutationen, die im Verlauf des individuellen Lebens in der Keimbahn entstehen. Neben Spontanmutationen,

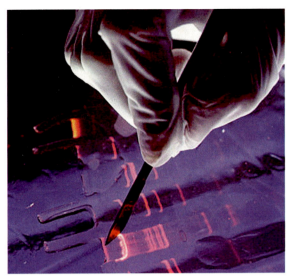

Abb. 41.1 Elektrophorese von DNA-Abschnitten

für die keine Ursache angegeben werden kann, zählen dazu Mutationen mit bekannter Ursache wie z. B. Röntgenstrahlung, radioaktive Strahlung und mutationsauslösende chemische Stoffe. Ein genetischer Ausfall ergibt sich bei Kinderlosigkeit, verringerter Fruchtbarkeit oder Unfruchtbarkeit. Neben der genetischen Mitgift bestimmen also auch genetischer Zufluss und Ausfall die genetische Bürde einer Generation. Da diese weitgehend unbeeinflussbar ist, kann es den genetisch gesunden Menschen nie geben. Ohne die genetische Bürde könnte es keine weitere biologische Evolution des Menschen geben. Bei guter ärztlicher Versorgung ist die Selektion, die eine Fortpflanzung in manchen Fällen verhindern würde, allerdings aufgehoben: Menschen mit extremer Kurzsichtigkeit oder mit Diabetes sind heute nicht mehr benachteiligt.

Abb. 41.2 Genetische Beratung

ZUSAMMENFASSUNG

Die Humangenetik ist das Teilgebiet der Genetik, das sich mit dem Erbgut des Menschen und den Mechanismen der Genübertragung von einer Generation auf die nächste bei der Reproduktion beschäftigt. Dabei werden verschiedene Forschungsmethoden verwendet: Bei der PCR *(Polymerase Chain Reaction)* lassen sich DNA-Abschnitte schnell vervielfältigen. Mithilfe einer DNA-Sequenzierung bestimmt man dann die Reihenfolge der Nucleotide. Zum Schluss werden die vielen sequenzierten Teilstücke zu einem vollständigen Genom zusammengesetzt.

Jeder Mensch, außer eineiige Mehrlinge, hat einen eigenen genetischen Fingerabdruck. Er wird mithilfe nicht codierender Sequenzen gewonnen und arbeitet zum Beispiel mit einer Reihe von STR *(Short tandem repeats)*.

Beim Menschen wird das Geschlecht durch zwei Gonosomen bestimmt, das X- und das Y-Chromosom. In der Reproduktion kann es zu Fehlverteilungen der Gonosomen während der Meiose kommen, dadurch ergibt sich eine Überzahl oder es können Gonosomen fehlen. Beispiele dafür sind die Genotypen 44 + X0 (Turner-Syndrom) und 44 + XXY (Klinefelter-Syndrom).

Liegt ein Gen auf einem Geschlechtschromosom, bezeichnet man den Erbgang als geschlechtsgebunden oder gonosomal.

Die Analyse von Erbgängen beim Menschen erfolgt anhand von Stammbäumen. Im autosomal-dominanten Erbgang führt ein einziges dominantes Allel zur Ausprägung des entsprechenden Merkmals und eventuell zu einer Erbkrankheit. Beispiele für autosomal-dominante Erbkrankheiten sind Kurzfingrigkeit, Osteosklerose und Spalthand.

Im autosomal-rezessiven Erbgang tritt ein Merkmal nur dann in Erscheinung, wenn das Allel homozygot vorliegt, beide Eltern müssen also Merkmalsträger sein. Beispiele für autosomal-rezessive Erbkrankheiten sind Albinismus, Sichelzellanämie und Mucoviszidose.

Im gonosomalen Erbgang wird ein Merkmal geschlechtsgebunden vererbt. Da das X-Chromosom deutlich mehr Gene besitzt als das Y-Chromosom, sind Männer von gonosomal vererbten Krankheiten häufiger betroffen als Frauen. Beispiele für X-chromosomal-rezessiv vererbte Krankheiten sind Bluterkrankheit, Rot-Grün-Sehschwäche und Muskeldystrophie.

Bei einer genetischen Beratung erhält ein Paar mit Kinderwunsch darüber Auskunft, wie hoch das Risiko ist, ein Kind mit Defektallelen zu zeugen. Dabei spielen verschiedenen Untersuchungsmethoden eine Rolle. Zu ihnen zählen Stammbaumanalysen, Ultraschalluntersuchung des Embryos/Fetus sowie cytologische, biochemische und molekulargenetische Tests an Chromosomen, Enzymen und Genen.

AUFGABEN

1 ■■■ Diagnose: Morbus WILSON

Im Alter von neun Jahren fiel Max der Lehrerin durch nachlassende Schulleistungen auf. Seine Schrift war nicht mehr so ausgeglichen wie vorher. Im Unterricht meldete er sich seltener und er hatte Schwierigkeiten beim Aussprechen ungewohnter Wörter. Seine Klassenkameraden lachten über seine unwillkürlichen Grimassen. Eine Blutuntersuchung in der Klinik zeigte eine stark erniedrigte Konzentration an dem Kupfertransporteiweiß Coeruloplasmin im Serum. Darüber hinaus fand man eine erhöhte Kupferausscheidung im Urin. Die Leber zeigte einen deutlich erhöhten Kupfergehalt: Die Diagnose lautete: Kupferspeicherkrankheit Morbus WILSON. Die Funktion des Coeruloplasmins ist bei dieser Krankheit eingeschränkt. Dieses bindet Kupfer an der Zellmembran und verlagert es vom Zellinneren in die Zwischenzellflüssigkeit. Dann kann die Leber Kupfer in die Galle ausscheiden. Bei einer Störung kommt es zu Ansammlungen von Kupfer in der Leber, dem Auge, dem Zentralnervensystem und anderen Organen. Auf der Suche nach der genetischen Ursache untersuchte man das Coeruloplasmin-Gen bei Gesunden und Kranken. Man fand das für Morbus WILSON verantwortliche Defektallel auf dem Chromosom 13.

Die Eltern ließen sich und ihre Kinder auf die verantwortlichen Defektallele untersuchen. Sie fragten sich, ob ihr zweites Kind Andrea auch Morbus WILSON geerbt haben könnte.

Proteinabschnitte	funktionsbestimmende Sequenzen
Kupfer bindender Abschnitt	… Gly–Met–Thr–Cys–X–Ser–Cys …
ATP-Bindungsstelle	… Ser–Glu–His–Pro–Leu–Thr– Gly–Asp–Asn … *und* … Gly–Asp–Gly–Val–Asn–Asp …

Tab. 43.1 Proteinabschnitte des Coeruloplasmins mit den funktionsbestimmenden Aminosäuresequenzen (X = beliebige Aminosäure, aber nicht Histidin)

Person	Coeruloplasmin-Gen-Abschnitte A, B und C mit ihren Basensequenzunterschieden		
	A, Triplett 61	B, Triplett 15	C, Triplett 41
1	ACA und ACC	AGG und AAG	CAC und CAA
Max	ACA	AAG	CAA
3	ACC	AGG und AAG	CAC
4	ACA	AGG	CAC
5	ACA	AGG und AAG	CAC und CAA

Tab. 43.2 Basentripletts im Coeruloplasmin-Gen. Es wurden die Allele von Max mit vier gesunden Personen verglichen, darunter seine Eltern, nicht seine Schwester.

a) Pro Tag müssen ca. 2 mg Kupfer vom menschlichen Körper aufgenommen werden. Kennzeichnen Sie die Bedeutung für den Organismus. Stellen Sie eine Vermutung zur Funktion auf.

b) Erklären Sie die höheren Kupferkonzentrationen in Leber und Nervengewebe bei Morbus WILSON, und bringen Sie die nachlassenden Schulleistungen von Max damit in Verbindung.

c) Ordnen Sie den in Tab. 43.2 erwähnten Basentripletts mithilfe der Code-Sonne auf Seite 25 die entsprechenden Aminosäuren zu. Begründen Sie, welche Veränderung der Basensequenz Morbus WILSON auslöst. Geben Sie dabei an, welcher Proteinabschnitt des Coeruloplasmins (Tab. 43.1) betroffen ist, und welche Teilfunktion des Transportproteins deshalb ausfällt. Erklären Sie, warum andere in Tab. 43.2 aufgeführte Basentriplettveränderungen nicht zu Krankheit führen.

d) Leiten Sie aus Tab. 43.2 ab, wie Morbus WILSON vererbt wird. Begründen Sie, welche der Personen aus Tab. 43.2 die Eltern von Max sind.

e) Geben Sie an, welche Untersuchungsergebnisse bei der Schwester von Max erwartet werden können. Berechnen Sie die Wahrscheinlichkeit, mit der sie Morbus WILSON geerbt haben könnte.

2 ■■■ Muskeldystrophie DUCHENNE, ein Fall für den Bundestag?

Annas Bruder kam zur Welt, als sie vier Jahre alt war. Er leidet, wie ca. 2000 andere Jungen in Deutschland, an der Muskeldystrophie DUCHENNE, einer bestimmten Form von Muskelschwund. Die Betroffenen können das Muskelprotein Dystrophin nicht bilden. Bei ihnen fehlt im entsprechenden Gen ein besonders langer Nucleotidabschnitt von über 100 000 Basenpaaren.

Wegen der zeitaufwändigen Betreuung des Bruders gab die Mutter ihren Beruf auf. Heute ist er 18 Jahre alt, wiegt noch 28 kg und hat noch eine Lebenserwartung von zwei bis vier Jahren. Nun möchte die Schwester eigene Kinder haben. Wenn bei einer pränatalen Untersuchung DUCHENNE diagnostiziert würde, wäre es in Deutschland erlaubt, abzutreiben, denn es läge eine »schwerwiegende Beeinträchtigung des körperlichen und seelischen Gesundheitszustands der Mutter« vor.

a) Bestimmen Sie anhand des vorliegenden Stammbaums (Abb. 43.1) die Art des Erbgangs der monogenen Erbkrankheit DUCHENNE.

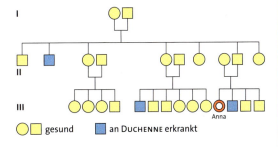

Abb. 43.1 Stammbaum einer Familie mit Muskeldystrophie DUCHENNE. In den Familien der einheiratenden Männer trat die Krankheit nie auf.

b) Ist die Befürchtung der 22jährigen Schwester berechtigt, ein Baby mit Muskeldystrophie Duchenne zu bekommen? Berechnen Sie die Wahrscheinlichkeit dafür mithilfe eines Erbschemas.

c) Auf welche Weise könnte Ihrer Meinung nach die Muskeldystrophie diagnostiziert werden? Schildern Sie eine mögliche Methode.

3 Gentechnik

Christoph nahm im Alter von 12 Jahren in kurzer Zeit stark ab, hatte ständig Durst und musste vermehrt Wasser lassen. Der Arzt diagnostizierte Zuckerkrankheit (Diabetes mellitus). Die Bauchspeicheldrüse des Kindes gab demnach zu wenig Insulin ins Blut ab. Eine regelmäßige Zufuhr dieses Hormons beseitigte die Symptome.

Da die Zuckerkrankheit zu den häufigen Stoffwechselerkrankungen gehört, wird für die Behandlung der Patienten weltweit sehr viel Insulin benötigt. Das Hormon wurde seit 1922 vor allem aus den Bauchspeicheldrüsen von Schweinen und Rindern gewonnen. Diese Präparate haben den Nachteil, dass sich die Aminosäuresequenz der Tierinsuline etwas von der des Humaninsulins unterscheidet, was bei den Patienten zu allergischen Reaktionen führen kann. Zudem werden sehr große Mengen an Schlachttieren gebraucht; denn zur Gewinnung von 100 g Insulin sind etwa 800 kg Pankreasgewebe erforderlich. Einen wesentlichen Fortschritt bei der Insulinherstellung erzielte man 1982: Es gelang, das menschliche Gen, das den Bau des Hormons codiert, in das Darmbakterium *Escherichia coli* einzubauen. Solche Bakterien können in Fermentern (Abb. 44.1) in großen Mengen vermehrt werden; aus den Zellen gewinnt man in einem mehrstufigen Bearbeitungsprozess reines Humaninsulin (Abb. 44.2).

Viele andere Medikamente werden heute ebenfalls mithilfe gentechnisch veränderter Lebewesen hergestellt. Auch wird Gentechnik auf vielen weiteren Anwendungsgebieten eingesetzt, z. B. zur Ertragssteigerung bei Nutzpflanzen und Nutztieren. Wie die Wissenschaftler dabei vorgehen und welche Probleme damit verbunden sein können, wird im Folgenden dargestellt.

Dabei stellen sich diese Fragen:
- Mit welchen Methoden wird Gentechnik durchgeführt?
- Auf welchen verschiedenen Gebieten wird Gentechnik angewendet?
- Welche Risiken sind mit der Gentechnik verbunden und welche ethischen Fragen ergeben sich?

Abb. 44.1 Edelstahlfermenter zur Herstellung von Humaninsulin aus gentechnisch veränderten Bakterien

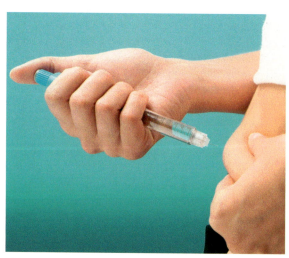

Abb. 44.2 Eine Frau spritzt sich Insulin.

3.1 Viren und Virusgenetik

Am Ende des 1. Weltkrieges breitete sich 1918 eine schwere Grippewelle, die sogenannte Spanische Grippe, weltweit aus. Bis Ende 1919 starben daran etwa 50 Millionen Menschen, mehr als im 1. Weltkrieg (Abb. 45.1B). Ausgelöst wurde die Spanische Grippe von einem Virus (Abb. 45.1A).

Lange Zeit blieben **Viren** verborgen, da sie im Lichtmikroskop nicht zu erkennen sind. Erst nach Entwicklung des Elektronenmikroskopes konnten sie sichtbar gemacht und beschrieben werden. Ihre Größe liegt zwischen 15 nm und 400 nm und damit zwischen derjenigen von sehr großen Proteinmolekülen und den kleinsten Bakterien (Abb. 45.2). Ein Cytoplasma sowie ein eigener Stoffwechsel sind nicht vorhanden. Viren enthalten lediglich das genetische Programm zu ihrer Vermehrung und Ausbreitung. Sie bestehen aus Nucleinsäure-Molekülen, die von einer äußeren Proteinschicht umgeben sind. Manche Viren wie HIV sind zusätzlich von einer Lipidmembran umschlossen. Diese stammt stets vom Wirt. Das Genom von Viren, das aus DNA oder RNA bestehen kann, umfasst häufig nur einige tausend Nucleotide. Aufgrund des fehlenden Stoffwechsels gehören Viren nicht zu den Lebewesen. Aus dem gleichen Grund können sie sich nicht selbst vermehren. Stattdessen befallen sie Zellen von Eukaryoten oder Prokaryoten und veranlassen die jeweiligen Wirtszellen, neue Viren zu bilden (Tab. 45.1). Da auch die neu gebildeten Viren nach dem Schneeballsystem ständig weitere Wirtszellen befallen, die schließlich zerstört werden, lösen manche Viren Krankheiten aus. Sie können nicht mit Antibiotika bekämpft werden, weil sie zu ihrer Vermehrung eine Wirtszelle nutzen.

Beim Menschen verursachen Viren zahlreiche Erkrankungen, darunter harmlose Atemwegsentzündungen, aber auch schwere Infektionen wie Hepatitis, AIDS, Kinderlähmung, Masern, Pocken, Tollwut oder bestimmte Arten von Krebs. Gefürchtete Viruskrankheiten der Haus- und Nutztiere sind Vogelgrippe, Maul- und Klauenseuche und Kuhpocken. Treten diese Erkrankungen auf, werden als Schutzmaßnahme alle Tiere des Bestandes getötet.

Grippeviren. Grippeviren enthalten RNA. Sie sind von einer Lipidmembran umgeben. Aus dieser ragen Glykoproteine nach außen. Diese binden nach dem Schlüssel-Schloss-Prinzip spezifisch an Rezeptoren auf der Oberfläche von Zellen der Atemwege. Das Virus wird dann von diesen Zellen durch Endocytose aufgenommen. In der Zelle löst sich die virale Lipidmembran auf. Ein Gen des Virus veranlasst die Zelle, die virale RNA-Polymerase herzustellen. Dieses Enzym repliziert ausgehend von der Virus-RNA das Virusgenom. Da diese virale RNA-Polyme-

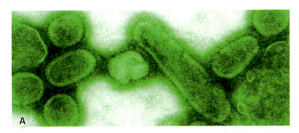

Abb. 45.1 **A** H1N1-Influenza-A-Viren von 1918; **B** an der Spanischen Grippe erkrankte Soldaten in einem US-Militärlazarett

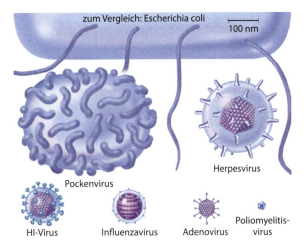

Abb. 45.2 Größe von Viren (Schema)

	Viren	Zellen
genetischer Informationsspeicher	DNA oder RNA	DNA
Auftreten von Mutationen	ja	ja
Stoffwechsel	fehlt	vorhanden
Proteinsynthese	fehlt	vorhanden
Vermehrung	nur in Wirtszellen möglich	durch Teilung

Tab. 45.1 Vergleich von Viren und Zellen

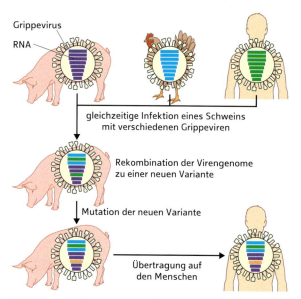

Abb. 46.1 Entstehung neuer Varianten von Grippeviren

rase eine hohe Fehlerrate hat, können durch Mutationen binnen kurzer Zeit viele Varianten eines Virus entstehen. Nach der Bildung neuer Viruspartikel platzt die infizierte Zelle. Pro Wirtszelle können dabei bis zu 100 000 Viren freigesetzt werden. Diese befallen dann weitere Zellen. Viren können durch Husten, Niesen oder Hautkontakt z. B. beim Händeschütteln auf andere Menschen im näheren Umkreis übertragen werden. Eine Übertragung ist auch schon vor dem Auftreten von hohem Fieber möglich, was eine rasche Ausbreitung zur Folge hat.

Aus Opfern der Epidemie von 1918, die im Permafrost beerdigt wurden und daher nicht verwesten, konnten Virus-Varianten der Spanischen Grippe isoliert werden. Analysen zeigten, dass dieses Virus direkt von einem Vogelgrippevirus abstammte. Infiziert sich z. B. ein Schwein zugleich mit einem Menschen-, Vogel- und Schweinegrippevirus, dann können in den infizierten Zellen neue Virus-Varianten entstehen. Das erfolgt durch Rekombination der verschiedenen Virus-Genome. Diese Varianten können sich weiter verändern und dann auch

Menschen infizieren (Abb. 46.1). Einige dieser Varianten werden vom Immunsystem eines Großteils der Bevölkerung nicht erkannt und können daher viele Menschen infizieren. Eine Epidemie kann die Folge sein. Auch das Schweinegrippevirus entstand auf diese Weise.

Bakteriophagen. Viren, die Bakterien als Wirte nutzen, werden als Bakteriophagen bezeichnet. Anhand von Bakteriophagen wurden viele Erkenntnisse über virale Infektionen gewonnen. Bei Kontakt mit einem Wirtsbakterium heftet sich ein Phage an bestimmte Stellen der Zellwand an. Anschließend wird dort durch ein Enzym der Phagenhülle die Bakterienwand aufgelöst. Durch das entstandene Loch gelangt die Phagen-Nucleinsäure ohne die Proteinhülle in die Bakterienzelle. Die Phagen-DNA bzw. Phagen-RNA verändert den bakteriellen Stoffwechsel derart, dass dieser die einzelnen Bestandteile des Phagen bildet. Diese lagern sich zu kompletten Phagen zusammen. Etwa 20 bis 30 Minuten nach der Injektion wird die Zellwand des Bakteriums aufgelöst, und es werden 30 bis 200 Phagen freigesetzt, die weitere Bakterienzellen infizieren können. Die Bakterienzelle geht dabei zugrunde (Abb. 46.2). Die Auflösung der Zellmembran des Wirtsbakteriums bezeichnet man als **Lyse** (gr. *lysis* Auflösung).

Phagen-DNA kann aber auch in das Bakterien-Chromosom eingebaut werden. Dadurch wird bei jeder Zellteilung die Phagen-DNA an die Tochterzellen weitergegeben. Eine derartige Vermehrung der Phagen-DNA nennt man lysogen. Kommt es unter bestimmten Umständen wie z. B. bei einem Temperaturschock zu einem Wiederausscheren der Phagen-DNA aus der Wirts-DNA, so kann es zur Lyse der Zellen kommen. Gelegentlich bleibt ein Teil der Bakterien-DNA beim Ausscheren mit der Phagen-DNA verknüpft. Befällt ein derartiger Phage eine andere Bakterienzelle, so kann in der neuen Wirtszelle die von dem Phagen mitgebrachte Bakterien-DNA wirksam werden. Diese Übertragung von Genen mittels Phagen heißt **Transduktion.**

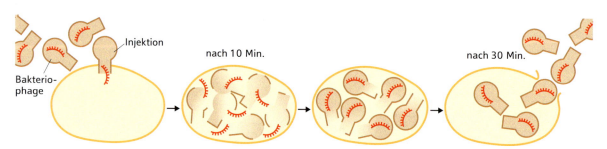

Abb. 46.2 Vermehrung eines Bakteriophagen mit Lyse der Wirtszelle

3.2 Bakterien und Bakteriengenetik

Der Pest-Epidemie in Europa zwischen 1346 und 1352 fielen über 20 Millionen Menschen, etwa ein Drittel der damaligen Bevölkerung, zum Opfer. Viele Verse und Bilder aus dem Mittelalter wie der Lübecker Totentanz spiegeln die dramatischen regionalen Erfahrungen wider (Abb. 47.1). Der Pesterreger, das Bakterium *Yersinia pestis* (Abb. 47.3), wird über Rattenflöhe von infizierten Ratten auf den Menschen übertragen. Bakterien kommen in großer Vielfalt vor. Sie gehören zusammen mit den Archaea zu den Prokaryoten. Man findet sie in allen Lebensräumen. Nur ein sehr geringer Teil der Bakterien ist für den Menschen gefährlich und z. B. für Infektionskrankheiten wie die Pest verantwortlich.

Warum kommen Bakterien in solcher Vielfalt vor und wie können sie Epidemien auslösen? Dies liegt unter anderem an ihrer schnellen Vermehrung, die ungeschlechtlich durch Teilung erfolgt. Die Verdopplungszeit beträgt unter günstigen Bedingungen oft nur 60 Minuten oder weniger. Nach einer Infektion mit *Yersinia pestis* kann es innerhalb von 24 Stunden zu einer millionenfachen Vermehrung der Krankheitserreger kommen. Dem massenhaften Auftreten des Erregers im Körper sind viele Infizierte nicht gewachsen und sterben. Bei einer so großen Zahl an Teilungen steigt gleichzeitig auch die Zahl von Fehlern bei der Replikation. Solche Veränderungen der DNA sind Mutationen. Da Bakterien nur über ein einziges ringförmiges Chromosom verfügen, wirken sich Mutationen sofort phänotypisch aus. Viele Bakterien enthalten zusätzlich **Plasmide,** kleine ringförmige DNA-Moleküle. Auf diesen befindet sich bei manchen Krankheitserregern wie *Yersinia pestis* die genetische Information für die Synthese der krankheitsauslösenden Toxine. Auch sind auf Plasmiden Antibiotikaresistenzen lokalisiert.

Konjugation. Einige dieser Plasmide können zwischen Bakterien ausgetauscht werden. Voraussetzung für den Austausch ist das Vorhandensein eines bestimmten Gens auf dem Plasmid. Das Gen wird als Fertilitätsfaktor oder **F-Faktor** bezeichnet. Eine Zelle, die über einen F-Faktor verfügt, heißt F$^+$-Zelle. Eine solche Zelle ist in der Lage, eine Plasmabrücke zu einer F$^-$-Zelle ausbilden. Anschließend können über die Plasmabrücke Kopien des Plasmids in die Empfängerzelle übertragen werden. Dieser Vorgang heißt Konjugation (Abb. 47.2 A). Auf

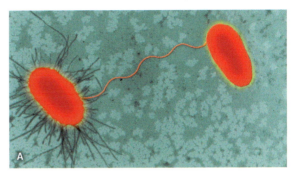

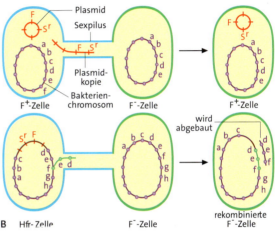

Abb. 47.2 Konjugation. **A** Fluoreszenzmikroskopisches Bild; **B** schematische Darstellungen

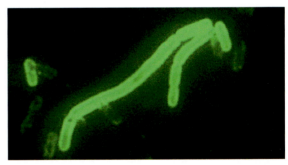

Abb. 47.3 Fluoreszenzmikroskopisches Bild von *Yersinia pestis*

Abb. 47.1 Ausschnitt aus dem Lübecker Totentanz

diese Weise können Bakterien DNA auf andere Bakterienzellen der gleichen oder sogar einer anderen Art übertragen. Die Empfängerzelle besitzt dann ebenfalls alle Gene des Plasmids einschließlich des F-Faktors (Abb. 47.2 B). Der F-Faktor kann sich auch auf dem Bakterien-Chromosom befinden. Man nennt die Bakterienzelle dann eine Hfr-Zelle, (engl. *high frequency of recombination*). Bei der Konjugation wird dann anstatt des Plasmids eine Kopie der chromosomalen DNA auf die F⁻-Zelle übertragen. Die Übertragung ist jedoch zumeist unvollständig, da die Plasmabrücke durch Bewegungen der Zellen häufig abbricht. In der Empfängerzelle kann die DNA aus der Hfr-Zelle teilweise in das Chromosom eingebaut oder sogar gegen entsprechende Bereiche des Empfängerchromosoms ausgetauscht werden. In dieser Zelle liegt nun eine Kombination der genetischen Information der Hfr-Zelle und der Empfängerzelle vor. Daher bezeichnet man den Vorgang als **Rekombination.**

Darüber hinaus können viele Bakterien DNA durch Transformation aufnehmen. Durch Transformation, Konjugation und Mutationen in Verbindung mit einer schnellen Vermehrung können in kurzer Zeit neue Varianten eines Bakteriums entstehen. Daraus erklärt sich die hohe Anpassungsfähigkeit vieler Bakterien. So können immer wieder Bakterienstämme entstehen, auf die das Immunsystem vieler Menschen nicht schnell genug reagiert, was zu Epidemien führen kann.

Antibiotika. Krankheitserregende Bakterien wie *Yersinia pestis* können heutzutage durch **Antibiotika** bekämpft werden. Viele Antibiotika werden mithilfe von Pilzkulturen oder Bakterien wie z. B. Streptomyceten gewonnen. Diese Organismen geben Antibiotika nach außen ab und schädigen so andere konkurrierende Mikroorganismen (Abb. 48.1 A). In der Medizin stellen Antibiotika einen bedeutenden Fortschritt in der Therapie bakterieller Infektionen dar. Aufgrund des Schlüssel-Schloss-Prinzips binden sie spezifisch nur an bakterielle Strukturen. Während das Antibiotikum Penicillin die Bildung der bakteriellen Zellwand verhindert, beeinträchtigen Erythromycin, Tetracyclin oder Rifampicin die Umsetzung der genetischen Information der Bakterien. So werden durch Antibiotika Bakterien selektiv im Wachstum gehemmt bzw. abgetötet. Allerdings entwickeln Bakterien relativ schnell Resistenzen gegen Antibiotika, wodurch diese unwirksam werden. Antibiotikaresistenzgene liegen meist auf Plasmiden, die durch Konjugation leicht an andere Bakterien weitergegeben werden. So tauchen in den Krankenhäusern immer mehr Bakterien auf, die gegen die meisten Antibiotika resistent sind und damit ein ernsthaftes Problem darstellen. Daher müssen fortlaufend neue Antibiotika entwickelt werden. Dies geschieht durch chemische Veränderung vorliegender Antibiotika oder gentechnische Änderung eines Organismus, der ein Antibiotikum produziert.

Bakterien als Modellorganismen. Bakterien werden nicht nur in der Biotechnologie eingesetzt (S. 44), sie dienen auch als Modellorganismen der Genetik. Dies gilt insbesondere für das Darmbakterium *Escherichia coli*, das mit wenig Aufwand unter sterilen Bedingungen im Labor gehalten werden kann (Abb. 48.1 B, C). Unter günstigen Bedingungen teilt sich dieses Bakterium alle dreißig Minuten. Ausgehend von einer einzigen Zelle können im Kulturmedium innerhalb eines Tages mehr Zellen entstehen, als es Menschen auf der Erde gibt. Viele Erkenntnisse der Molekulargenetik wurden an *E. coli* und anderen bakteriellen Modellorganismen gewonnen. Nur ein Teil der Ergebnisse gilt gleichermaßen für Eukaryoten, da Bakterien wichtige eukaryotische Strukturen wie z. B. der Zellkern fehlen. *E. coli* und andere Bakterien verfügen über so genannte **Restriktionsenzyme.** Diese Enzyme erkennen jeweils eine spezifische DNA-Sequenz von 4 bis 12 Basenpaaren und spalten dort den DNA-Doppelstrang. Tritt z. B. nach einer Virusinfektion fremde DNA mit der Erkennungssequenz in der Bakterienzelle auf, so wird diese durch das Restriktionsenzym gespalten und inaktiviert. Somit können Bakterien Viren abwehren. In der Gentechnik werden Restriktionsenzyme als Werkzeug eingesetzt (S. 49).

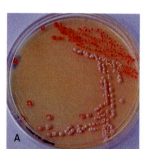
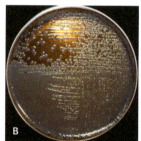
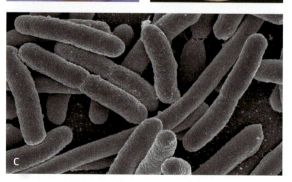

Abb. 48.1 Bakterien. **A** Antibiotika produzierende *Streptomyces*-Kultur auf Festagar; **B** *Escherichia coli*-Kultur auf Festagar; **C** *Escherichia coli* (REM-Aufnahme)

3.3 Methoden und Anwendungen der Gentechnik

Unter der Bezeichnung **Gentechnik** fasst man eine Reihe molekularbiologischer Verfahren zusammen, die die gezielte Veränderung des Genoms von Lebewesen und Viren ermöglichen. Eine solche Veränderung kann durch Ausschaltung bestimmter Gene oder durch die Übertragung fremder Gene in das Genom einer Zelle bzw. eines Organismus erfolgen. Die dabei entstandene DNA bezeichnet man als rekombinante DNA, die gentechnisch veränderten Lebewesen als transgene Organismen. Rekombinante DNA kann in Zellen von Organismen derselben Art eingeschleust werden. Sie lässt sich aber auch über Artgrenzen hinweg übertragen, da der genetische Code universell ist. Zur Herstellung transgener Organismen kann man prinzipiell alle Lebewesen und Viren als Genressourcen verwenden.

Enzyme als Werkzeuge der Gentechnik. Die Entdeckung von Enzymen, die DNA-Moleküle zerschneiden, und weiterer Enzyme, die die Bruchstücke wieder zusammenfügen können, war die entscheidende Voraussetzung für die Entwicklung der modernen gentechnischen Methoden.

1972 fand HERBERT W. BOYER in Bakterien Enzyme, die in der Lage sind, doppelsträngige DNA zu spalten. In der Natur dienen diese **Restriktionsenzyme** dazu, die DNA eingedrungener Phagen in kleine Bruchstücke zu zerschneiden. Dabei werden die DNA-Stränge spezifisch an bestimmten Stellen geschnitten, die aus einer besonderen Abfolge von vier bis zwölf Nucleotiden bestehen und als Erkennungssequenz des Enzyms bezeichnet werden (Abb. 49.1). Da diese Basenabfolge in einem DNA-Doppelstrang an unterschiedlichen Stellen immer wieder auftritt, zerlegt das Restriktionsenzym ein großes DNA-Molekül in viele kleine, unterschiedlich lange Spaltstücke mit gleichartigen Enden. Wichtig für gentechnische Anwendungen sind jene Restriktionsenzyme, die den DNA-Doppelstrang versetzt spalten. Dadurch entstehen Bruchstücke, die an den Enden nicht mehr doppelsträngig sind, sondern eine kurze einsträngige Nucleotidsequenz tragen. Da diese Endgruppen an komplementäre Nucleotide anderer einsträngiger DNA-Stücke binden, nennt man sie *sticky ends* (»klebrige Enden«). Man verwendet heute mehrere Hundert verschiedener Restriktionsenzyme aus verschiedenen Mikroorganismen, die jeweils an spezifischen Stellen der DNA schneiden. Restriktionsenzyme werden nach den Organismen benannt, aus denen sie gewonnen werden; so stammt »Eco R1« aus dem Stamm **R1** des Bakteriums **Escherichia coli.**

Zur Verknüpfung von DNA-Fragmenten verwendet man **DNA-Ligasen** (lat. *ligare* verbinden). Diese Enzyme sind in Organismen wichtig für die Reparatur geschädigter DNA-Abschnitte sowie für die Verknüpfung neu gebildeter DNA-Stücke bei der Replikation.

Gewinnung von Fremd-DNA. Gene lassen sich auf verschiedene Art gewinnen. Kennt man die Nucleotidsequenz des Gens, ist es möglich, dieses *in vitro* zu synthetisieren. Ist die Nucleotidsequenz nicht bekannt, aber man kann von dem Gen mRNA gewinnen, so lässt sich diese mithilfe reverser Transkriptase in cDNA des Gens umschreiben.

In vielen Fällen muss das Gen allerdings zunächst aus dem Genom des Organismus isoliert werden. Dazu vermehrt man dessen Zellen in einer Zellkultur und gewinnt daraus die gesamte DNA. Das komplette Genom wird anschließend mit Restriktionsenzymen in zahlreiche kleine Fragmente gespalten. Die meisten dieser Bruchstücke enthalten ein oder mehrere Gene. Die Stücke lassen sich mithilfe einer Gelelektrophorese auftrennen (S. 50). Wegen ihrer Phosphatgruppen ist DNA in neutralen Lösungen negativ geladen. Gibt man deshalb ein Gemisch von DNA-Bruchstücken auf ein Gel, z.B. aus Agarose, und legt man entlang des Gels ein elektrisches Feld an, wandern die Bruchstücke zum positiven Pol. Die kleineren Bruchstücke wandern dabei rascher als die größeren, sodass eine Trennung der Fragmente nach ihrer Größe erfolgt. Um die so aufgetrennten Fragmente sichtbar zu machen, werden sie mit Ethidiumbromid gefärbt; sie erscheinen dann unter einer UV-Lampe als fluoreszierende Banden. Nun muss noch das gewünschte Gen identifiziert

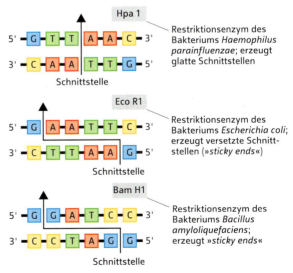

Abb. 49.1 Wirkungsweise von Restriktionsenzymen

werden. Dazu bedient man sich spezifischer markierter Gensonden. Dabei handelt es sich um kurze, synthetisch hergestellte einsträngige DNA- oder RNA-Stücke, deren Nucleotidsequenz komplementär zu einem Bereich des gesuchten Gens ist. Um dieses aufzuspüren, wird das Gel mit den DNA-Fragmenten nach der Auftrennung mit einer basischen Lösung behandelt. Dies führt dazu, dass die DNA denaturiert und sich die jeweils komplementären Stränge voneinander lösen. Nun legt man eine Membran aus Nylon oder Cellulose auf das Gel; es kommt dabei zu einem »Abdruck« des Fragmentmusters auf die Membran. Legt man anschließend die Membran in eine Lösung, die die Gensonde enthält, lagert sich die Sonde an die gesuchte DNA-Sequenz an (Abb. 50.1). Weil die Gensonde zuvor radioaktiv oder mit einem Farbstoff markiert wurde, lässt sich das Gen auf der Membran anhand seiner radioaktiven Strahlung oder Färbung identifizieren.

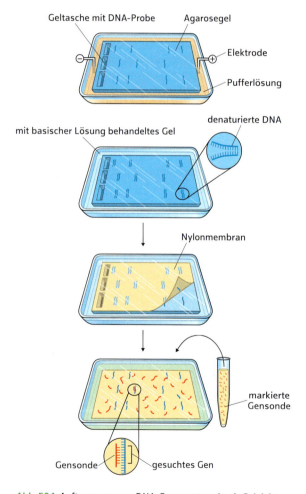

Abb. 50.1 Auftrennung von DNA-Fragmenten durch Gelelektrophorese und Identifizierung von Genen mithilfe von markierten Gensonden

DNA-Vektoren. Um fremde DNA in das Erbgut eines Organismus einzubauen, wird sie in der Regel zunächst in ein Transportsystem, einen **Vektor,** eingebaut. Dabei handelt es sich um besondere, vergleichsweise kleine DNA-Moleküle. Zur Übertragung von DNA in Bakterien werden Plasmide (Abb. 51.1) oder auch Phagen-DNA als Vektoren verwendet. Um Fremd-DNA in Zellen von Eukaryoten einzuschleusen, benutzt man als Vektoren unter anderem Viren, bei Pflanzen das T_i-Plasmid des Bakteriums *Agrobacterium tumefaciens* (S. 53).

Herstellung rekombinanter DNA in Bakterien. Um ein durch Neusynthese gewonnenes oder aus einem Organismus isoliertes DNA-Fragment auf eine Bakterienzelle zu übertragen, muss die Fremd-DNA zunächst in einen geeigneten Vektor eingebaut werden. Für den Einbau der Fremd-DNA in ein Vektorplasmid verwendet man ein Restriktionsenzym, dessen Erkennungssequenz nur ein einziges Mal im Plasmid vorkommt und das daher den Plasmidring nur an dieser Stelle öffnet. Nun schneidet man die Fremd-DNA mit demselben Enzym, sodass die klebrigen Strangenden der Fremd-DNA und der Vektor-DNA gleich sind. Danach mischt man die Suspension der geöffneten Plasmide mit der Suspension der einzubauenden Fremd-DNA. Nun wird DNA-Ligase zugesetzt.

Neben Plasmiden, in die Fremd-DNA eingebaut wurden, entstehen auch wieder ursprüngliche Plasmide sowie Ringe, die nur aus Fremd-DNA bestehen. Die Suspension all dieser Moleküle vermischt man anschließend mit plasmidfreien Bakterien, deren Zellwände zuvor durch chemische Behandlung durchlässig gemacht wurden. Dadurch erhält man Zellen mit Plasmiden, in die Fremd-DNA eingebaut wurde, sowie Zellen mit Plasmiden ohne Fremd-DNA und mit Ringen, die nur aus Fremd-DNA bestehen. Daneben gibt es Bakterien, die keinen dieser DNA-Ringe aufgenommen haben (Abb. 51.1).

Auf geeigneten Nährböden lassen sich die Bakterien vermehren, wobei jeweils auch das eingeschleuste Plasmid mit der Fremd-DNA vervielfältigt wird. Nun gilt es, diejenigen Bakterienzellen zu identifizieren, die ein Plasmid mit Fremd-DNA erhalten haben. Deshalb werden Vektorplasmide eingesetzt, die Resistenzgene gegen zwei Antibiotika tragen, z. B. pBR 322, der Gene für die Resistenz gegen die Antibiotika Ampicillin und Tetracyclin besitzt. Innerhalb des Resistenzgens gegen Tetracyclin befindet sich die Schnittstelle des verwendeten Restriktionsenzyms. Wird die fremde DNA an dieser Stelle eingebaut, kommt es zur Inaktivierung dieses Resistenzgens. Die Zellen, welche das Plasmid mit Fremd-DNA aufgenommen haben, sind also gegen Tetracyclin empfindlich und können sich auf einem tetracyclinhaltigen Nährboden nicht vermehren. Sie sind aber unempfindlich gegen Ampicillin. Alle Bakterien, die auf einem Nährboden mit Ampicillin wachsen, enthalten also Plasmide mit oder ohne Fremd-DNA. Bakterien, die nur Fremd-DNA-Ringe aufgenommen haben, wachsen auf keinem der antibiotikumhaltigen Nährböden.

Man überträgt nun Zellen aus den Klonen, die auf dem Nährboden mit Ampicillin wachsen, mit einem sterilen Samtstempel auf einen tetracyclinhaltigen Nährboden. Dort vermehren sich nur die Bakterien, die ein Plasmid ohne Fremd-DNA und damit ein aktives Tetracyclin-Resistenzgen besitzen. Die Zellen, die auf der Tetracyclin-Platte nicht gedeihen, stammen aus Klonen mit der eingebauten fremden DNA. Diese Klone werden von der Ampicillin-Platte auf ein geeignetes Nährmedium übertragen und so vermehrt.

Gentechnische Herstellung von Eukaryotenproteinen.

Um ein Protein eines Eukaryoten gentechnisch herzustellen, baut man lediglich die Exons des codierenden Gens in den Vektor ein, denn nur diese sind für die Synthese des gewünschten Proteins von Bedeutung. Die DNA mit den Exonabschnitten gewinnt man, indem man reife mRNA mithilfe reverser Transkriptase in cDNA umschreibt. An die so gewonnene cDNA fügt man auf chemischem Weg *sticky ends* an. Dann lässt sie sich in einen Vektor einbauen. Ein eukaryotisches Gen wird in einem Fremdgenom nur dann abgelesen, wenn zusätzlich ein Regulationssystem eingebaut wird. In Vektorplasmide, die auf Bakterienzellen übertragen werden sollen, kann hierzu das Regulationssystem des Lactose-Abbaus eingefügt werden.

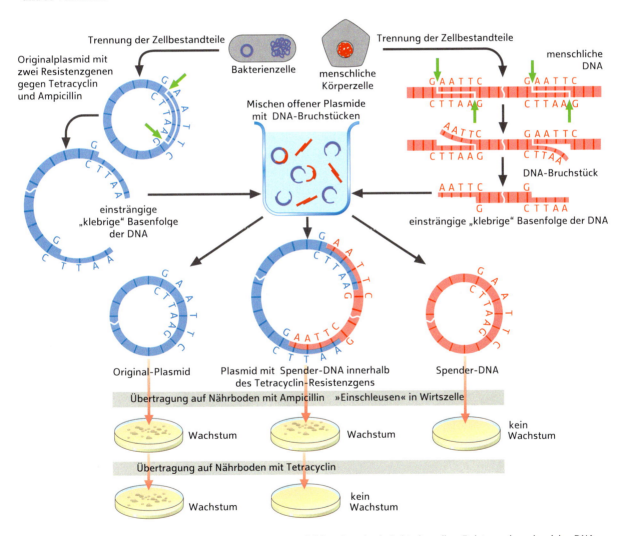

Abb. 51.1 Prinzip der Genübertragung zur Synthese eines menschlichen Proteins in Bakterienzellen. Es ist nur eines der vielen DNA-Spaltstücke dargestellt, die bei der Aufspaltung eines DNA-Doppelstrangs durch ein Restriktionsenzym entstehen.

51

Anwendungsgebiete der Gentechnik

Gentechnische Verfahren sind nicht nur für die Grundlagenforschung von Bedeutung, sondern spielen heute eine wichtige Rolle in verschiedenen Anwendungsbereichen. Die **»grüne Gentechnik«** befasst sich mit der gentechnischen Veränderung von Nutzpflanzen, wobei insbesondere die Ertragssteigerung und die Resistenz gegen Schädlinge im Vordergrund des Interesses stehen. Unter der Bezeichnung **»rote Gentechnik«** fasst man pharmazeutische und medizinische Anwendungen gentechnischer Verfahren zusammen (S. 54), darunter die Gewinnung von Medikamenten und die Gentherapie.

Der industrielle Einsatz transgener Mikroorganismen wird häufig als **»weiße Gentechnik«** bezeichnet. Anwendungsbeispiele sind die Gewinnung von »maßgeschneiderten« Enzymen für die Lebensmittel- und Waschmittelindustrie und von Industriechemikalien. Dabei gelingt es, Substanzen kostengünstig und in hoher Reinheit herzustellen, die auf synthetisch-chemischem Weg nur mit hohem Aufwand, in geringen Ausbeuten und mit unerwünschten Nebenprodukten erhalten werden. So wird beispielsweise Glutaminsäure in großem Maßstab mithilfe eines gentechnisch veränderten Stammes des Bakteriums *Corynebacterium glutamicum* (Abb. 52.1) gewonnen. Glutaminsäure wiederum ist Ausgangssubstanz zur Herstellung von Natriumglutamat, das Lebensmitteln als Geschmacksverstärker zugesetzt wird.

Ein Teilgebiet der weißen Gentechnik beschäftigt sich mit der biologischen Reinigung von Böden und Gewässern durch transgene Prokaryoten sowie Anwendungen der Gentechnik in der Abfallwirtschaft. Es wird oft auch als **»graue Gentechnik«** bezeichnet.

Transgene Nutzpflanzen. Zu den gentechnisch veränderten Kulturpflanzen gehört der **Bt-Mais.** Die Abkürzung Bt steht für *Bacillus thuringiensis,* den Namen eines Bakteriums. Dieses stellt besondere Proteine her, die jeweils für bestimmte Insektenarten tödlich sind. Eines dieser Bt-Proteine wirkt toxisch beim Maiszünsler, einem Kleinschmetterling, der Schäden in großem Ausmaß in Maisfeldern anrichten kann (Abb. 52.2). Das Weibchen legt seine Eier an einer Maispflanze ab. Die Raupen fressen einen Gang in den Halm und sind darin zwei bis drei Tage nach dem Schlüpfen für Fraßfeinde ebenso unerreichbar wie für Spritzmittel des Landwirtes. Bei starkem Befall gehen etwa 30% der ungeschützten Maispflanzen zugrunde.

Das Gen, das im Bakterium für das toxische Protein codiert, wurde gemeinsam mit dem zugehörigen Regulationssystem mithilfe gentechnischer Methoden auf Mais übertragen. Alle Zellen einer Bt-Maispflanze besitzen diese Gene und erzeugen das Gift von *Bacillus thuringiensis.* Maiszünslerraupen, die sich in einer

Abb. 52.1 *Corynebacterium glutamicum* wird zur Produktion von Glutaminsäure eingesetzt.

Abb. 52.2 Maiszünsler. **A** abgeknickte Maispflanze; **B** weiblicher Falter (Spannweite etwa 3 cm); **C** Raupe in einem Maishalm

solchen Maispflanze entwickeln, vergiften sich deshalb mit ihrer eigenen Nahrung. Bt-Mais muss also nicht gegen den Maiszünsler gespritzt werden. Allerdings weist Bt-Mais auch Risiken auf (S. 56).

Bei Pflanzen gelingt die Einführung fremder Gene in den meisten Fällen mithilfe eines Plasmids (T$_i$-Plasmid) aus dem Bodenbakterium *Agrobacterium tumefaciens*. In der Natur dringt das Bakterium in zweikeimblättrige Pflanzen ein, wenn deren Stängel in Bodennähe kleine Verletzungen aufweist, vermehrt sich und führt zu Gewebswucherungen (Tumoren). Diese werden durch das bakterielle Plasmid verursacht, von dem das für die Tumorerzeugung entscheidende DNA-Teilstück in den Zellkern der Wirtszellen wandert und in ein Chromosom eingebaut wird (Abb. 53.1).

Um ein fremdes Gen in Pflanzenzellen einzubringen, entfernt man aus dem T$_i$-Plasmid von *Agrobacterium* die tumorinduzierenden Gene und ersetzt sie durch das gewünschte Gen. Anschließend wird *Agrobacterium* vermehrt, und die so erzeugten Vektoren werden in pflanzliche Gewebestücke eingeschleust. Das Fremdgen befindet sich schließlich im Genom aller Zellen einer aus einer solchen Gewebekultur hervorgegangenen Pflanze und kann aktiv werden. So gelang es, Tabakpflanzen, die ein Kaninchen-Globin, und andere, die ein grün fluoreszierendes Protein (GFP) produzieren, herzustellen.

Der Einbau des Fremdgens bewirkt in den Pflanzen zusätzliche Stoffwechselleistungen; sie sind ansonsten unverändert. Bei der geschlechtlichen Fortpflanzung dieser transgenen Pflanzen vererbt sich das Fremdgen entsprechend den MENDEL'schen Regeln.

Die Mehrzahl der bisher hergestellten transgenen Nutzpflanzen ist gegen Viruskrankheiten oder Insektenfraß resistent. Von praktischer Bedeutung ist auch eine Herbizidresistenz: Ein Herbizid (Pflanzenbekämpfungsmittel) beeinträchtigt die Nutzpflanze nicht, verhindert aber das Wachstum anderer Pflanzen.

Medizinische Anwendungen der Gentechnik. Neben Insulin wird eine Reihe weiterer wichtiger Medikamente mittlerweile mithilfe gentechnisch veränderter Mikroorganismen gewonnen, darunter der Impfstoff gegen Hepatitis B. An einem Beispiel soll im Einzelnen gezeigt werden, wie transgene Organismen zur Herstellung eines Medikaments erzeugt werden können.

Somatostatin ist ein Hormon des Zwischenhirns, das die Bildung des Wachstumshormons Somatotropin in der Hypophyse hemmt; bei Riesenwuchs kann es therapeutisch eingesetzt werden. Das Peptid aus 14 Aminosäuren wird gentechnisch aus Bakterien gewonnen (Abb. 54.1). Da die Aminosäuresequenz des Somatostatins bekannt ist, kann der entsprechende DNA-Abschnitt auf chemischem Weg aufgebaut werden. Vor das erste Codogen dieses künstlichen Somatostatin-Gens wird die Erkennungssequenz für das Restriktionsenzym Eco R1 angebaut und nach dem letzten Codogen diejenige für das Restriktionsenzym Bam H1. Das so ergänzte Gen wird nun in ein Plasmid aus *Escherichia coli* eingebaut. Dieses enthält zwei Resistenzgene für die Antibiotika Tetracyclin und Ampicillin. Im Resistenzgen für Tetracyclin befindet sich je eine Schnittstelle für Eco R1 und Bam H1. Lässt man beide Enzyme einwirken, so wird ein Stück aus dem Resistenzgen herausgeschnitten; an dessen Stelle wird das Somatostatin-Gen mit festgelegter Richtung eingesetzt. Bakterien, welche diesen Vektor aufnehmen, lassen sich aufgrund der Ampicillin-Resistenz und der Tetracyclin-Empfindlichkeit selektieren (S. 51).

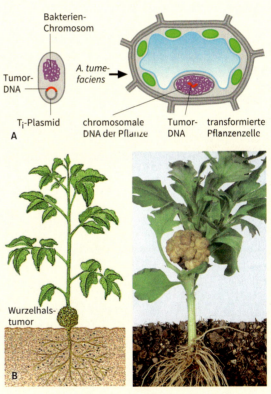

Abb. 53.1 Bildung von Wurzelhalstumoren bei Pflanzen durch Infektion mit *Agrobacterium tumefaciens*. **A** Schema des Infektionsmechanismus; **B** Wurzelhalstumore bei Zierpflanzen

Damit das Somatostatin-Gen in Bakterien exprimiert werden kann, muss ein bakterielles Regulationssystem in das Plasmid eingebaut werden. Dazu wird ein Teil des Vektors, der unmittelbar vor dem Somatostatin-Gen liegt, herausgeschnitten. Das verwendete Restriktionsenzym schneidet dicht vor dem Startcodogen. Für das ausgeschnittene Stück werden das Regulatorgen, der Promotor, der Operator und das Galactosidase-Gen des Lactose-Operons eingesetzt. Daran schließt sich jetzt ohne Stopp-Codogen das Somatostatin-Gen als neues »Strukturgen 2« an. Weil das Lactose-Regulatorgen in den Vektor eingebaut ist, kann man die Somatostatinbildung über die Zugabe von Lactose (Milchzucker) regulieren. Aktiviert man das künstliche Operon mit Lactose, so entsteht ein Produkt aus Galactosidase und daran hängendem Somatostatin. Diese Substanz gewinnt man durch Aufbrechen der Bakterienzellen. Somatostatin lässt sich anschließend auf chemischem Weg abspalten und isolieren.

Nicht alle gewünschten Arzneimittel lassen sich jedoch aus transgenen Bakterienzellen gewinnen. Das gilt beispielsweise für den Blutgerinnungsfaktor VIII, den viele Bluterkranke benötigen. Es handelt sich dabei um ein Glykoprotein; nur eine Eukaryotenzelle kann

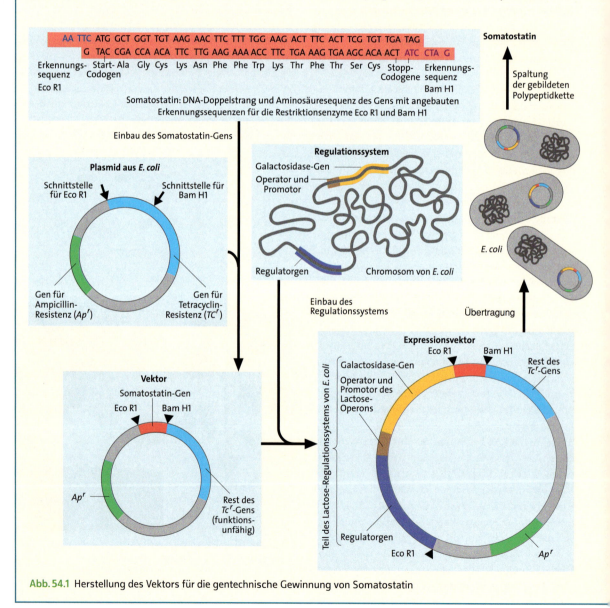

Abb. 54.1 Herstellung des Vektors für die gentechnische Gewinnung von Somatostatin

das Protein richtig mit dem Zuckerrest verknüpfen. Daher muss man in diesem Fall Kulturen von transgenen Säugerzellen oder transgenen Hefezellen einsetzen. Da Säugetierzellen keine Plasmide enthalten, muss man hier andere Verfahren der Genübertragung anwenden: Man kann beispielsweise die zu übertragende DNA an winzige Goldkügelchen koppeln und die Zielzellen mit diesen Partikeln beschießen; allerdings werden diese Gene nur in einem kleinen Teil der Zellen ins Genom eingebaut.

Das Verfahren wird unter anderem beim **Gene Pharming** angewendet. Dabei baut man Gene, die für pharmazeutisch wirksame Proteine codieren, in das Genom von Kühen, Ziegen und Schafen ein. Diese transgenen Tiere stellen in ihren Milchdrüsen die gewünschten Arzneimittel her. Aus der Milch sind die Medikamente dann ohne großen Aufwand zu isolieren. Seit 2008 ist in Deutschland Antithrombin III auf dem Markt, das aus der Milch gentechnisch veränderter Ziegen gewonnen wird. Dieses Medikament hemmt die Blutgerinnung und wird zur Verhinderung von Thrombosen bei Operationen eingesetzt.

Ein anderes Beispiel für transgene Tiere sind die **Knockout-Mäuse.** So bezeichnet man Mäusestämme, bei denen auf gentechnischem Weg eines oder mehrere Gene stillgelegt wurden. Sie sind wichtige Versuchstiere in der medizinischen Grundlagenforschung. Beispielsweise wird ein spezieller Mäusestamm eingesetzt, um im Labor die Wirkung von Medikamenten gegen die Parkinson-Krankheit zu testen; diese Mäuse haben aufgrund des Fehlens eines regulatorischen Gens ähnliche Bewegungsstörungen wie Parkinson-Patienten (S. 60).

Gentechnische Verfahren haben in der Humanmedizin neben der Gewinnung von Arzneimitteln noch zwei weitere Anwendungsbereiche: Zum einen dienen sie dem Nachweis von mutierten Genen, die Erbkrankheiten auslösen können. Eine solche Gendiagnose kann z.B. im Rahmen der vorgeburtlichen Diagnostik stattfinden (S. 41). Man arbeitet dabei mit Gensonden. Zum anderen wird versucht, Gentechnik zur Heilung erblicher Leiden einzusetzen; man unterscheidet in diesem Zusammenhang somatische Gentherapie und Gentherapie an Keimbahnzellen.

Zu den Erbdefekten, bei denen man sich durch **somatische Gentherapie** Heilerfolge erhofft, gehören vor allem Krankheiten des Kreislauf- und Immunsystems. Beispielsweise wird dieses Verfahren bei verschiedenen genetisch bedingten Formen der Blutar-

mut eingesetzt, bei denen zu wenig Hämoglobin erzeugt wird (**Abb. 55.1**). Dabei wird das entsprechende intakte und vorher klonierte Gen in ein Virus eingebaut, welches nicht mehr vermehrungsfähig ist. Dem Patienten entnimmt man Gewebe aus dem Knochenmark; dieses Gewebe enthält die Stammzellen, aus welchem die Blutzellen entstehen. Diese Zellen werden mit dem Virus infiziert und auf geeigneten Nährböden vermehrt. Die adulten Stammzellen, in die das Virusgenom erfolgreich eingebaut wurde, werden selektiert. Nachdem man die im Knochenmark verbliebenen Zellen durch Bestrahlung abgetötet hat, werden dem Patienten die Stammzellen mit Virusgenom durch Injektion eingepflanzt. Bisher führten solche Therapien beim Menschen aber nicht zu dauerhaftem Erfolg, da das eingebrachte Gen oft nicht aktiv wird oder nach einiger Zeit seine Aktivität einstellt.

Die **Gentherapie an Keimbahnzellen** bezeichnet man auch als Keimbahntherapie. Ziel ist der Einbau von Fremdgenen in die Eizelle. Dieses Verfahren ist beim Menschen derzeit aus biologischer Sicht unmöglich. In Deutschland wäre es auch aus rechtlichen Gründen nicht durchführbar, ist aber in anderen Ländern wie den USA und Großbritannien nicht verboten.

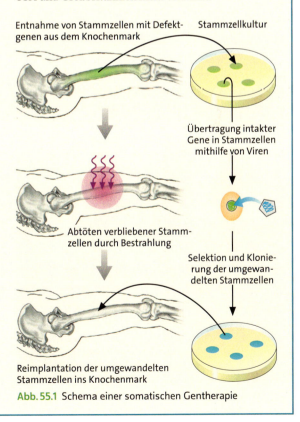

Entnahme von Stammzellen mit Defektgenen aus dem Knochenmark — Stammzellkultur

Übertragung intakter Gene in Stammzellen mithilfe von Viren

Abtöten verbliebener Stammzellen durch Bestrahlung

Selektion und Klonierung der umgewandelten Stammzellen

Reimplantation der umgewandelten Stammzellen ins Knochenmark

Abb. 55.1 Schema einer somatischen Gentherapie

3.4 Gentechnik: Risiken und ethische Fragen

Die **Ethik,** eine philosophische Disziplin, befasst sich unter anderem mit der Begründung von Regeln, die einer Gruppe von Menschen als Richtschnur des Zusammenlebens dienen. Ein System solcher Regeln, z. B. die zehn Gebote, bezeichnet man als **Moral.** Sie ermöglicht, bestimmte Handlungen als gut oder schlecht zu bewerten. Für Arbeiten in der Gentechnik gilt beispielsweise die Regel, dass die Höhe des **Risikos,** die damit verbunden ist, die von der Gesellschaft akzeptierten Grenzen nicht überschreiten darf. Solche Grenzen zieht der Gesetzgeber im Gentechnikgesetz.

Die Größe des Risikos hängt zum einen ab von der Eintrittswahrscheinlichkeit eines durch die Gentechnik verursachten Schadens, zum anderen vom möglichen Schadensausmaß. Wissenschaftler sind dafür verantwortlich, Folgerisiken ihrer Forschungsarbeit so genau wie möglich abzuschätzen. Sie haben die Pflicht, die Öffentlichkeit zu informieren, wenn ein Risiko das von der Gesellschaft akzeptierte Maß übersteigt. Allerdings ist das mögliche Schadensausmaß oft nicht genau abzuschätzen. Dies hängt damit zusammen, dass bislang nur wenige Erfahrungen mit solchen neuen Technologien vorliegen

Transgene Mikroorganismen. Die Arbeit mit transgenen Bakterien kann mit ökologischen oder gesundheitlichen Risiken verbunden sein. Daher müssen gentechnische Arbeiten in speziellen **Sicherheitslabors** durchgeführt werden. Durch technische Vorkehrungen in diesen Einrichtungen wird verhindert, dass transgene Mikroorga-

nismen in die Umwelt gelangen und im Gentechniklabor tätige Menschen mit ihnen in Berührung kommen. Gentechnisch veränderte Mikroorganismen gelten dann als biologisch sicher, wenn sie außerhalb des Labors nicht lebensfähig sind und auch nicht imstande sind, ihre DNA auf andere Organismen zu übertragen. Ein Beispiel für ein sicheres Bakterium, das häufig als Empfänger für Fremd-DNA verwendet wird, ist der *Escherichia-coli*-Stamm K12. Diesem Stamm fehlen z. B. die Gene zur Herstellung fädiger Zellanhänge, mit denen sich Bakterien des Wildstammes, der im Darm von Mensch und Säugetieren vorkommt, an die Zellen der Darmwand anheften. Daher kann *E. coli* K12 den Darm von Säugern nicht besiedeln.

Freisetzung transgener Pflanzen. Bevor transgene Nutzpflanzen im Freiland kultiviert und landwirtschaftlich genutzt werden dürfen, müssen sie zunächst einen dreistufigen Test durchlaufen: Nach der Prüfung im Sicherheitslabor erfolgt ein Anbau im geschlossenen Gewächshaus (Abb. 56.1) und dann unter kontrollierten Bedingungen auf Versuchsfeldern im Freiland (Abb. 56.2). Dabei wird eine vorgegebene Liste möglicher Risikofaktoren überprüft, um Umweltgefährdungen auszuschließen. Dieses Verfahren soll am Beispiel von Bt-Mais näher erläutert werden.

Zu den ökologischen Risiken des Bt-Maises gehören u. a. Schadwirkungen des Bt-Toxins auf andere Insekten, die an Maiskörnern fressen. Ein weiteres Risiko besteht in der Einkreuzung des Bt-Gens in herkömmliche Maispflanzen über Maispollen. Dementsprechend wurde beispielsweise untersucht, ob der Pollen des Bt-Maises Honigbienen und andere Pollenfresser schädigt und ob der

Abb. 56.1 Sicherheitsgewächshaus für die Arbeit mit transgenen Pflanzen

Abb. 56.2 Versuchsfeld mit transgenem Reis. Netze sollen Vögel und andere Kleintiere fernhalten.

Bt-Mais z. B. für Asseln, Regenwürmer oder Käfer gefährlich ist. Dabei konnten in keinem Fall nennenswerte Schädigungen festgestellt werden. Weiterhin wurde untersucht, wie weit Maispollen über die Felder mit Bt-Mais hinaus verbreitet werden können. Ein weiteres Risiko stellt die mögliche Resistenzbildung bei Maiszünslern gegen das Bt-Toxin dar. Angenommen, Bt-Mais würde künftig weltweit und fast ausschließlich angebaut, dann könnten sich die Resistenzen relativ schnell verbreiten und das Schadensausmaß wäre riesig. Zur Minderung dieses Risikos wird empfohlen, in unmittelbarer Nähe eines Bt-Maisfeldes eine nicht gentechnisch veränderte Maissorte anzubauen, die das Bt-Gen nicht besitzt. Im Feld mit der herkömmlichen Sorte können sich weiterhin nicht resistente Maiszünsler entwickeln, die sich auch mit möglicherweise auftretenden resistenten Tieren paaren. Auf diese Weise könnte die schnelle Verbreitung resistenter Falter gebremst werden. Günstig ist, dass in Europa keine Bt-Gene auf Wildpflanzen übertragen werden können, da es hier keine mit dem amerikanischen Wildmais verwandten Arten gibt. Die Ergebnisse der verschiedenen Studien veranlassten die Europäische Kommission, das Risiko von Bt-Mais als tragbar anzusehen und den Anbau zu genehmigen. Dennoch wird das Für und Wider weiterhin in der Gesellschaft heftig diskutiert.

Sollte aus Wirtschaftlichkeitsgründen in Zukunft nur noch Bt-Mais angebaut werden, sodass alle anderen Maissorten verschwänden, käme es zu einer Verarmung des Genpools. Diese würde die Variationsbreite verringern. Dadurch würde sich die Anpassungsfähigkeit der Kulturpflanze Mais bezüglich anderer Faktoren vermindern, auch die weitere Züchtung neuer Sorten wäre erschwert. Dieses Risiko besteht in ähnlicher Weise auch bei anderen transgenen Nutzpflanzensorten.

Ein verbreitetes Ziel der Gentechnik bei Kulturpflanzen ist die Optimierung des Eiweißgehaltes. Nun können manche Proteine in Lebensmitteln allergische Reaktionen auslösen. Ein erhöhtes Allergierisiko besteht z. B. beim Genuss von Paranüssen und Erdnüssen. Werden zum Zweck der Veränderung des Eiweißgehaltes Gene aus Pflanzen mit Allergiepotenzial auf andere Pflanzenarten übertragen, kann nicht ausgeschlossen werden, dass dabei auch die allergieinduzierende Wirkung übertragen wird. Alleine aus diesem Grund ist es zweckmäßig, Produkte aus transgenen Pflanzen zu kennzeichnen.

In manchen Fällen ist dagegen eine solche Kennzeichnung nicht sinnvoll. So gibt es eine Kartoffelsorte, die üblicherweise reichlich Viren enthält, wodurch der Ertrag vermindert wird. Man hat nun das Gen eines Virushüllproteins in das Genom dieser Sorte eingebaut. Da die transgene Kartoffelsorte selbst ein Virusprotein bildet, ist die Regulation des Virenaufbaus gestört, und es entstehen kaum mehr vollständige und vermehrungsfähige Viren. Die Kartoffelsorte hat dadurch eine geringere Gesamtmenge an Virusproteinen und liefert höhere Erträge.

Transgene Tiere. Die Nutzung transgener Tiere kann ökologische Probleme der Tierzüchtung verschärfen. Beispielsweise gelang es, durch Genmanipulationen Karpfen und Lachse zu erzeugen, die besonders schnell wachsen (**Abb. 57.1**). Entweichen solche Tiere in die Natur, so kann dort die natürliche Population verdrängt werden. Dies hätte eine Verringerung der genetischen Vielfalt innerhalb der Art zur Folge. Hinzu käme, dass die raschwüchsigen Tiere größere Nahrungsmengen benötigten und so das Nahrungsnetz empfindlich stören könnten.

Gentechnik beim Menschen. Der Mensch darf gemäß dem Prinzip der Menschenwürde nicht zum Objekt willkürlicher naturwissenschaftlicher Forschung gemacht werden, wie es ein Eingriff in sein Erbgut darstellen würde. Geht man dagegen vom Utilitätsprinzip (Nützlichkeitsprinzip, S. 41) aus, wonach möglichst vielen Menschen zum größtmöglichen Glück verholfen werden soll, kann eine gezielte genetische Veränderung sehr wohl ethisch begründet werden, wenn sie die Ursachen von Erbkrankheiten beseitigt oder abmildert. Dagegen ist die vorstellbare, wenn auch bislang nicht durchführbare Keimbahntherapie sehr umstritten: Die Vorstellung, es könnten Keimzellen so manipuliert werden, dass »Schönheitsfehler« bereits vorgeburtlich eliminiert werden oder gar gezielt »günstige« Gene zu einer Art »Supermensch aus der Retorte« kombiniert werden, stößt auf breite Ablehnung.

Abb. 57.1 Transgene Lachse (rechts) im Vergleich zu gleichaltrigen Wildlachsen. Der genmanipulierte Fisch wächst etwa doppelt so schnell wie die Wildform.

3.5 Stammzellen

Bei einem tiefen Schnitt in den Finger zerstört man u. a. Muskelfasern. Beim Heilen der Wunde werden diese wieder ersetzt. Dazu sind unverletzte Muskelfasern nicht in der Lage. Diese Aufgabe übernehmen noch unspezialisierte Stammzellen, die in geringer Zahl im Muskel vorliegen. Unter Stammzellen versteht man undifferenzierte Zellen, aus denen differenzierte Zellen hervorgehen. Man unterscheidet zwischen **adulten, pluripotenten** und **totipotenten** Stammzellen.

Adulte Stammzellen. Stammzellen in Geweben, die abgestorbene spezialisierte Zellen ersetzen, bezeichnet man als adulte (engl. *adult* erwachsen) Stammzellen. Es sind undifferenzierte, aber bereits determinierte Zellen, z. B. der Haut, des Darms oder der Leber.

Bei der Regeneration eines Gewebes werden die Zellteilungen durch einen Wachstumsfaktor stimuliert, der von Gewebszellen abgegeben wird. Im Falle der Regeneration der Leber wird die Produktion der Wachstumsfaktoren eingestellt, sobald die ursprüngliche Lebergröße wieder hergestellt ist. Dann bilden die Leberzellen nämlich sogenannte Hemmstoffe, die den Wachstumsfaktoren entgegenwirken. Sobald eine bestimmte Hemmstoffkonzentration erreicht ist, hören die Leberzellen auf, sich weiter zu teilen.

In manchen Gewebetypen gehen aus den adulten Stammzellen mehrere Zelltypen hervor, z. B. im blutbildenden Gewebe des Knochenmarks die verschiedenen Blutzellen. Die blutbildenden Stammzellen des Knochenmarks finden bei der Behandlung von Bluterkrankungen, wie Blutkrebs Anwendung. Bei großflächigen Brandwunden wird mit adulten Hautstammzellen zerstörtes Hautgewebe ersetzt (Abb. 58.1).

Pluripotente Stammzellen. Würde man Zellen des Embryoblasten aus der Blastocyste eines Rindes fruchtbaren weiblichen Tieren in die Gebärmutter einpflanzen, so würden sie sich nicht mehr zu einem vollständigen Embryo entwickeln. Diese Zellen des Embryoblasten der Blastocyste können aber in Zellkultur eine Vielzahl verschiedener Gewebe bilden, sie sind pluripotent (lat. *plus*, Komparativ zu *multum* viel). Die Zellen des Embryoblasten werden auch als **embryonale Stammzellen** bezeichnet (Abb. 58.2). Erst durch äußere Signalstoffe erfolgt bei pluripotenten Stammzellen Determination. In Zellkultur muss für die Bildung eines bestimmten Gewebes, z. B. von Herzmuskelzellen, ein spezifischer Signalstoff von außen zugegeben werden.

Totipotente Stammzellen. Wenn sich z. B. beim Zweizellstadium des Menschen die beiden Zellen trennen, entstehen zwei vollständige Lebewesen, eineiige Zwillinge. Bei den Zellen des Zweizellstadiums handelt es sich um totipotente Stammzellen (lat. *totus* ganz und gar, *potens* etwas könnend). Dies sind nicht determinierte Zellen, die sich praktisch unbegrenzt teilen und zu allen Zelltypen spezialisieren können. Totipotent sind bei Säugern die Zygote, die Zellen der ersten Furchungsstadien und die Keimbahnzellen (Abb. 58.2). So trennt man in der Züchtung von Rindern und Schafen die Furchungszellen des 4- oder 8-Zell-Stadiums voneinander und pflanzt sie fruchtbaren weiblichen Tieren (»Leihmüttern«) in die Gebärmutter ein. Dadurch erhält man aus einer Zygote vier bis acht genetisch identische Nutztiere.

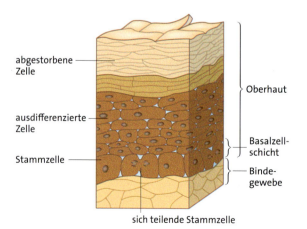

abgestorbene Zelle

ausdifferenzierte Zelle

Stammzelle

Oberhaut

Basalzellschicht

Bindegewebe

sich teilende Stammzelle

Abb. 58.1 Adulte Hautstammzellen im Hautgewebe

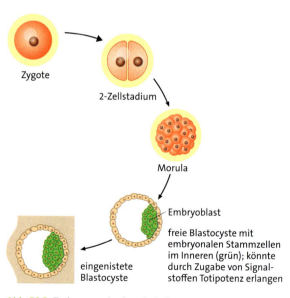

Zygote

2-Zellstadium

Morula

Embryoblast

freie Blastocyste mit embryonalen Stammzellen im Inneren (grün); könnte durch Zugabe von Signalstoffen Totipotenz erlangen

eingenistete Blastocyste

Abb. 58.2 Totipotente (rot) und pluripotente embryonale Zellen (grün)

Wie Wissen entsteht

Methoden der Stammzellforschung

Wenn bei einem Menschen die Nieren nicht mehr ausreichend funktionieren, kann man ihn durch die Verpflanzung der Niere eines Verstorbenen oder eines Lebenden heilen. Die Transplantation von Organen ist zu einem häufig angewandten Verfahren in der Medizin geworden. Allerdings stehen viel zu wenig Spenderorgane zur Verfügung. Deshalb wird versucht, aus pluripotenten oder adulten Stammzellen Gewebe und Organe zu gewinnen (**Abb. 59.1A**). Dazu verwendet man pluripotente Stammzellen aus überzähligen Embryonen, die bei einer künstlichen Befruchtung entstanden sind. Auch werden totipotente fetale Keimbahnzellen aus fünf- bis neunwöchigen abgetriebenen Feten genutzt. In Deutschland ist dieses Verfahren allerdings verboten (S. 61).

Auch aus adulten Stammzellen lassen sich pluripotente Stammzellen gewinnen. Dazu werden die adulten Stammzellen **reprogrammiert,** ihre Differenzierung wird dabei rückgängig gemacht. Es gibt zwei Methoden der Reprogrammierung, das therapeutische Klonen und die induzierte Reprogrammierung (**Abb. 59.1B, C**). Beim **therapeutischen Klonen** wird eine Eizelle entkernt, dann wird auf sie eine vollständige adulte Stammzelle übertragen. Dazu kann man Stammzellen der Haut verwenden. Der Zellkern der Hautzelle wird von der Eizelle dann eigenständig reprogrammiert. Hierbei entsteht eine neue totipotente Zelle, die sich analog einer befruchteten Eizelle zur Blastocyste entwickeln kann. Aus der inneren Zellmasse der Blastocyste, dem Embryoblasten, können die pluripotenten Stammzellen entnommen werden. Diese Methode wurde auch beim Klonschaf Dolly angewandt. Ein so gewonnenes Gewebe und die Gewebe des Spenders der Stammzelle sind genetisch identisch. Nach Transplantation bleibt eine Abstoßungsreaktion aus.

Bei der **induzierten Reprogrammierung** werden zumeist über Viren bestimmte Transkriptionsfaktoren in adulte Stammzellen eingeschleust. Diese aktivieren verschiedene Gene, die für die Determination und Differenzierung entscheidend sind. Durch dieses gentechnische Verfahren wird in der Zelle das Programm der Embryonalentwicklung wieder eingeschaltet (induziert). So entstehen **induzierte pluripotente Stammzellen,** die embryonalen Stammzellen in den wesentlichen Eigenschaften gleichen. Sie sind in der Lage, sich wie diese in sämtliche Zelltypen des erwachsenen Organismus zu differenzieren. Die Determination

zu adulten Stammzellen eines bestimmten Gewebes, z. B. des Herzmuskels, kann künstlich durch spezifische Wachstumsfaktoren ausgelöst werden, die diese Funktion auch im Körper ausüben.

Aufgabe

Geben Sie an, worin sich therapeutisches Klonen und induzierte Reprogrammierung gleichen bzw. unterscheiden.

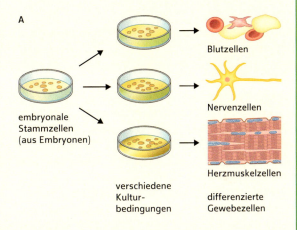

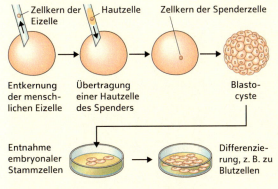

Abb. 59.1 A Gewinnung von Geweben; **B** induzierte Reprogrammierung; **C** therapeutisches Klonen

3.6 Stammzelltherapie

PARKINSON-Erkrankung. Zu den Symptomen der PAR-KINSON-Krankheit gehören rhythmisch zitternde Hände, verlangsamte Bewegungen und die Mühe, den Körper aufrecht zu halten. Bei den Betroffenen sterben Nervenzellen im Mittelhirn ab, die Dopamin herstellen. Mit der Zeit spricht der Körper auf eine medikamentöse Behandlung mit einer Vorstufe von Dopamin zunehmend schlechter an. Es wird daher untersucht, ob man die Krankheit durch Zelltherapie behandeln kann. Schon Ende der achtziger Jahre des vorigen Jahrhunderts transplantierten Ärzte in Schweden Dopamin produzierende Zellen aus dem Gehirn von abgetriebenen Feten ins Mittelhirn von PARKINSON-Patienten. Man hoffte, dass diese Zellen dort die Funktion der abgestorbenen Dopamin-Nervenzellen übernehmen. Die Transplantation schien in Einzelfällen erfolgreich, sodass in den folgenden 10 Jahren weltweit etwa 200 Personen in gleicher Weise behandelt wurden. Dabei stellte sich allerdings heraus, dass Heilerfolge meist sehr gering waren. Außerdem traten bei vielen der Behandelten unkontrollierte Bewegungen auf, die auf eine übermäßige Dopamin-Produktion der transplantierten Zellen zurückgeführt wurden.

Im ersten Jahrzehnt dieses Jahrhunderts gelang es, dass embryonale Stammzellen unter geeigneten Kulturbedingungen zu Dopamin produzierenden Nervenzellen ausdifferenzieren (Abb. 60.1). Auch wurden induzierte pluripotente Stammzellen hergestellt (Abb. 59.1 B). Un-

tersuchungen am Tiermodell ergaben, dass eine Transplantation solcher Zellen die Symptome der PARKINSON-Krankheit mildern kann.

Ein Beweis der Wirksamkeit der Stammzelltherapie bei PRAKINSON-Kranken steht allerdings noch aus. Außerdem sind mehrere Probleme ungelöst: So muss die Differenzierung durch Wachstumsfaktoren induziert werden. Man kennt jedoch die genauen Kulturbedingungen nicht, bei denen die Zellen so weit differenziert werden, dass sie für eine Transplantation geeignet sind. Auch besteht die Gefahr, dass das Transplantat neben Dopamin produzierenden Zellen auch andere Zellen enthält, die sich rasch teilen und Tumore bilden können. Da embryonale Stammzellen von einem anderen Organismus herstammen, sind auch Abstoßungsreaktionen wie bei einer Organtransplantation nicht ausgeschlossen. Vermutlich ist das Absterben von Dopamin-Neuronen nicht die einzige Ursache der PARKINSON-Erkrankung, sodass die Übertragung entsprechender Zellen allein keinen Heilerfolg garantiert. Dennoch werden weltweit viele Forschungsarbeiten zur Stammzelltherapie der PARKINSON-Erkrankung sowie zur Heilung anderer Krankheiten des Nervensystems durchgeführt, z. B. der HUNTINGTONschen Krankheit, der ALZHEIMER-Krankheit oder der Multiplen Sklerose.

Hautverletzungen. Zur Heilung großer Hautwunden wird in der Regel Haut des Verletzten von einem anderen Teil des Körpers entnommen, z. B. vom Oberschenkel, und transplantiert. Eine Alternative zu diesem Verfahren stellt die Züchtung von Eigenhaut im Labor dar, die später transplantiert wird. Dazu bringt man adulte Stammzellen der Haut in Zellkultur und leitet deren Differenzierung ein (Abb. 60.2). Werden Stammzellen vom Organismus des Patienten, verwendet, bleibt eine Abstoßung aus. Das Verfahren ist bereits etabliert, es wird vor allem bei großflächigen Verbrennungen eingesetzt.

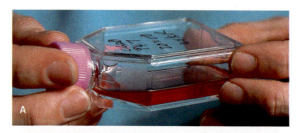

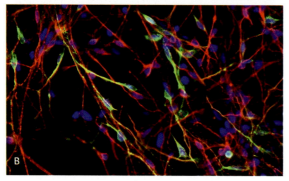

Abb. 60.1 Embryonale Stammzellen. **A** in Kultur; **B** differenziert zu Neuronen (rot), darunter dopaminerge Neurone (gelb)

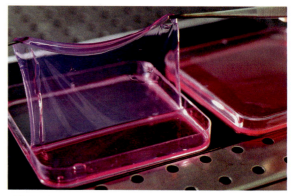

Abb. 60.2 Hauttransplantat, kultiviert mithilfe von Stammzellen

3.7 Embryonenschutz

Die modernen Reproduktionstechniken ermöglichen auch Eingriffe in die Fortpflanzung und die Keimesentwicklung des Menschen. Das betrifft vor allem die Zeit zwischen der Befruchtung und der Einnistung der Blastocyste in die Gebärmutter.

Nach dem **deutschen Embryonenschutzgesetz** dürfen Eizellen künstlich befruchtet werden, sofern diese innerhalb eines Zyklus auf die Spenderin übertragen werden. Auch dürfen embryonale Stammzellen zu Forschungszwecken verwendet werden, wenn diese vor dem 1. Februar 2007 im Ausland in Kultur genommen worden sind. Verboten sind dagegen unter anderem

- die Übertragung einer fremden Eizelle auf eine Frau, sodass austragende und genetische Mutter nicht identisch sind (»gespaltene Mutterschaft«);
- die Erzeugung einer Schwangerschaft durch künstliche Befruchtung oder Embryonentransfer bei einer Frau, die bereit ist, ihr Kind nach der Geburt auf Dauer abzugeben (»Ersatzmutterschaft«);
- die künstliche Befruchtung einer Eizelle beim Menschen mit dem Ziel, das Geschlecht des Kindes festzulegen;
- die künstliche Veränderung der Erbinformation einer Keimbahnzelle (Gentransfer);
- die künstliche Befruchtung von Eizellen des Menschen zu Forschungszwecken;
- die Forschung mit totipotenten Zellen;
- das therapeutische Klonen beim Menschen.

In anderen Ländern, z. B. in Großbritannien und den USA, ist die Forschung mit menschlichen Keimen erlaubt. In Deutschland werden die Einschränkungen sowohl mit der **Würde des Menschen** und damit dem besonderen Wert des menschlichen Lebens als auch mit dem **Wohl des Menschen,** insbesondere dem Kindeswohl, begründet (S. 41).

Im ersten Fall wird der Beginn des Menschseins auf den Zeitpunkt der Befruchtung festgelegt. Folglich machen Eingriffe in die Zygote oder in Furchungszellen den Menschen zum Objekt und verletzen damit seine Würde. Falls der Keim stirbt, tasten sie sogar menschliches Leben an. Diese Begründung wird gegen die Forschung an Embryonen bzw. mit totipotenten embryonalen Zellen sowie gegen das Klonen beim Menschen vorgebracht. Solche Argumente können allerdings dann nicht angeführt werden, wenn man den Beginn des Menschseins mit der Einnistung der Blastocyste in die Gebärmutterschleimhaut oder später, z. B. mit Einsetzen der Großhirnentwicklung, beginnen lässt. Unter diesen Voraussetzungen spricht nichts gegen Forschungsarbeiten mit Embryonen, die dem Wohl des Menschen, z. B. dem medizinischen Fortschritt die-

nen. Das Kindeswohl wird u. a. gegen die »gespaltene Mutterschaft« ins Feld geführt. Denn diese kann die Identitätsfindung des Kindes erheblich erschweren, weil es sein Leben drei Eltern verdankt. Außerdem sind seelische Konflikte zu erwarten, wenn die Spenderin der Eizelle Einfluss auf die Entwicklung des Kindes zu nehmen sucht.

Auch für moderne Reproduktionstechniken gilt, dass man eine Handlung nicht allein deshalb ausführen darf, weil die Natur das Gleiche ebenfalls tut. Danach ist das reproduktive Klonen des Menschen keineswegs deshalb gerechtfertigt, weil eineiige Mehrlinge (Abb. 61.1) auch natürlicherweise entstehen. Schließlich kann man aus dem Umstand, dass jeder Mensch stirbt, auch nicht den Schluss ziehen, man dürfe Menschen töten. Ganz allgemein kann aus Phänomenen in der Natur (aus etwas, das der Fall ist) nicht abgeleitet werden, was getan werden darf oder zu geschehen hat (was sein darf oder soll). Andernfalls würde man einen naturalistischen Fehlschluss ziehen. Die Handlungen des Menschen müssen gerechtfertigt werden, weil sie gut oder böse sein können. Dies erfolgt letztlich mit Bezug auf höchste Werte – die aber nicht eindeutig und allgemein verbindlich festzulegen sind – nämlich die Würde oder das Wohl des Menschen.

Abb. 61.1 Eineiige Drillinge. Das natürliche Auftreten derartiger Klone rechtfertigt nicht das reproduktive Klonen beim Menschen.

ZUSAMMENFASSUNG

Unter **Gentechnik** fasst man eine Reihe molekularbiologischer Verfahren zusammen, die eine gezielte Veränderung der genetischen Information von Lebewesen und Viren ermöglichen. Dabei werden Gene ausgeschaltet oder fremde Gene in das Genom einer Zelle übertragen. Als molekulare Werkzeuge dienen in der Gentechnik Restriktionsenzyme, die DNA-Doppelstränge spezifisch spalten, und DNA-Ligasen, die die entstehenden Fragmente wieder zusammenfügen können. Mit Vektoren, insbesondere Plasmiden und Viren, können DNA-Abschnitte von Zelle zu Zelle übertragen werden. Ist die Nucleotidsequenz des zu übertragenden Gens bekannt, kann dieses auf chemischem Wege synthetisiert werden. In anderen Fällen muss das Gen aus einer Genbibliothek des Spenderorganismus isoliert werden. Als Vektoren zur Übertragung fremder genetischer Information auf Bakterien werden Plasmide mit Resistenzgenen gegen Antibiotika verwendet. Gene von Eukaryoten baut man nicht in voller Länge in ein Bakterium ein, man überträgt nur die Exons. Diese stellt man aus reifer mRNA durch reverse Transkription her. Ein eukaryotisches Gen wird im Bakterium nur dann abgelesen, wenn ein Regulationssystem mit übertragen wurde. Dazu wird häufig das Regulationssystem des Lactose-Abbaus verwendet.

Zu den Anwendungsgebieten gehören die grüne, die weiße und die rote Gentechnik. Die **grüne Gentechnik** hat vor allem die Ertragssteigerung und Schädlingsresistenz von Nutzpflanzen zum Ziel. Bei Pflanzen erfolgt die Übertragung fremder Gene meist mithilfe des T_i-Plasmids aus dem Bodenbakterium *Agrobacterium tumefaciens*. Die **rote Gentechnik** befasst sich mit der Herstellung von Medikamenten sowie mit Diagnose- und Therapieverfahren. Inzwischen werden viele Medikamente mithilfe gentechnisch veränderter Mikroorganismen gewonnen. Beim *Gene Pharming* produzieren gentechnisch veränderte Säugetiere Medikamente in den Milchdrüsen. Genmanipulierte Mäuse, sogenannte Knockout-Mäuse, dienen in der medizinischen Grundlagenforschung der Untersuchung von Krankheiten. Bei Erbkrankheiten vor allem des Blutes und des Immunsystems erhofft man sich Heilerfolge durch somatische Gentherapie. Die **weiße Gentechnik** setzt gentechnisch veränderte Mikroorganismen in industrieller Produktion und im Umweltschutz ein. Beispielsweise dient sie der Herstellung von Enzymen für die Lebensmittel- und Waschmittelindustrie.

Mit der Gentechnik sind **Risiken und ethische Fragen** verbunden. Zur Beurteilung gentechnischer Verfahren dienen das Nützlichkeitsprinzip und Risikoabschätzungen. Da der Umgang mit transgenen Organismen mit ökologischen und gesundheitlichen Risiken verbunden sein kann, müssen gentechnische Arbeiten in Sicherheitslabors und mit sicheren Organismen durchgeführt werden. Um Umweltgefährdungen auszuschließen, müssen mögliche Risikofaktoren überprüft werden, bevor transgene Nutzpflanzen im Freiland kultiviert werden dürfen. Bei Anwendung der Gentechnik auf den Menschen spielt neben dem Nützlichkeitsprinzip das Prinzip der Menschenwürde eine wichtige Rolle.

AUFGABEN

1 ■■■ **Rechtliche Fragen der Gentechnik**

In Deutschland sind der Betrieb gentechnischer Anlagen, das gentechnische Arbeiten und die Freisetzung gentechnisch veränderter Organismen durch das Gentechnikgesetz (GenTG) geregelt.

a) Informieren Sie sich über die wichtigsten geltenden Vorschriften zur Freisetzung gentechnisch veränderter Organismen.

b) Nicht durch das GenTG erfasst sind Gentherapieverfahren. »Keimbahntherapien« sind derzeit noch nicht durchführbar, aber in Deutschland auch generell durch das Embryonenschutzgesetz verboten. Diskutieren Sie Für und Wider von Therapieverfahren an Keimbahnzellen.

2 ■■ **Bioreaktoren**

Transgene Tiere werden vermutlich in naher Zukunft eine wichtige Rolle als »Bioreaktoren« spielen, etwa bei der Herstellung von Medikamenten. So kann man bereits heute die für die Behandlung von Mucoviscidose-Patienten (s. Aufgabe 6) einsetzbare Protease a-1-Antitrypsin in großen Mengen aus der Milch von gentechnisch veränderten Schafen gewinnen.

a) Beschreiben Sie eine mögliche Methode zur Gewinnung transgener Schafe, die a-1-Antitrypsin herstellen können.

b) Antitrypsin ist im Blut gesunder Menschen in ausreichender Menge vorhanden. Suchen Sie einen Grund dafür, dass die Substanz heute bevorzugt aus Schafen gewonnen wird.

3 ▪▪ Restriktionsenzyme

Eco RI ist ein in der Gentechnik häufig verwendetes Restriktionsenzym aus dem Bakterium *Escherichia coli*. Das Enzym schneidet spezifisch hinter der Nucleotidsequenz GAATTC und verursacht dabei sogenannte »*sticky ends*«.

a) Zeigen Sie auf, welche biologische Bedeutung Restriktionsenzyme für Bakterienzellen haben.

b) Schreiben Sie die folgende Nucleotidsequenz ab und ergänzen Sie den komplementären Strang.

5' – G C A C T G A C T G A A T T C G A T T A C G – 3'

c) Zeichnen Sie die Schnittstelle von Eco R1 in den Doppelstrang ein.

d) Ein Bakterienplasmid hat drei Schnittstellen für Eco R1. Nach dem Restriktionsverdau entstehen DNA-Bruchstücke unterschiedlicher Länge. Beschreiben Sie ein Verfahren, mit dem die entstehenden DNA-Fragmente getrennt und identifiziert werden können.

4 ▪ Plasmidvektoren

Abb. 63.1 zeigt den Plasmidvektor pBR322. Es handelt sich um ein vergleichsweise kleines, ringförmiges Molekül aus 4363 Basenpaaren. Das Plasmid enthält u. a. zwei Resistenzgene für Antibiotika sowie jeweils eine Schnittstelle für sechs verschiedene Restriktionsenzyme.

a) pBR322 findet in der Gentechnik Verwendung als »Klonierungsvektor«. Erklären Sie diese Bezeichnung.

b) Erläutern Sie die Bedeutung der beiden Antibiotika-Resistenzgene für die Funktionsweise des Klonierungsvektors.

c) Begründen Sie, dass es sinnvoll ist, dass ein Plasmidvektor nur eine Schnittstelle für ein bestimmtes Restriktionsenzym besitzt. Zeigen Sie außerdem, dass die Lage dieser Schnittstelle von Bedeutung für den Einsatz des Plasmids als Vektor ist.

5 ▪▪▪ Pilzresistentes Getreide

Bei der Untersuchung von Maispflanzen fiel auf, dass Pflanzen, die mit dem Maisbeulen-Brandpilz infiziert sind, gegenüber anderen Brandpilzarten resistent sind. Ursache dieses Phänomens ist ein Virus, das in den Hyphen des parasitischen Pilzes vorkommt. Das Virus veranlasst den Maisbeulen-Brandpilz, ein spezifisches Protein (KP 4) zu synthetisieren, das den Befall der Maispflanze mit anderen Pilzen verhindert.

Auch Weizen wird von Brandpilzen befallen, die große Ertragseinbußen im Getreideanbau hervorrufen können (Abb. 63.1). Zeigen Sie auf der Grundlage der oben beschriebenen Erkenntnisse eine Möglichkeit auf, wie gentechnisch eine brandpilzresistente Weizensorte erzeugt werden könnte.

Abb. 63.1 Weizenähren. **A** gesunde Pflanze; **B** von Brandpilz befallenes Exemplar

6 ▪▪▪ Somatische Gentherapie für Mucoviscidose

Die Erbkrankheit Mucoviscidose beruht auf dem Defekt des CFTR-Gens, das im 7. Chromosom des Menschen liegt. Eine mögliche Behandlung ist die somatische Gentherapie: Anstelle des nicht funktionstüchtigen Allels soll ein intaktes DNA-Stück in das menschliche Genom eingebaut werden.

Zunächst wird ein »gesundes« CFTR-Gen mithilfe eines geeigneten Restriktionsenzyms aus einem DNA-Doppelstrang ausgeschnitten und in ein Bakterienplasmid eingebaut. Der so gewonnene Vektor wird in ein Liposom eingeschlossen, eine kleine Membrankugel. Die Liposomen werden dem Mucoviscidose-Patienten in einem Nasenspray verabreicht und gelangen so in die Lungen. Hier fusionieren die Liposomenmembran und die Plasmamembran der Epithelzellen der Lungenbläschen. Auf diese Weise gelangen die Plasmide mit dem intakten CFTR-Gen in die Lungenzellen des Patienten, wo das Genprodukt, ein regulatorisches Membranprotein, hergestellt wird.

a) Erstellen Sie anhand des Textes ein übersichtliches Schaubild, das das gentherapeutische Verfahren in seinen wichtigsten Teilschritten illustriert.

b) Begründen Sie, weshalb das Ausschneiden des CFTR-Gens und das Schneiden des Plasmidvektors mit demselben Restriktionsenzym erfolgen müssen.

c) Nennen Sie Vor- und Nachteile der gentherapeutischen Behandlung von Mucoviscidose.

Kommunikation zwischen Zellen

Wissen Sie noch, was Sie auf den Tag genau vor einem Jahr erlebt haben? Vermutlich haben Sie das vergessen. Rufen Sie sich nun Ihren ersten Kuss ins Gedächtnis. Im Nu wird Ihnen bewusst, wann und wo das geschah und was Sie dabei empfanden. Selbstverständlich wissen Sie noch, wen Sie küssten. Erlebnisse wie der erste Kuss, die mit intensiven Gefühlen einhergehen, prägen sich unauslöschlich ins Gedächtnis ein. Aber nicht nur beglückende, auch beängstigende Erlebnisse bleiben besonders gut im Gedächtnis haften. Wer z. B. von dem lähmenden Schrecken erfasst wurde, den die Nachricht von den Geschehnissen am 11. September 2001 in New York verbreitete, wird nicht vergessen, an welchem Ort er sich damals befand und mit wem er anschließend über diese Katastrophe sprach.

Auch weniger aufwühlende Erlebnisse können dem Gedächtnis fest eingeprägt bleiben, wenn sie zusammen mit einer Emotion wie z. B. Freude, Faszination, Wut, Ekel, Scham oder Schreck gespeichert werden. So bewahrt man einen Spaziergang im Gedächtnis, auf dem man bei der Begegnung mit einer Schlange heftig erschrak. An hundert andere, harmlose Spaziergänge erinnert man sich dagegen nicht.

Das Gehirn bewertet ohne Unterlass alle Erlebnisse und Handlungen und speichert gefühlsmäßige Bewertungen im emotionalen Gedächtnis. Dieses ist auch an der Steuerung von Entscheidungen beteiligt. So können der Erfolg in einem Schulfach und die Freude an der betreffenden Materie dazu führen, dass man das Fach studiert. An all diesen Prozessen sind Nervenzellen beteiligt. Ihre Vernetzung und Kommunikation untereinander ermöglichen z. B. das Speichern oder Abrufen von Informationen.

Andere Körperzellen wie die Zellen des Blutsystems kommunizieren ebenfalls miteinander. Sie sind unter anderem für das Immunsystem des Menschen verantwortlich.

1 Immunbiologie

Im Jahre 1976 starben ein norwegisches Ehepaar und dessen Tochter an den Folgen der Immunschwäche AIDS. Der Vater, ein Seefahrer, der vor allem in West- und Ostafrika unterwegs war, hatte sich auf einer seiner Reisen infiziert und dann auch seine Frau angesteckt. Erste Symptome waren bei dem Mann im Jahre 1966 aufgetreten, bei seiner Frau 1967 und bei der im gleichen Jahr geborenen Tochter im Alter von zwei Jahren. Die drei Norweger gelten als die ersten bekannten AIDS-Kranken in Europa.

AIDS wird durch HI-Viren ausgelöst. Diese befallen Zellen des Immunsystems und schwächen dadurch die köpereigene Abwehr. Dank intensiver immunbiologischer Forschung gelingt es inzwischen, die Immunschwäche abzumildern und das Leben der Infizierten zu verlängern. Dazu musste man zunächst den Ablauf der AIDS-Infektion analysieren und untersuchen, wie sich das Virus in der Zelle vermehrt. Für diese Untersuchungen waren Kenntnisse über den Feinbau und spezielle Funktionen der Zelle unverzichtbar. So hat man schließlich herausgefunden, wie das Virus an die Zellmembran andockt und in die Zelle eindringt, wie es daraufhin seine eigene Vermehrung steuert und wie die neu gebildeten Viren am Ende aus der Zelle ausgeschleust werden. Inzwischen ist man in der Lage, gegen jeden einzelnen dieser zellulären Vorgänge gezielt Medikamente zu entwickeln. Mit diesen lässt sich die Vermehrung der HI-Viren im Körper stark hemmen. Mit solchen Arzneimitteln hätte auch dem norwegischen Ehepaar und seiner kleinen Tochter geholfen werden können. Eine vollständige Heilung ist allerdings immer noch nicht möglich.

Um zu erkennen, wie HI-Viren in der Zelle wirken, waren genaue Kenntnisse des Immunsystems erforderlich. Diese liefert die immunbiologische Grundlagenforschung. Sie hat aufgezeigt, wie sich das Immunsystem gegen Viren zu Wehr setzt. Auf der Grundlage dieses Wissens kann man Medikamente entwickeln, die dem Immunsystem bei der Virusabwehr helfen.

Dabei stellen sich diese Fragen:

- Welche Teile des Organismus wirken an der Abwehr von Krankheitserregern mit?
- Welche Barrieren baut der Organismus generell gegen das Eindringen von Krankheitserregern auf?
- Wie läuft eine Entzündungsreaktion ab?
- Wie werden Krankheitserreger übertragen?
- Wie wehrt das Immunsystem spezifisch einen bestimmten Erreger ab?
- Wie sind Antikörper gebaut und wie funktionieren sie?
- Wie unterscheidet das Immunsystem körpereigene von fremden Zellen?
- Welche Reaktionen des Immunsystems müssen bei einer Bluttransfusion bedacht werden?
- Wie reagiert das Immunsystem auf eine Organtransplantation?
- Wie kommt es zu Allergien, Autoimmunerkrankungen und Immunschwäche?

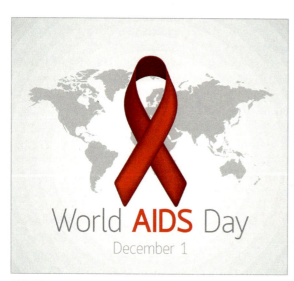

Abb. 66.1 Welt-AIDS-Tag

1.1 Die angeborene Immunabwehr

Der Körper ist stets durch Mikroorganismen aus der Umwelt bedroht und besitzt daher ein Abwehrsystem. Dieses wird als Immunsystem bezeichnet. Es ist aufgebaut aus verschiedenen Organen wie Milz, Wurmfortsatz des Blinddarms und Rachenmandeln (Abb. 71.2 A). Ebenso gehören dazu Gewebe wie das Rote Knochenmark, verschiedene Weiße Blutzellen (Abb. 70.1) und Proteine, die im Blut gelöst sind. Ein Teil des Immunsystems ist von Geburt an funktionsbereit und bewirkt die **angeborene Immunabwehr**. Diese richtet sich generell gegen Mikroorganismen. Sie unterscheidet also nicht zwischen gefährlichen und ungefährlichen Mikroorganismen und wird daher unspezifisch genannt. Die angeborene Immunabwehr stellt die erste Barriere für jeden Krankheitserreger dar, der in den Körper des Menschen einzudringen droht. Nicht jede Infektion, also Vermehrung eines Erregers im Körper, kann durch die angeborene Immunabwehr vollständig verhindert werden. In solchen Fällen wird die **erworbene Immunabwehr** wirksam. Diese zweite Barriere reagiert spezifisch. Beim ersten Kontakt mit einem Krankheitserreger (S. 70) entwickelt sie sich gezielt gegen diesen.

Zur angeborenen Immunabwehr tragen Haut und Schleimhäute bei, die ein fast unüberwindliches Hindernis für Bakterien, Pilze und Viren darstellen (Abb. 68.1). Verschiedene Schleimhäute produzieren Schleim. Dieser hüllt Mikroorganismen ein, die über die Körperöffnungen eingedrungen sind, und bereitet sie so für den Abtransport vor. Dazu dient in den Atemwegen eine große Zahl von Cilien. Das sind winzige Fortsätze der Zellmembran von Epithelzellen, die sich wie die Halme eines Kornfeldes im Wind bewegen. So gelangt der Schleim, auch unterstützt durch Räuspern, Husten und Niesen, aus den Atemwegen. Haut und Schleimhäute sondern auch Proteine ab, die Mikroorganismen abtöten. Dazu gehört das Enzym Lysozym, das in der Tränenflüssigkeit im Speichel und im Schleim der Atemwege und des Magen-Darmtraktes vorkommt. Ein niedriger pH-Wert hemmt z. B. auf der Haut, im Magen und in der Blase das Wachstum von Mikroorganismen. Dennoch werden Haut und Körperhöhlen, die eine Verbindung nach außen haben, von einer ungeheuer großen Zahl von Mikroorganismen (»Normalflora«) besiedelt. Sie sind normalerweise ungefährlich und begrenzen das Wachstum von Krankheitserregern, mit denen sie konkurrieren.

Im Blut von Säugern und Menschen kommt eine Gruppe von ca. 30 verschiedenartigen Proteinen vor, die Mikroorganismen unschädlich machen. Es handelt sich um Enzyme oder Enzymvorstufen. Diese Gruppe von Proteinen wird als **Komplementsystem** bezeichnet. Die Bezeichnung leitet sich davon ab, dass dieses System die Immunreaktionen, auch die erworbenen, ergänzt (engl. *complement* Ergänzung). Die Proteine des Komplementsystems zerstören Membranen von Mikroorganismen, bereiten diese auf den Zugriff von Makrophagen (s. u.) vor und spalten andere körperfremde Proteine.

Abgetötete Mikroorganismen werden durch Endocytose entfernt (Abb. 67.1). Dazu sind bestimmte Weiße Blutzellen in der Lage. Einige von ihnen reagieren auf eingedrungene Krankheitserreger durch Ausschüttung von hormonartigen Botenstoffen, den **Cytokinen**, die andere Immunzellen aktivieren. Diese folgen dann der ansteigenden Konzentration ausgeschütteter Cytokine, die sie zum Ort einer Infektion leiten. Damit startet eine Entzündungsreaktion am Infektionsherd.

Abb. 67.1 Makrophagen, die stäbchenförmige Bakterien festhalten, danach aufnehmen und verdauen (REM-Bild, koloriert)

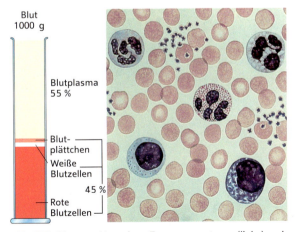

Abb. 67.2 Blut vom Menschen. Zusammensetzung (links) und Ausstrichpräparat; LM-Bild, gefärbt; Rote Blutzellen kernlos; Weiße Blutzellen mit Kern; Blutplättchen dunkel, klein

Weiße Blutzellen der angeborenen Abwehr. Das Blut der Wirbeltiere besteht aus dem flüssigen Blutplasma und den darin schwimmenden festen Bestandteilen, den kernlosen Roten Blutzellen, den kernhaltigen Weißen Blutzellen und den Blutplättchen (Abb. 67.2). Beim erwachsenen Menschen beträgt die gesamte Blutmenge 5 bis 6 Liter. Weiße Blutzellen, genannt **Leukocyten,** dienen sowohl der angeborenen als auch der erworbenen Immunabwehr. Sie leiten sich wie alle Blutzellen von multipotenten Stammzellen ab (S. 58).

Wenn z. B. ein Dorn in die Haut eines Menschen eindringt, gelangen daran anhaftende Mikroorganismen in das darunterliegende Gewebe. Meist sind **Makrophagen** die ersten Leukocyten, die diese Krankheitserreger erkennen und dann die **Entzündungsreaktionen** auslösen (Abb. 68.2). Während ihrer Patrouillen durch den gesamten Organismus erkennen sie eingedrungene Krankheitserreger mithilfe von Rezeptoren. Diese binden an molekulare Strukturen, die für ganze Gruppen von Krankheitserregern kennzeichnend sind. Die Makrophagen, die sich am Infektionsherd befinden, setzen bestimmte Cytokine frei. Diese leiten nun andere Leukocyten und weitere Makrophagen aus der Blutbahn in das infizierte Gewebe. Die erkannten Krankheitserreger werden von den Leukocytentypen aufgenommen (Endocytose) und abgebaut. Dabei gehen viele Leukocyten zu Grunde und werden im Eiter ausgeschieden.

Mastzellen, ein weiterer Leukocytentyp, die sich am Infektionsherd befinden und dort auf Fremdstoffe oder Krankheitserreger treffen, setzen Histamin und Cytokine frei. Für diese Stoffe besitzen z. B. die Zellen der Blutgefäßwände spezifische Rezeptoren. Wenn Cytokine an diese Rezeptoren gebunden sind, erhöht sich die Durchlässigkeit der Gefäßwände. Dann gelangen Proteine und Flüssigkeit aus den Blutgefäßen in das umliegende Gewebe. Die Zunahme der Gewebsflüssigkeit bewirkt eine schmerzhafte Schwellung, Rötung und Erwärmung der entzündeten Stelle.

Andere Leukocyten, die an der angeborenen Immunabwehr beteiligt sind, greifen sogar körpereigene Zellen an, wenn diese Krankheitserreger wie z. B. Viren enthalten; denn durch den Befall mit Erregern wird der Bestandteil an Proteinen und Kohlenhydraten auf der Oberfläche der Zellen krankhaft verändert.

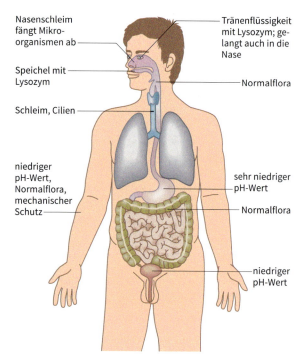

Abb. 68.1 Immunabwehr durch Haut und Schleimhäute

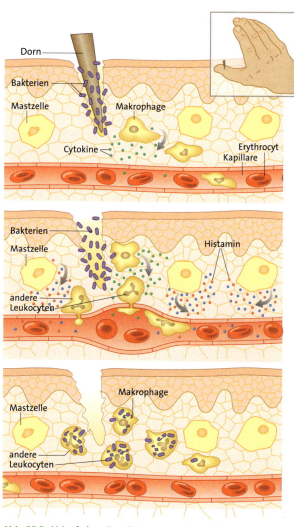

Abb. 68.2 Ablauf einer Entzündungsreaktion (Schema)

1.2 Krankheitserreger und ihre Übertragung beim Menschen

Während einer Grippesaison treten in Deutschland durchschnittlich ca. 8000–11 000 zusätzliche Todesfällen auf. Bei einer sehr heftigen Grippewelle kann diese Zahl mehr als 20 000 betragen. Dies zeigt wie gefährlich manche Infektionskrankheiten sein können.

Infektionskrankheiten werden vor allem durch bestimmte Viren, Bakterien, Pilze, Einzeller und Würmer bewirkt. Diese sind in der Lage, in den Organismus einzudringen die angeborene Immunabwehr zu umgehen, sich im Körper zu vermehren und ihn zu schädigen (Tab. 69.1).

Krankheitserreger können direkt von Mensch zu Mensch übertragen oder indirekt durch einen anderen Organismus wie z. B. seine Stechmücke, oder Nahrungsmittel mit Krankheitserregern übertragen werden.

Übertragung von Mensch zu Mensch. Durch Tröpfcheninfektion werden z. B. Grippeviren beim Niesen übertragen. Sie befinden sich innerhalb von Flüssigkeitströpfchen des Nasensekrets. Auf diesem Weg gelangen auch viele andere Erreger von einem Menschen zu anderen, etwa die Keuchhusten- und Tuberkulosebakterien und die Masern-, Röteln-, und Windpockenviren. An Masern stirbt in Deutschland einer von etwa 10 000–20 000 Erkrankten (Abb. 69.1 B, C). Das Virus der Röteln bewirkt beim Embryo Missbildungen, wenn die Schwangere während der Organbildung an Röteln erkrankt.

Ein weiterer Übertragungsweg ist der direkte Körperkontakt mit einem infizierten Menschen. Dazu kann das Handgeben gehören, bei dem ebenfalls z. B. Grippeviren übernommen werden können, die schließlich über die Atemwege in den Körper gelangen. Durch gründliches Händewaschen (mindestens 20 s) kann man einer Infektion vorbeugen. Durch Küssen kann z. B. das Virus des PFEIFFERSches Drüsenfiebers übertragen werden. An dieser Krankheit leiden dementsprechend vor allem ältere Kinder und junge Erwachsene. Das Aids-Virus gelangt beim Geschlechtsverkehr in den Organismus. Zu einer indirekten Kontaktinfektion kommt es, wenn man Gegenstände berührt, die von einem Erkrankten mit Erregern verunreinigt wurden, z. B. schmutziges Geschirr.

Übertragung durch einen anderen Organismus. Durch Zecken werden Bakterien der Gattung *Borrelia* übertragen. Die Zecken überwinden die mechanische Barriere der Haut durch Biss. Borrelien verursachen die Lyme-Borreliose, die man einige Wochen nach der Infektion an einem hellroten, wachsenden Ring (»Wanderröte«) um die Bissstelle erkennt (Abb. 69.1 A). Die Stechmücke *Ano-pheles* überträgt beim Stechen mikroskopisch kleine Entwicklungsstadien des Malariaerregers *Plasmodium*, eines Einzellers. Stoffwechselprodukte der Plasmodien verursachen Fieberanfälle.

Übertragung mit der Nahrung. Andere Krankheitserreger werden mit der Nahrung aufgenommen. Dazu gehört die Gruppe der Salmonella-Bakterien. Diese können Lebensmittelvergiftungen hervorrufen, wenn sie z. B. in Eiern oder in Fleisch enthalten sind, die nicht lange genug gekocht wurden.

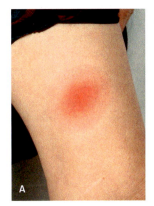
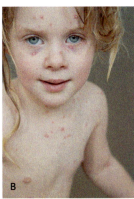
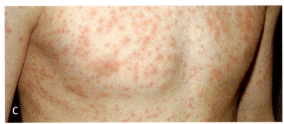

Abb. 69.1 Symptome einiger Infektionskrankheiten.
A Wanderröte; B Windpocken; C Masern

Erreger	Vertreter	Krankheit
Viren		
▪ DNA-Viren	Herpes-simplex-Virus	z. B. Lippenherpes, Hornhautherpes
▪ RNA-Viren	Grippevirus Mumpsvirus	Grippe Mumps
Bakterien	Mycobakterien	Tuberkulose
Pilze	Candida (Hefe)	Soor, Hautgeschwüre
Protozoen	*Plasmodium*	Malaria
Würmer	Spulwurm	Ascaridose

Tab. 69.1 Die Haupttypen von Krankheitserregern beim Menschen und die von ihnen ausgelösten Krankheiten

1.3 Die erworbene Immunabwehr – ein Überblick

Dringen große Mengen von Bakterien in den Körper ein, kann die angeborene Immunabwehr deren Vermehrung manchmal nicht ganz verhindern. Dann wird die erworbene Immunabwehr ausgelöst. Diese wird von verschiedenen Weißen Blutzellen besorgt. Eine besondere Aufgabe haben dabei die **Lymphocyten** (Abb. 70.1).

Diese kommen in großer Zahl in bestimmten Organen vor, die deshalb lymphatische Organe heißen (Abb. 71.2 A). Das Rote Knochenmark (engl. *bone marrow*) und die Thymusdrüse, die zentralen lymphatischen Organe, sind beim Fetus die Entstehungsorte der Lymphocyten. Von dort wandern sie in die peripheren lymphatischen Organe, wo sie sich weiter ausdifferenzieren. Das sind die im ganzen Körper verteilten Lymphknoten (Abb. 71.2. B), die Milz und verschiedene andere Organe wie die Rachenmandeln und der Wurmfortsatz des Blinddarms. Entsprechend ihrem jeweiligen Entstehungsort unterscheidet man B-Lymphocyten und T-Lymphocyten.

Reife Lymphocyten erkennen Krankheitserreger anhand bestimmter Moleküle, die sich in der Membran der Erreger befinden. Solche spezifischen Moleküle der Erreger heißen **Antigene** (Abb. 74.1). Das können Peptide, Proteine, Polysaccharide oder Polynucleotide sein. Auch Fremdstoffe wie bestimmte organische Verbindungen können als Antigene wirken. Ein reifer B-Lymphocyt besitzt in seiner Zellmembran etwa 100 000 Rezeptormoleküle für dasselbe Antigen. Nur auf dieses eine Antigen

kann der B-Lymphocyt spezifisch reagieren. Wenn bei einer Infektion das entsprechende Antigen an den Rezeptor bindet, beginnt die B-Zelle sich zu teilen. Es entsteht ein **Zellklon** aus identischen Nachkommenzellen, deren Rezeptoren alle dasselbe Antigen binden können. Der größte Teil der Zellen des Klons differenziert sich weiter zu Plasmazellen (Abb. 70.1). Diese bilden Proteine, die jeweils ein Antigen spezifisch binden und **Antikörper** genannt werden. Antikörper markieren das Antigen für die Bekämpfung durch die Immunabwehr (S. 74). Jede Plasmazelle gibt pro Sekunde etwa 2000 gleichartige Antikörper an die Körperflüssigkeit ab.

Die Plasmazellen leben nur wenige Wochen. Der kleinere Teil des Klons bleibt als **Gedächtniszellen** über Jahre hinweg im Körper erhalten. Trifft eine Gedächtniszelle später erneut auf das gleiche Antigen, wird sie viel schneller teilungsaktiv als die ursprüngliche B-Zelle vor dem ersten Antigenkontakt. Deshalb werden beim zweiten Kontakt mit einem Antigen in kurzer Zeit viel mehr Plasmazellen und demzufolge auch Antikörper gebildet als beim ersten. Die zweite Immunreaktion verläuft daher viel wirksamer, sodass dann gar keine Krankheitssymptome auftreten (S. 78). Diese durch die erworbene Immunabwehr herbeigeführte dauerhafte Abwehrfähigkeit des Organismus gegen den gleichen Erreger wird **Immunität** genannt. Die Gedächtniszellen bewirken, dass diese unter Umständen Jahrzehnte bis lebenslang anhält. Dies gilt z. B. für viele Kinderkrankheiten.

Im Gegensatz zu B-Lymphocyten erzeugen T-Lymphocyten keine Antikörper. Sie besitzen aber ebenfalls

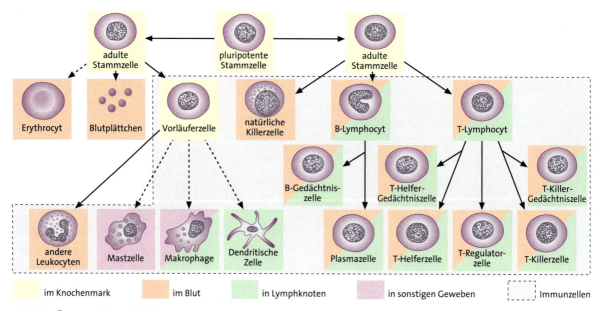

Abb. 70.1 Übersicht über die Zellen des Immunsystems (grau hinterlegt) und andere Blutzellen sowie Herkunft der Zellen

Membranrezeptoren für ein bestimmtes Antigen. Ein T-Lymphocyt wird von seinem Antigen jedoch erst dann zur Teilung angeregt, wenn es ihm von einer **Antigen präsentierenden Zelle** dargeboten wird. Diese nehmen Antigene auf, bauen sie teilweise ab und präsentieren die Teile des Antigens auf der Zellmembran. Dann bildet sich ein T-Zellklon. Ein Teil der Zellen des Klons fungiert auch hier als Gedächtniszellen. Die übrigen T-Lymphocyten differenzieren sich zu zwei Arten von T-Zellen. Die eine Art sind die **T-Killerzellen.** Diese erkennen und vernichten körpereigene Zellen, die von Viren befallen sind, Tumorzellen und körperfremde Zellen. T-Zellen der anderen Art beeinflussen durch die Ausschüttung verschiedener Cytokine den weiteren Verlauf der Immunreaktion. Sie lassen sich in **T-Helferzellen** und **T-Regulatorzellen** unterscheiden. T-Helferzellen tragen dazu bei, dass sich B-Zellen nach Erkennung eines Antigens teilen und Antikörper bilden. T-Regulatorzellen hemmen die Teilung der B-Zellen und die Bildung von T-Killerzellen am Ende einer Immunreaktion.

Ein Erwachsener besitzt etwa 10^{12} Lymphocyten. Diese wiegen zusammen etwa 1 kg. Bei einer Infektion nehmen Antigen präsentierende Zellen große Mengen des Antigens auf und wandern vom Infektionsherd zu den Lymphknoten (Abb. 71.2 B). Dort präsentieren sie das Antigen den Lymphocyten. Der Lymphocyt, der den passenden Rezeptor für das jeweilige Antigen besitzt, wird aktiviert. Er teilt sich vielfach und die Tochterzellen differenzieren sich, B-Zellen zu Plasmazellen und T-Zellen zu T-Killerzellen oder Cytokine ausschüttenden T-Zellen.

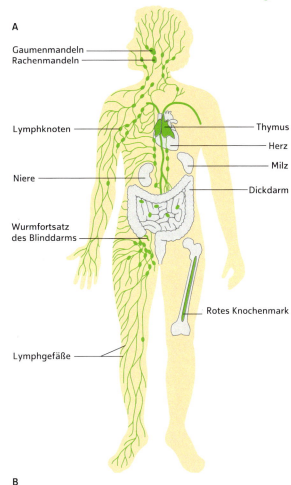

A

Gaumenmandeln
Rachenmandeln
Lymphknoten
Niere
Wurmfortsatz des Blinddarms
Lymphgefäße
Thymus
Herz
Milz
Dickdarm
Rotes Knochenmark

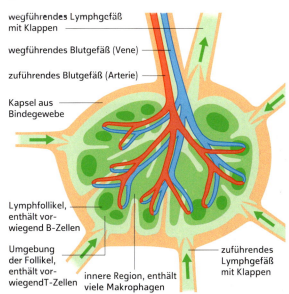

B

wegführendes Lymphgefäß mit Klappen
wegführendes Blutgefäß (Vene)
zuführendes Blutgefäß (Arterie)
Kapsel aus Bindegewebe
Lymphfollikel, enthält vorwiegend B-Zellen
Umgebung der Follikel, enthält vorwiegend T-Zellen
innere Region, enthält viele Makrophagen
zuführendes Lymphgefäß mit Klappen

Abb. 71.2 Lymphsystem des Menschen. **A** Übersicht über die lymphatischen Organe und Lymphbahnen (grün); **B** Bau eines Lymphknotens (Schema)

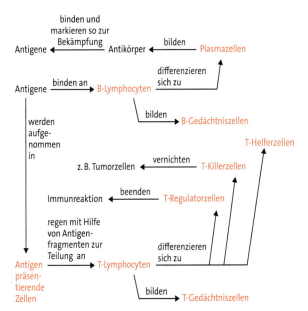

Abb. 71.1 Übersicht über Reaktionen der Immunabwehr

1.4 Antikörper

Antikörper binden spezifisch an eine bestimmte Substanz, nämlich ihr Antigen. Bei den Molekülen, die als Antigene wirken, kann es sich z. B. um Peptide, Proteine, Polysaccharide oder Polynucleotide handeln. Diese können sich z. B. an der Oberfläche eines Bakteriums befinden. Der Antikörper bindet nach dem Schlüssel-Schloss-Prinzip an das Antigen; er ist in seiner Struktur an diese Funktion angepasst. Als Bindungsstelle funktioniert nur eine kleine Region auf der Oberfläche des Antigens. Eine solche Region heißt **Epitop.** Ein Makromolekül kann mehrere unterschiedliche Epitope besitzen.

Auch die **Plasmazellen,** von denen die Antikörper gebildet werden, sind in ihrer Struktur an diese Funktion angepasst. Sie besitzen eine große Zahl von Ribosomen und viel Endoplasmatisches Reticulum (Abb. 72.1). Dadurch ist die Zelle in der Lage, große Mengen an Proteinen, in diesem Fall Antikörper, zu synthetisieren und abzugeben. Alle Plasmazellen, die aus einer bestimmten B-Zelle hervorgehen, erzeugen nur Antikörper gegen das Antigen, das ursprünglich an diese B-Zelle gebunden hat. Die Spezifität des Antikörpers bleibt also in allen Tochterzellen erhalten.

Antikörper sind Proteine, die man als **Immunglobuline** (Abkürzung: Ig) bezeichnet. Der häufigste Typus sind die Immunglobuline G (**IgG**). Über 80 % der Immunglobuline im gesunden, erwachsenen Menschen sind IgG-Moleküle. Jedes IgG-Molekül besteht aus vier Untereinheiten: zwei identischen schweren und zwei identischen leichten Polypeptidketten (Abb. 72.2).

Die schweren Ketten tragen kurze Zuckerseitenketten; die IgG-Moleküle sind somit Glykoproteine. Die Stammabschnitte der leichten und schweren Ketten sind in allen Mo-

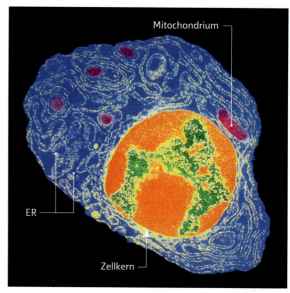

Abb. 72.1 Antikörper synthetisierende Plasmazelle (EM-Bild, koloriert)

lekülen nahezu gleich gebaut. Man bezeichnet sie deshalb als konstante Regionen. In denjenigen Teilen des Moleküls, die als **Antigen-Bindungsstellen** wirken, unterscheiden sich die verschiedenen IgG-Moleküle jedoch. Diese Abschnitte bilden die variablen Regionen.

Jedes IgG-Molekül hat zwei spezifische Bindungsstellen für sein Antigen. Eine Antigen-Bindungsstelle wird gemeinsam von je einer variablen Region der leichten und der schweren Kette gebildet. Durch die räumliche Anordnung der vier Ketten entsteht eine etwa Y-förmige Molekülgestalt. Die Antigen-Bindungsstellen liegen in den beiden »Armen« des Y. Durch diesen Aufbau ist es möglich, dass ein IgG-Molekül sich gleichzeitig mit zwei gleichar-

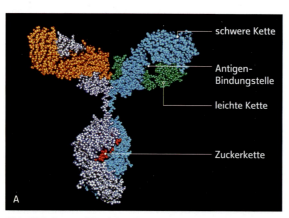

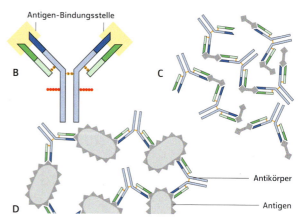

Abb. 72.2 Bau und Funktion der IgG-Moleküle. **A** Kalottenmodell, leichte Ketten: grün und orange; schwere Ketten: blau und grau; **B** Schema, rot: Zuckerketten, orange: S-S-Brücken; **C** Reaktion zwischen IgG und löslichen Antigenen; **D** Reaktion zwischen IgG und Antigenen auf der Oberfläche von Zellen

tigen Antigen-Molekülen verbinden kann. Besitzt ein Antigen mehr als eine Bindungsstelle für ein IgG-Molekül, so können größere **Immunkomplexe** entstehen.

Neben den IgG-Molekülen gibt es weitere Klassen von Immunglobulinen. Diese bestehen ebenfalls aus leichten und schweren Ketten und haben eine Y-förmige Molekülgestalt. Sie unterscheiden sich von den IgG-Molekülen jedoch in der Größe, und die Einzelmoleküle sind zum Teil zu größeren Verbänden verknüpft. Immunglobuline G kommen in erster Linie im Blut vor. Eine andere Klasse findet sich im Schleim der Schleimhäute, z. B. im Darm. Diese Antikörper binden Bakterien, die dann die Schleimhautzellen nicht mehr angreifen können. Die gleichen Antikörper treten auch in der Muttermilch auf. Sie werden von Plasmazellen gebildet, die in den Lymphknoten der Brustdrüse liegen. Diese schützen den Säugling vor Krankheitserregern, die über die Schleimhaut seines Magen-Darm-Traktes in den Körper eindringen könnten. Eine andere Immunglobulin-Klasse ist an der Entstehung allergischer Reaktionen beteiligt.

Bakterien oder Viren, an die Antikörper gebunden sind, werden von Makrophagen oder anderen Weißen Blutzellen als fremd erkannt, aufgenommen und abgebaut (Abb. 73.1A). Innerhalb der Blutbahn werden Bakterien im Zusammenspiel mit dem Komplementsystem (S. 67) vernichtet: Proteine des Komplementsystems öffnen die Zellmembran von Bakterien, die durch Antikörper gebunden wurden, und töten sie so ab. Anschließend erfolgt ihr Abbau durch Makrophagen (Abb. 73.1B).

Das Immunsystem eines Menschen kann ca. 10^{11} verschiedene Antikörper-Proteine bilden. Da der Mensch aber nur etwa 22 000 Gene besitzt, kann nicht für jedes Immunglobulin von vorn herein ein gesondertes Gen vorliegen. Wie ist es dennoch möglich, dass jedes Immunglobulin von einer eigenen DNA codiert wird? Die DNA-Abschnitte für die variablen Regionen der Immunglobuline werden bei der Differenzierung der B-Lymphocyten jeweils aus kleineren DNA-Segmenten zusammengesetzt. Dazu werden die dazwischen liegenden DNA-Bereiche herausgeschnitten und abgebaut. Für die vom Zufall bestimmte Kopplung stehen für jeden Abschnitt bis zu 65 verschiedene DNA-Segmente zur Verfügung. Daraus ergeben sich zahllose Kombinationsmöglichkeiten und somit die Vielzahl unterschiedlicher Immunglobulinmoleküle. Durch zusätzliche somatische Punktmutationen in einzelnen, sich entwickelnden B-Zellen erhöht sich die Anzahl der verschiedenen Sequenzen für die variablen Regionen noch weiter.

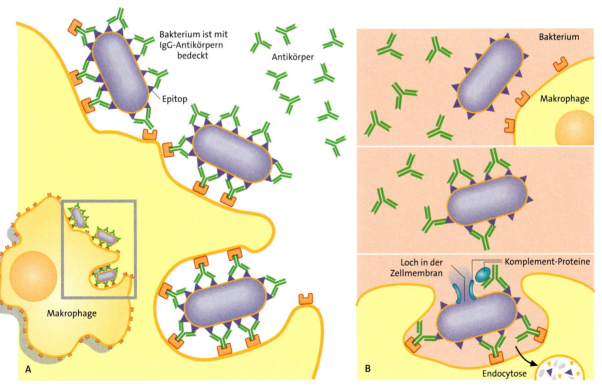

Abb. 73.1 Wirkung der Antikörper. **A** auf Bakterien außerhalb der Blutbahn; **B** auf Bakterien in der Blutbahn

1.5 Zellvermittelte und humorale erworbene Immunabwehr

Die erworbene Immunabwehr wird durch Antigene und aktivierte Antigen-präsentierende Zellen ausgelöst. Diese gelangen in die lymphatischen Organe (S. 71), wo sie B-Lymphocyten und T-Lymphocyten aktivieren. Jeder Lymphocyt besitzt nämlich auf der Zelloberfläche eine spezifische Variante von Antigen-Rezeptoren. Trifft ein Lymphocyt auf genau das Antigen, das an seine speziellen Rezeptoren bindet, so wird er aktiviert.

Das Immunsystem kann auf diese Weise körpereigene von fremden Zellen unterscheiden. Es erkennt körpereigene Zellen an bestimmten Molekülen auf der Zellmembran. Dazu gehört eine Gruppe von Glykoproteinen. Es handelt sich um den **Haupthistokompatibilitätskomplex** (engl. *Major Histocompatibility Complex,* **MHC**). Die MHC-Proteine dienen der Präsentation von Antigenbruchstücken, die beim Abbau von Antigenen entstehen, z. B. auf

der Oberfläche von Makrophagen. Die Antigenbruchstücke werden an MHC-Proteine gebunden. Dies ist eine wichtige Voraussetzung für die Aktivierung von Antigen-spezifischen T-Lymphocyten. Freie Antigene können keine vollständige Aktivierung von T-Lymphocyten auslösen. Erst MHC-gebundene Antigene auf einer Zelloberfläche sind dazu in der Lage.

Bei der erworbenen Immunabwehr unterscheidet man zwischen der zellvermittelten und der humoralen Abwehr (Abb. 74.1). Beide Arten der Immunabwehr arbeiten in enger Abstimmung miteinander (Abb. 75.1).

Die **zellvermittelte Immunabwehr** richtet sich gegen körpereigene Zellen, in die Krankheitserreger eingedrungen sind. Dies können Viren, intrazelluläre Bakterien oder eukaryotische, einzellige Parasiten, wie z. B. Malariaerreger, sein. Sie wird von denjenigen Zellen in Gang gesetzt, die Peptide solcher Erreger auf MHC-Molekülen an ihrer Oberfläche präsentieren. Diese Peptide können z. B. aus Virusproteinen stammen, die in der Zelle abgebaut wur-

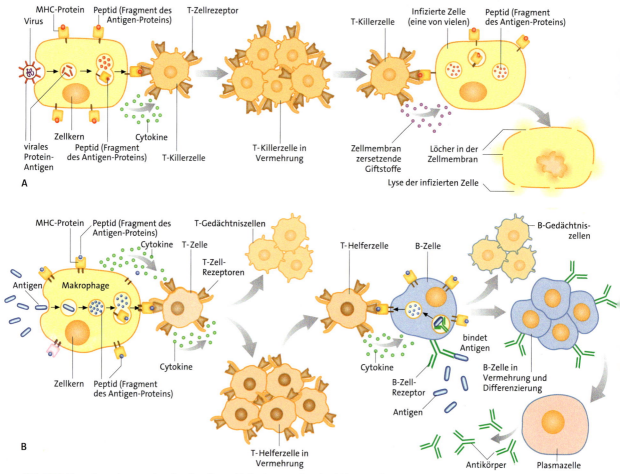

Abb. 74.1 Erworbene Immunabwehr. **A** zellvermittelte Immunabwehr; **B** humorale Immunabwehr

den. Eine T-Killerzelle, die einen passenden T-Zellrezeptor für ein Erregerpeptid besitzt, bindet an infizierte Zellen und wird dadurch aktiviert. Sie teilt sich zu einem Klon von T-Killerzellen. Die Auswahl eines Lymphocyten für die gezielte Vermehrung, die durch die Bindung eines spezifischen Antigens erfolgt, bezeichnet man als klonale Selektion. Alle Tochterzellen sind dann in der Lage, weitere Zellen zu entdecken, die von dem Virus infiziert sind. Nach der Bindung an eine infizierte Zelle schütten die T-Killerzellen gezielt und lokal begrenzt auf diese Kontaktstelle Zellmembran zersetzende Proteine aus. Die infizierte Zelle stirbt ab und die weitere Vermehrung des Virus wird verhindert (Abb. 74.1 A). Antikörper sind an der zellvermittelten Immunabwehr nicht beteiligt, sie wird ausschließlich von Weißen Blutzellen, vor allem von T-Zellen, durchgeführt.

Die **humorale Immunabwehr** (lat. *humor* Flüssigkeit) richtet sich gegen frei im Blut oder der Lymphflüssigkeit vorkommende körperfremde Moleküle, Bakterien oder Viren. Sie kann beim Erstkontakt mit einem Antigen auf zwei Arten in Gang gesetzt werden. Zum einen kann ein Antigen direkt B-Zellen aktivieren, die daraufhin Plasmazellen und in der Folge Antikörper bilden. Zum anderen kann ein Antigen zunächst von einem Makrophagen oder einer B-Zelle aufgenommen und teilweise abgebaut werden. Die Abbauprodukte werden an neusynthetisierte MHC-Proteine im Zellinneren gebunden und zusammen mit diesen zur Zelloberfläche transportiert und

dort präsentiert (Abb. 74.1B). T-Zellen mit passenden Rezeptoren für diese MHC-Peptid-Komplexe werden zur Teilung angeregt. Es entstehen insbesondere T-Helferzellen. Diese lösen bei denjenigen B-Lymphocyten Teilung aus, die Abbauprodukte des betreffenden Antigens präsentieren. Bei diesen Aktivierungsschritten der Lymphocyten sind Cytokine wichtig. Durch diese Botenstoffe aktivieren sich die verschiedenen Immunzellen gegenseitig. Die aktivierten B-Lymphocyten vermehren sich weiter und differenzieren sich zu Plasmazellen. Von letzteren werden in großer Zahl Antikörper gebildet.

Bei der Immunreaktion werden aus Antikörper- und Antigenmolekülen Immunkomplexe gebildet. Diese aktivieren auch das Komplementsystem. Von den Proteinen des Komplementsystems werden phagocytierende Zellen angelockt und aktiviert. Diese nehmen die Immunkomplexe auf und bauen sie ab.

Einige der B-Zellen und der T-Zellen entwickeln sich zu Gedächtniszellen. Diese teilen sich häufig über Jahre hinweg nicht, sondern patrouillieren durch den Körper. Sie werden erst wieder teilungsaktiv, wenn ihr spezifisches Antigen erneut in den Körper eindringt.

Wenn schließlich kein Antigen mehr vorhanden ist, klingt die Produktion neuer Antikörper aus. Die Immunreaktion kommt dann u. a. durch die Funktion von T-Regulatorzellen allmählich zum Stillstand. Diese produzieren hemmend wirkende Cytokine, welche die Bildung von B-Zellen und T-Killerzellen beeinflussen.

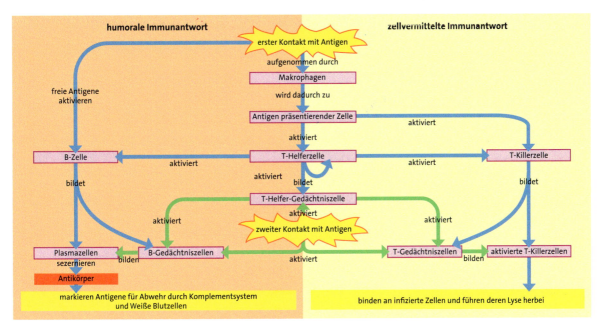

Abb. 75.1 Verknüpfung von humoraler und zellvermittelter Immunabwehr. *Blaue Pfeile:* Primäre Immunantwort; *Grüne Pfeile:* Sekundäre Immunantwort

1.6 Immunschwäche

Immunschwäche durch Störungen. Ist das Immunsystem unzureichend entwickelt oder stark gestört, so bleibt die Immunreaktion aus oder ist mangelhaft. Die weltweit häufigste Ursache für eine derartige Immunschwäche ist Unterernährung. Darüber hinaus kann eine Immunschwäche angeboren sein, z. B. bei fehlender Ausbildung des Thymus. Sie kann aber auch als Folge einer Infektion auftreten.

Die weitaus häufigste infektiöse Immunschwäche ist AIDS, das erworbene (engl.: *aquired*) Immun-Defizienz-Syndrom. Weltweit sind über 36 Millionen Menschen davon betroffen (Abb. 76.1). AIDS wird durch ein Virus hervorgerufen. Es schädigt das Immunsystem so sehr, dass die infizierten Personen einer normalerweise harmlosen Infektionskrankheit erliegen können. Häufig ist auch eine Tumorerkrankung die Todesursache, weil neu gebildete Krebszellen vom Immunsystem nicht mehr zerstört werden. AIDS entstand in Afrika, trat Mitte der siebziger Jahre erstmals in Europa auf (S. 66) und ist heute über die ganze Erde verbreitet. Die Zahlen der Neuinfektionen werden seit dieser Zeit in Deutschland erfasst (Abb. 76.2). Das AIDS verursachende Virus wurde 1983 entdeckt und *Human Immunodeficiency Virus* (HIV) benannt (Abb. 77.1).

Die Wirtszellen des HIV sind T-Helferzellen. Die Anheftung der Viren an T-Helferzellen erfolgt über ein Oberflächenmolekül, das bei der Aktivierung von T-Helferzellen durch Antigene eine wichtige Rolle spielt. Für das Eindringen des HI-Virus in eine Zelle ist allerdings zusätzlich der Kontakt mit einem bestimmten Rezeptor auf der Zelloberfläche (einem Chemokinrezeptor, Abb. 77.1) notwendig. Das HI-Virus gehört zu den RNA-Viren; diese schreiben ihre genetische Information in der Wirtszelle in DNA um. Die DNA wird dann in das Genom der Wirtszelle eingebaut. Virusinfizierte T-Helferzellen werden von den T-Killerzellen anhand von Oberflächenproteinen erkannt und vernichtet.

Gegen die freien Viren werden Antikörper gebildet. Diese sind aber nicht lange wirksam, weil die Oberfläche der Viren sich in Folge von Mutationen immer wieder ändert. Dennoch gelingt es dem Immunsystem zunächst, eine rasche Vermehrung der Viren zu hemmen. Dehalb treten nach einer Ansteckung außer kurzzeitigem Fieber jahrelang keine Krankheitssymptome auf. Diese Zeit wird als Latenzphase bezeichnet. Am Ende der Latenzphase hat das HIV die meisten T-Helferzellen zerstört, die Immunabwehr ist deshalb stark geschwächt und die Betroffenen sind anfällig für Infektionen.

Jeder, der das Virus trägt, kann andere infizieren. Anhand der Antikörper lässt sich eine Infektion schon im Frühstadium nachweisen, nämlich etwa drei Monate nach Ansteckung. HI-Viren findet man in den Körperflüssigkeiten. Am höchsten ist die Konzentration im Blut und im Sperma. Eine Infektion ist nur möglich bei Übertragung von Körperflüssigkeit eines infizierten Menschen in die Blutbahn eines anderen. Dies kann bei Blutübertragungen oder Verwendung nicht steriler Injektionsnadeln, z.B. bei Drogenabhängigen erfolgen. Infizierte Mütter können das Virus vor oder während der Geburt auf das Kind übertragen. Auch durch kleine Wunden, die

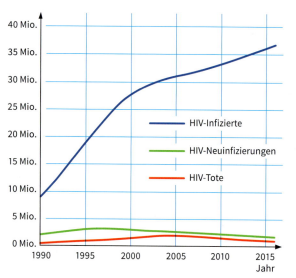

Abb. 76.1 Schätzungen zu weltweit Infizierten, Neuinfektionen und Todesfällen

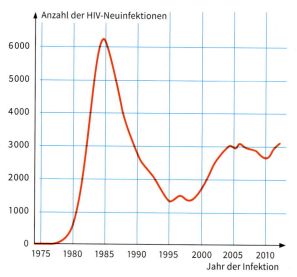

Abb. 76.2 Zahl der HIV-Neuinfektionen in Deutschland in den letzten Jahrzehnten

z.B. bei Sexualkontakten entstehen können, dringt das Virus in die Blutbahn ein. Der wirksamste Schutz gegen eine HIV-Übertragung bei Sexualkontakten ist die konsequente Verwendung von Kondomen. Außerhalb des menschlichen Körpers geht das Virus rasch zugrunde. Daher besteht bei alltäglichen Kontakten keine Ansteckungsgefahr, auch nicht wenn man das gleiche Essgeschirr verwendet, ein Infizierter hustet oder man die gleichen Toiletten benutzt.

Die Entwicklung eines Impfstoffes gegen das Virus ist trotz jahrzehntelanger Bemühungen bisher nicht gelungen. Eine besondere Schwierigkeit liegt u. a. in der hohen Mutationsrate des Virus, die zu einer beständigen Veränderung seiner Oberflächenantigene führt. Dabei wäre ein verlässlicher, vorbeugender Impfschutz die wirksamste Waffe bei der Bekämpfung der AIDS-Epidemie.

Die Therapie der HIV-Infektion im Sinne eines Hinauszögerns des Ausbruchs der Immunschwäche ist in den Industrienationen mittlerweile recht erfolgreich. Die Mehrzahl der HIV-Infizierten, die in ärmeren Ländern, besonders in Afrika südlich der Sahara lebt, ist jedoch aufgrund der hohen Kosten für die Medikamente von einer wirksamen Therapie ausgeschlossen.

Die aktuelle Therapie der HIV-Infektion umfasst die Behandlung mit Kombinationen aus Proteaseinhibitoren und Nucleosidanaloga. Die Proteaseinhibitoren verhindern die Reifung von Virusproteinen, die deshalb nicht funktionstüchtig werden. Die Nucleosidanaloga blockieren die Synthese der viralen RNA. Insgesamt verhindern diese Substanzen die Vermehrung des Virus in den befallenen Zellen. Diese Therapie führt zu einer schnellen Abnahme der Viruskonzentration und einer langsamen Zunahme der Anzahl der T-Helferzellen.

Eine Minderheit von 3 bis 7 Prozent der unbehandelten Infizierten zeigt auch nach Jahren keine Zeichen von Immunschwäche. Diese Langzeitüberlebenden sind gegen das Virus resistent. Die Resistenz wird durch eine Mutation in dem Gen für den Chemokinrezeptor verursacht, der normalerweise dem Virus das Eindringen in die T-Helferzellen ermöglicht.

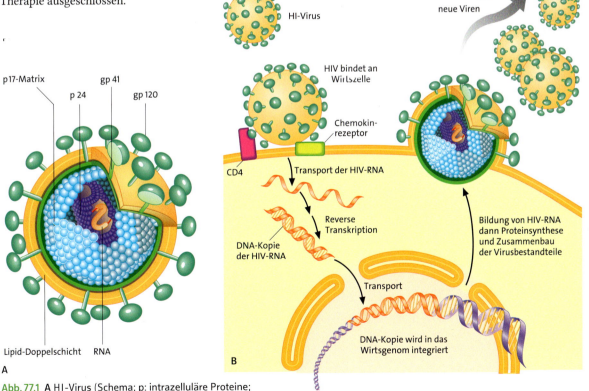

Abb. 77.1 **A** HI-Virus (Schema; p: intrazelluläre Proteine; gp: membranständige Glykoproteine); **B** Vermehrungszyklus des HI-Virus

Immunisierung

Pockenepidemien haben in der Vergangenheit hohe Opferzahlen gefordert. Die Pocken wurden von den Hunnen nach Europa eingeschleppt. Nach ihrer Ausbreitung um 180 nach Christus hat dieser Virus hier mindestens 4 Millionen Opfer gefordert. Auch unter den Azteken und anderen Indianern Nordamerikas fielen viele Millionen Menschen der Pockenepidemie zum Opfer. Überstand ein Mensch eine Pockenerkrankung, dann war er in der Regel sein Leben lang vor einem neuen Ausbruch dieser Krankheit bewahrt. Er war gegen diese Krankheit immun geworden, weil Gedächtniszellen gegen die Pockenviren lebenslang erhalten bleiben. Darauf beruht auch die langjährige Wirkung einer Schutzimpfung. Sie wurde erstmals 1796 von dem englischen Arzt EDWARD JENNER angewandt. Er übertrug harmlose Kuhpockenviren in die Haut von einigen Menschen. Dadurch erreichte er, dass die Behandelten während einer Pockenepidemie gesund blieben. JENNER führte eine **aktive Immunisierung** durch (Abb. 78.1). Bei diesem Verfahren regt man den Körper auf eine für ihn ungefährliche Weise zur Bildung von Antikörpern und Gedächtniszellen an. Dazu injiziert man gefährliche Krankheitserreger in abgetöteter oder abgeschwächter Form oder, wie bei JENNER, harmlose Erreger, die gefährlichen Erregern ähneln. Auch gentechnisch lassen sich Impfstoffe gewinnen: Bringt man z. B. das Gen des Oberflächenproteins vom Hepatitis-B-Virus in Hefezellen ein, so bilden sie nur das Hüllprotein des Virus. Dieses wird anschließend als Impfstoff eingesetzt. Die Impfstoffe rufen keine Krankheit hervor, veranlassen aber den Körper zu einer Immunreaktion. Tritt einige Zeit später eine natürliche Infektion durch den gleichen Erreger ein, erfolgt sofort eine heftige Reaktion, die den Erreger unschädlich macht. Da Gedächtniszellen sehr langlebig sind, wirkt eine aktive Immunisierung jahrelang – manchmal lebenslang – vorbeugend. Ein Erfolg einer aktiven Immunisierung ist, dass die Pocken heute als vollständig ausgerottet gelten.

Bei der **passiven Immunisierung** werden Antikörper verwendet, die durch ein anderes Lebewesen »erzeugt« wurden. Dessen Serum, in dem die Antikörper enthalten sind, wird in den Körper des Erkrankten übertragen. Die passive Immunisierung dient zur Heilung bereits ausgebrochener Infektionskrankheiten. Durch die von außen zugeführten Antikörper wird der Organismus in seinem Kampf gegen die Erreger unterstützt. Allerdings bildet der menschliche Körper gegen Bestandteile des verabreichten Serums seinerseits Antikörper. Wird dasselbe Serum ein zweites Mal verabreicht, kann die Immunreaktion dagegen so heftig ausfallen, dass sie zum Tode des Kranken führt.

Aufgabe

Welche Art der Immunisierung gegen Tetanus führt der Arzt durch bei:

a) einem Patienten ohne Impfschutz;

b) einem Patienten mit Tetanussymptomen?

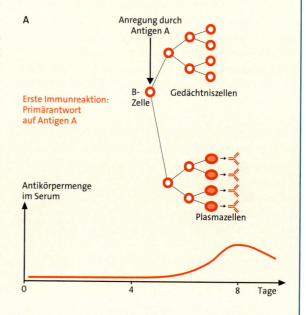

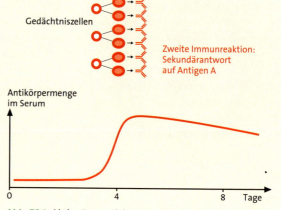

Abb. 78.1 Aktive Immunisierung. **A** Verlauf der ersten Immunreaktion; **B** Verlauf der zweiten Immunreaktion

1.7 Organtransplantation

In Deutschland warten laufend einige Tausend Menschen, denen anders nicht mehr geholfen werden kann, auf die Transplantation eines Organs, z.B. einer Niere, eines Herzens, einer Leber oder einer Lunge. Verpflanzt man ein menschliches Organ in einen anderen Körper, so bildet dieser normalerweise Antikörper gegen das fremde Gewebe. Denn das transplantierte Gewebe wird vom Immunsystem des Empfängers als fremd erkannt. Dabei spielen die **MHC-Proteine** des Spendergewebes eine entscheidende Rolle. Diese wirken als Antigene und setzen die Bildung von Antikörpern in Gang. Die Reaktion fremder MHC-Proteine mit Antikörpern aktiviert daraufhin T-Killerzellen und Makrophagen des Empfängers, welche das transplantierte Gewebe zerstören. Da es mindestens 20 MHC-Gene mit jeweils mindestens 100 Allelen gibt, besitzen zwei Menschen in aller Regel nicht die gleichen MHC-Proteine. Deshalb sind Immunreaktionen bei Organtransplantationen häufig. Je nach dem Grad der Übereinstimmung der MHC-Proteine von Spender und Empfänger fällt die Reaktion stärker oder schwächer aus. Bei Blutsverwandten passen die MHC-Proteine besser zusammen als bei Nichtverwandten. Deshalb ist eine nahe Verwandtschaft von Spender und Empfänger günstig.

Nur eineiige Mehrlinge stimmen stets in ihren MHC-Proteinen überein. Eine Organtransplantation kann daher ohne Auslösung von Immunreaktionen vorgenommen werden. Bei eineiigen Mehrlingen besteht also Gewebeverträglichkeit (Histokompatibilität).

Die Immunreaktion des Empfängers kann durch Stoffe unterdrückt werden, welche die Vermehrung von Lymphocyten hemmen oder diese funktionsunfähig machen. Allerdings führen diese Substanzen zwangsläufig gleichzeitig zu einer Verringerung anderer erwünschter Immunreaktionen beim Empfänger. So können Virusinfektionen bei Transplantatempfängern mit gehemmtem Immunsystem zu einem besonders schwereren Krankheitsverlauf führen. Eine spezifischere Hemmung des Immunsystems von Transplantierten wird durch die aus Pilzen gewonnenen Cyclosporine erreicht. Sie hemmen die Aktivierung von Transkriptionsfaktoren, die für die Bildung und die Funktion von T-Zellen erforderlich ist. Herstellung und Funktion von B-Zellen werden von Cyclosporinen dagegen nur geringfügig beeinträchtigt.

Nicht jedes Organ hat bei Verpflanzung die gleiche Wirkung auf das Immunsystem des Empfängers; die Hornhaut des Auges und die Gehörknöchelchen lösen bei einer Verpflanzung normalerweise keine Immunreaktion aus. Sie werden toleriert, da sie keine Zellen mit MHC-Proteinen auf der Oberfläche enthalten. Abstoßungsreaktionen des Körpers beruhen also nicht auf einer Fehlfunktion des Immunsystems, sondern sie sind Reaktionen eines gesunden Immunsystems, das mit fremden Antigenen konfrontiert wird.

Gesetzliche Regelungen. In Deutschland darf einem Verstorbenen nur dann ein Organ zur Transplantation entnommen werden, wenn dieser zu Lebzeiten seine Bereitschaft dafür ausgedrückt hat oder wenn nahe Angehörige einer Entnahme zustimmen. Beim Spender muss der Hirntod sicher nachgewiesen worden sein. Von Hirntod wird dann gesprochen, wenn alle Funktionen des Gehirns irreversibel erloschen sind. Dabei können bei künstlicher Beatmung Herz und Kreislauf noch funktionieren. Eine vergleichbare Zustimmungsregelung wie in Deutschland gilt auch in der Schweiz. Österreich hat sich für die Widerspruchsregelung entschieden. Danach kommen alle Verstorbenen als Organspender infrage, die zu Lebzeiten dagegen keinen Widerspruch eingelegt haben. Bei dieser Regelung stehen viel mehr Organe zur Verfügung als bei der Zustimmungsregelung.

Als lebende Spender sind in Deutschland nur nahe Verwandte zugelassen und Menschen, die dem Empfänger besonders nahestehen wie z.B. Verlobte. Dadurch soll einem Organhandel vorgebeugt werden.

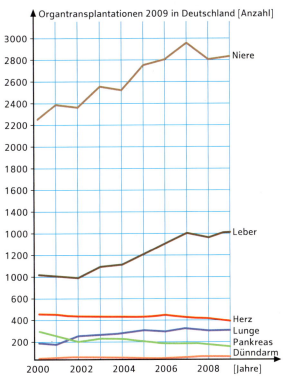

Abb. 79.1 Organtransplantationen in Deutschland (Auswahl)

Wahlpflichtthema

Störungen des Immunsystems und Krebs

»Heuschnupfen« ist eine Krankheit, unter der ein großer Teil der Bevölkerung leidet, und deren Verbreitung stetig zunimmt. Beim Heuschnupfen und einer Reihe weiterer Krankheiten kommt es zu einer übermäßigen Immunreaktion gegen bestimmte Fremdstoffe, die eine Überempfindlichkeit gegen diese Antigene hervorruft. Man nennt solche Störungen Allergien (gr. *allon ergon* fremde Tätigkeit). Antigene, die Allergien auslösen heißen Allergene. Bei einer Autoimmunerkrankung richtet sich die Immunreaktion gegen körpereigene Stoffe und Zellen. Eine häufige Autoimmunerkrankung ist die rheumatoide Arthritis, eine als »Rheuma« bekannte Gelenkentzündung. Bei einer zu geringen Reaktion des Immunsystems auf Krankheitserreger liegt eine Immunschwäche vor. Die

Betroffenen sind anfällig für Infektionen und Tumorbildung. Dies gilt z. B. für AIDS-Kranke (S. 76). In allen Fällen funktioniert das Immunsystem fehlerhaft, es reagiert entweder auf Strukturen, die normalerweise keine Antigene sind, oder zu gering auf wirkliche Antigene.

Allergien. Bei Heuschnupfen wird vermehrt Nasensekret produziert und die Nasenschleimhäute schwellen an. Der Auslöser für diese Symptome sind Pflanzenpollen, die eingeatmet wurden und auf die Nasenschleimhäute gelangt sind. Bei den von einer Pollenallergie Betroffenen kommt es zu einer übermäßigen Immunreaktion gegen solche Antigene, die normalerweise keine Immunabwehr auslösen. In der Wand von Pollen (Abb. 80.1 B) kommen Stoffe vor, die an die Antigen-Rezeptoren einiger B-Zellen binden. Die betroffenen B-Zellen werden so zur Teilung und Differenzierung in Plasmazellen angeregt. Die von den Plasmazellen gegen die Pollenantigene gebildeten Antikörper binden an Rezeptoren auf der Oberfläche von Mastzellen (Abb. 80.2), die nun vermehrt Histamin in ihrem Inneren bilden. Der Erstkontakt mit den Pollen verläuft noch symptomlos. Beim nächsten Kontakt binden die Pollenallergene sofort an die an den Mastzellen gebundenen Antikörper, daraufhin schütten die Mastzellen das Gewebshormon Histamin aus. Histamin wirkt auf Drüsenzellen und die glatte Muskulatur der Atemwege sowie die Wände der Blutgefäße. So werden die Drüsenzellen der Nasenschleimhaut zu erhöhter Sekretproduktion angeregt. Außerdem werden die Wände der Blutgefäße der Na-

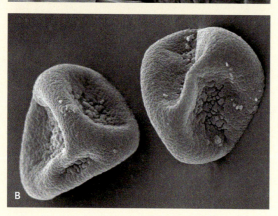

Abb. 80.1 A Hausstaubmilbe (REM-Bild, Vergrößerung: 325-fach); **B** Graspollen (REM-Bild, Vergrößerung: 1700-fach)

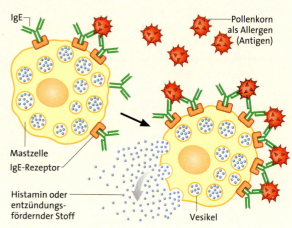

Abb. 80.2 Allergische Reaktion auf Pollen mit Histaminausschüttung

senschleimhaut durchlässiger für Flüssigkeit. Dies bewirkt eine Wassereinlagerung ins Gewebe und damit ein Anschwellen der Nasenschleimhaut.

Allergisches Asthma ist ebenfalls eine Allergie gegen eingeatmete Partikel. Die auslösenden Allergene können Sporen von Pilzen, z. B. von Schimmelpilzen, und Proteine der Haut sowie der Haare von Haustieren sein. Ein häufig in der Atemluft anzutreffendes Allergen ist der Kot der Hausstaubmilbe, einer etwa 0,3 mm großen Milbe, die in vielen Wohnungen vorkommt (Abb. 80.1 A). Sie lebt von menschlichen Hautschuppen. Wenn Mastzellen als Reaktion auf eingeatmete Allergene in den Bronchien der Lunge verstärkt Histamin ausschütten, kontrahiert die Muskulatur der Atemwege. Dadurch wird der Querschnitt der Bronchien und Bronchiolen verkleinert und die Ausatmung der Luft aus den Lungenbläschen erschwert.

Auch Allergien gegen Arzneimittel und Insektengifte sowie gegen Bestandteile von Nahrungsmitteln sind häufig. So gibt es allergische Reaktionen gegen Milch, Erdbeeren und Fischeiweiß. Symptome sind Durchfälle oder Hautausschläge. Manchmal tritt eine lebensbedrohliche Kreislaufstörung mit Blutdruckabfall, Schwäche und Pulsbeschleunigung auf. Man nennt dies den **anaphylaktischen Schock** (gr. *anaphylaxia* Überempfindlichkeit). Er ist auf die Stimulierung vieler Mastzellen durch eine Verteilung des Allergens in großen Teilen des Körpers, z. B. mit dem Blut, zurückzuführen.

Autoimmunerkrankungen. Mitunter werden Antikörper auch gegen körpereigene Stoffe gebildet; dies führt zu Autoimmunerkrankungen. Eine schwere Form der Zuckerkrankheit, Diabetes mellitus Typ I, ist eine solche Autoimmunerkrankung. In diesem Fall werden Insulin bildende Zellen des Pankreas als körperfremd angesehen und von Immunzellen zerstört.

In anderen Fällen werden bestimmte Proteine der Zellmembran als fremd angesehen. So werden bei einer Form von Muskelschwund die Acetylcholin-Rezeptoren der Muskelfasern zerstört. Aus diesem Grund ist der Neurotransmitter Acetylcholin nicht mehr wirksam. Die auf diese Weise »stillgelegten« Muskeln verkleinern sich und werden schließlich funktionsuntüchtig.

Eine Verzögerung des Abbaus von Immunkomplexen ist Ursache einer weiteren Gruppe von Autoimmunerkrankungen. Dabei kommt es zu einer heftigen Entzündung, die bis zur Gewebsschädigung führen

kann. Dies ist z. B. bei der Allergie gegen Penicillin der Fall, einem von Fieber begleiteten Hautausschlag mit Gelenk- und Muskelschmerzen. Weil Immunkomplexe im Körper verteilt werden können, können Entzündungen am Herzen z. B. in der Folge von Mandelvereiterungen auftreten. In Gelenken verursachen Immunkomplexe arthritische Entzündungen. Viele rheumatische Erkrankungen gehen auf Immunkomplex-Überreaktion oder Autoimmunreaktionen zurück.

Auch im Gehirn und im Rückenmark können Autoimmunerkrankungen auftreten. Bei der Multiplen Sklerose reagieren Immunzellen auf bestimmte Proteine aus den Myelinscheiden um die Axone von Nervenzellen so, als seien diese Eiweiße körperfremd. In diesem Fall wandern aktivierte Immunzellen ins Zentralnervensystem ein und rufen dort Entzündungen hervor. Dabei attackieren die Immunzellen besonders die Myelinscheiden und bauen diese teilweise ab (Abb. 81.1). Als Folge können die betroffenen Nervenzellen keine Impulse mehr über ihre Axone, z. B. zu den Muskeln, fortleiten. Die Betroffenen leiden unter meist in Schüben fortschreitenden Lähmungserscheinungen.

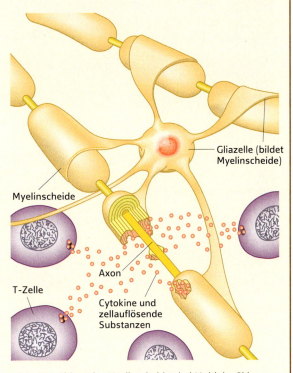

Gliazelle (bildet Myelinscheide)

Myelinscheide

Axon

T-Zelle

Cytokine und zellauflösende Substanzen

Abb. 81.1 Abbau der Myelinscheiden bei Multipler Sklerose

Krebs. Keine der Krankheiten, von denen die Menschen in den Industrienationen betroffen sind, löst mehr Angst aus als Krebs. Einer von drei Deutschen entwickelt im Verlaufe seines Lebens irgendeine der zahlreichen Formen von Krebs (Abb. 82.1), und trotz zunehmend besserer Behandlungsmöglichkeiten stirbt jeder vierte Krebskranke.

Die Krebsgeschwüre gehören zu den **Tumoren** (lat. *tumor* Geschwulst). Bei der Umwandlung von Zellen zu Tumorzellen verändert sich das Cytoskelett, sodass die Zellen eine andere Gestalt annehmen (Abb. 82.2). Meist entstehen diese bösartigen Tumoren aus einer einzelnen »entarteten« Zelle. Die Bildung einer Krebszelle erfolgt in etlichen Stufen, sie erfordert mehrere Mutationsschritte (Abb. 82.3): Das Teilbild **1** entspricht dem normalen Zustand der Schleimhaut, nämlich der Auskleidung einer Körperhöhle, die sich nach außen öffnet (z. B. Darm, Lunge) und die von Schleimdrüsen befeuchtet wird. In **2** hat sich eine mutierte Zelle der Basalzellschicht (B) mehrfach geteilt, sodass eine mehrschichtige Basalzellschicht entstanden ist. Es hat sich jedoch noch kein bösartiger Tumor gebildet; die Immunabwehr kann solche mutierten Zellen zerstören.

In **3** ist es zu einer zweiten Mutation gekommen, die zu stark vermehrten Zellteilungen führte. Dadurch wucherte die Basalzellschicht. Die Immunabwehr konnte die sich schnell teilenden, zweifach mutierten Zellen nicht mehr zerstören, so kam es in **4** zu weiteren Wucherungen der Schleimhaut. Bis zu diesem Schritt spricht man noch von einer gutartigen Krebsvorstufe.

Bei **5** hat eine weitere Mutation stattgefunden, z. B. des *p53*-Gens (S. 83). Die Tumorzellen sind jetzt nicht mehr ausschließlich auf das Schleimhautgewebe begrenzt, sondern sie sind in eine weitere Gewebeschicht, das Bindegewebe, eingedrungen. Jetzt ist die Stufe des bösartigen Tumors erreicht. In **6** breiten sich die bösartigen Tumorzellen immer weiter ins Bindegewebe aus. Sie setzen gewebeabbauende Enzyme frei, welche auch die Wände von Blutgefäßen zerstören. Somit gelangen die Tumorzellen in Blutgefäße und können sich nach Verbreitung über das Blutgefäßsystem an anderen Stellen ansiedeln. Dort teilen sie sich weiter und bilden Tochtergeschwülste, die als **Metastasen** (gr. *metastasis* Wanderung) bezeichnet werden.

Die meisten Körperzellen teilen sich nur, wenn Wachstumsfaktoren einwirken und beenden die Tei-

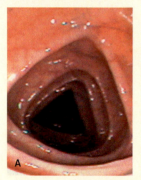
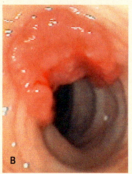

Abb. 82.1 Bösartiger Tumor im Dickdarm.
A gesunder Dickdarm; **B** Dickdarm mit Tumor

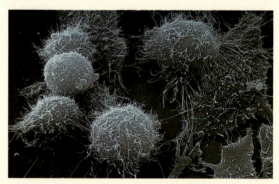

Abb. 82.2 Krebszellen des Menschen (REM-Bild, 2200-fach)

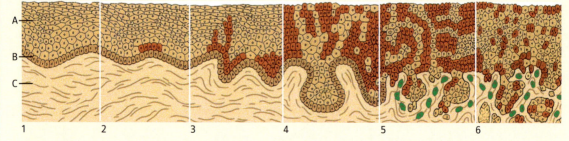

Abb. 82.3 Teilschritte bei der Entwicklung eines Tumors in der Schleimhaut eines Organs.
A obere Zellschichten der Schleimhaut; **B** Basalzellen der Schleimhaut; **C** Bindegewebe, grün: Zellen der Immunabwehr

lungen durch die Wirkung von Wachstumshemmstoffen. Tumorzellen vermehren sich dagegen ohne die Steuerung durch derartige Stoffe und teilen sich häufiger als benachbarte Zellen. Einige der Gene, die für Wachstumsfaktoren codieren, nennt man **Protoonkogene,** einige Gene, die für Wachstumshemmstoffe codieren, **Tumorsuppressorgene.** Protoonkogen heißt wörtlich übersetzt »Krebsgenvorläufer« und Tumorsuppressorgen »tumorunterdrückendes Gen«. Die Namensgebung der Protoonkogene bezieht sich nicht wie im Falle der Tumorsuppressorgene auf ihre Funktion bei der Steuerung der Zellteilung und Differenzierung. Sie geht vielmehr auf die Wirkung dieser Gene nach einer Mutation zurück. Dann bewirken die Gene nämlich unkontrollierte Vermehrungsprozesse, die zu Tumoren führen: Aus einem mutierten Protoonkogen ist jetzt ein krebsbegünstigendes **Onkogen** (Krebsgen) geworden, das die Zelle zu übermäßiger Vermehrung anregt. Wird ein Tumorsuppressorgen durch Mutation inaktiviert, verliert die Zelle wachstumshemmende Stoffe, und eine übermäßige Vermehrung der Zelle wird nicht verhindert, sodass sie zur Krebszelle wird.

Ein Tumorsuppressorgen ist *p53* (Abb. 83.1). Über 50 % aller Tumoren sind mit Mutationen in diesem Gen verknüpft. Das nicht mutierte *p53*-Gen codiert für den Transkriptionsfaktor p53, der die Zellteilung nach Schädigung der DNA verhindert und deren Reparatur bewirkt. Ist diese nicht mehr möglich, löst der Transkriptionsfaktor p53 den programmierten Zelltod (Apoptose) aus und die Zelle stirbt ab. Wenn das *p53*-Gen aufgrund einer Mutation diese Funktion nicht mehr ausübt, kann sich die geschädigte Zelle unkontrolliert teilen, ein

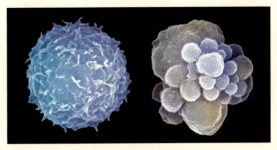

Abb. 83.2 Gezielte Selbsttötung einer Zelle

Tumor kann entstehen. Die Mutation eines Protoonkogens oder eines Tumorsuppressorgens kann durch chemische Verbindungen, z. B. Inhaltsstoffe des Tabakrauchs, ultraviolettes Licht oder radioaktive Strahlung ausgelöst werden. Solche krebsauslösenden Faktoren bezeichnet man als **Cancerogene** (engl. *cancer* Krebs).

Apoptose. Die gezielte Selbsttötung einer Zelle (Abb. 83.2) setzt nicht nur ein, wenn die DNA dauerhaft geschädigt ist, sie spielt auch in der Individualentwicklung eine wichtige Rolle. So wird bei Kaulquappen der Froschlurche in der Metamorphose der Schwanz »eingeschmolzen«. Auch können bei den Landwirbeltieren und dem Menschen Finger und Zehen nur dadurch ausgebildet werden, dass die Zellen zwischen ihnen programmiert absterben. Zeitlebens entstehen im Rahmen der Immunabwehr auch Lymphocyten, die gegen körpereigene Antigene gerichtet sind. Normalerweise gehen diese Zellen durch Apoptose zugrunde, sodass eine Autoimmunerkrankung nicht auftritt.

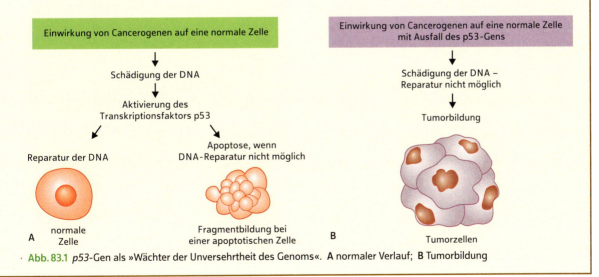

Abb. 83.1 *p53*-Gen als »Wächter der Unversehrtheit des Genoms«. A normaler Verlauf; B Tumorbildung

ZUSAMMENFASSUNG

Der Organismus tritt Krankheitserregern mit einem angeborenen und einem erworbenen Abwehrsystem entgegen. Die angeborene Abwehr ist unspezifisch gegen Mikroorganismen gerichtet; sie unterscheidet nicht zwischen gefährlichen und ungefährlichen Erregern. Sie wird von der Haut, den Schleimhäuten, bestimmten Weißen Blutzellen, z.B. Makrophagen, und einer Gruppe verschiedenartiger Proteine im Blut, die das Komplementsystem bilden, bewirkt. Krankheitserreger können die angeborene Immunabwehr umgehen.

Bei der erworbenen Immunabwehr werden besondere **Weiße Blutzellen,** die Lymphocyten, vermehrt, die jeweils spezifisch gegen einen bestimmen Krankheitserreger wirksam sind. Jeder Lymphocyt besitzt individuelle Membranrezeptoren für ein einziges Antigen, auf das er spezifisch reagiert. Besondere B-Lymphocyten, die Plasmazellen, bilden Antikörper. Bestimmte T-Lymphocyten werden zu Gedächtniszellen, T-Killerzellen bauen infizierte oder fremde Zellen ab, T-Regulatorzellen tragen zur Beendigung einer Immunreaktion bei. Cytokine sorgen für den Austausch von Information zwischen den **Systemen** der angeborenen und der erworbenen Abwehr.

Antikörper sind Proteine, die auch als Immunglobuline bezeichnet werden. Sie sind aus zwei identischen schweren und zwei identischen leichten Polypeptidketten zusammengesetzt. Sie unterscheiden sich in den Antigen-Bindungsstellen. Ein **Antikörper** bindet nach dem Schlüssel-Schloss-Prinzip an eine kleine Region auf der Oberfläche des Antigens, an das Epitop. Dabei besteht ein Struktur-/Funktionszusammenhang. In manchen Antikörpern sind Einzelmoleküle zu größeren Verbänden verknüpft.

Eine Antikörper bildende Plasmazelle besitzt sehr viele Ribosomen und eine große Menge Endoplasmatischen Reticulums. Das ist verständlich, da Antikörpern Proteine sind. Diese werden gemäß der in der DNA gespeicherten genetischen Information an den Ribosomen synthetisiert. Die entstehenden Polypeptidketten werden ins Endoplasmatische Reticulum transportiert, wo sich die dreidimensionale Struktur ausbildet und die Antikörpermoleküle in Vesikel verpackt, über ein Dictyosom zur Zellmembran befördert und schließlich durch Exocytose in die Blutflüssigkeit abgegeben werden.

Auf die gleiche Weise werden auch die membranständigen Proteine synthetisiert, die Kohlenhydratketten als Blutgruppensubstanz tragen. Die Kohlenhydratketten werden innerhalb der Dictyosomen angefügt, bevor sie zur Zellmembran transportiert werden. In der Lipiddoppelschicht der Zellmembran bewegen sich die Proteine gemäß dem Flüssig-Mosaik-Modell wie Eisberge im Meer.

Zur **erworbenen Immunabwehr,** die von den Lymphocyten ausgeführt wird, gehören die zellvermittelte und die humorale Abwehr. Die zellvermittelte Abwehr richtet sich gegen körpereigene Zellen, in die Krankheitserreger eingedrungen sind. Bei der humoralen Abwehr werden körperfremde Moleküle, Bakterien oder Viren beseitigt, die sich frei im Blut oder in der Lymphe befinden. Die Information dafür, dass eine Zelle zum eigenen Organismus gehört, liefert eine Gruppe von Proteinen auf der Zellmembran, die den Haupthistokompatibilitätskomplex MHC bilden.

Bei einer Immunisierung unterscheidet man zwischen zwei Formen: Die aktive Immunisierung arbeitet mit abgeschwächten oder toten Krankheitserregern, die passive Immunisierung nutzt Antikörper.

AUFGABEN

1 ▪ Antigene und Antikörper im Blut
Bei Bluttransfusionen in der Medizin spielen immunologische Aspekte eine wichtige Rlle. Von besonderer Bedeutung sind die verschiedenen Blutgruppen des AB0-Systems, deren Erythrocytenmembranen jeweils unterschiedliche Antigene tragen und deren Seren sich in ihrer Antikörperausstattung unterscheiden.

a) Bei einer Bluttransfusion soll einem Patienten eine Blutkonserve zugeführt werden. Die Blutgruppe des Patienten ist B, es steht jedoch nur Blut der Blutgruppe A und 0 zur Verfügung.
Entscheiden Sie, welche der beiden Blutkonserven in diesem Fall besser zur Übertragung geeignet ist, und begründen Sie Ihre Meinung.

b) Erläutern Sie auf zellulärer Ebene, worin die Probleme bei der Übertragung von unpassenden Blutgruppen bestehen.

2 ▪ Entzündungsreaktion

Beim Schneiden einer Hecke verletzt sich ein Gärtner an einem Pflanzendorn, der dabei in die Haut eines Fingers eindringt.

a) Beschreiben Sie den Ablauf einer Entzündungsreaktion, die durch die Verletzung ausgelöst wird, auf zellulärer Ebene.

b) Nennen Sie die Zelltypen, die an der Abwehr der dabei in den Körper eindringenden Mikroorganismen beteiligt sind.

c) Geben Sie an, welche nichtzellulären Komponenten der angeborenen Immunabwehr bei der Erregerabwehr ebenfalls eine Rolle spielen.

3 ▪ MHC-Proteine

Erläutern Sie die Aufgaben von MHC-Proteinen

a) bei der Aktivierung von T-Lymphocyten,

b) bei der Erkennung von virusinfizierten Zellen durch T-Killerzellen.

4 ▪ Keuchhusten

Als Kind hatten Sie Keuchhusten. An derselben Krankheit leidet zurzeit Ihre kleine Schwester. Sie haben sich nicht angesteckt. Erklären Sie diese Tatsache.

5 ▪ Immunreaktionen bei Geimpften

a) Skizzieren Sie schematisch die Struktur eines IgG-Antikörpers und benennen Sie die einzelnen Teile.

b) In Abb. 85.1 sind zwei Immunreaktionen dargestellt. Die eine nach einer Schutzimpfung (A) und die andere nach der Infektion mit dem Erreger, gegen den geimpft wurde (B). Erläutern Sie den Verlauf der Kurve.

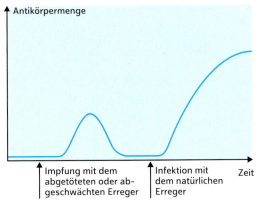

Abb. 85.1 Immunreaktion nach Impfung und nach Infektion mit dem Erreger, gegen den geimpft wurde

6 ▪ Antikörper in der Muttermilch

In der Muttermilch sind Antikörper vorhanden. Sie schützen den Säugling vor Krankheitserregern, die über die Schleimhaut seines Magen-Darm-Traktes in den Körper eindringen können. Die Antikörper binden Bakterien, die dann die Schleimhäute nicht mehr angreifen können. Die Immunität gegen die Krankheitserreger hält allerdings nur kurze Zeit an.

Abb. 85.2 Muttermilch schützt vor Krankheitserregern

a) Geben Sie an, welche Art Immunisierung in diesem Fall vorliegt.

b) Erläutern Sie die Tatsache, dass die Wirkung gegen der Antikörper nur kurze Zeit anhält.

7 ▪▪ Allergien und Cortisonpräparate

Bei Allergien wie Heuschnupfen wird zur Linderung der Beschwerden häufig Cortison eingesetzt. Die Cortisonpräparate werden in Form von Tabletten eingenommen oder als Salbe örtlich angewendet.

Cortison ist ein Arzneimittel, das im Stoffwechsel wie das Nebennierenrinden-Hormon Cortisol wirkt. Es hemmt u. a. die Proteinsynthese in Zellen des Immunsystems, die Bildung bzw. Umsetzung bestimmter Membranlipide und die Freisetzung von Histamin.

a) Nennen Sie eine für die Immunabwehr wichtige Stoffgruppe, deren Synthese durch Cortison-Wirkung gehemmt wird.

b) Benennen und erklären Sie Folgen einer Hemmung der Bildung und Freisetzung von Membranlipiden.

2 Neurobiologie

Die prächtigen Häuser der Kegelschnecken findet man an den Stränden tropischer Meere. Es gibt viele Arten dieser giftigen Meerestiere. Die größeren leben von Fischen. Beim Fischfang schnellen sie den langen Fortsatz ihrer Zunge wie eine Harpune blitzschnell in Richtung Beute (Abb. 86.1). Mit einem Cocktail von etwa hundert Giftstoffen lähmen und töten sie den Fisch. Eine große Kegelschnecke kann sogar einen Menschen töten. Die Giftstoffe blockieren die Informationsübertragung von Nervenzellen z. B. zu Skelettmuskeln. Aufgrund der Giftwirkung bewegt sich der Fisch nicht mehr und kann von der Schnecke verzehrt werden. Die Giftmoleküle binden spezifisch an bestimmte Tunnelproteine in der Membran von Nervenzellen und verhindern so die Informationsübertragung. Das Molekül besitzt zur Bindung positive und negative Ladungen (Abb. 86.2).

In der Medizin nutzt man einzelne Giftstoffe als Schmerzmittel, die gezielt ins Rückenmark eingespritzt werden. Daraufhin wird die Information über den Schmerzreiz nicht ans Gehirn weitergeleitet. Da die Schmerzempfindung aber immer erst im Gehirn entsteht, spürt man selbst heftige Schmerzen nicht mehr. Um Giftstoffe der Schnecken so nutzen zu können, musste man den Bau und die Funktion dieser Stoffe und der Nervenzellen im Detail kennen. Wie Nervenzellen gebaut sind und wie sie funktionieren, wird im Folgenden erläutert.

Es stellen sich diese Fragen:
- Wie ist eine Nervenzelle gebaut?
- Wie gelangen Ionen durch die Zellmembran?
- Wie entsteht über der Membran der Nervenzelle eine elektrische Spannung?
- Wie wird elektrische Spannung zur Weiterleitung von Information genutzt?
- Wie erfolgt Informationsweitergabe an andere Zellen?
- Durch welche Vorgänge im Gehirn entsteht Sucht?

Abb. 86.1 Kegelschnecke beim Fischfang; links oben: Gehäuse einer Kegelschnecke

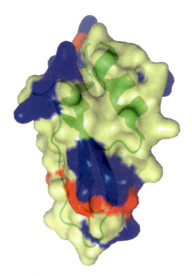

Abb. 86.2 Tertiärstruktur eines Giftstoffes der Kegelschnecke; positive Ladungen dieses Proteins blau, negative rot

2.1 Bau einer Nervenzelle

Wenn man gegen einen Ball tritt, verkürzen sich unter anderem Muskeln des Oberschenkels und Fußes. Dazu werden Signale von Nervenzellen oder **Neuronen** des Gehirns an bestimmte Nervenzellen des Rückenmarks, die α-Motoneurone, übermittelt. Die α-Motoneurone verarbeiten die Signale. Sie senden ihrerseits über Fortsätze Meldungen an die betreffenden Skelettmuskeln und veranlassen so deren Kontraktion.

Für die Aufnahme von Signalen besitzt ein α-Motoneuron besondere Strukturen (**Abb. 87.1**). Dazu zählen vom Zellkörper ausgehende, meist stark verästelte Fortsätze, die **Dendriten**. Am Zellkörper entspringt außerdem ein **Axon,** ein Fortsatz, der Signale weiterleitet und an seinem Ende an Muskelfasern übermittelt. Es kann beim Menschen z. B. vom Rückenmark zum Fuß ziehen und damit über 1 m lang sein. Zwischen dem Axon des α-Motoneurons und den Muskelfasern sind Berührungsstellen ausgebildet. Dort werden Signale weitergegeben. Man bezeichnet diese Strukturen als **Synapsen.** Auch zwischen Nervenzellen und Drüsenzellen oder zwischen Nervenzellen gibt es Synapsen. Solche zwischen einem α-Motoneuron und von Muskelfasern nennt man auch **neuromuskuläre Synapsen.**

Die Axone der α-Motoneurone sind von einer Hülle umgeben. Sie wird von vielen hintereinander liegenden SCHWANN'schen Zellen gebildet. Diese enthalten die Substanz Myelin und wickeln sich mehrmals um die Axone. So entsteht eine Hülle von lamellenartigem Aufbau, die **SCHWANN'sche Scheide** oder **Myelinscheide.** Die SCHWANN'schen Zellen gehören zu den Gliazellen. Zu den Funktionen der verschiedenen **Gliazellen** gehören z. B. die elektrische Isolierung der Axone und die Steuerung des Axon-Wachstums. An den Stellen, wo zwei SCHWANN'sche Zellen zusammentreffen, liegt die Axonmembran über eine kurze Strecke frei. Diese freien Abschnitte tragen nach ihrem Entdecker die Bezeichnung **RANVIER'sche Schnürringe,** weil sie im Lichtmikroskop als Einschnürungen der Myelinscheide erkennbar sind.

Neurone des Zentralnervensystems (**Abb. 87.2**) besitzen ebenfalls Dendriten und ein Axon. Ihre äußere Form ist variabel. So haben manche Neurone zahlreiche, stark verzweigte Dendriten, andere nur wenige, kaum verästelte. Viele haben ein Axon, welches oft nur wenige Millimeter lang ist, bei manchen ist es verzweigt. Auch Neurone des Zentralnervensystems sind von einer Myelinscheide umgeben, sie wird jedoch nicht durch SCHWANN'sche Zellen, sondern von anderen Gliazellen gebildet. Ein einzelnes Neuron des Zentralnervensystems verfügt durchschnittlich über etwa 1000 Synapsen.

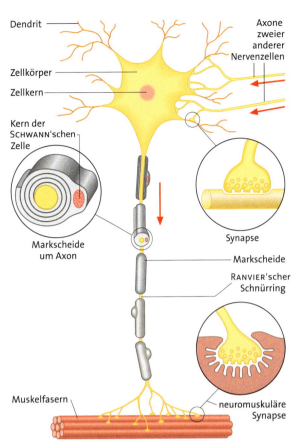

Abb. 87.1 Motoneuron des Rückenmarks, Schema. Die roten Pfeile zeigen die Richtung des Erregungsflusses an.

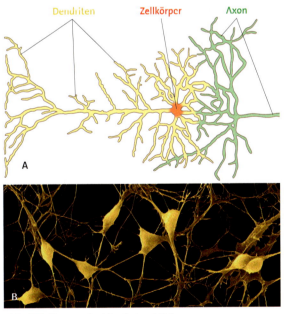

Abb. 87.2 Neuron der Hirnrinde. **A** Schema; **B** Neuronenverband der Hirnrinde, Rekonstruktion

2.2 Ruhepotenzial

In einer Autobatterie sind unterschiedliche elektrische Ladungen zwischen zwei Polen getrennt, dem Pluspol und dem Minuspol; zwischen ihnen besteht also eine **Spannung** oder Potenzialdifferenz. Auch zwischen dem Inneren einer Zelle (Cytoplasma) und dem sie umgebenden Außenmedium (Zwischenzellflüssigkeit) liegt eine elektrische Spannung. Das Cytoplasma der Zelle ist der Minuspol, hier findet sich ein Überschuss an negativ geladenen Ionen. Das Außenmedium enthält dagegen mehr Ionen mit positiver Ladung und bildet den Pluspol. Da die Ladungen nur durch die Zellmembran getrennt werden, bezeichnet man diese Spannung als Membranspannung oder **Membranpotenzial,** sie wird in der Einheit Volt (V) gemessen. Eine Autobatterie hat normalerweise 12 V, die Spannung über der Zellmembran ist etwa 200-mal geringer (Abb. 89.1). In Sinnes-, Nerven- und Muskelzellen kann sich das Membranpotenzial ändern, wenn besondere äußere Einflüsse auf sie einwirken, die eine **Erregung** (S. 90) auslösen. Ihr Membranpotenzial im unerregten Zustand bezeichnet man als Ruhespannung oder **Ruhepotenzial.**

Ursachen des Ruhepotenzials. Wie kann aus der ungleichen Ionenverteilung außerhalb und innerhalb der Zelle ein Membranpotenzial, also eine elektrische Spannung,

entstehen? Dazu folgende Überlegung (Abb. 88.1): Ein Gefäß sei durch eine dünne Membran unterteilt. In die linke Seite wird eine KCl-Lösung, in die rechte Seite eine NaCl-Lösung gleicher Konzentration eingefüllt. Die Teilchenkonzentration muss auf beiden Seiten gleich sein, um Osmose zu verhindern. Die Membran habe die Eigenschaft, selektiv nur K^+-Ionen durchzulassen. Man bezeichnet eine Membran, die nur bestimmte gelöste Stoffe und Wasser passieren lässt, als selektiv permeabel. Im Experiment diffundieren nun die K^+-Ionen aufgrund des hohen Konzentrationsgefälles durch die selektiv permeable Membran auf die rechte Seite. Dadurch entsteht ein Überschuss an positiver Ladung auf der rechten Seite und ein Überschuss an negativer Ladung auf der linken Seite. Somit baut sich in kurzer Zeit eine elektrische Spannung auf. Da sich Träger unterschiedlicher Ladung anziehen, wird ein Teil der wegdiffundierten K^+-Ionen von den überschüssigen Cl^--Ionen in die linke Seite des Gefäßes zurückgezogen. Wenn sich dann der vom Konzentrationsunterschied erzeugte Ausstrom und der erzeugte Rückstrom die Waage halten, steigt die Spannung nicht weiter. Im geschilderten Experiment diffundieren allerdings nur außerordentlich wenige K^+-Ionen, bis diese **Gleichgewichtsspannung** erreicht ist. Wenn nur 5000 K^+-Ionen pro μm^2 Membranfläche auf die rechte Seite gelangt sind, entsteht eine Spannung von ca. 90 mV

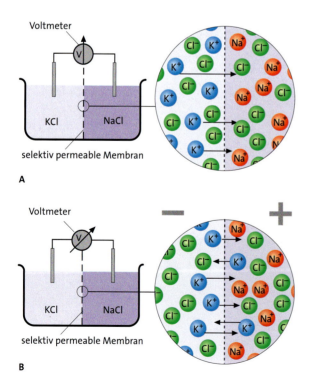

Abb. 88.1 Modell zur Entstehung eines Membranpotenzials

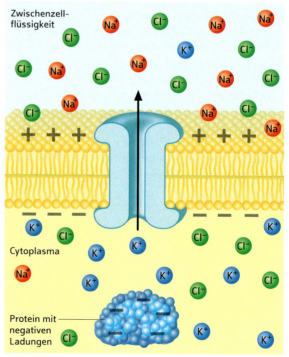

Abb. 88.2 Entstehung des Ruhepotenzials in einer Zelle

über der Membran. Dies entspricht ungefähr der Gleichgewichtsspannung, die sich bei Salzkonzentrationen einstellt, die denen in der Zelle gleichen. Dabei enthält aber jeder μm^3 der KCl-Lösung, wenn sie die gleiche Konzentration aufweist wie die Zellflüssigkeit, mehr als 10^8 K^+-Ionen. An der ungleichen Verteilung der Na^+- und K^+-Ionen, die in der Zelle durch die Natrium-Kalium-Pumpe hergestellt wird, ändert sich also fast nichts.

Die Geschwindigkeit, mit der sich die Spannung nach dem Füllen der beiden Teile des Gefäßes aufbaut, hängt von der Durchlässigkeit der Membran für K^+-Ionen ab. Bei Zellmembranen stellt sich ein solcher Gleichgewichtszustand in nur wenigen Millisekunden auf folgende Weise ein: Die Membran aller Nervenzellen enthält Ionenkanäle, die selektiv für K^+-Ionen durchlässig und immer offen sind. Deshalb können, wie eben geschildert, einige der im Innenmedium befindlichen K^+-Ionen nach außen diffundieren. Im Inneren sind dann Ionen mit negativer Ladung im Überschuss vorhanden. So entsteht das Membranpotenzial (Abb. 88.2). Es beruht vor allem auf der ungleichen Verteilung von K^+-Ionen zwischen dem Inneren der Zellen und ihrem Außenmedium.

Neben K^+-Ionen sind auch Na^+-, Cl^- und andere Ionen in der Lage, durch die Membran zu diffundieren und damit einen Einfluss auf das Membranpotenzial auszuüben. So sind im Ruhezustand einige Na^+-Kanäle geöffnet, durch die ein äußerst geringer Einstrom von Na^+-Ionen entsprechend ihrem Konzentrationsgefälle in die Zelle erfolgt. Das Ruhepotenzial ist daher etwas weniger negativ als das Potenzial, das sich einstellen würde, wenn die Membran ausschließlich für K^+-Ionen permeabel wäre. Im Inneren der Zellen befinden sich auch negativ geladene Proteinmoleküle. Sie können nicht durch Ionenkanäle wandern und tragen deshalb dazu bei, dass im Zellinneren ein Überschuss an negativen Ladungen besteht. Das Ruhepotenzial beruht in allen Teilen der Nervenzelle (Zellkörper, Axon, Dendriten) auf den beschriebenen Vorgängen.

Manche Formen der Epilepsie sind durch Mutationen bedingt, welche die Leitfähigkeit bestimmter K^+-Kanäle verändern. Durch sie strömen in geringem Maße auch Na^+-Ionen in Nervenzellen. Ihr Ruhepotenzial ist deshalb erniedrigt, sie sind sehr viel leichter erregbar und können unkontrolliert feuern.

Wie Wissen entsteht

Methode zur Messung des Membranpotenzials

Das Membranpotenzial einer Zelle lässt sich mithilfe zweier Elektroden messen (Abb. 89.1A). Dabei taucht eine der beiden Elektroden in das Außenmedium ein. Die zweite Elektrode wird mithilfe eines Mikromanipulators in das Innere der Zelle geführt. Diese Elektrode ist sehr fein und besteht normalerweise aus einer Glaskapillare mit einem Spitzendurchmesser von weniger als 0,5 μm. Eine solche Kapillarelektrode ist mit einer Salzlösung, oft KCl, gefüllt. Beim Einstechen legt sich die Zellmembran so dicht der Elektrode an, dass kein Stoffaustausch mit der Umgebung durch die Einstichstelle möglich ist. Beide Elektroden sind über einen Verstärker mit einem Oszilloskop verbunden, das den Spannungsverlauf aufzeichnet. Solange beide Elektroden in das Außenmedium eintauchen, wird keine Spannung gemessen. Sobald die Kapillarelektrode aber die Zellmembran durchstoßen hat, zeigt das Oszilloskop eine Spannung zwischen den beiden Elektroden an: Sie beträgt je nach Zelltyp zwischen −30 und −100 mV (Abb. 89.1B). Dem Spannungswert gibt man vereinbarungsgemäß ein negatives Vorzeichen, um deutlich zu machen, dass die Innenseite der Zellmembran negativ geladen ist.

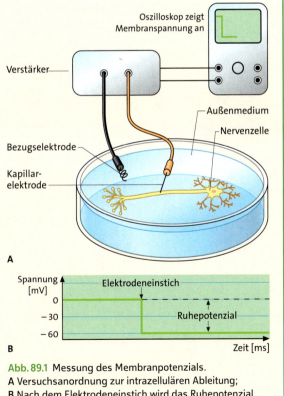

Abb. 89.1 Messung des Membranpotenzials.
A Versuchsanordnung zur intrazellulären Ableitung;
B Nach dem Elektrodeneinstich wird das Ruhepotenzial zwischen beiden Seiten der Zellmembran gemessen.

2.3 Aktionspotenzial

Das Ruhepotenzial kann durch Einwirkung von Reizen, z. B. die Änderung der Temperatur, der Lichtintensität oder einer anderen Größe, beeinflusst werden. Eine Veränderung des Ruhepotenzials heißt **Erregung.** Experimentelle Reizung führt zunächst zu einer langsamen **Depolarisation,** d. h. das Membranpotenzial verändert sich zu Werten, die weniger negativ als das Ruhepotenzial sind. Wird ein bestimmter Schwellenwert überschritten, treten kurzzeitige, rasche Änderungen des Membranpotenzials auf, die durch das Öffnen und Schließen von Ionenkanälen hervorgerufen werden. Man bezeichnet sie als **Aktionspotenziale.**

Ein Aktionspotenzial dauert 1 bis 2 ms. Es besteht aus einer schnellen Depolarisation auf etwa +30 mV, der eine genauso schnelle Rückkehr zum Ruhepotenzial folgt. Dabei kann das Membranpotenzial kurzzeitig negativere Werte als das Ruhepotenzial annehmen, man spricht von **Hyperpolarisation.** Nerven-, Sinnes- und Muskelzellen verfügen über die Eigenschaft, auf die Wirkung eines Reizes hin Aktionspotenziale auszubilden. Diese Zellen sind also erregbar. Ein Aktionspotenzial bildet sich meist nur im Axon, nicht aber im Zellkörper und in den Dendriten. Es tritt entweder in voller Höhe auf oder entsteht

gar nicht, es gilt das »Alles-oder-Nichts-Gesetz«. Einmal ausgebildete Aktionspotenziale werden über das gesamte Axon, z. B. zu einer anderen Nervenzelle, fortgeleitet. Auf diese Weise übermitteln Nervenzellen Information. Wie kann aber ein Aktionspotenzial, dessen Form und Größe immer gleich ist, Information weitergeben? Wird der Zellkörper einer Nervenzelle mit zunehmend stärkeren elektrischen Reizen erregt, so wird die Anzahl der Aktionspotenziale pro Zeiteinheit größer (Abb. 90.1). Demnach ist die Information über die Erregungsstärke in der Frequenz der Aktionspotenziale verschlüsselt.

Der Begriff »Potenzial« wird in der Neurobiologie nicht nur entgegen der physikalischen Definition, sondern auch doppeldeutig verwendet. Ruhepotenzial bzw. Membranpotenzial bedeuten aus physikalischer Sicht eine Potenzialdifferenz oder Spannung, Aktionspotenzial bezeichnet eine Änderung der Spannung in der Zeit.

Ursachen des Aktionspotenzials. Die Axonmembran enthält sowohl spannungsgesteuerte Na^+-Kanäle, als auch spannungsgesteuerte K^+-Kanäle (zusätzlich zu den immer geöffneten K^+-Kanälen). Beim Ruhepotenzial sind die spannungsgesteuerten Kanäle geschlossen. Wird das Axon über den Schwellenwert hinaus depolarisiert, öffnen sich Na^+-Kanäle. Die spannungsgesteuerten K^+-Kanäle bleiben zunächst geschlossen, sodass die Zahl der offenen K^+-Kanäle unverändert klein bleibt. Anfänglich öffnen sich nur wenige Na^+-Kanäle. Entsprechend ihres Konzentrationsgradienten strömen Na^+-Ionen in das Axon ein, die das Membranpotenzial weiter depolarisieren und dadurch zusätzliche Na^+-Kanäle öffnen. Diese positive Rückkopplung führt zu einem lawinenartigen Anschwellen der Zahl geöffneter Na^+-Kanäle. Dadurch strömen pro Zeiteinheit mehr Na^+-Ionen nach innen als K^+-Ionen nach außen und im Innern des Axons entsteht ein Überschuss an positiver Ladung. Das Zellinnere ist also während der Anfangsphase eines Aktionspotenzials gegenüber dem Ruhezustand umgekehrt geladen (Abb. 91.1).

Die spannungsgesteuerten Na^+-Kanäle bleiben nur 1 bis 2 ms lang geöffnet. Dann schließen sie sich wieder, auch wenn der Auslöser für das Öffnen weiter wirksam bleibt, d. h. die Depolarisation andauert. Nachdem ein Kanal einmal offen war, bleibt er für 1 bis 2 ms geschlossen; auch eine noch so starke Depolarisation ist in dieser Zeit, der **absoluten Refraktärzeit,** nicht in der Lage, ihn wieder zu öffnen. Danach, in der **relativen Refraktärzeit,** kann eine starke Depolarisation eine Öffnung des Kanals auslösen (Abb. 91.1). Es dauert mehrere Millisekunden, bis er auch wieder durch schwächere Depolarisationen geöffnet werden kann. Die spannungsgesteuerten K^+-Kanäle werden ebenfalls durch eine Depolarisation geöffnet. Sie

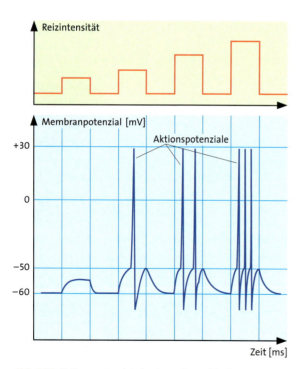

Abb. 90.1 Aktionspotenziale in einem Axon. Die Frequenz der Aktionspotenziale wird bei überschwelligen elektrischen Reizen mit zunehmender Reizintensität höher.

öffnen und schließen sich aber sehr viel langsamer als die Na⁺-Kanäle. Deshalb öffnen sich die spannungsgesteuerten K⁺-Kanäle erst, wenn sich die Na⁺-Kanäle zu schließen beginnen. Infolge des erhöhten K⁺-Ausstroms kehrt das Membranpotenzial rasch wieder zum Ruhewert zurück. Kurzzeitig wird es sogar stärker negativ (Hyperpolarisation), weil mehr K⁺-Kanäle offen sind als im Ruhezustand und alle Na⁺-Kanäle geschlossen sind. Die spannungsgesteuerten K⁺-Kanäle sind erst mehrere Millisekunden später wieder geschlossen. Erst dann ist der ursprüngliche Zustand wieder hergestellt. Der steile Anstieg eines Aktionspotenzials wird also vom lawinenartig wachsenden Na⁺-Einstrom, die Rückkehr zum Ausgangszustand vom erhöhten K⁺-Ausstrom erzeugt. Es entsteht allein durch passive Diffusion dieser Ionen. Ein aktiver Transport über die Natrium-Kalium-Pumpe ist dafür zwar Voraussetzung, spielt aber beim Aktionspotenzial unmittelbar keine Rolle. Gemessen an der Gesamtzahl der vorhandenen Na⁺- und K⁺-Ionen fließen bei einem Aktionspotenzial außerordentlich wenige Ionen durch die Zellmembran (S. 89). Daher entstehen Aktionspotenziale auch noch längere Zeit nach einer Blockierung der Natrium-Kalium-Pumpe, z. B. durch ATP-Mangel. Aktionspotenziale werden durch spannungsabhängige Na⁺-Kanäle auf der Axonmembran fortgeleitet. Lokalanästhetika inaktivieren diese Kanäle und damit die Informationsweitergabe über das Axon. Sie können deshalb, z. B. in der Zahnmedizin, zur lokalen Betäubung eingesetzt werden.

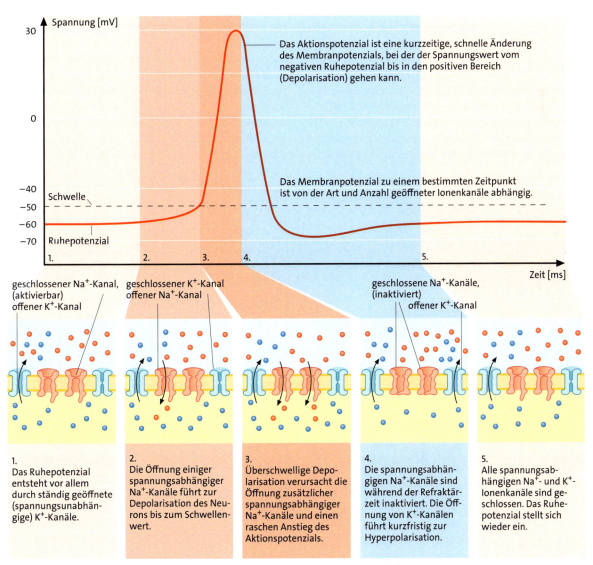

Abb. 91.1 Ionenströme beim Aktionspotenzial an einer Stelle der Axonmembran, vereinfacht

2.4 Erregungsleitung im Axon

Erregungsleitung im Axon ohne Myelinscheide. Tritt an einer Stelle des Axons ein Aktionspotenzial auf, ändert sich dort die Spannung durch den Ein- und Ausstrom von Ionen (S. 91). Der betreffende Bereich ist für kurze Zeit erregt. Wie wird nun diese lokale Erregung entlang des Axons fortgeleitet? Die Weiterleitung einer elektrischen Erregung entlang eines Axons ohne Myelinscheide vollzieht sich folgendermaßen (Abb. 92.1): Wenn an einer bestimmten Stelle A ein Aktionspotenzial entsteht, grenzen dort im Innenmedium des Axons positive und negative Ladungen ohne trennende Membran aneinander. Da sich gegensätzliche Ladungen anziehen, verschieben sich die beweglichen Ionen in der Nachbarschaft. An der erregten Stelle ziehen die überschüssigen positiven Ladungsträger, die Na$^+$-Ionen, im Inneren des Axons negative Ladungsträger an, vor allem Cl$^-$-Ionen. Diese Verschiebungen der Ionen kann man auch als schwache elektrische Ströme auffassen. Sie erniedrigen das Membranpotenzial im Nachbarbereich. Ist die Nachbarstelle B über den Schwellenwert depolarisiert, entsteht auch dort ein Aktionspotenzial und die Erregung wird fortgeleitet. Die Stelle A wird von der Stelle B aus nicht depolarisiert. Sie ist aufgrund der Refraktärzeit noch unerregbar. Deshalb erfolgt die Erregungsleitung im Axon nur in eine Richtung, nämlich vom Zellkörper weg.

Die Ionenbewegung, die den elektrischen Strömen im Axon zugrunde liegt, ist langsamer als man es von einem durch Ionen hervorgerufenen elektrischen Strom erwarten würde. Dies hat folgende Gründe. Im unerregten Teil des Axons sind positive Ladungen im Außenmedium und negative Ladungen im Innenmedium des Axons nur durch die äußerst dünne Zellmembran getrennt. Da sich die negativ geladenen und die positiv geladenen Ionen beiderseits der Membran gegenseitig anziehen, behindert dies die Verschiebung der Ionen entlang der Membran.

Im Axon wird der Ionenstrom außerdem abgeschwächt. Dies liegt daran, dass die Axonmembran nicht nur für K$^+$-Ionen, sondern in geringem Maße auch für die anderen beweglichen Ionen durchlässig ist. Wie Wasser aus einem Schlauch mit Leckstellen herausfließt, fließt ein Teil des Ionenstroms auch durch die Axonmembran ab; man bezeichnet ihn als Leckstrom. Dieser Teil steht nicht mehr für die Depolarisation der jeweils folgenden Axonabschnitte zur Verfügung. Bei dicken Axonen wird der Schwellenwert früher erreicht als bei dünnen, weil der elektrische Widerstand des Innenmediums von dicken Axonen geringer ist. Deshalb leiten dicke Axone Aktionspotenziale schneller als dünne.

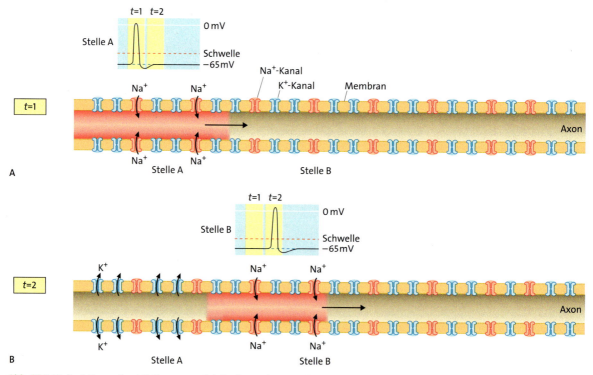

Abb. 92.1 Weiterleitung eines Aktionspotenzials im Axon ohne Myelinscheide (Schema). **A** Im oberen Teil tritt an der Stelle A gerade ein Aktionspotenzial auf; **B** dasselbe Axon, 2 ms später; Aktionspotenzial befindet sich an Stelle B

Erregungsleitung im Axon mit Myelinscheide. Eine hohe Leitungsgeschwindigkeit von Erregungen wird nicht nur mithilfe von Axonen großen Durchmessers erreicht, sondern auch durch zusätzliche Isolation von Axonen gegenüber der Zwischenzellflüssigkeit. Die Isolation wird durch die Ausbildung einer Myelinscheide durch Gliazellen, SCHWANN'schen Zellen, erzielt (S. 87). Solche Myelinscheiden gibt es nur bei Wirbeltieren und auch dort nur bei etwa der Hälfte der Neuronen.

Aktionspotenziale können in einem Axon mit Myelinscheide ausschließlich im Bereich der RANVIER'schen Schnürringe entstehen. Nur dort befinden sich spannungsgesteuerte Na⁺-Kanäle (Abb. 93.1). An der erregten Stelle A ziehen die überschüssigen positiven Ladungen im Inneren des Axons negative Ladungen vom weiter rechts liegenden Schnürring an der Stelle B an. Daher nimmt das Membranpotenzial an dieser Stelle weniger negative Werte an. Sobald es über den Schwellenwert depolarisiert ist, wird dort ein Aktionspotenzial ausgebildet. Dieses hat die gleiche Wirkung auf den Schnürring rechts. Die Erregung »überspringt« also den Bereich zwischen den Schnürringen. An den mit der Myelinscheide umhüllten Stellen ist der Abstand zwischen dem Innenmedium der Zelle und der Zwischenzellflüssigkeit sehr groß, weil sich die Myelinscheide direkt der Axonmembran auflagert. Eine gegenseitige Anziehung von Ionen unterschiedlicher Ladung innerhalb und außerhalb des Axons findet also nicht statt. Die Ionen sind daher leichter beweglich als bei Axonen ohne Myelinscheide. Außerdem dichtet die Myelinscheide die Axonmembran völlig ab, sodass keine Leckströme auftreten, die den Ionenstrom abschwächen würden. Deshalb kommen die Ionen im Cytoplasma von einem Schnürring zum anderen schneller voran als im Cytoplasma eines Axons gleichen Durchmessers ohne Myelinscheide. Die Erregung pflanzt sich daher mit hoher Geschwindigkeit fort (maximal 120 m/s). So übermittelt ein α-Motoneuron des Menschen Erregungen in weniger als 10 ms vom Rückenmark zum Fuß. Dadurch sind rasche Reaktionen, z. B. auf Schmerzreize, möglich.

Im Unterschied zu Axonen ohne Myelinscheide »springt« die Erregung im Axon mit Myelinscheide von Schnürring zu Schnürring. Sie wird deshalb als **saltatorische Erregungsleitung** bezeichnet. Ein nur 10 µm dickes Axon eines Frosches mit Myelinscheide erzielt auf diese Weise die gleiche Leitungsgeschwindigkeit (25 m/s) wie das etwa 50-mal so dicke Riesenaxon des Tintenfisches.

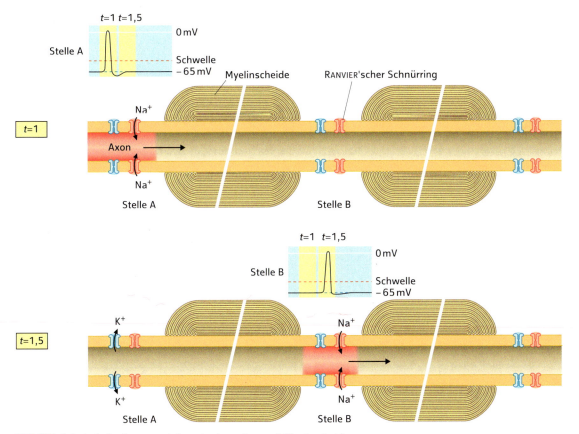

Abb. 93.1 Saltatorische Erregungsleitung in einem Axon mit Myelinscheide

2.5 Informationsübertragung an den Synapsen

Suchtstoffe, wie z. B. Heroin oder Cocain, bewirken einen Rauschzustand, einige Giftstoffe von Tieren Atemlähmung, manche Medikamente können Schmerzen ausschalten. Diese Stoffe beeinflussen die Funktion von **Synapsen.** Damit bezeichnet man Kontaktstellen zwischen verschiedenen Neuronen oder Kontaktstellen zwischen Neuronen und Muskel- bzw. Drüsenzellen.

In einer Synapse endet ein Axon. Die Endigung des Axons ist zumeist knopfartig erweitert und wird deshalb auch als »Endknöpfchen« bezeichnet. Zwischen dem Endknöpfchen des Axons und der Membran der folgenden Zelle besteht ein schmaler Spalt von etwa 20 nm Breite, der **synaptische Spalt.** Dieser wird begrenzt von der **präsynaptischen Membran,** sie liegt vor dem Spalt, und der **postsynaptischen Membran,** sie liegt hinter dem Spalt. Im synaptischen Spalt dienen chemische Substanzen (»Botenstoffe«), die **Neurotransmitter,** der Informationsübertragung.

Neuromuskuläre Synapse. Synapsen zwischen dem Axon eines Motoneurons und einer Muskelfaser nennt man **neuromuskuläre Synapsen** oder **motorische Endplatten.** Sie sind größer als die Synapsen zwischen zwei Neuronen, aber grundsätzlich gleich gebaut. Die Axonendigung enthält viele synaptische Bläschen, in denen der Neurotransmitter **Acetylcholin** gespeichert ist. Erreicht ein Aktionspotenzial das Endknöpfchen, öffnen sich spannungsabhängige Ca^{2+}-Kanäle kurzzeitig, und Ca^{2+}-Ionen strömen in das Zellinnere (Abb. 94.1; ①). Der Anstieg der Ca^{2+}-Ionen-Konzentration bewirkt, dass sich ein Teil der synaptischen Bläschen mit der präsynaptischen Membran verbindet. Acetylcholin wird aus den synaptischen Bläschen freigesetzt und diffundiert in etwa 0,1 ms durch den Spalt (Abb. 94.1; ②). Die Ca^{2+}-Ionen im Endknopf werden aus dem Cytoplasma herausgepumpt, sodass ihre Konzentration rasch wieder absinkt und keine weiteren synaptischen Bläschen mehr ihren Inhalt ausschütten können. Diese Prozesse dauern nur so lange wie die Depolarisation, d. h. wenige Millisekunden.

Acetylcholin bindet in der postsynaptischen Membran an Rezeptoren, die mit Ionenkanälen gekoppelt sind. Diese Acetylcholin-abhängigen Ionenkanäle sind für Na^+- und K^+-Ionen durchlässig (Abb. 94.1; ③). In Abwesenheit von Acetylcholin sind sie geschlossen. Wird Acetylcholin an der Außenseite der Kanäle an Rezeptoren gebunden, öffnen sie sich: Viele Na^+-Ionen strömen ein, relativ wenige K^+-Ionen aus. Die Muskelfaser hat wie die Nervenfaser ein Ruhepotenzial, welches sich durch den Einstrom der positiven Ladungen ändert. Die postsynaptische Membran wird im Bereich der Endplatte depolarisiert und es entsteht ein **Endplattenpotenzial.**

Die Acetylcholinmoleküle bewegen sich im synaptischen Spalt ungerichtet hin und her, sie können mehrere Ionenkanäle nacheinander öffnen. Sobald sie aber an ein Molekül des Enzyms **Cholinesterase** gelangen, werden sie sofort in ein Acetat-Ion und ein Cholin-Molekül gespalten (Abb. 94.1; ④). Dies verhindert eine Dauererregung. Cholin wird in den Axon-Endknopf aufgenommen. Mit Acetyl-CoA, das aus den Mitochondrien stammt, reagiert es zu Acetylcholin. Dies wird in Vesikel verpackt (Abb. 94.1; ⑤, ⑥). Erreicht das Endplattenpotenzial den Schwellenwert, so löst es in der Umgebung der Endplatte ein Aktionspotenzial aus. Dieses breitet sich über die Muskelfaser aus und veranlasst sie zur Kontraktion. Das Aktionspotenzial wird in der Muskelfaser auf die gleiche Weise weitergeleitet wie im Axon.

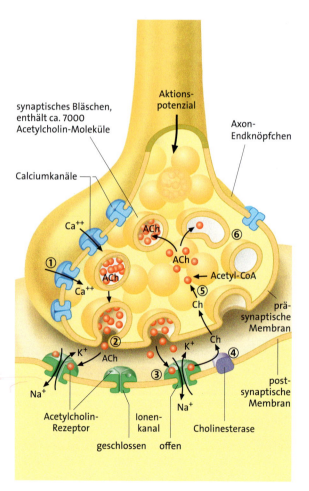

synaptisches Bläschen, enthält ca. 7000 Acetylcholin-Moleküle

Aktionspotenzial

Axon-Endknöpfchen

Calciumkanäle

Ca^{++}

ACh

⑥

ACh

Acetyl-CoA

①

Ca^{++}

ACh

⑤

Ch

prä-synaptische Membran

K^+

ACh

②

K^+

Ch

④

③

Ch

post-synaptische Membran

Na^+

Na^+

Acetylcholin-Rezeptor

Ionenkanal

Cholinesterase

geschlossen   offen

Abb. 94.1 Erregungsübertragung an der motorischen Endplatte

Synapsen im Zentralnervensystem (ZNS). An Neuronen des Zentralnervensystems befinden sich zahlreiche Synapsen. Sie arbeiten ähnlich wie die neuromuskulären Synapsen. Im ZNS findet man viele Neurotransmitter, z. B. **Acetylcholin, Glutamat, γ-Aminobuttersäure (GABA), Dopamin** und **Serotonin.** Durch die große Zahl von Überträgerstoffen ergeben sich vielfältige Möglichkeiten des Informationsaustausches zwischen den Zellen des Zentralnervensystems. Die Neurotransmitter binden an Rezeptoren, die sich in ihrer Funktionsweise unterscheiden. Sie lassen sich im Wesentlichen zwei verschiedenen Typen zuordnen: Bei Ionenkanal gekoppelten Rezeptoren führt die Bindung eines Neurotransmitters zu einer kurzen Öffnung des Kanals. Die Acetylcholin-Rezeptoren in der motorischen Endplatte gehören zu diesem Typ; sie werden auch durch den Stoff Nikotin aktiviert. Eine andere Art von Rezeptoren setzt nach der Bindung eines Überträgerstoffs in der Zelle eine Signalkette in Gang. Das Signalmolekül, das am Ende der Kette entsteht, kann in der Zelle viele Wirkungen haben, z. B. Ionenkanäle öffnen. Auch für Acetylcholin gibt es Rezeptoren, die über eine solche Signalkette wirken. An sie bindet z. B. Muskarin, das Gift des Fliegenpilzes. Die Überträgerstoffe werden in den Synapsen durch Enzyme in sehr kurzer Zeit abgebaut oder durch einen aktiven Transportvorgang wieder in die präsynaptische Endigung und in Gliazellen aufgenommen. So wird eine Dauererregung verhindert.

Synapsengifte. An Synapsen mit dem Überträgerstoff Acetylcholin wirken zahlreiche Giftstoffe (Abb. 95.1). **Curare,** ein pflanzlicher Giftstoff, wird als Pfeilgift zur Jagd eingesetzt. Es blockiert die Acetylcholinrezeptoren motorischer Endplatten und bewirkt eine rasche Atemlähmung. **Nicotin,** ebenfalls ein pflanzlicher Giftstoff, wirkt wie Acetylcholin, wird aber von der Acetylcholinesterase nicht abgebaut. Eine Dosis von ca. 1 mg/kg Körpermasse wirkt tödlich. **Alkylphosphate,** organische Phosphorverbindungen, sind z. B. in Insektenvertilgungsmitteln wie E605 enthalten. Sie hemmen die Acetylcholinesterase und bewirken Muskelkrämpfe und Atemlähmung. **Atropin,** das Gift der Tollkirsche *(Atropa belladonna)* blockiert unter anderem Acetylcholinrezeptoren des Herzens, lähmt die Augenmuskeln und verursacht Herzstillstand. **Muskarin,** das Gift des Fliegenpilzes, wirkt wie Acetylcholin. Es wird von der Acetylcholinesterase nicht abgegeben und verursacht Krämpfe und Atemlähmung. **α-Latrotoxin** ist das Gift der Schwarzen Witwe. Es bewirkt eine schlagartige und irreversible Entleerung der Speichervesikel der motorischen Endplatten. Tod tritt oft durch Herzversagen ein. Das **Botulinumtoxin,** das Gift des Bakteriums *Clostridium botulinum,* wird unter Luftausschluss in verderbendem Fleisch erzeugt und ist eines der stärksten Gifte. Es hemmt die Acetylcholinausschüttung, z. B. in der Atemmuskulatur. Eine Atemlähmung tritt bereits in einer Dosis von nur 0,01 mg/kg Körpermasse ein.

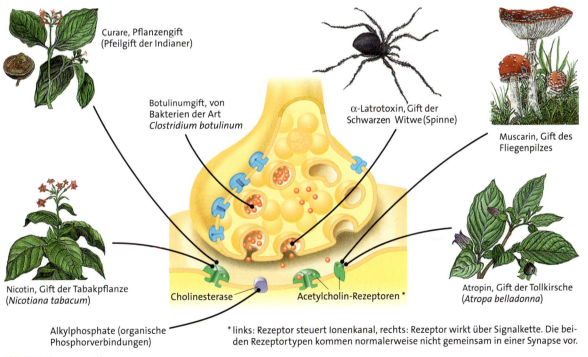

Curare, Pflanzengift
(Pfeilgift der Indianer)

Botulinumgift, von
Bakterien der Art
Clostridium botulinum

α-Latrotoxin, Gift der
Schwarzen Witwe (Spinne)

Muscarin, Gift des
Fliegenpilzes

Nicotin, Gift der Tabakpflanze
(Nicotiana tabacum)

Cholinesterase Acetylcholin-Rezeptoren *

Atropin, Gift der Tollkirsche
(Atropa belladonna)

Alkylphosphate (organische
Phosphorverbindungen)

* links: Rezeptor steuert Ionenkanal, rechts: Rezeptor wirkt über Signalkette. Die beiden Rezeptortypen kommen normalerweise nicht gemeinsam in einer Synapse vor.

Abb. 95.1 Synapsengifte

2.6 Verrechnung an den Synapsen

An den zahlreichen Synapsen eines Neurons kann gleichzeitig eine große Zahl von Signalen eintreffen. Ein Neuron kann die ankommenden Signale in wenigen Millisekunden verrechnen, das »Ergebnis« dieses Verrechnungsvorgangs in der Frequenz von Aktionspotenzialen verschlüsseln und an nachgeschaltete Neurone weiterleiten. Neurone dienen also nicht nur der Informationsweiterleitung, sondern auch der Informationsverarbeitung.

Postsynaptische Potenziale. Ein Aktionspotenzial, das an einer erregenden Synapse ankommt, erzeugt in der postsynaptischen Zelle eine kurzzeitige Depolarisation, das **erregende postsynaptische Potenzial (= EPSP)** (Abb. 96.1A). Das EPSP an der motorischen Endplatte heißt Endplattenpotenzial. Im Nervensystem gibt es neben solchen erregenden Synapsen auch hemmende Synapsen. Deren wichtigster Überträgerstoff ist γ-Aminobuttersäure (GABA, S. 95), die 30 % der Synapsen im Gehirn des Menschen steuert. Die hemmenden Transmitter binden an Rezeptoren der postsynaptischen Membran, die mit Ionenkanälen, zumeist K⁺-Kanäle oder Cl⁻-Kanäle, verbunden sind. Daraufhin öffnen sich die Kanäle. Entsprechend ihrem Konzentrationsgefälle strömen dann positiv geladene K⁺-Ionen aus der Zelle heraus oder negativ geladene Cl⁻-Ionen in die Zelle hinein. An einer hemmenden Synapse erzeugt ein Aktionspotenzial deshalb eine kurzzeitige Hyperpolarisation der Folgezelle, das **inhibitorische postsynaptische Potenzial (= IPSP)** (Abb. 96.1B). Weil die Transmitterwirkung das präsynaptische Aktionspotenzial überdauert, halten EPSP und IPSP deutlich länger an als ein Aktionspotenzial.

Informationsverarbeitung. In einem Neuron tritt im Zellkörper, in den Dendriten und im Axon ein Ruhepotenzial auf. Im Axon entstehen Aktionspotenziale, weil dort spannungsgesteuerte Natrium- und Kaliumkanäle vorhanden sind. EPSP oder IPSP, die an einer Synapse gebildet werden, breiten sich von den Dendriten in Richtung Zellkörper und Axonursprung aus. Sie werden jedoch nicht wie Aktionspotenziale fortgeleitet (S. 90); vielmehr nimmt ihre Höhe mit zunehmender Entfernung von der Synapse rasch ab. Daher kann die Tätigkeit einer einzigen erregenden Synapse im Zentralnervensystem das Membranpotenzial von Dendriten und Zellkörper nur geringfügig verändern und auch das Membranpotenzial des Axonursprungs nicht bis zum Schwellenwert depolarisieren. An einer Nervenzelle finden sich jedoch viele erregende Synapsen; wird eine größere Zahl dieser Synapsen gleichzeitig erregt, summieren sich ihre Wirkungen. Beim Erreichen des Schwellenwertes am Axonursprung dieser Nervenzelle entsteht dort ein Aktionspotenzial, das

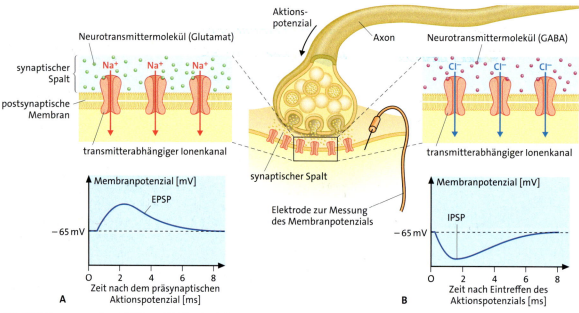

Abb. 96.1 Erzeugung eines EPSP und IPSP. Ein Aktionspotenzial führt präsynaptisch zu einer Transmitterfreisetzung.
A Ein erregender Transmitter, wie z. B. Glutamat, bindet an Glutamat-Rezeptoren und bewirkt einen Na⁺-Einstrom;
B Ein hemmender Transmitter, wie z. B. GABA, bindet an GABA-Rezeptoren und verursacht einen Cl⁻-Einstrom

über ihr Axon fortgeleitet wird (Abb. 97.1). Jedes Aktionspotenzial, das an einer erregenden Synapse ankommt, erzeugt im Dendriten des Folgeneurons ein EPSP, das deutlich länger andauert als das Aktionspotenzial selbst. Ist der zeitliche Abstand zwischen zwei Aktionspotenzialen kurz, so ist das vom ersten Aktionspotenzial hervorgerufene EPSP noch nicht völlig abgefallen, wenn das zweite EPSP beginnt. Deshalb überlagern sich die EPSP, es tritt **zeitliche Summation** auf (Abb. 97.1 C).

Treten EPSP zeitgleich an verschiedenen Synapsen des Folgeneurons auf, so können sich diese ebenfalls überlagern. Man bezeichnet dies als **räumliche Summation** (Abb. 97.1 B). Ist also die Frequenz der Aktionspotenziale hoch, so überlagern sich viele EPSP und die Depolarisation des Axonursprungs hält entsprechend länger an. Die Wirkungen der erregenden Synapsen auf das Membranpotenzial sind gegensinnig zu denen der hemmenden Synapsen. Die Veränderung des Membranpotenzials am Axonursprung ist also eine Art Summe der zu diesem Zeitpunkt von anderen Neuronen »einlaufenden« Aktionspotenzialen, die an den erregenden (positive Wirkung) und hemmenden Synapsen (negative Wirkung) übermittelt werden. Diese Summe wird dann am Axonursprung in die Frequenz der auslaufenden Aktionspotenziale übersetzt (Abb. 97.2). Die Frequenz ist umso höher, je stärker der Axonursprung depolarisiert ist.

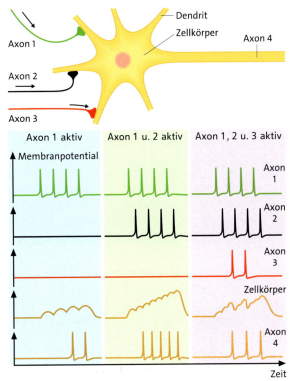

Abb. 97.2 Möglich Wirkung von zwei erregenden Synapsen (1 und 2) und einer hemmenden Synapse (3) auf EPSP im Zellkörper und Aktionspotenziale in seinem Axon (4)

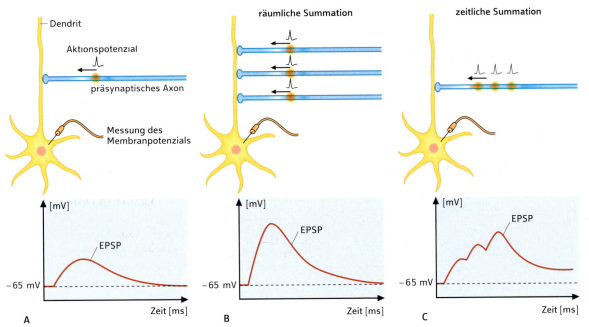

Abb. 97.1 Summation. **A** Ein einzelnes Aktionspotenzial löst ein geringes EPSP aus. **B** Wenn einzelne Aktionspotenziale an verschiedenen Synapsen gleichzeitig eintreffen oder **C** viele Aktionspotenziale rasch nacheinander an derselben Synapse, tritt Summation auf.

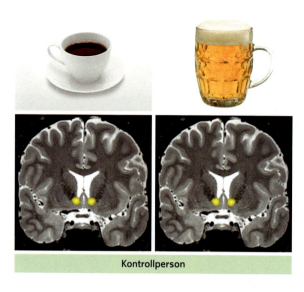

Kontrollperson

alkoholabhängige Testperson

Abb. 98.1 Frontaler Schnitt durch das Gehirn mittels Kernspinresonanztomographie. *Farbig:* ein Bereich erhöhter Durchblutung; gelb: erhöht, rot: stark erhöht.

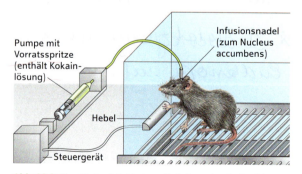

Pumpe mit Vorratsspritze (enthält Kokainlösung)

Infusionsnadel (zum Nucleus accumbens)

Hebel

Steuergerät

Abb. 98.2 Eine Ratte drückt einen Hebel, wodurch sie sich Kokain direkt in den Nucleus accumbens verabreicht.

2.7 Sucht

Sucht auslösende Stoffe wie Nikotin oder Kokain werden in der Umgangssprache oft als **Drogen** bezeichnet. Menschen, die von solchen Drogen abhängig waren, können selbst nach jahrelangem Verzicht rückfällig werden. Oft wird ein Rückfall durch Reize ausgelöst, wie z. B. dem Rauch einer Zigarette oder dem Beobachten von Menschen, die Kokain konsumieren. Solche Reize erinnern an früher erfahrene Drogenwirkungen und lösen ein massives Verlangen aus, die Droge wieder zu konsumieren. Ein derartiges Verlangen wird durch Schaltkreise des Gehirns ausgelöst, die durch den langfristigen Missbrauch von Drogen anhaltend verändert worden sind. Reize, die ein solches Verlangen auslösen können, aktivieren deshalb das Gehirn von Süchtigen auf völlig andere Weise als das Gehirn von Kontrollpersonen (Abb. 98.1).

Drogensucht. Was ist und wie entsteht Sucht? Mit dem Begriff Sucht werden verschiedene Arten von Abhängigkeit zusammengefasst, z. B. die Abhängigkeit von Drogen, wie Alkohol (Ethanol), Nikotin, Heroin sowie bestimmten Arzneimitteln (z. B. Beruhigungsmitteln), aber auch von Verhaltensweisen, wie z. B. Glücksspiel. Das wichtigste Kennzeichen der Drogensucht ist das zwanghafte Verlangen, eine Droge zu konsumieren, um deren Rauschwirkungen zu erleben. Bei manchen Drogen ist es zudem der starke Wunsch die unangenehmen Effekte ihres Fehlens (»Entzugserscheinungen«) zu vermeiden. Süchtige können auf die Droge nicht mehr verzichten; sie verlieren die Kontrolle darüber, wie oft und in welchen Mengen es zugeführt wird.

Die Entstehung einer Drogensucht hat zahlreiche Ursachen. Eine maßgebliche Rolle spielen individuelle Voraussetzungen wie genetische Faktoren oder Lebensumstände. Auch die Art der Droge hat einen erheblichen Einfluss. So haben Drogen ein besonders hohes Suchtpotenzial, die, wie z. B. gerauchtes Kokain (»crack«) oder Nikotin, sehr rasch in das Gehirn eindringen. Nahezu alle Sucht auslösenden Drogen können auch beim Tier süchtiges Verhalten erzeugen. So führen sich Nagetiere im Tierversuch durch Betätigung eines Hebels Kokain zu (Abb. 98.2). Manche Tiere verabreichen sich bis zur Erschöpfung hohe, teilweise lebensbedrohliche Mengen, vernachlässigen ihr Sozialverhalten und verzichten auf Nahrungsaufnahme. Einige neurobiologische Vorgänge der Suchtentstehung wurden inzwischen aufgeklärt, unter anderem an solchen Tiermodellen. Drogen verändern demnach auf vielfältige Weise die Informationsübertragung durch Neurotransmitter in zahlreichen Bereichen des Gehirns.

Positives Verstärkersystem. Die Eigenschaft vieler Drogen, Sucht auszulösen, beruht vor allem auf ihren Wirkungen im positiven Verstärkersystem, einem komplexen Netzwerk aus mehreren Hirnstrukturen (Abb. 99.1). Es erzeugt normalerweise positive Gefühle (»Freude«), verknüpft sie mit den ursächlichen Verhaltensweisen, z. B. Nahrungsaufnahme, Sexualverhalten, oder Situationen, z. B. Popkonzert, und formt entsprechende Erinnerungen. Die Freisetzung des Neurotransmitters **Dopamin** im positiven Verstärkersystem ist für diese Lernvorgänge unerlässlich. Viele süchtig machende Drogen verursachen eine stark überhöhte Dopaminfreisetzung in einer bestimmten Hirnstruktur des positiven Verstärkersystems, dem **Nucleus accumbens** (Abb. 99.1). Die Mechanismen, die dazu führen, sind je nach Substanz unterschiedlich. Kokain beispielsweise wirkt direkt auf Neurone, die Dopamin im Nucleus accumbens freisetzen (dopaminerge Neurone). Es blockiert die zelluläre Wiederaufnahme von ausgeschüttetem Dopamin und erhöht so dessen Konzentration in der Zwischenzellflüssigkeit (Abb. 99.2). Andere Drogen, wie z. B. Heroin, aktivieren dopaminerge Neurone indirekt. Heroin bindet an Rezeptoren von Nervenzellen, deren hemmende Wirkung auf dopaminerge Neurone dadurch geringer wird. Zahlreiche Drogen, z. B. Alkohol und einige Schlafmittel, wirken nicht nur auf dopaminerge Neurone, sondern auch auf Nervenzellen, die z. B. Serotonin freisetzen.

Veränderungen im Gehirn. Die dauerhafte und übermäßige Einnahme von Suchtmitteln führt im positiven Verstärkersystem immer wieder zu stark erhöhten Ausschüttungen von Dopamin. Sie verursachen allmählich beständige Veränderungen im Gehirn. Dazu zählen insbesondere Störungen von Lern- und Gedächtnisvorgängen. Durch sie entsteht ein zwanghaftes Verlangen nach der Einnahme der Droge, das lebenslang anhalten kann. Dabei werden der Vorgang der Drogeneinnahme und charakteristische, begleitende Merkmale, z. B. Ort und Situation der Einnahme, mit den durch die Droge ausgelösten, angenehmen Gefühlen ungewöhnlich stark verknüpft und im Gedächtnis dauerhaft gespeichert. Diese »Umprogrammierung« des positiven Verstärkersystems ist ein Schlüsselereignis bei der Entstehung einer Sucht und stellt das größte Problem bei der Suchtbehandlung dar. Denn die Gefahr eines Rückfalls in die Sucht besteht auch nach jahrelangem Drogenverzicht. Außerdem bewirkt die dauerhafte und massive Zufuhr von Drogen zahlreiche weitere Veränderung im Aufbau und der Funktion des Gehirns. So verursacht die Droge »Ecstasy«, eine Amphetamin ähnliche Substanz, bei Labortieren eine anhaltende Schädigung der Hirnrinde (Abb. 99.3).

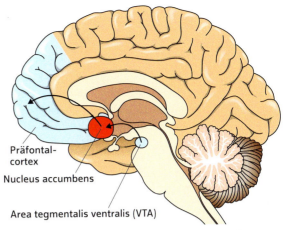

Abb. 99.1 Präfontalcortex, Nucleus accumbens und die Area tegmentalis ventralis (VTA) sind Teilgebiete des positiven Verstärkersystems. Im Nucleus accumbens schütten Axone aus der VTA Dopamin aus.

Präfontal-cortex

Nucleus accumbens

Area tegmentalis ventralis (VTA)

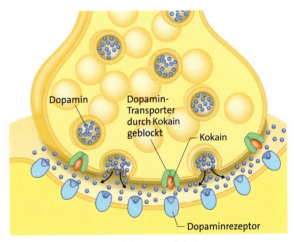

Dopamin

Dopamin-Transporter durch Kokain geblockt

Kokain

Dopaminrezeptor

Abb. 99.2 Synaptische Wirkung von Kokain

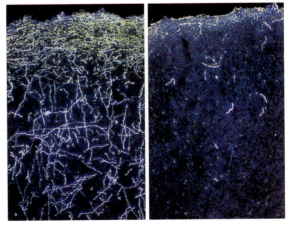

Abb. 99.3 Zerstörung von Serotonin freisetzenden Axonen (hell gefärbt) der Hirnrinde durch Ecstasy (rechts)

2.8 Wirkung exogener Substanzen auf den Schlaf

Der Mensch verbringt etwa ein Drittel seines Lebens im Schlaf. Dabei ist das Gehirn nicht inaktiv. Schlaf beruht vielmehr auf der Aktivität bestimmter Nervenzellgruppen vor allem des Zwischenhirns und des Hirnstamms. Die Aktivität dieser Nervenzellen ändert sich im Verlauf des Nachtschlafes. in charakteristischer Weise. Dabei kommt es zu messbaren Veränderungen der Großhirntätigkeit, die mithilfe eines **Elektroenzephalogramms** (EEG; gr. *encephalon* Gehirn, *graphein* schreiben) erfasst werden können (**Abb. 100.2**). So ermittelte man unterschiedliche **Schlafstadien,** erkennbar an den verschiedenen Formen des EEG.

Der Schlaf beginnt mit dem Einschlafstadium. Darauf folgen Stadien zunehmender Schlaftiefe. Diese wiederholen sich periodisch während der Gesamtschlafzeit (**Abb. 100.1A**). Der letzte Abschnitt einer Periode ist jeweils von schnellen Bewegungen des Augapfels *(rapid **e**ye **m**ovements)* begleitet. Deshalb wird dieser Abschnitt auch **REM-Schlaf** genannt. Der REM-Schlaf ist oft von Träumen begleitet. Auch aktiviert er den Hippocampus. Von dort wird tagsüber Gelerntes in die Langzeitspeicher

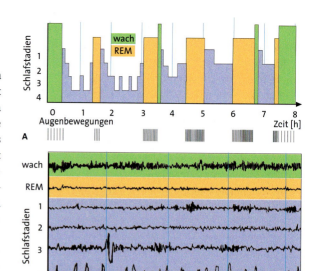

Abb. 100.1 Schlaf. **A** periodischer Wechsel der Schlafstadien in einer Nacht; **B** EEG in den verschiedenen Schlafstadien

des Großhirns übertragen: Schlaf unterstützt daher Lern- und Gedächtnisvorgänge.

Wie Wissen angewendet wird

Elektroenzephalografie

Von der Kopfhaut lassen sich mit aufliegenden Oberflächenelektroden Spannungsschwankungen ableiten. Deren Aufzeichnung nennt man **Elektroenzephalografie**. Die Frequenzen der Spannungsänderungenbetragen bis zu 80 Hz, die Amplituden liegen zwischen 1 und etwa 100 µV. Im EEG kommt vor allem die Summe der erregenden postsynaptischen Potenziale (EPSP) zum Ausdruck. Diese entstehen gemeinsam in unzähligen Synapsen an den ausgedehnten Dendritenbäumen von Neuronen der Großhirnrinde. Aktionspotenziale werden bei dieser Art Messung nicht erfasst. **Abb. 100.2 B** zeigt das EEG eines wachen Menschen mit geschlossenen bzw. mit offenen Augen, also in Zuständen relativ niedriger bzw. verhältnismäßig hoher Aufmerksamkeit. Bei geschlossenen Augen treten die EPSP meist gleichzeitig auf. Ihre Summation ergibt daher eine relativ hohe Amplitude der Spannungsschwankungen, ihre Frequenz ist verhältnismäßig niedrig. Nach dem Öffnen der Augen treten die EPSP unregelmäßiger auf, deshalb ist die Amplitude der Wellen geringer, die Frequenz höher. Eingesetzt wird das EEG z. B. in der Schlafforschung.

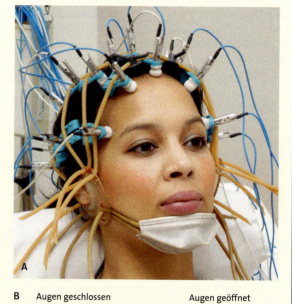

Abb. 100.2 Elektroenzephalografie.
A Messung am Patienten; **B** Elektroenzephalogramm

Coffein. Kaffee, schwarzer Tee oder ein Cola-Getränk halten wach (Abb. 101.2). Sie enthalten den Wirkstoff **Coffein**. Dieser zählt zu den ältesten Arznei- und Genussmitteln und ist der weltweit am häufigsten konsumierte psychoaktive Stoff. Eine Tasse Kaffee enthält etwa 50 mg Coffein, eine Tasse Schwarztee 20–40 mg, ein Glas Cola etwa 40 mg.

Coffein blockiert Rezeptoren der Zellmembran, die gewöhnlich **Adenosin** binden. Dieses Nucleosid, das auch in der DNA und in ATP vorkommt, hemmt die Abgabe von Noradrenalin. Somit fördert Coffein die Abgabe dieses Stoffes, der die Herzfrequenz steigert und die Bronchien erweitert. Coffein hemmt außerdem die Rückgewinnung von Wasser in den Nieren und erhöht so die Wasserausscheidung.

Tagtäglich steigt mit zunehmender Wachdauer die Adenosin-Konzentration in denjenigen Bereichen des Gehirns an, die Schlaf auslösen. Erhöhte Adenosin-Konzentrationen in diesen Strukturen machen also müde. Weil Coffein Adenosin-Rezeptoren blockiert, vermindert es Müdigkeit. Die Einnahme kleiner bis mittlerer Dosen (40–300 mg) kann außerdem Wohlbefinden sowie erhöhte Konzentrations- und Leistungsfähigkeit bewirken.

Schlafmittel. Zu den Schlafmitteln zählen die Benzodiazepine, z. B. Valium. Sie aktivieren die Rezeptoren für den Transmitter **Gamma-Aminobuttersäure** (GABA) (Abb. 101.3). Diese Rezeptoren rufen eine Hyperpolarisation der Nervenzellmembran hervor und hemmen daher die Nervenzelle. Dadurch werden auch Nervenzellen des Gehirns inaktiviert, die Wachheit bewirken. Auf diese Weise führen Benzodiazepine zum Schlaf (Abb. 101.1).

Abb. 101.2 Hilft Kaffee wirklich gegen Müdigkeit?

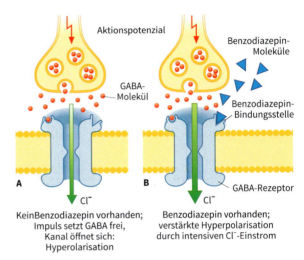

Abb. 101.3 Funktion eines GABA-Rezeptors ohne Benzodiazepin (**A**) und in Anwesenheit eines Benzodiazepins (**B**)

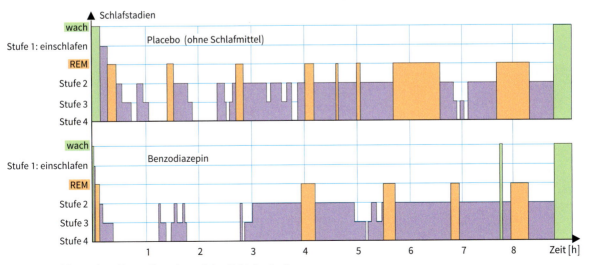

Abb. 101.1 Wirkung eines Benzodiazepins auf den Schlafverlauf

2.9 Zusammenspiel von Nervensystem und Hormonsystem

Sie fahren mit dem Auto durch die Stadt. Plötzlich rollt ein Ball auf die Straße und ein Kind läuft vom Gehsteig, dem Ball hinterher (Abb. 102. 1). Im Bruchteil einer Sekunde treten Sie auf das Bremspedal und bringen den Wagen zum Stehen. Was läuft in dieser Situation in ihrem Körper ab? Die von den Augen aufgenommene Information wird weiter ins Gehirn übertragen. Dieses reagiert blitzschnell, und übermittelt Signale an alle am Bremsvorgang beteiligten Skelettmuskeln. Diese kontrahieren sich daraufhin rapide. Im Gehirn laufen dabei die Vorgänge ab, die auf Abb. 104.1 dargestellt sind. Gleichzeitig regt das Gehirn die Nebennieren dazu an, Hormone wie z. B. Adrenalin ins Blut freizusetzen. Diese werden innerhalb von Sekunden im ganzen Körper verteilt. Adrenalin lässt das Herz schneller und kräftiger schlagen, sodass mehr Blut durch die Blutgefäße gepumpt wird. Dieses gelangt vor allem in die Muskeln, wo Adrenalin Gefäße erweitert. In der Leber steigert Adrenalin den Abbau von Glykogen zu Glucose. So werden die Muskeln stärker mit Sauerstoff und energiereichen Stoffen versorgt, der Organismus wird auf die Gefahrensituation eingestellt.

Nerven übertragen fein abgestufte Signale sehr rasch an die Erfolgsorgane wie Skelettmuskeln. Auf diese Weise steuern sie etwa rasche Körperbewegungen. Hormone dienen der langsameren Signalübertragung mit langfristiger Wirkung. Im Zusammenspiel mit dem Nervensystem steuern Hormone u. a. Stoffwechselvorgänge, Ernährung und Wachstum.

Hormone sind chemische Botenstoffe, die der Kommunikation zwischen Zellen dienen. Beim Menschen werden viele Hormone von Drüsen ins Blut abgegeben (endokrine Hormone, Abb. 102. 2), sie beeinflussen weit entfernt liegende Zellen. Daneben gibt es auch im menschlichen Körper Hormone, die nur in der unmittelbaren Umgebung der Zellen wirken, die sie abgeben. Ein solches **Gewebshormon** ist z. B. Histamin, das an der Entstehung von Entzündungen beteiligt ist.

In der frühen Evolution der Vielzeller gab es nur Gewebshormone. Bei vielzelligen Tieren funktionieren sie zum Teil als Wachstumsfaktoren. Dazu gehören die insulinähnlichen Wachstumsfaktoren (IGF, von engl. *insulin-like growth factor*), die Zellteilung und Gewebewachstum stimulieren. Sie sind gleichartig gebaut und funktionieren zum Teil ähnlich wie das Hormon Insulin der Bauchspeicheldrüse. Die Zellen, die in dieser Drüse Insulin produzieren, haben sich im Laufe der Evolution auf die Insulinherstellung spezialisiert und zu einer Hormondrüse vereinigt.

Abb. 102.1 Gefahrensituation im Verkehr

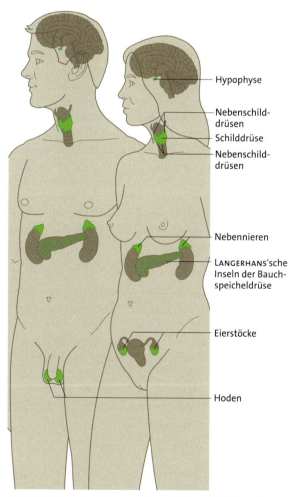

Abb. 102.2 Lage der Hormondrüsen im Körper des Menschen

Hypophyse

Nebenschilddrüsen

Schilddrüse

Nebenschilddrüsen

Nebennieren

LANGERHANS'sche Inseln der Bauchspeicheldrüse

Eierstöcke

Hoden

2.10 Hormone der Nebennieren und Stress

Bis spät in die Nacht hinein haben Sie für eine Klausur am nächsten Morgen gelernt. Dann verschlafen Sie. Sobald Sie das bemerken, fahren Sie vor Schreck hoch, Ihr Puls beschleunigt sich, der Blutdruck steigt, Sie werden blass, der kalte Schweiß steht Ihnen auf der Stirn und der Appetit ist Ihnen vergangen. Diese vegetativen Reaktionen werden unter anderem von den Nebennieren hervorgerufen, die Hormone ins Blut abgeben. Mit diesen und weiteren physiologischen Reaktionen antwortet der Organismus allgemein auf belastende Reize wie zwischenmenschliche Konflikte, Bedrohung, Termindruck, Gefahrensituationen im Verkehr, Infektionen, Verletzungen oder anhaltenden Lärm. Die gleichartige Reaktion des Organismus auf belastende Reize bezeichnet man als **Stress**.

Stressbewältigung. Gerät man zum ersten Mal in eine bestimmte Stresssituation, so steigern die Nebennieren die Ausschüttung der Hormone Adrenalin, Noradrenalin und Cortisol. Bewältigt man die belastende Situation erfolgreich, so geben sie nach weiteren Stressreizen der gleichen Art eine immer geringere Menge davon ab. Entsprechend schwächer fallen die vegetativen Reaktionen des Organismus aus. Das zeigen Untersuchungen an Fallschirmspringern (Abb. 103.1): Schon bevor der Springer das Flugzeug verlässt, steigt z. B. die Cortisolabgabe. Auch nach dem Sprung misst man noch höhere Cortisolwerte als normal. Von Mal zu Mal reagieren die Nebennieren schwächer auf einen Sprung, wenn der Springer immer wieder heil am Boden angekommen ist.

Werden Stresssituationen jedoch nicht bewältigt und bleibt die Belastung bestehen, erhält der Organismus die erhöhte Konzentration von Cortisol aufrecht, und zwar auch in den Zeiten zwischen den belastenden Reizen.

Zusammenspiel von Gehirn und Nebennieren. Beim Öffnen der Autotür erscheint ein überholender Radfahrer im Rückspiegel. Eine solche Stress auslösende Situation wird im Gehirn verarbeitet. Der Hypothalamus, ein Teil des Zwischenhirns (Abb. 104.1), und die Hypophyse, eine Hormondrüse an der Bais des Hypothalamus, können daraufhin die Aktivität der Nebennieren verändern. Dabei ist zwischen Nebennierenmark und Nebennierenrinde zu unterscheiden (Abb. 104.1).

Das **Nebennierenmark** wird durch den Sympathikus stimuliert, einen Nerv, der vom Hypothalamus ausgeht (Abb. 104.1). Die Abgabe der Hormone **Adrenalin** und **Noradrenalin** erfolgt daher sehr schnell, innerhalb von Sekunden. Unter ihrer Wirkung werden die Muskeln mit mehr

Blut und dadurch mit mehr Energie und Sauerstoff versorgt. So erhöhen die Hormone die Frequenz und die Intensität des Herzenschlags, auch steigern sie die Atmungsfrequenz und erweitern die Bronchiolen in der Lunge. Außerdem lenken sie den Blutstrom in die Skelettmuskeln um, indem sie Blutgefäße des Darmes und der Haut verengen und gleichzeitig Gefäße der Skelettmuskeln erweitern. Die beiden Hormone tragen weiterhin zur Mobilisierung der energiereichen Glucose in der Leber bei, wo sie die Umwandlung von Glykogen in Glucose bewirken.

Die **Nebennierenrinde** gibt unter anderem Cortisol ab. Dieses Hormon greift in den Zuckerstoffwechsel ein. In Leberzellen bewirkt es die Umwandlung von Aminosäuren in Glucose, fördert also auch Energiebereitstellung. Außerdem hemmt es bestimmte Immunreaktionen, z. B. Entzündungsvorgänge. Die Hormonabgabe aus der Nebennierenrinde beginnt erst einige Minuten nach einem Stressreiz. Sie erfolgt erst später als im Nebennierenmark, weil die Rinde ihrerseits durch ein Hormon gesteuert wird, nämlich das adrenocorticotrope Hormon (ACTH) der Hypophyse. Da dieses im Blut transportiert wird, erfordert die Aktivierung der Nebennierenrinde mehr Zeit als die des Nebennierenmarks durch den Sympathikus. Die

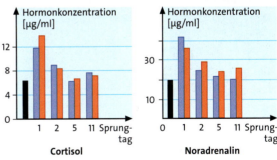

Abb. 103.1 Konzentrationen von Hormonen der Nebenniere bei Fallschirmspringern vor dem Training (schwarz, Kontrollmessung) und an aufeinanderfolgenden Sprungtagen jeweils vor dem Sprung (blau) und nach dem Sprung (rot)

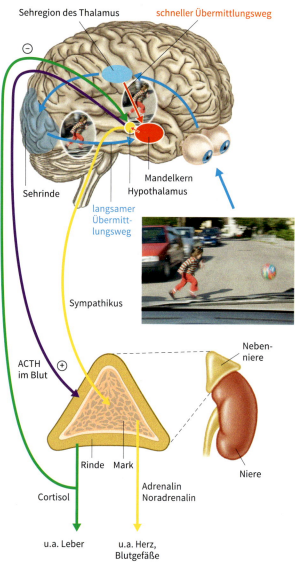

Sehregion des Thalamus — **schneller Übermittlungsweg**

⊖

Sehrinde

Mandelkern

Hypothalamus

langsamer Übermittlungsweg

Sympathikus

ACTH im Blut ⊕

Rinde Mark

Cortisol

Neben- niere

Niere

Adrenalin Noradrenalin

u.a. Leber   u.a. Herz, Blutgefäße

Abb. 104.1 Zusammenspiel von Nebennierenrinde und Gehirn; Übermittlungswege

Abb. 104.2 Tupaia

Abgabe von ACTH wird vom Hypothalamus veranlasst. Dieser gibt dazu selbst ein Hormon ab, das ACTH-Releasing-Hormon (engl. *release* freisetzen). Es gelangt mit dem Blut in die Hypophyse. Die Ausschüttung von ACTH und Cortisol beendet zugleich die Stressreaktion: Cortisol gelangt mit dem Blut auch in den Hypothalamus und hemmt dort die weitere Ausschüttung von ACTH-Releasing-Hormon (Abb. 104.1). Mithilfe dieser negativen Rückkopplung wird die Cortisolabgabe geregelt. Der Regelkreis kann jedoch außer Kraft gesetzt werden, falls belastende Situationen wie z. B. der Verlust einer nahe stehenden Person oder andauernder Ärger in der Schule nicht bewältigt werden. Auf diese Weise löst Langzeitstress Krankheit aus: Aufgrund der Unterdrückung der Immunreaktion können durch Cortisol Infektionskrankheiten auftreten. Auch können Herz-Kreislauf-Probleme und Depression die Folgen von Langzeitstress sein. Bei schweren psychischen Störungen kann der Cortisolspiegel den ganzen Tag über zehnmal höher sein als normal.

Stress und Depression. Das Spitzhörnchen Tupaia (Abb. 104.2) lebt in Südasien. Das Revier eines Pärchens wird vom Männchen vehement verteidigt. Dies geschieht auch dann, wenn man im Experiment ein Männchen in den Käfig eines anderen Männchens setzt. Das fremde Männchen wird sofort attackiert und verliert den Kampf regelmäßig. Setzt man es danach in einen Nachbarkäfig, von dem aus es das überlegene Männchen sehen kann, so entwickelt es Stresssymptome: Es verliert mit der Zeit an Gewicht, bekommt Schlafstörungen, bewegt sich wenig und wirkt apathisch. Die gleichen Symptome zeigen Menschen, die an einer Depression leiden. Mit Antidepressiva kann man diese Krankheitserscheinungen nicht nur beim Menschen, sondern auch beim Tupaia bekämpfen. Deshalb nimmt man an, dass die Symptome bei Mensch und Tupaia ähnliche Ursachen haben und untersucht an den Spitzhörnchen modellhaft neurobiologische Grundlagen der Depression. Dabei ergab sich Folgendes: Bei sozialem Langzeitstress ist bei Mensch und Tupaia die Cortisolkonzentration im Blut deutlich erhöht. Diese bewirkt spezifische Veränderungen im Gehirn, insbesondere im Limbischen System, das eine wichtige Rolle bei der Entstehung von Gefühlen sowie beim Lernen und bei der Gedächtnisspeicherung spielt. So nehmen die Länge der Dendriten und die Zahl der Synapsen ab; der Informationsaustausch zwischen den Neuronen ist beeinträchtigt. Außerdem werden im Hippocampus weniger Nervenzellen neu gebildet. In diesen Veränderungen wird eine Ursache emotionaler Störungen gesehen. Unter der Wirkung von Antidepressiva gehen auch die Strukturveränderungen wieder zurück.

ZUSAMMENFASSUNG

Das Nervensystem enthält Nervenzellen und Gliazellen. Die **Nervenzellen** bestehen meist aus Dendriten, Zellkörper und Axon. Sie sind für die Aufnahme, Verarbeitung und Weiterleitung von Informationen zuständig. In ihrer Struktur sind sie an diese Funktionen angepasst. Viele Axone sind durch eine Myelinscheide gegenüber der Zwischenzellflüssigkeit isoliert. Diese Isolationsschicht wird von Gliazellen gebildet. Nervenzellen kommunizieren über Synapsen.

Innerhalb der Nervenzelle ist die Verarbeitung von Informationen an elektrische Vorgänge gebunden. Die Nervenzelle leitet **Informationen** in Form von elektrischen Impulsen weiter: Als bewegliche Ladungsträger wirken verschiedene **Ionen,** von denen die meisten innerhalb und außerhalb der Zelle in verschiedenen Konzentrationen vorliegen. Diese unterschiedliche Ionenverteilung wird durch die Natrium-Kalium-Pumpe aufrechterhalten. Tunnelproteine, die sogenannten Ionenkanäle, erleichtern den Transport der hydrophilen Ionen durch die hydrophobe Zellmembran. Die Ionenströme durch die einzelne Ionenkanäle lassen sich mithilfe der Patch-clamp-Technik messen.

Im unerregten Zustand ist die Zellmembran für die im Inneren in hoher Konzentration vorliegenden K^+-Ionen selektiv durchlässig. Ein Teil davon diffundiert aufgrund des Konzentrationsgefälles nach außen, sodass im Inneren Ionen mit negativer Ladung überwiegen. Die unterschiedliche Verteilung positiv und negativ geladener Ionen beiderseits der Zellmembran bewirkt eine elektrische Spannung über der Membran, das **Ruhepotenzial**.

Das Ruhepotenzial ändert sich kurzzeitig, wenn ein **Aktionspotenzial** entsteht. Dieses bildet sich nur im Axon und breitet sich rasch bis zur Synapse aus. Die Änderung des Ruhepotenzials erfolgt durch ein Einströmen von Na^+-Ionen aus dem Außenmedium ins Zellinnere. Dort entsteht ein Überschuss an positiver Ladung. Durch einen erhöhten Ausstrom von K^+-Ionen aus dem Zellinneren ins Außenmedium kehrt dann das Membranpotenzial zum Ruhewert zurück. In der Frequenz aufeinanderfolgender Aktionspotenziale sind Informationen verschlüsselt. Je größer der Durchmesser des Axons, desto schneller ist die **Erregungsleitung**. Auch eine Myelinscheide steigert die Leitungsgeschwindigkeit im Axon.

Nervenzellen besitzen wie andere Zellen Tunnelproteine, die den Transport von Ionen erleichtern. Beispielsweise öffnen sich beim Entstehen eines Aktionspotenzials Na^+-Kanäle. Strömen Ionen durch offene Na^+-Kanäle eines Schnürrings im Axon mit Myelinscheide, so führt das zur Öffnung der Na^+-Kanäle des folgenden Schnürrings. Diese Funktion der spannungsgesteuerten Ionenkanäle verleiht der Nervenzelle eine spezifische **Systemeigenschaft**, nämlich die Fähigkeit, Informationen über weite Strecken hin weiterzuleiten.

Die Informationsübertragung an den **Synapsen** erfolgt mittels Neurotransmitter. Zu diesen Botenstoffen gehören beispielsweise Acetylcholin und Dopamin. Moleküle eines Neurotransmitters werden aus synaptischen Bläschen der Axonendigung in den synaptischen Spalt abgegeben. An der postsynaptischen Membran bewirken sie die Öffnung von Ionenkanälen. Nervengifte binden spezifisch an unterschiedliche Strukturen der Synapse und verändern dadurch deren Funktion.

An einer Nervenzelle finden sich viele erregende und hemmende Synapsen. Neurotransmitter einer erregenden Synapse bewirken ein erregendes postsynaptisches Potenzial, Transmitter einer hemmenden Synapse ein inhibitorisches postsynaptisches Potenzial. Die erregenden und inhibitorischen Potenziale werden **verrechnet,** die Summe wird in die Frequenz der auslaufenden Aktionspotenziale umgesetzt. Wenn Aktionspotentiale schnell aufeinanderfolgen, erfolgt zeitliche Summation; wenn sie gleichzeitig an verschiedenen Synapsen eintreffen, räumliche Summation. Nervenzellen dienen sowohl der Informationsweiterleitung als auch der Informationsverarbeitung.

Das Nervensystem als Ganzes besitzt die **Systemeigenschaft** der Steuerung und Regelung. Beispielsweise trägt das Gehirn dazu bei, dass der Wassergehalt des Körpers nur innerhalb enger Grenzen schwankt oder die Körpertemperatur des Menschen weitgehend konstant bleibt. Das Gehirn dient somit der Aufrechterhaltung von Fließgleichgewichten. Diese **Systemeigenschaft** des Gehirns kommt durch die Wechselbeziehung von Nervenzellen zustande. Für sich alleine könnten diese Elemente des Nervensystems die Funktion der Steuerung und Regelung des Organismus nicht ausüben.

AUFGABEN

1 ▪ Energiebedarf von Nervenzellen
Nervenzellen haben einen hohen Energiebedarf, der über die Bereitstellung von ATP gedeckt wird. Listen Sie die Vorgänge bei der Informationsübermittlung durch Nervenzellen auf, die von einer Energiezufuhr abhängen.

2 ▪▪ Messen von Membranpotenzialen

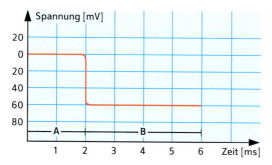

Abb. 106.1 Messung des Membranpotenzials am Riesenaxon eines Tintenfisches

a) Geben Sie an, wo sich die Elektroden zu den Messzeitspannen A und B (Abb. 106.1) jeweils befinden.
b) Erklären Sie die Veränderung der Spannung zum Zeitpunkt t = 2 ms.
c) Geben Sie an, was das Oszilloskop anzeigen würde, wenn sich Bezugs- und Messelektrode im Inneren des Axons befänden.

3 ▪▪ Leitungsgeschwindigkeit von Axonen
Die Axone von Nervenzellen sind bei verschiedenen Tiergruppen unterschiedlich dick. Für eine Leitungsgeschwindigkeit von 25 m/s findet man bei verschiedenen Arten Axone mit folgenden Durchmessern:
100 μm beim Regenwurm,
10 μm beim Frosch.
a) Erklären Sie den Zusammenhang von Axondurchmesser und Leitungsgeschwindigkeit.
b) Nennen Sie den Vorteil eines dünnen Axons gegenüber einem dicken.

4 ▪▪ Neuronale Codierung
Das Schema der Abb. 106.2 veranschaulicht, wie ein Reiz von den dendritenartigen Fortsätzen einer Sinneszelle registriert und die Information über den Reiz über das Folgeneuron in Richtung ZNS weitergeleitet wird.

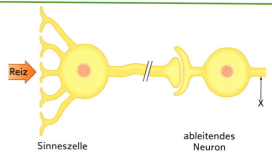

Abb. 106.2 Verschaltung von Sinneszelle mit Folgeneuron, Schema

a) Kennzeichnen Sie in einer Skizze die Stellen, an denen der von einer Sinneszelle aufgenommene Reiz bis zur Stelle X in der Abb. 106.2 umcodiert wird, mit einem Pfeil. Geben Sie an, wie die Umcodierung jeweils erfolgt.
b) Kennzeichnen Sie die Codierung als Amplitudencodierung (analog) bzw. als Frequenzcodierung (digital).

5 ▪▪▪ Patch-clamp-Messung
Zwei Membranfleckchen A und B von einem bestimmten Bereich der Muskelzelle eines Frosches werden mithilfe der Patch-clamp-Technik untersucht. Die Kapillarelektrode zur Strommessung enthält eine Lösung mit Acetylcholin. Folgende Strom-Zeit-Diagramme werden gemessen:

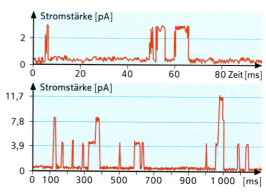

Abb. 106.3 Durch Patch-clamp-Messungen gewonnene Strom-Zeit-Diagramme von den Membranfleckchen A (oben) und B (unten).

a) Benennen Sie den Bereich der Muskelzelle, von dem die beiden Membranfleckchen stammen, und begründen Sie Ihre Meinung.
b) Erläutern Sie, wie die Stromflüsse in A im Einzelnen verursacht werden.
c) Erklären Sie den stufenförmigen Verlauf von Diagrammen der Stromflüsse in B.

6 ■■ Erregungsleitung im Neuron

Nervenzellen lassen sich mithilfe von Elektroden künstlich reizen. In einem Versuch wurde ein Neuron überschwellig gereizt. Gleichzeitig wurde an fünf unterschiedlichen Stellen das Membranpotenzial gemessen (Abb. 107.1). Man erhielt an den fünf Messstellen drei verschiedene Typen von Membranpotenzialen (Abb. 107.2).

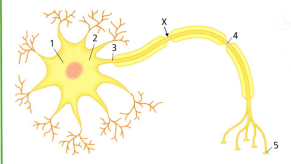

Abb. 107.1 Neuron. Das X markiert die Stelle, an der die Nervenzelle künstlich gereizt wurde. An den Stellen 1 bis 5 wurde jeweils nach dem Reiz das Membranpotenzial gemessen.

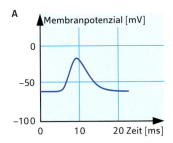

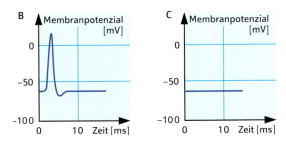

Abb. 107.2 Membranpotenziale A, B und C, die aufgrund des künstlichen Reizes an den Messstellen 1 bis 5 der Abb. 107.1 festgestellt wurden

a) Bezeichnen Sie die Zellbereiche 1 bis 5 der Abb. 107.1.
b) Ordnen Sie die Membranpotenziale A, B und C der Abb. 107.2 den Messpunkten der Abb. 107.1 zu, und begründen Sie Ihr Vorgehen.

7 ■■■ Erregungsübertragung an Synapsen

a) Benennen Sie sowohl die Zellstrukturen 1 bis 5 als auch die unterschiedlichen Membranpotenziale an den Stellen I bis III in Abb. 107.3 A.
b) In Abb. 107.3 ist weder in A an der Stelle III noch in B an der Stelle V eine Erregung festzustellen. Stellen Sie Vermutungen an, wie es an den beiden Stellen auf der Basis der vorgegebenen synaptischen Verschaltungen zu einer Erregung an der Nervenmembran kommen kann. Begründen Sie Ihre Vermutungen, und stellen Sie die wesentlichen Unterschiede zwischen A und B heraus.

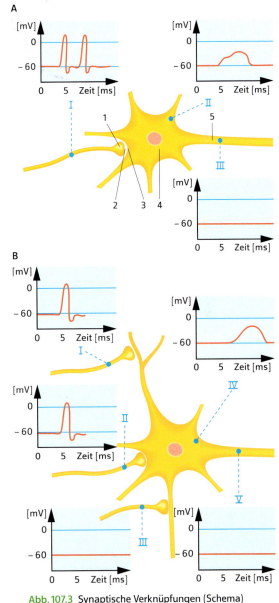

Abb. 107.3 Synaptische Verknüpfungen (Schema)

Verhaltensbiologie

Betrachtet man die Abbildung der afrikanischen Erdmännchen, so lassen sich verschiedene Verhaltensweisen erkennen. Ein Teil, der in großen Gruppen zusammenlebenden Tiere, steht aufrecht am Bau, während die
anderen Tiere spielen, sich putzen oder nach Futter suchen. Die Wächter suchen die Umgebung nach Feinden
ab. Sobald sie zum Beispiel einen Raubvogel entdecken,
geben sie ein lautes Pfeifsignal. Daraufhin flüchtet die
ganze Gruppe in den unterirdischen Bau. Die Rolle des
Wächters wird regelmäßig gewechselt. Die Frage,
warum sich Erdmännchen so und nicht anders verhalten, ist nicht einfach zu klären. Sie setzen sich dem
Feind immerhin stärker aus als der Rest der Gruppe.

Zunächst kann man untersuchen, welche inneren
und äußeren Faktoren auf diese Tiere einwirken. Dazu
gehören unter anderem Tageszeit, Klima, Feinde oder
auch der Hormonspiegel im Blut. Diese Faktoren bedin-
gen, dass bestimmte Verhaltenselemente gezeigt werden wie das Fressverhalten, das Warnen und die Flucht.
Die typische Verhaltensweise wie das »Männchen machen« wird nur am Tag gezeigt. Nachts schlafen die
Tiere im Bau und sind kaum Feinden ausgesetzt. Fasst
man alle einzelnen Verhaltenselemente zusammen, ergibt sich das artspezifische Gesamtverhalten. Diese Be-
trachtungsweise klärt also, wie ein bestimmtes Verhalten entsteht. Man stellt sich die »Frage nach dem Wie«.

Damit wird jedoch noch nichts darüber ausgesagt,
wozu ein bestimmtes Verhalten gezeigt wird. Mit dieser
»Frage nach dem Wozu« sucht man nach der Bedeutung oder der Funktion eines Verhaltens. Das Verhalten der Wächter dient dem Erkennen von Gefahren und
dem Schutz vor Feinden. Dieses Verhalten sichert das
eigene Überleben ebenso wie das verwandter Gruppenmitglieder. So wirkt das Verhalten der Tiere direkt auf
den Fortpflanzungserfolg, und damit auf die eigene Fitness. Aber selbst wenn der Wächter getötet wird, wird
ein Teil seines Erbgutes bei der Fortpflanzung der über-
lebenden Verwandten weitergegeben.

1 Grundlagen des Verhaltens

Jedes Jahr im März verlassen die am Rande der Antarktis lebenden Kaiserpinguine das Meer und wandern in langen Kolonnen über hunderte von Kilometern über das Packeis zu ihren Brutgebieten. Dort angekommen paaren sie sich und zwei Wochen später legen die Weibchen Ende Mai, mitten im antarktischen Winter, ein einziges, 450 Gramm schweres Ei. Danach machen sie sich entkräftet auf den Weg zurück ins Meer – dem einzigen Ort, wo sie Nahrung finden können. Bei den Pinguinen brütet das Männchen das Ei aus. Es trägt dieses in einer Hautfalte auf seinen Füßen, damit es nicht mit dem Eis in Berührung kommt. Um sich selbst vor der Kälte zu schützen, stehen die Männchen in der Brutkolonie dicht gedrängt. Oft sind es zehn Tiere auf nur einem Quadratmeter.

Mitte Juli schlüpfen die Küken – bei Temperaturen um minus 40 Grad Celsius (Abb. 110.1). Wenig später kehren die Weibchen zurück und lösen die Männchen bei der Pflege des Nachwuchses ab. Obwohl die Paare meist nur eine Brutperiode zusammen bleiben, finden sie sich in dem Gedränge, das in der Kolonie herrscht, wieder: Sie erkennen sich an der Stimme. Auch die Küken lernen sehr schnell, die Stimmen ihrer Eltern von denen anderer Pinguine zu unterscheiden. Die Männchen haben in der langen Zeit, in der sie nichts gefressen haben, bis zu einem Drittel ihrer Körpermasse verloren. Nun machen sie sich auf den Weg zum Meer, um Nahrung zu suchen.

Dieses Kapitel widmet sich folgenden Fragen:

- Welche Forschungsmethoden nutzt die Verhaltensbiologie?
- Wie laufen angeborene Verhaltensweisen ab?
- Wie ändern sich Verhaltensweisen in der Individualentwicklung?
- Wie verläuft Kommunikation zwischen Tieren und zwischen Menschen?
- Was ist Lernen?
- Welche Lernformen gibt es?
- Wie lernt der Mensch?
- Wie funktioniert unser Gedächtnis?

Abb. 110.1 Kaiserpinguin mit Küken

1.1 Methoden der Verhaltensforschung

Die **Beobachtung** von Tieren in ihrem natürlichen Lebensraum ist eine wichtige Grundlage für Verhaltensuntersuchungen. Ein erstes Ziel solcher Beobachtungen besteht darin, das Verhalten einer Tierart möglichst vollständig zu beschreiben und zu dokumentieren. Einen solchen Verhaltenskatalog nennt man ein **Ethogramm**. Das Ethogramm der Kaiserpinguine würde beispielsweise ihre verschiedenen Fortbewegungsarten, Körperhaltungen, Lautäußerungen und viele andere Verhaltensweisen enthalten.

Verhaltensforscher interessieren sich aber nicht nur dafür, *was* ein Tier (oder auch Mensch) tut, sondern auch, *wie oft* es etwas tut und *mit wem* es etwas tut. Solche Untersuchungen setzen voraus, dass man die einzelnen Tiere individuell erkennt. Nur auf diese Weise lässt sich beispielsweise klären, ob Paare länger als nur eine Brutsaison zusammenbleiben. In einer Brutkolonie der Kaiserpinguine (Abb. 111.1), die mehrere Tausend Tiere umfassen kann, ist das Erkennen von Individuen natürlich nicht so einfach. Mithilfe **individueller Markierungen** gelang es Forschern jedoch herauszufinden, dass die meisten Paare tatsächlich nur eine Brutsaison zusammenbleiben.

Experimente. Nicht alle Fragen lassen sich aber durch reine Beobachtung beantworten. Daher kommen in der Verhaltensforschung auch andere Methoden zur Anwendung. Mithilfe einfacher **Experimente** kann man beispielsweise testen, wie Tiere auf Lautäußerungen verschiedener Artgenossen reagieren. Durch solche Playback-Experimente – das Vorspielen der Rufe von Gruppenmitgliedern – hat man nachweisen können, dass sich die Pinguine individuell an ihren Stimmen erkennen.

Analysemethoden. Immer häufiger bedienen sich Verhaltensforscher und Verhaltensforscherinnen aber auch moderner Analysemethoden. Beispielsweise hat man beobachtet, dass Kaiserpinguine, die ihr eigenes Küken verloren haben, oft andere Küken »kidnappen«. Um nachzuweisen, wer die Eltern eines Kükens sind, benötigt man daher vom Küken und seinen potenziellen Eltern ein wenig Erbmaterial, um einen »genetischen Fingerabdruck« als Elternschaftsnachweis anzufertigen.

Wieder andere Untersuchungen helfen bei der Beantwortung der Frage, wie es dazu kommt, dass Pinguine fremde Küken kidnappen. Schon seit langem ist bekannt, dass das Brutpflegeverhalten bei Vögeln von einem Hormon namens Prolaktin gesteuert wird. Dieses Hormon wird während der Brutphase in der Hypophyse gebildet und an die Blutbahn abgegeben. Untersuchungen an Kaiserpinguinen haben ergeben, dass bei diesen Vögeln besonders viel Prolaktin im Blut zirkuliert und dass Tiere, deren Prolaktinspiegel durch Medikamente künstlich gesenkt wurde, weitaus seltener fremde Junge kidnappten.

Messmethoden unter Technikeinsatz. In ihrem Körperbau und ihrem Verhalten sind Kaiserpinguine hervorragend an den unwirtlichen Lebensraum der Antarktis angepasst. An Land sieht ihre Art der Fortbewegung eher unbeholfen aus, aber im Wasser bewegen sie sich außerordentlich wendig. Mithilfe von **Sendern** hat man Tauchtiefen von bis zu 500 Metern und Tauchzeiten bis zu 15 Minuten gemessen (Abb. 111.2).

Abb. 111.1 Brutkolonie der Kaiserpinguine

Abb. 111.2 Kaiserpinguin auf der Jagd

Energetische Kosten. Selbst energetische Messwerte lassen sich heute experimentell ermitteln. So hat man zum Beispiel das Verhalten von Buntbarschen untersucht, indem man den Energieverbrauch bei bestimmten Verhaltensweisen in einem Aquarium mithilfe eines Respirometers gemessen hat. Ein Versuchstier wurde dazu in seinem eigentlichen Revier im Aquarium in eine gas- und flüssigkeitsdichte Kammer eingeschlossen. Diese war mit einer Messzelle für Sauerstoff verbunden. Mithilfe verschiedener Auslöser wurden Verhaltensweisen des Test-Buntbarsches hervorgerufen. Ein Spiegelbild löste zum Beispiel Territorialverteidigung aus oder ein Eigelege Brutpflegeverhalten. Der Sauerstoffverbrauch wurde dann für die gezeigten Verhaltensweisen für einen bestimmten Zeitraum erfasst und mit dem Sauerstoffverbrauch beim Ruhezustand verglichen.

Attrappenversuche. Bei diesen speziellen Versuchen werden bestimmte Nachbildungen, sogenannte Attrappen eingesetzt. Mit ihnen kann man herausfinden, welche Reize eine bestimmte Reaktion auslösen und ob dieser Auslösereiz unabhängig von Lernerfahrungen ist. So hat man die Jungfische einer maulbrütenden Buntbarsch-Art künstlich bebrütet und schlüpfen lassen. Dann konnte man zeigen, dass diese jungen Maulbrüter in eine angebotene Kugelattrappe schlüpfen. Das natürliche Verhalten bei einer Flucht vor Fressfeinden wäre ebenfalls ein Verstecken, nämlich im Maul der Mutter. Da Jungfische das Verhalten zeigen, ohne dass sie von der Mutter aufgezogen wurden, müssen diese Verhaltenselemente genetisch bedingt sein und angeboren.

Solche Versuche werden auch häufig zur Aufklärung von Sexualverhalten bei Tieren eingesetzt (Abb. 112.1).

So konnte man zeigen, dass Stichlingsmännchen zwar Weibchenattrappen mit einem dickem Bauch anbalzen, jedoch bei naturgetreuen Attrappen mit einem normalen Bauch nicht reagieren.

Untersuchung der Verhaltensweisen des Menschen. Einige Verhaltensweisen des Menschen lassen sich durch angeborene Fehlleistungen untersuchen. So zeigen blind geborene Kinder dieselbe Mimik beim Lächeln wie normal sehende Kinder. Die Fähigkeit zum Lächeln ist also eine angeborene Kommunikationsform des Menschen.

Andere Methoden sind Familienanalysen und Zwillingsstudien. Dabei kann man gemeinsam und getrennt aufgewachsene eineiige Zwillinge vergleichen. Sie zeigen, dass viele Verhaltenselemente und Persönlichkeitsmerkmale wie Ausdauer, Empathie und Intelligenz nicht nur soziale sondern auch einen relativ hohen Anteil genetischer Ursachen haben.

Auch Verhaltensbeobachtungen sind eine häufig durchgeführte Untersuchungsmethode. Dabei lassen sich viele Verhaltenselemente des Sozialverhaltens wie Individualdistanz, Rangordnung, Revierverhalten und Aggressionsverhalten (Abb. 112.2) gut beobachten. Die Beobachtungen werden zum Teil mit Messungen bestimmter Hormone kombiniert.

Laborexperimente wurden ebenfalls mit Menschen durchgeführt. Hier lassen sich zum Beispiel Lernverhalten, Lernerfolg aber auch das Flirtverhalten testen. Experimente mit bildgebenden Verfahren lassen sogar Beobachtungen der Gehirnareale beim Bewerten bestimmter Situationen oder bei Angstreaktionen zu.

Abb. 112.1 Attrappenversuche bei Löwen

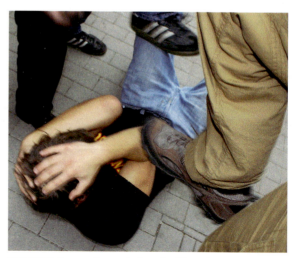

Abb. 112.2 Aggressionsverhalten des Menschen

1.2 Angeborene Verhaltensweisen

Beim Beutefangverhalten einer aus Nordamerika stammenden Kornnatter, lassen sich verschiedene aufeinanderfolgende Verhaltensweisen beobachten. Zunächst liegt die Schlange ruhig da und wartet, dann hebt sie ihren Kopf und züngelt. Befindet sich eine Maus in ihrer Nähe, richtet sie ihren Kopf auf und fixiert die Beute mit den Augen. Dann schnellt sie mit dem Körper und dem Kopf nach vorn und verbeißt sich in der Maus. Die Beute wird zum Schluss mit dem Körper umschlungen und zerdrückt (Abb. 113.1). Ist die Maus tot, frisst die Kornnatter sie mit dem Kopf voran in einem Stück. Dazu kann sie Ober- und Unterkiefer ausrenken und das Maul weit dehnen. Dieses Verhalten lässt sich sowohl in der freien Natur als auch bei im Terrarium gehaltenen Tieren beobachten.

Ursachen für Verhalten. Wie jede Verhaltensweise hat auch das Beutefangverhalten der Kornnatter **proximate** und **ultimate** Ursachen. Die direkten und unmittelbaren Ursachen betreffen Außenreize, die ein Verhalten auslösen und genetische sowie physiologische Mechanismen dieses Verhaltens. Ultimate bzw. indirekte Ursachen beziehen sich auf die evolutionäre Bedeutung der Verhaltensweisen.

Bezogen auf das Beutefangverhalten der Kornnatter ist eine sinnvolle Hypothese, dass das Tier Hunger hatte. Tatsächlich konnten Experimente zeigen, dass satte Schlangen nach dem Fressen kein weiteres Beutefangverhalten mehr zeigen. Die Maus wird ignoriert. Andere Außenreize für das Verhalten sind bei der Maus selbst zu finden. Ihre Größe, Farbe und vor allem ihr Geruch sind Auslöser, die die Schlange mit ihren Sinnesorganen aufnehmen kann. Wärme spielt bei Kornnattern dagegen eine untergeordnete Rolle und löst ohne den Geruch keine Reaktion aus.

Die Frage nach der ultimaten Ursache könnte zum Beispiel lauten: »Warum hat die Selektion dieses Verhalten bei Kornnattern begünstigt?« Eine passende Antwort könnte sein, dass satte und gut ernährte Tiere meist auch gesünder sind und sich besser entwickeln. Sie sind oft größer als hungernde Tiere. Sie können sich häufiger fortpflanzen und ihre Gene erfolgreicher in den Genpool der Population einbringen.

Das Beutefangverhalten einer Kornnatter wird automatisch und ohne spezielle Erfahrung ausgeführt. Auch frisch geschlüpfte Schlangen zeigen dieses Verhalten. Es handelt sich um eine **angeborene** Verhaltensweise. Das heißt jedoch nicht, dass dieses Verhalten immer gleich abläuft. Die Kornnatter variiert zum Beispiel die Beutesuche. Wenn sie in einem Gebiet bestimmte **Erfahrungen** mit reichlich Beute gemacht hat, sucht sie dieses Jagdgebiet auch häufiger auf. Ebenso verfeinert sich die Jagdtechnik beim Zubeißen und Umschlingen mit mehr Übung.

Angeborenes Verhalten ist nur bedingt anpassbar. Eintagsfliegen legen ihre Eier auf Wasseroberflächen ab. Sie erkennen diese mit einem angeborenen Mechanismus über das Polarisationsmuster des reflektierten Lichtes. Heutige Straßen erzeugen ein ganz ähnliches Muster, sodass die Fliegen zum Teil vom Aussterben bedroht sind, weil die Menge an Straßen zunimmt und sie diese zur Eiablage nutzen.

  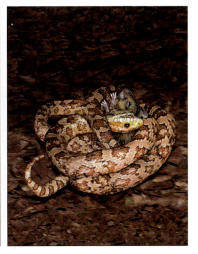

Abb. 113.1 Beutefangverhalten einer Kornnatter

1.3 Individualentwicklung und Verhalten

Reifung. Als Reifung bezeichnet man die von Lernvorgängen unabhängige Entwicklung angepasster Verhaltensweisen während der Individualentwicklung. Dabei können bestimmte angeborene Verhaltenselemente latent heranreifen. Das heißt, wenn sie gebraucht werden, treten sie vollausgeprägt und unmittelbar auf, sodass ihre Entwicklung nicht in der Ontogenese beobachtet werden kann. Das trifft zum Beispiel auf viele Verhaltensweisen des Sexualverhaltens zu, sie werden erst gezeigt, wenn die Geschlechtsreife eintritt und Geschlechtshormone im Körper des Lebewesens gebildet werden. Andere angeborene Verhaltensweisen werden schrittweise in ihrer Funktion verbessert. So schwimmen, laufen oder fliegen viele Jungtiere noch unbeholfen und wenig koordiniert im Vergleich zu erwachsenen Tieren. Ob es sich um Reifungs- oder Lernprozesse handelt, kann oft nur experimentell eindeutig belegt werden.

Bei Kaulquappen konnte man beobachten, dass sie bereits als Embryo erste Zuckungen durchführen, die sich dann allmählich zu Schwimmbewegungen entwickeln. Ein Laborexperiment mit Kaulquappen konnte zum Beispiel belegen, dass sich diese Schwimmbewegungen durch Reifung entwickeln. Dazu wurde ein Teil der Kaulquappen in einem Wasserbecken natürlich aufgezogen, ein zweiter Teil wurde für die Entwicklungszeit vom Embryo bis zur schwimmenden Kaulquappe in Narkose versetzt. Als die Narkose aufgehoben wurde, schwammen diese Kaulquappen genauso gut wie die Kontrollgruppe. Das verbesserte Schwimmen beruht in diesem Fall auf Reifung.

In einem weiteren Experiment wurde das Flugvermögen von Haustauben geprüft. Junge Tauben üben das Fliegen scheinbar auf dem Rand des Nestes (Abb. 114.1), sie flattern auf der Stelle, erheben sich kurz und zeigen einen Rüttelflug bis sie schließlich ausfliegen und nach und nach immer weitere Flugstrecken zurücklegen. Eigentlich sprechen diese Beobachtungen eher für ein Üben des Fliegens und ein motorisches Lernen und Vervollkommnen. Als dieses Phänomen wissenschaftlich untersucht wurde, steckten die Forscher junge Haustauben während ihrer Nestzeit in Tonröhren. So konnten sie die oben beschriebenen Verhaltensweisen nicht zeigen. Nach dem Freilassen flogen sie trotzdem so gut wie ihre natürlich aufgezogenen Artgenossen. Das Flugvermögen der Tauben reift also allmählich heran. Trotzdem beruhen nicht alle Verhaltenselemente beim Fliegen auf Reifung. Im Laufe des Lebens einer Haustaube werden Landemanöver und vor allem die Orientierung an Landmarken gelernt.

Verhaltensweisen können sich auch während der Ontogenese verfeinern. Amseln sind Nesthocker, ihre Jungen sind bis zum achten Lebenstag blind. Sie reagieren auf einen Erschütterungsreiz am Nestrand mit einem Schnabelsperren (Abb. 114.2). Dazu recken sie ihren Hals senkrecht nach oben. Diese Orientierung wird von der Schwerkraft gesteuert. Sind die Jungvögel etwas älter und können sehen, wird das Schnabelsperren beim optischen Reiz Altvogel gezeigt. Nach weiteren zwei Tagen wirkt dieser Reiz dann auch richtungsbestimmend, die Nestlinge sperren den Schnabel Richtung Altvogel auf. Attrappenversuche konnten zeigen, dass die sehenden Jungvögel diese Reaktion auch ohne Elternvogel zeigen und ihren Hals auch in Richtung einer rundlichen Attrappe drehen.

Abb. 114.1 Junge Taube am Nest

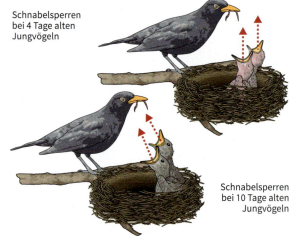

Schnabelsperren bei 4 Tage alten Jungvögeln

Schnabelsperren bei 10 Tage alten Jungvögeln

Abb. 114.2 Reifung bei Amseljungen

Prägungslernen. Eine besonders enge Interaktion von Lernvorgängen mit angeborenem Verhalten findet man beim Prägungslernen. Diese Lernform findet nur in einem bestimmten Zeitabschnitt der Individualentwicklung statt und ist in der Regel irreversibel. In der Ontogenese gibt es also bei einigen Tierarten einen arttypischen, weitgehend festgelegten Zeitabschnitt, der für dieses Lernen evolutionär vorprogrammiert ist. Er wird als kritische oder **sensible Phase** bezeichnet.

Gut erforscht ist die **Nachfolgeprägung** bei verschiedenen Entenvögeln. KONRAD LORENZ hat diese Prägungsform bei Graugänsen entdeckt. Frisch geschlüpfte Enten- und Gänseküken folgen beweglichen Objekten, die rhythmische Laute von sich geben. In der Natur ist dieses bewegte Objekt ein Elternteil des Kükens (Abb. 115.1). Nimmt man das geschlüpfte Küken in die Obhut des Menschen, so läuft es diesem nach und ist bereits 24 Stunden später vollständig auf den Menschen geprägt (Abb. 115.2). Dieses Lernverhalten lässt sich auch nicht durch das spätere Zusammensein mit weiteren Artgenossen oder den Eltern rückgängig machen. Unter natürlichen Bedingungen ist eine solche Fehlprägung nahezu ausgeschlossen.

Mit Attrappenversuchen in einem Prägungskarussell wurde die Nachfolgeprägung sehr detailliert erforscht. Dazu drehen sich einzelne Attrappen mithilfe eines Motors im Kreis. Über einen Lautsprecher werden rhythmische Rufe, die nicht denen der Mutter ähneln, eingespielt. Die Ergebnisse konnten zeigen, dass die Prägung von Entenküken in einem Alter von etwa 9 bis 20 Stunden besonders optimal verläuft. Später überwiegen Fluchtreaktionen.

Weitere Prägungsformen. Neben der Nachfolgeprägung findet man noch weitere Prägungsformen. Bei Handaufzuchten von einzelnen Vögeln und Säugetieren lassen sich Fehlprägungen im Sexualverhalten feststellen. Werden die Tiere geschlechtsreif, richten sie ihr Balz- und Sexualverhalten auf den Betreuer und nicht auf Artgenossen.

Diese Form der **sexuellen Prägung** tritt auch bei Enten auf, die in einer artfremden Gruppe aufgewachsen sind. Hier versuchten sich die Erpel später mit den Weibchen der anderen Art zu paaren, obwohl sie von diesen abgewiesen wurden und die Weibchen zum Teil sogar aggressives Verhalten zur Abwehr zeigten. Auch das Werben arteigener Weibchen hatte keinen Einfluss mehr. Die sensible Phase für dieses Verhalten liegt mit acht bis zehn Wochen deutlich über der für die Nachfolgeprägung. Ein extremes Beispiel wurde deutschlandweit bekannt: Hier kam es zur sexuellen Fehlprägung eines Schwanes auf ein schwanenförmiges Tretboot, das dann in jedem Frühjahr von ihm umworben wurde.

Forschungen konnten jedoch auch zeigen, dass Enten, die in einer artfremden Kükenschar aufwachsen, nicht mit 100 Prozent fehlgeprägt werden. Etwa 35 Prozent verpaarten sich trotz der falschen Art später mit ihrer eigenen Art. Die Bevorzugung artpassender Geschlechtspartner ist also zum Teil angeboren und feststehend und wird durch Prägungslernen weiter verstärkt.

Bei Herdentieren tritt eine weitere Form der Prägung auf – die **Geruchsprägung**. Herdentiere wie Antilopen und Pferde sind Nestflüchter. Die Jungen können gleich nach der Geburt sehen und laufen. Das Prägungslernen ermöglicht es der Mutter, ihr Jungtier in der Herde zu erkennen.

Abb. 115.1 Nachfolgeprägung

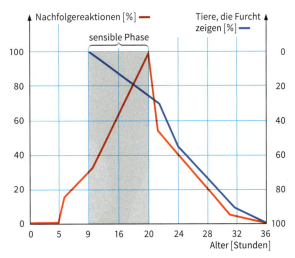

Abb. 115.2 Sensible Prägungsphase bei Entenküken

1.4 Kommunikation

Meerkatzen sind kleinwüchsige Affen, die Artgenossen durch Rufe vor herannahenden Gefahren, wie z. B. Fressfeinden, warnen. Einen Informationsaustausch zwischen Tieren, in der Regel zwischen Artgenossen, bezeichnet man in der Biologie als **Kommunikation** (lat. *communicatio* Mitteilung). Zur Informationsübertragung gehören ein **Sender** der Information, ein Weg der Informationsübertragung und ein **Empfänger**. Je nach dem verwendeten Weg der Informationsübertragung spricht man z. B. von visueller oder akustischer Kommunikation. Mithilfe der übertragenen Signale kann ein Tier das Verhalten eines anderen Tieres beeinflussen. Dazu müssen die Signale des Senders sowie die Vorgänge der Signalaufnahme und -beantwortung durch den Empfänger wechselseitig aufeinander abgestimmt sein.

Visuelle Kommunikation. Sehr häufig werden visuelle Signale für die Verständigung zwischen Artgenossen verwendet. So dienen z. B. bestimmte Körperhaltungen, Bewegungen oder Gesten der Verständigung. Das Auftreten einer Katze mit Katzenbuckel und gesträubten Haaren ist eine bekannte Drohgebärde (Abb. 116.1) oder das Zeigen von Angriffswaffen, wie z. B. der Zähne oder Hörner. Auch der Mensch besitzt solche Ausdrucksbewegungen, die in allen Kulturen die gleiche Bedeutung haben und auch in gleicher Weise ausgeführt werden. Weil die ausgetauschten Signale nicht durch die Wortsprache verschlüsselt sind, spricht man auch von **nonverbaler Kommunikation**. Dazu gehören Lächeln, Gesichtsbewegungen beim Erstauntsein oder Grüßen (Abb. 116.2). Viele solcher Signale werden von taubblind geborenen Kindern in gleicher Weise ausgeführt, sind also weitgehend ererbt.

Für manche Formen der visuellen Kommunikation zwischen Menschen oder zwischen Affen spielen bestimmte Nervenzellen der Großhirnrinde, die **Spiegelneurone,** eine besondere Rolle. Sie sind z. B. aktiv, wenn man eine bestimmte Bewegung ausführt, aber auch dann, wenn man die gleiche Bewegung bei einem anderen Menschen beobachtet. Dies gilt auch für manche Gefühle. Dieselben Spiegelneurone, die beim Gefühl des Ekels erregt sind, feuern auch, wenn man eine Person beobachtet, die sich ekelt. Primaten, einschließlich des Menschen, können vor allem dank der Spiegelneurone Handlungen, Absichten und Gefühle anderer selbst erfassen und unmittelbar »verstehen«. Solche Nervenzellen sind insbesondere für das Verständnis visuell übertragener, sozialer Signale wichtig.

Chemische Kommunikation. Kommunikation kann auch mithilfe chemischer Signale erfolgen. Diese Substanzen bezeichnet man als **Pheromone**. Sie werden in geringer Konzentration, z. B. an die Luft, abgegeben und lösen bei Artgenossen Verhaltensreaktionen aus. So verständigen sich viele Säugetiere mit Pheromonen und markieren damit z. B. ihr Territorium. Es ist nicht sicher, ob auch Menschen über Pheromone Signale austauschen, z. B. solche, die dazu beitragen, ob man Sympathie füreinander empfindet. Viele Pheromone werden über ein besonderes Riechorgan wahrgenommen, das vomeronasale Organ. Es liegt bei Säugetieren in der Nasenscheidewand und dient nicht der sonstigen Geruchswahrnehmung. Eine solche Struktur ist auch beim Menschen ausgebildet, ihre Funktionstüchtigkeit aber nicht bewiesen.

Abb. 116.1 Visuelle Kommunikation. Drohgebärde der Hauskatze: Katzenbuckel mit gesträubtem Rücken- und Schwanzhaar

Abb. 116.2 Augengruß. Die Brauen werden kurzzeitig für Bruchteile einer Sekunde angehoben, gleichzeitig lächelt die Person.

Sprachähnliche Formen der Kommunikation. Affen mancher Arten übermitteln akustische, sprachähnliche Signale. Beispielsweise signalisieren Meerkatzen (Abb. 117.1) bestimmte Gefahren mit Alarmrufen. Durch unterschiedliche Rufe zeigen sie an, ob sich ein Raubvogel oder eine Schlange nähert. Die gewarnten Meerkatzen reagieren entsprechend der Art der Ankündigung. Erfolgt der Warnruf für einen Bodenfeind, klettern die Tiere auf Bäume, wird der Warnruf für Raubvögel gegeben, blicken sie zum Himmel. Diese Signale ähneln in mancher Hinsicht der menschlichen Sprache. Meerkatzen sind allerdings nicht in der Lage, Laute frei zu Wörtern, Sätzen und Geschichten zu kombinieren. Menschenaffen sind selbst nicht in der Lage, so vielfältige Laute zu bilden wie der Mensch, da ihnen Strukturen im Bereich von Kehlkopf und Mund fehlen, die beim Menschen die Lautbildung beim Sprechen ermöglichen. Will man also feststellen, ob Menschenaffen die geistigen Fähigkeiten zur Nutzung einer einfachen Sprache besitzen, kann man nicht die gesprochenen Wörter verwenden, sondern muss andere Formen der Sprache benutzen. Bei solchen Untersuchungen ist zu prüfen, ob die Tiere sowohl die Bedeutung von Wörtern verstehen (semantischer Aspekt von Sprache) als auch die Regeln der Kombination von Wörtern anwenden (syntaktischer Aspekt). Tatsächlich gelang es, einzelnen jungen Schimpansen über 100 Zeichen der Taubstummensprache beizubringen, mit denen sie sogar Sätze bilden konnten (Abb. 117.2). BEATRICE und ALLAN GARDNER brachten dem Schimpansenweibchen Washoe in vier Jahren Zeichen für 160 Wörter bei. Diese Wörter konnte das Tier auch selbst durch Zeichen mitteilen. Der Begriff »süß« wurde durch das Berühren der wackelnden Zungenspitze mit dem Zeigefinger dargestellt. Er wurde von Washoe immer dann benutzt, wenn sie nach der Mahlzeit einen Nachtisch haben wollte oder ein Bonbon begehrte. Trinken wurde durch Berühren des Mundes mit dem von der Faust abgespreizten Daumen angedeutet. Washoe verwendete diese Geste für die Begriffe Wasser, Arznei oder Limonade. Limonade verband sie oft mit »süß«. Einem Beobachter konnte Washoe durch gelernte Zeichen mitteilen, was sie auf einem Bild sah. Sie kombinierte auch selbständig Zeichen, z. B. Öffnen-Essen-Trinken, wenn sie andeuten wollte, dass der Kühlschrank geöffnet werden sollte.

Während bei den Arbeiten der GARDNERS Vermittlung von Wortbedeutungen im Vordergrund stand, ging es DAVID PREMACK vor allem um die Frage, ob Affen bei der Kombination von Wörtern auch Regeln anwenden. Er lehrte die Schimpansin Sarah, dass Plastikstücke von bestimmter Form und Farbe (Symbole für Wörter) ein bestimmtes Objekt (ein Substantiv), eine Tätigkeit (Verb) oder eine Eigenschaft (Adjektiv) bedeuten. Mit solchen Plastikfiguren, von denen jede einem bestimmten Wort entsprach, konnte z. B. folgender Satz gelegt werden: Sarah-legen-Banane-Schüssel-Apfel-Eimer. Die Schimpansin verstand den Sinn der Kombination der Plastikfiguren, legte den Apfel in den Eimer und die Banane in die Schüssel. Ihre eigenen Wünsche konnte sie auf die gleiche Weise äußern.

Abb. 117.1 Meerkatzen lauschen den Rufen von Hordenmitgliedern.

Abb. 117.2 Ein Schimpansenmännchen erlernt den Begriff »Trinken« in der Zeichensprache.

117

1.5 Lernen

Eine Wildkatze lernt rasch, Orte an denen Gefahren lauern, zu meiden und solche, an denen sie Beutetiere findet, regelmäßig aufzusuchen. Die Fähigkeit zu lernen sichert ihr Überleben. Mit **Lernen** bezeichnet man den Vorgang, mit dem ein Organismus Informationen aus der Umwelt aufnimmt sowie im Gedächtnis speichert und dadurch sein Verhalten ändert. Eine solche auf Erfahrung beruhende Veränderung von Verhalten kann mehr oder weniger lange andauern. Sie geht mit zahlreichen Modifikationen in der Struktur und Funktion von Nervenzellen und ihren Verbindungen einher. So werden beim Lernen neue Synapsen gebildet. Lernen beruht oft auf einem Zusam-

menspiel von angeborenen und erlernten Faktoren. Dies wird beim Sprechenlernen deutlich: Die grundlegende Fähigkeit des Menschen zu sprechen bzw. Sprachen zu erlernen ist angeboren. Das Erlernen der Muttersprache oder von Fremdsprachen erfordert jedoch geeignete Umweltbedingungen, z. B. in Familie und Schule.

Habituation. Der im Folgenden beschriebene, einfache Lernvorgang bewirkt eine Verhaltensänderung als Reaktion auf einen sich häufig wiederholenden Reiz, der weder positive noch negative Konsequenzen hat (**Abb. 118.1**). Man bezeichnet ihn als **Habituation** oder Gewöhnung. So nimmt man das Geräusch regelmäßig vorbeifahrender Züge mit der Zeit nicht mehr wahr, nachdem man in ein Haus nahe an einer Bahnlinie eingezogen ist. Die Reaktion wird nach wiederholter Wahrnehmung abgeschwächt, weil das Geräusch weder positive noch negative Folgen hat. Die Gewöhnung ist reizspezifisch, d. h. nur Geräusche vorbeifahrender Züge werden nicht wahrgenommen. Ferner ist sie spezifisch für die Umgebung, in der die Gewöhnung erfolgt ist: Geräusche vorbeifahrender Züge werden in anderen Wohnungen als der eigenen sehr wohl wahrgenommen. Gewöhnung bewirkt also, dass wiederholt auftretende Reize, die keine positiven oder negativen Folgereize ankündigen, durch das Tier oder den Menschen nicht mehr beachtet werden. Sie erleichtert dadurch die Auswahl der bedeutsamen Reize aus der Flut der von den Sinnesorganen aufgenommenen Informationen. Neuronale Mechanismen dieses einfachen Lernvorgangs wurden inzwischen vor allem an wirbellosen Tieren weitgehend aufgeklärt. Weil ein Reiz, der Habituation bewirkt, weder positive noch negative Konsequenzen ankündigt, bildet sich keine Verknüpfung oder **Assoziation** zwischen dem Reiz und den darauf folgenden Ereignissen. Die Habituation ist deshalb ein Beispiel für einen **nicht-assoziativen Lernvorgang.**

Ein komplexerer Lernvorgang liegt vor, wenn ein Tier eine Assoziation zwischen zwei verschiedenen Reizen, einem neutralen Reiz und einem zweiten Reiz herstellt. Dabei hat der zweite Reiz entweder positive oder negative Auswirkungen auf den Organismus und ändert sein Verhalten. Verursacht z. B. das Fressen bestimmter Beeren bei einem Vogel Übelkeit, erfasst das Tier diesen Zusammenhang zwischen beiden Reizen. Es reagiert dann bereits auf den ersten Reiz in der Erwartung des zweiten. Die Regel »Beeren jener Form und Farbe erzeugen Übelkeit« wird im Gehirn gespeichert, die Nahrung künftig gemieden. Das Tier hat also aufgrund einer gelernten Verknüpfung sein Verhalten geändert. Lernvorgänge, die auf der Ausbildung einer solchen Assoziation von zwei Reizen beruhen, nennt man **assoziative Lernvorgänge.**

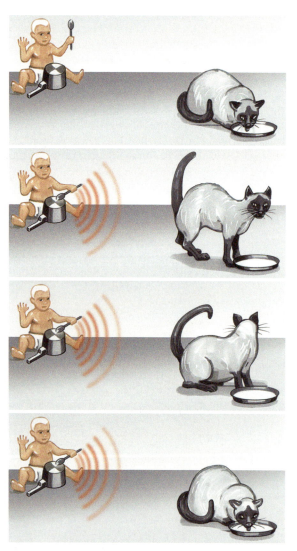

Abb. 118.1 Habituation. Das Geräusch erzeugt eine Schreckreaktion; nachdem diese habituiert ist, trinkt das Tier weiter.

Klassische Konditionierung. Eine der vielfältigen Formen des assoziativen Lernens ist die **klassische Konditionierung.** Man bezeichnet sie nach ihrem Entdecker Ivan Pavlov auch als Pavlovsche Konditionierung. Ein typisches Beispiel ist der von Pavlov untersuchte Reflex der Speichelsekretion des Hundes (Abb. 120.2). Normalerweise wird dieser Reflex nur durch den Anblick und die Aufnahme von Nahrung ausgelöst. Wenn im Experiment unmittelbar vor dem Nahrungsreiz, der den Speichelreflex auslöst, regelmäßig ein akustischer Reiz gegeben wird, löst nach einigen Wiederholungen die alleinige Darbietung des akustischen Reizes den Speichelreflex aus (Abb. 120.2). Weil dieser neutrale Zusatzreiz seine Wirkung aufgrund von Erfahrungen entfaltet, bezeichnet man ihn auch als erfahrungsbedingten oder bedingten bzw. konditionierten Reiz (lat. *condicio* Bedingung). Der Lernvorgang bei der klassischen Konditionierung wird also dadurch bewirkt, dass der vorangehende Zusatzreiz gleichsam den nachfolgenden reflexauslösenden Reiz ankündigt. Es ist deshalb verständlich, dass der Lernerfolg nur eintritt, wenn die beiden Reize zeitlich unmittelbar aufeinander folgen. Die zeitliche Nähe von zwei Reizen ist allerdings keine hinreichende Bedingung dafür, dass zwischen beiden eine Assoziation entsteht. Vielmehr muss der Zusatzreiz den reflexauslösenden Reiz auch zuverlässig ankündigen. Wird im beschriebenen Beispiel Nahrung hin und wieder ohne vorherigen akustischen Reiz dargeboten, so verringert sich die durch den Reiz ausgelöste Speichelsekretion. Beim Menschen bewirkt klassische Konditionierung z. B., dass der Anblick eines schön gedeckten Tisches »das Wasser im Mund zusammenlaufen« lässt.

Die Wirkungen klassisch konditionierter Reize beruhen auf assoziativen Lernvorgängen des Gehirns. Hirnforscher vermuteten daher, dass es Nervenzellen geben müsse, die das Auftreten solcher Reize signalisieren. Deshalb untersuchte man die elektrische Aktivität einzelner Nervenzellen beim Ablauf einer klassischen Konditionierung. Bei Messungen an Primaten stellte sich heraus, dass Dopamin-Neurone nicht nur bei der Bewegungssteuerung, sondern auch bei der klassischen Konditionierung eine wichtige Rolle spielen. So feuern solche Neurone verstärkt, wenn ein Tier unerwartet eine Belohnung bekommt, z. B. ein Futterstück (Abb. 119.1 A). Geht einer solchen Belohnung regelmäßig ein Tonreiz voraus, dann feuern die Dopamin-Neurone mit der Zeit nicht mehr nach dem Erhalt der Belohnung, sondern stets nach der Darbietung des nun konditionierten Tonreizes (Abb. 119.1 B).

Dopamin-Neurone haben noch eine weitere, für solche Lernvorgänge wichtige Eigenschaft. Wird nämlich nach Darbietung des Tonreizes eine geringere Belohnung als erwartet gegeben oder keine, dann nimmt ihre Aktivi-

tät ab (Abb. 119.1 D). Die Aktivitätsabnahme ist dabei umso stärker, je größer der Unterschied zwischen der »vorhergesagten« und der tatsächlich erhaltenen Belohnungsmenge ist. Folgt dem Tonreiz jedoch mehr Belohnung als aufgrund der bisherigen Lernvorgänge angenommen wird, so nimmt die Aktivität der Dopamin-Neurone zu (Abb. 119.1 C), und zwar umso stärker, je größer die Zunahme der tatsächlich erhaltenen gegenüber der vorgesagten Belohnung ist. In der Aktivität der Dopamin-Neurone ist also Information über die Differenz der vorhergesagten und erhaltenen Belohnungsmenge verschlüsselt. Die Dopamin-Neurone übermitteln solche »Vorhersagefehler-Signale« in Hirnareale, wie z. B. die Basalganglien. Sie verändern dort die Stärke der synaptischen Übertragung zwischen Neuronen. Es handelt sich dabei um Nervenzellen, die an der klassischen Konditionierung beteiligt sind.

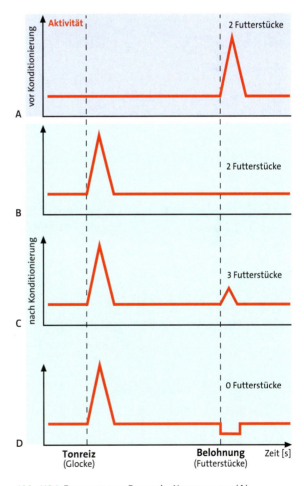

Abb. 119.1 Feuerrate von Dopamin-Neuronen vor (**A**) und nach klassischer Konditionierung (**B–D**). **A** neutraler Reiz; **B** mit konditioniertem Reiz; **C** stärkere Belohnung; **D** keine Belohnung

Instrumentelle Konditionierung. Eine andere Form des assoziativen Lernens ist die instrumentelle Konditionierung. Dabei lernt ein Tier oder Mensch nach dem Prinzip von **Versuch und Irrtum**, wie durch das Ausführen einer bestimmten Verhaltensweise eine Aufgabe zu lösen ist. Das gelernte Verhalten ist also ein Mittel zum Zweck, d. h. ein Instrument, mit dem ein bestimmtes Ergebnis herbeigeführt wird. Sperrt man z. B. eine Katze in einen Käfig, aus dem sie durch Drücken eines Hebels entkommen kann, probiert sie viele verschiedene Verhaltensweisen aus, um sich zu befreien. Irgendwann wird sie zufällig den Öffnungsmechanismus durch Drücken des Hebels betätigen. Setzt man das Tier wiederholt in den geschlossenen Käfig zurück, gelingt es ihm zunehmend rascher, sich zu befreien. Bei dieser Form des assoziativen Lernens hat das Tier also eine Verknüpfung gebildet zwischen dem eigenen Verhalten (Drücken des Hebels) und dem damit bewirkten Ergebnis (Entkommen aus dem Käfig).

Diese Form des Lernens wird in der Forschung meist in speziellen, möglichst reizarmen Versuchskäfigen, den SKINNER-Boxen (Abb. 120.1A), untersucht. Sie sind nach ihrem Erfinder, dem amerikanischen Verhaltensforscher BURRHUS FREDERIC SKINNER, benannt. In einer einfachen Aufgabe bekommt z. B. eine Ratte immer dann ein Futterstück als Belohnung, wenn sie einen Hebel drückt. Die ersten Male drückt das Tier den Hebel zufällig. Aber schon nach kurzer Zeit lernt sie den Hebel in rascher Folge zu betätigen, um Futterstücke zu erhalten (Abb. 120.1B). Dabei muss zwischen dem Verhalten des Tieres und der Futteraufnahme ein enger zeitlicher und ein zuverlässiger Zusammenhang bestehen. Folgt auf ein Verhalten eine negative Erfahrung, bewirkt dies Vermeidungsverhalten: Wenn der Verzehr von Nahrung Übelkeit auslöst, wird diese künftig gemieden. Typisch für diese Form der operanten Konditionierung ist, dass bereits eine einzige Erfahrung ausreicht, um ein Nahrungsvermeidungsverhalten auszubilden, auch wenn zwischen Aufnahme der Nahrung und dem Auftreten von Übelkeit Stunden liegen. Viele Verhaltensweisen von Menschen und Tieren werden durch operante Konditionierung erworben.

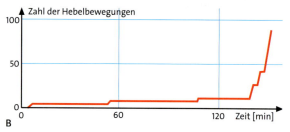

Abb. 120.1 Instrumentelle Konditionierung bei der Ratte.
A SKINNER-Box; B Lernkurve

Abb. 120.2 Klassische Konditionierung beim Hund

Anwendungen der instrumentellen Konditionierung. Durch Geben bzw. Vorenthalten von Futter können einem Tier viele Verhaltensweisen andressiert und andere abdressiert werden. Das wird bei Zirkusdressuren, aber auch bei der »Erziehung« von Tieren vielfach angewandt. Beispielsweise benutzt man in Mozambique Ratten, um Landminen aufzuspüren (Abb. 121.1). Über 100 Millionen dieser Landminen wurden in Kriegen vergraben und töten lange nach Kriegsende heute noch zahlreiche Menschen. Die Ratten können den Sprengstoff der Minen riechen und wurden trainiert, immer dann wenn sie diesen Geruch wahrnehmen eine bestimmte Bewegung auszuführen. Sie bekamen daraufhin eine Belohnung. Dann wurden die trainierten Ratten mit speziellen Geschirren versehen und entlang von Führungsseilen durch Minenfelder geleitet. Die Tiere verursachen dabei keine Detonation der Minen, sondern zeigen durch die erlernte Bewegung ihre Lage an; die Minen können dann entschärft werden.

Einsichtiges Lernen. Manche Vögel und Säugetiere spielen eine neuartige Handlungsabfolge »in Gedanken« planend durch und führen diese ohne vorheriges Ausprobieren anschließend zusammenhängend aus (Abb. 121.2). Diese Form des Lernens nennt man **einsichtiges Lernen.** Verhalten dieser Art wurde zuerst von WOLFGANG KÖHLER an gefangenen Schimpansen untersucht. Die Tiere türmten z. B. Kisten aufeinander oder steckten Stöcke mit hohlen Enden zusammen, um eine an der Käfigdecke aufgehängte Banane herunterzuholen. Sie hatten vorher nie Gelegenheit, diese Aktionen durchzuführen. Die Leistungen der Affen sind nur verständlich, wenn man annimmt, dass sie die Erfolg versprechende Handlung zunächst »in Gedanken« vorentworfen und dann ohne Zögern oder Probieren ausgeführt haben.

Primatenforschung in Leipzig. Das Wolfgang-Köhler-Primatenforschungszentrum gehört zum Max-Planck-Institut für Evolutionäre Anthropologie und erforscht im Pongoland des Leipziger Zoos verschiedene Aspekte der sozialen Kognition bei Menschenaffen. Dazu zählen zum Beispiel die Kommunikation durch Gesten, die Kooperationsfähigkeit, prosoziales Verhalten und soziales Lernen. So konnte zum Beispiel experimentell belegt werden, dass Menschenaffen verstehen, dass andere aus der Gruppe »Dinge« über sie wissen. Zum Beispiel, dass sie in der Vergangenheit von diesen gesehen wurden. Andere Forschungen zeigten, dass Bonobos und Orang-Utans imperative, also verlangende, Zeigegesten nutzen (Abb. 121.3). Mit ihnen nehmen sie dann die Hilfe des Versuchsleiters in Anspruch, um an versteckte Belohnungen oder Werkzeuge zu gelangen, die ihnen helfen das Fut-

ter zu erreichen. Weitere Studien wiesen nach, dass sich Menschaffen räumliche Informationen über eine Zeit von drei Monaten merken konnten. Auch einsichtsvolles Problemlösen wurde mit neuen Experimenten untersucht: Schimpansen und Orang-Utans nutzen Wasser, um eine Erdnuss, die sich am Boden eines unten geschlossenen Zylinders befindet, nach oben schwimmen zu lassen. Dies war der erste Nachweis, dass Menschenaffen Wasser als Werkzeug nutzen können.

Abb. 121.1 Riesenhamsterratte bei der Landminensuche

Abb. 121.2 Problemlösen

Abb. 121.3 Auffordernde Zeigegeste

1.6 Lernen und Gedächtnis beim Menschen

Das Gehirn des Menschen hat die beeindruckende Fähigkeit wichtige Ereignisse über Jahrzehnte detailgetreu im Gedächtnis zu behalten. **Gedächtnis** umfasst alle Vorgänge, mit denen ein Organismus aus der Umwelt aufgenommene Informationen in abrufbarer Form speichert. Grundlage des Gedächtnisses sind vielfältige Lernvorgänge. Es gibt unterschiedliche Formen des Gedächtnisses. Man kann sie nach der Dauer einteilen, mit der Gedächtnisinhalte gespeichert werden. Gedächtnisformen lassen sich auch nach der Art der gespeicherten Inhalte einteilen. Man unterscheidet z.B. Fakten, emotionale Ereignisse und motorische Fertigkeiten, die in verschiedenen Lern- und Gedächtnissystemen bearbeitet werden. Diese arbeiten oft parallel. Sie ergänzen sich jedoch gegenseitig, so dass ihre Abgrenzung bei manchen Lernvorgängen oft nur schwer möglich ist. Beispielsweise erinnert man sich an Vorkommnisse, die starke Gefühle auslösen, besonders gut.

Kurz- und Langzeitgedächtnis. Man kann eine soeben gehörte Melodie unmittelbar danach wiedergeben, weil die Tonfolge im Kurzzeitgedächtnis behalten wird. Das **Kurzzeitgedächtnis** speichert die vielfältigen Informationen, die von den Sinnesorganen aufgenommen werden, für Sekunden bis wenige Minuten. Eine besondere Art des Kurzzeitgedächtnisses bezeichnet man als **Arbeitsgedächtnis**. Dort können etwa fünf bis sieben Elemente, wie z.B. Ziffern, gleichzeitig behalten werden. Diese Informationen können auch bearbeitet werden. So erfordert das Kopfrechnen das Arbeitsgedächtnis, z.B. wenn eine Zwischensumme kurzzeitig behalten werden muss, während man die nächste Zwischensumme ermittelt. Eine wichtige Rolle für die Funktion des Arbeitsgedächtnisses spielt der **Präfrontale Cortex**. Dort sind Neurone während jener Zeiträume aktiv, in denen Informationen im Arbeitsgedächtnis bereit gehalten werden. Das **Langzeitgedächtnis** ist dagegen ein Speichersystem mit großer Kapazität, aus dem Informationen über viele Jahre abrufbar sind.

Deklaratives Gedächtnis oder Wissensgedächtnis. Im Wissensgedächtnis sind Informationen über Episoden (»Letzten Sommer besuchte ich meine Großeltern in ihrer Ferienwohnung.«) sowie über Fakten, Begriffe, Aussagen (»Blei ist ein Schwermetall.«) oder Bilder gespeichert (Abb. 122.1). Inhalte des deklarativen Gedächtnisses des Menschen (engl. *declare* bekannt geben) können bewusst werden und sprachlich wiedergegeben werden.

Eine für den Aufbau des Wissensgedächtnisses wichtige Gehirnstruktur ist der **Hippocampus**. Dies zeigte erstmals der Fall des Amerikaners HENRY M. Ihm wurde diese Struktur im Jahr 1953 beiderseits entfernt, um seine von

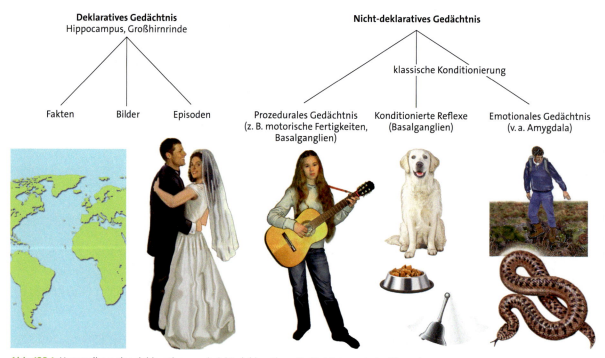

Abb. 122.1 Unterteilung des deklarativen und nicht-deklarativen Gedächtnisses beim Menschen

dort ausgehenden epileptischen Anfälle zu stoppen. Die Anfälle blieben danach aus, der Eingriff führte jedoch zu einem spezifischen Gedächtnisverlust. HENRY M. konnte nur solches Wissen aus dem Gedächtnis abrufen, das er vor der Operation aufgenommen hat. Alle Informationen, die er danach erhalten hat, waren nicht längerfristig gespeichert worden. So erkannte er niemanden wieder, dem er nach der Operation begegnete, selbst wenn er ihn täglich traf. HENRY M. war nicht fähig, Informationen ins Langzeitgedächtnis zu übertragen. Diese Funktion erfordert den Hippocampus. Die dauerhafte Speicherung erfolgt schließlich in anderen Teilen des Gehirns, insbesondere in der Großhirnrinde. Der Eingriff führte bei HENRY M. jedoch zu keinerlei Störungen des Kurzzeitgedächtnisses oder des nicht-deklarativen Gedächtnisses und minderte seine Intelligenz nicht.

Nicht-deklaratives Gedächtnis. Viele erlernte Bewegungen, wie z.B. einen bestimmten Knoten knüpfen, führt man »automatisch« aus, ohne dass man den Bewegungsablauf in Worte fassen kann. Die betreffende Information ist im nicht-deklarativen Gedächtnis gespeichert. Dessen Inhalte werden oft nicht bewusst und können sprachlich nicht wiedergeben werden. Im nicht-deklarativen Gedächtnis sind Inhalte gespeichert, die oft durch klassische und instrumentelle Konditionierung bedingt sind (Abb. 123.1) oder auf Lernvorgänge zurück gehen, die zu Ha-

bituation führen (S. 118). Die gespeicherten Erfahrungen wirken sich auch ohne bewusstes Erinnern auf das Verhalten aus. Eine Form des nicht-deklarativen Gedächtnisses ist das **prozedurale Gedächtnis** (lat. *procedere*, Fortschritte machen). Darin sind gelernte Verhaltensweisen, Gewohnheiten oder motorische Fertigkeiten, wie z. B. Knoten knüpfen, gespeichert. Bei den zugrunde liegenden prozeduralen Lernvorgängen stellt sich der Fortschritt nach und nach ein. Beispielsweise erwirbt man beim Erlernen des Radfahrens die Fertigkeit, gegen das Umkippen Ausgleichsbewegungen zu machen schrittweise und unbewusst. Der Inhalt des prozeduralen Gedächtnisses ist dem Bewusstsein nicht oder nur sehr schwer zugänglich. Wichtige Strukturen des prozedurale Gedächtnisses sind die **Basalganglien** und das **Kleinhirn**.

Erlernte Furchtreaktionen, z.B. auf das entfernte Bellen eines Hundes, die auf unangenehme Begegnungen mit einem Hund zurückgehen, werden durch das emotionale Gedächtnis ausgelöst (Abb. 123.1). Das **emotionale Gedächtnis** ist eine andere Form des nicht-deklarativen Gedächtnisses. Es beruht z. T. auf klassischer Konditionierung. In ihm sind, weitgehend unabhängig vom deklarativen Gedächtnis, Informationen über Ereignisse und damit verbundene angenehme oder unangenehme Gefühle gespeichert, z.B. die Abneigung gegen bestimmte Speisen. Dieses emotionale Gedächtnis beruht vor allem auf dem Mandelkern.

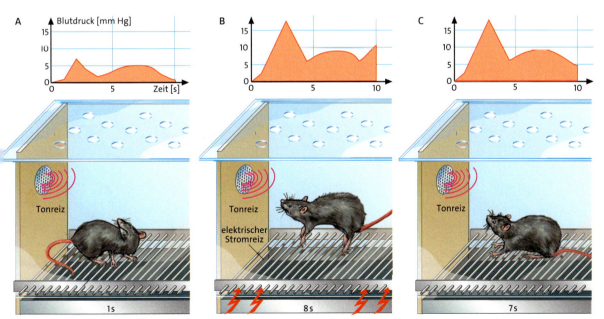

Dauer der Bewegungsstarre während des Messzeitraums von 10 s nach Darbietung des Tonreizes

Abb. 123.1 Emotionales Gedächtnis. **A** Tonreiz hat geringe Wirkung auf Blutdruck und Bewegungsaktivität; **B** mehrmalige, gepaarte Darbietung von Tonreiz und elektrischem Stromreiz steigert Blutdruck, anhaltende Bewegungsstarre setzt ein; **C** spätere, alleinige Darbietung des Tonreizes löst erlernte Furchtreaktion aus.

1.7 Zelluläre Mechanismen des Lernens

Die Übertragungsstärke mancher Synapsen, z. B. zwischen Neuronen des Hippocampus oder der Hirnrinde, kann im Experiment verändert werden. Reizt man das präsynaptische Axon einer solchen Synapse kurzzeitig, sodass nur einige wenige Aktionspotenziale entstehen, bewirken diese am postsynaptischen Neuron ein relativ kleines EPSP (Abb. 124.1 A). Stimuliert man anschließend das präsynaptische Axon länger, sodass eine ganze Serie von Aktionspotenzialen gebildet wird, entsteht ein großes EPSP. Zusätzlich wird die Übertragungsstärke der Synapse über Stunden oder Tage erhöht. Das heißt, auch bei kurzzeitiger Reizung kommt es nun zu einem relativ großen EPSP (Abb. 124.1 B). Dies bezeichnet man als **Langzeitpotenzierung**. An der Synapse laufen dabei folgende Prozesse ab: Die Aktionspotenziale setzen präsynaptisch den Neurotransmitter Glutamat frei, welcher an Glutamat-Rezeptoren bindet. Durch Ionenkanäle am Rezeptor strömen Ca^{2+}-Ionen in das postsynaptische Neuron. Die Serie von Aktionspotenzialen bewirkt eine relativ hohe intrazelluläre Ca^{2+}-Ionenkonzentration. Dadurch werden viele Ca^{2+}-abhängige, intrazelluläre Signalketten aktiviert. In der Folge werden neue Glutamat-Rezeptoren gebildet.

Signalstoffe, die auf die Präsynapse zurückwirken, bewirken, dass bei eintreffenden Aktionspotenzialen eine höhere Glutamatmenge aus Vesikeln in den synaptischen Spalt freigesetzt wird.

Langzeitpotenzierung ist ein Beispiel dafür, wie die intensive Nutzung von Synapsen ihre Übertragungseigenschaften für einen längeren Zeitraum verändert. Solche Vorgänge sind an zahlreichen Lernvorgängen beteiligt. Eine langandauernde Verstärkung der synaptischen Erregungsübertragung findet auch dann statt, wenn zwei verschiedene präsynaptische Neurone, die am selben postsynaptischen Neuron enden, häufig gleichzeitig aktiv sind. Die resultierende Aktivität des postsynaptischen Neurons ist dabei sehr viel höher als aufgrund der Summation der Einzelaktivitäten zu erwarten wäre. Das postsynaptische Neuron reagiert also auf die Gleichzeitigkeit zweier präsynaptischer Ereignisse dauerhaft stärker. Man nimmt an, dass diese Form der Langzeitpotenzierung bei assoziativen Lernvorgängen eine Rolle spielt, bei denen zwei annähernd gleichzeitig auftretende Reize wie beispielsweise ein Tonreiz und Futter, verknüpft werden (S. 120). Manche Drogen, z. B. »Special K«, enthalten Wirkstoffe, die Glutamat-Rezeptoren blockieren. Diese können Langzeitpotenzierung unterbinden und Lernstörungen hervorrufen.

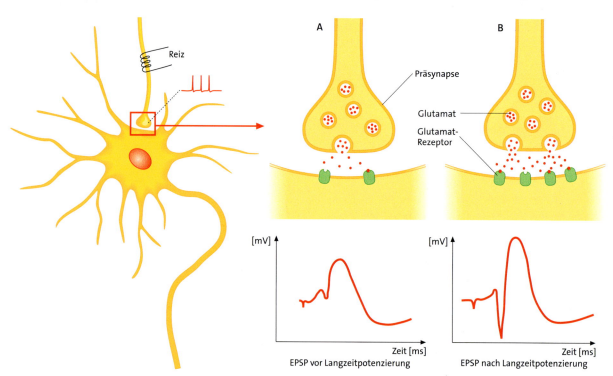

Abb. 124.1 Langzeitpotenzierung. **A** Kurzzeitiger Reiz löst kleines EPSP aus; durch erneute anhaltende Reizung (nicht dargestellt) wird Langzeitpotenzierung ausgelöst.

B Danach bewirkt weitere kurzzeitige Reizung ein großes EPSP. Es wird mehr Glutamat freigesetzt, die Anzahl der Glutamat-Rezeptoren ist vergrößert.

ZUSAMMENFASSUNG

Die Verhaltensbiologie nutzt verschiedene **Forschungsmethoden** wie Beobachtungen, Labor- oder Freilandexperimente, Attrappenversuche sowie Analysemethoden. Durch Experimente konnte man zum Beispiel erforschen, dass nicht alle Vervollkommnungsprozesse bei Verhaltensweisen auf Lernen beruhen. Manche Verhaltensweisen wie das Fliegen bei Haustauben entwickeln sich durch **Reifung** während der Ontogenese.

Der **Kommunikation** von Tieren dienen zum Beispiel visuelle, akustische oder chemische Signale.

Beim **Lernen** nimmt ein Lebewesen **Informationen** aus der Umwelt auf, verarbeitet diese und ändert daraufhin sein Verhalten. Man unterscheidet einfache irreversible Lernvorgänge während sensibler Phasen in der Individualentwicklung (**Prägungslernen**) von nicht-assoziativem und assoziativem Lernen. So zählt die **Habituation** zu nicht-assoziativen Lernvorgängen, weil keine Verknüpfung zwischen einem bestimmten Reiz und dem folgenden Ereignis erfolgt. Klassische und instrumentelle **Konditionierung** sind dagegen assoziative Lernvorgänge.

Wird eine neue Handlungsabfolge in Gedanken durchgespielt und dann ohne vorheriges Ausprobieren gezeigt, liegt **einsichtiges Lernen** vor. Zu den zellulären Mechanismen des Lernens gehört die Langzeitpotenzierung. Dabei werden Übertragungseigenschaften von Synapsen verändert.

Zum **Lernen des Menschen** gehört der Aufbau eines Wissensgedächtnisses. Im prozeduralen Gedächtnis sind Informationen über Verhaltensweisen gespeichert. Das emotionale Gedächtnis speichert Informationen über Ereignisse und damit verbundene Gefühle.

AUFGABE

1 ▪▪▪ Klassische Konditionierung

Lernvorgänge, die auf klassischer Konditionierung beruhen, können emotionale Gedächtnisinhalte bilden. Dies kann man z. B. an Ratten untersuchen. So bewirkt ein Tonreiz, der regelmäßig einem leichten elektrischen Stromreiz auf die Pfoten vorangeht, mit der Zeit eine konditionierte Furchtreaktion: Das Tier verharrt für mehrere Sekunden bewegungslos. Diese Reaktion tritt nach Darbietung des Tonreizes auf (S. 123). Um herauszufinden, auf welche Weise eine solche klassische Konditionierung besonders wirksam erfolgt, wurde folgendes Experiment durchgeführt (**Abb. 125.1**). Tiere der Gruppe (A) erhielten Tonreize, von denen einige mit einem Stromreiz gepaart waren. Tiere der Gruppe (B) erhielten Tonreize, von denen einige mit einem Stromreiz gepaart waren und zusätzlich 2 Stromreize, denen kein Tonreiz voranging. Tiere der Gruppe (C) erhielten Tonreize, von denen einige mit einem Stromreiz gepaart waren und zusätzlich 4 Stromreize, denen kein Tonreiz voranging. Danach wurde die Stärke der Konditionierung in allen Gruppen geprüft. Dazu wurde ein Tonreiz ohne nachfolgenden Stromreiz dargeboten und die Dauer der konditionierten Furchtreaktion gemessen.

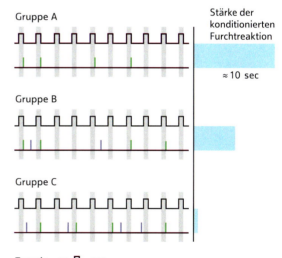

Tonreiz an ⊓ aus ——
Stromreiz mit vorangehendem Tonreiz |
Stromreiz ohne vorangehendem Tonreiz |

Abb. 125.1 Furchtkonditionierung von Tieren der Gruppen A, B und C; Darbietung von Tonreizen und Stromreizen

a) Werten Sie den in **Abb. 125.1** dargestellten Versuch aus.

b) Formulieren Sie eine Hypothese, warum die Stärke der Furchtkonditionierung in den Gruppen unterschiedlich ist. Begründen Sie Ihre Vermutung.

2 Sozialverhalten

Honigbienen (Abb. 126.1) leben in komplexen Verbänden aus bis zu 80 000 Tieren. Innerhalb dieser Verbände, die auch als Staaten bezeichnet werden, kommt es zu einer Kastenbildung, die mit einer strikten Arbeitsteilung der Individuen verbunden ist. Eine einzige fruchtbare Königin produziert die Nachkommen und bewirkt über die

Königin

A   Arbeiterin   Drohne

B

Abb. 126.1 Honigbiene. A Kasten; B Bienenkönigin (Bildmitte) und Arbeiterinnen

Abgabe eines Pheromons, der Königinsubstanz, die Rückbildung der Keimdrüsen aller anderen Weibchen. Dieser Entwicklungsprozess wird über DNA-Methylierung epigenetisch reguliert. Die unfruchtbaren Arbeiterinnen verrichten alle anderen im Staat anfallenden Arbeiten, wie z. B. Ernährung der Königin, Brutpflege der Larven, Errichten und Instandhalten der Wohnbauten, Verteidigung des Staates oder Sammeln von Nektar und Pollen. Außerdem leben im Staat einige Hundert Männchen, die Drohnen. Sie haben ausschließlich die Aufgabe, beim Hochzeitsflug eine Königin zu begatten. Staaten mit einem Kastensystem, das auch sterile Individuen umfasst, bezeichnet man als **eusozial** (gr. *eu* gut).

Die Bienenarbeiterinnen pflanzen sich selbst nicht fort, sondern arbeiten für die fortpflanzungsfähige Königin. Sie erhöhen damit die reproduktive Fitness der Königin. Verhaltensweisen, welche die Fitness eines Nutznießers auf Kosten der individuellen Fitness steigern, bezeichnet man als **altruistisches** Verhalten (lat. *alter* der andere). Die **Soziobiologie** sucht Antworten auf die Frage, weshalb bestimmte soziale Verhaltensweisen im Laufe der Evolution entstanden sind und welche Funktion sie in der Auseinandersetzung mit der Umwelt haben. Gene, die ihrem Träger einen Selektionsvorteil und damit bessere Fortpflanzungschancen verschaffen, breiten sich in der Population aus. Das gilt auch für die Gene, die an der Steuerung des Sozialverhaltens beteiligt sind.

Dieses Kapitel beschäftigt sich mit folgenden Fragen des Sozialverhaltens:

- Was sind Kosten-Nutzen-Analysen?
- Was versteht man unter Fitness?
- Welche Paarungssysteme gibt es bei Tieren?
- Welche Ursachen und Folgen hat aggressives Verhalten?
- Was ist eine Rangordnung?
- Welche Formen von Kämpfen gibt es?
- Was ist eine Evolutionsstabile Strategie?

2.1 Kosten-Nutzen-Analysen

Zwischen April und August kann man über Dörfern und Städten Mauersegler (Abb. 127.1) bei ihren rasanten Flugmanövern beobachten. Diese kleinen Vögel mit ihren langen, sichelförmig gebogenen Flügeln sind spezialisierte Insektenjäger; die Beute wird ausschließlich in der Luft gefangen. Problematisch für Mauersegler ist kaltes und niederschlagsreiches Wetter, insbesondere für die Nestlinge. Diese fallen in eine »Kältestarre«, wenn die Elterntiere kaum Beutetiere fangen. Andernfalls würden die Jungen verhungern. Bei Kältestarre wird der Stoffwechsel deutlich herabgesetzt. Auf diese Weise sparen die Jungtiere Energie und können eine nicht zu lange Schlechtwetterperiode unbeschadet überstehen.

Das Beispiel zeigt, wie sich im Laufe der Evolution Verhaltensweisen bei Tieren entwickelt haben, die das Überleben und den Fortpflanzungserfolg eines Individuums sichern. Die natürliche Selektion begünstigt Verhaltensweisen, die zur erfolgreichen Aufzucht der Nachkommen beitragen oder sich als besonders günstige Strategien beim Nahrungserwerb erweisen. Eine bestimmte Verhaltensweise ist demnach an die gegebenen ökologischen Bedingungen angepasst. Mit den Ursachen für die Entstehung solcher Verhaltensweisen in der Evolution und somit mit der biologischen Bedeutung von Verhalten beschäftigt sich die **Verhaltensökologie.** Diese Teildisziplin der Verhaltensbiologie entstand in den 70er Jahren des 20. Jahrhunderts und basiert unter anderem auf den Arbeiten von WILLIAM HAMILTON und EDWARD O. WILSON.

Kosten-Nutzen-Analyse. Um zu erklären, wie bestimmte Verhaltensweisen im Verlauf der Evolution entstanden sein könnten, führt man **Kosten-Nutzen-Analysen** durch. Dabei bezeichnet man die Summe der Nachteile, die ein Tier unmittelbar von einer bestimmten Verhaltensweise hat, als Kosten. Sie werden dem Nutzen gegenübergestellt, d. h. den Vorteilen, die sich aus dem Verhalten ergeben.

Im Falle der Kältestarre der jungen Mauersegler besteht der Nutzen darin, dass die Tiere bei ungünstiger Witterung Energie einsparen und so dem Hungertod entgehen. Nachteilig wirkt sich dagegen aus, dass sich die Entwicklungsdauer der Nestlinge verzögert: Unter günstigen Bedingungen verlassen die Jungtiere bereits nach 37 Tagen das Nest, bei schlechtem Wetter kann sich die Nestlingsdauer auf bis zu 56 Tage verlängern. Auch die Altvögel zeigen eine witterungsbedingte Anpassung an Schlechtwetterperioden; sie begegnen dem drohenden Nahrungsmangel dadurch, dass sie ihr Brutgebiet kurzfristig verlassen. Bei dieser »Wetterflucht« können sie

mehrere Hundert Kilometer zurücklegen. Der Nutzen besteht auch für die erwachsenen Tiere darin, nicht zu verhungern, die Kosten ergeben sich aus dem erheblichen Energieaufwand und den Gefahren, die mit dem Zurücklegen der weiten Flugstrecken verbunden sind.

Die Grundannahme einer Kosten-Nutzen-Analyse besteht darin, dass sich im Laufe der Evolution solche Verhaltensweisen durchsetzen, bei denen langfristig gesehen der Nutzen größer ist als die Kosten: Individuen, die sich optimal verhalten, haben im Vergleich zu anderen Individuen eine höhere reproduktive Fitness und damit einen Evolutionsvorteil. Im Falle des Nahrungserwerbs ist also eine Verhaltensweise nur dann effektiv, wenn der Aufwand für die Nahrungsbeschaffung im Verhältnis zum Nutzen, dem Energiegehalt der Nahrung, vergleichsweise gering ist.

Dazu ein weiteres Beispiel: Strandkrabben ernähren sich überwiegend von Muscheln. Kleine Muscheln liefern zwar nur wenig Fleisch und somit eine relativ geringe Energiezufuhr (geringer Nutzen). Sie lassen sich aber von der Krabbe mit ihren Scheren rasch und ohne großen Aufwand aufbrechen (geringe Kosten). Demgegenüber enthalten große Muscheln zwar viel Fleisch (hoher Nutzen), das Aufbrechen der Schalen ist aber zeitaufwendig (hohe Kosten). Dementsprechend werden mittelgroße Beutetiere bei der Nahrungssuche bevorzugt; bei diesen ist das Nutzen/Kosten-Verhältnis am günstigsten. Da die Suche nach Muscheln optimaler Größe aber Zeit und Energie erfordert, werden auch kleine und große Muscheln erbeutet, wenn auch in geringerem Umfang.

Abb. 127.1 Mauersegler

2.2 Fitness

Der britische Biologe WILLIAM HAMILTON (1936–2000) erkannte, dass Tiere den Anteil ihrer Gene am Genpool der nächsten Generation nicht nur dann erhöhen, wenn sie Nachkommen produzieren und diese unterstützen, sondern unter bestimmten Bedingungen auch dann, wenn sie nahen Verwandten zur Fortpflanzung verhelfen. Den Verwandtschaftsgrad bezeichnet der Verwandtschaftskoeffizient r (engl. *relatedness* Verwandtschaft). Er gibt an, welcher Anteil an Allelen bei zwei Lebewesen identisch ist. Bei geschlechtlicher Fortpflanzung erhält jedes Individuum 50 % des Erbgutes von Mutter und Vater, r hat somit den Wert 0,5. Nimmt der Grad der Verwandtschaft ab, so wird der r-Wert kleiner: zu Großeltern ist r = 0,25, zu Urgroßeltern oder zu Vettern/Kusinen r = 0,125.

Im Bienenstaat entwickeln sich Drohnen aus unbefruchteten haploiden Eizellen, Arbeiterinnen dagegen aus befruchteten diploiden. Die Männchen geben also mit jedem Spermium ihren gesamten Chromosomensatz an ihre Nachkommen weiter, die diploiden Königinnen dagegen mit ihrer Eizelle nur die Hälfte ihres Chromosomensatzes. Die eine Hälfte des Chromosomensatzes, die von der Drohne stammt, ist bei allen Arbeiterinnen identisch. In der anderen können sie sich unterscheiden, weil sie nur 50 % der Chromosomen der Königin enthält.

Bekommen zwei Arbeiterinnen die gleichen Chromosomen von der Königin, so haben sie untereinander genau das gleiche Erbgut (r = 1). Erhalten beide ausschließlich verschiedene Chromosomen von der Königin, haben sie nur die Hälfte des Erbguts gemeinsam, nämlich das väterliche (r = 0,5). Im Durchschnitt haben die Zehntausende Arbeiterinnen eines Bienenstocks außer den Chromosomen der Drohne die Hälfte der Chromosomen der Königin gemeinsam (r = 0,75) (Abb. 128.1). Würde sich eine Arbeiterin selbst fortpflanzen, hätte sie, wie die Königin, mit ihren Nachkommen nur die Hälfte des Erbgutes gemeinsam (r = 0,5). Aus Gründen der Fitness ist es für eine Arbeiterin von Vorteil, fortpflanzungsfähige Schwestern, also künftige Königinnen (r = 0,75), mit großzuziehen, anstatt eigene Nachkommen zu haben.

HAMILTONS Erkenntnis führte zum Begriff **Gesamtfitness**. Sie setzt sich zusammen aus der **direkten Fitness**, die auf der individuellen Weitergabe eigener Allele in die Folgegeneration beruht, und der **indirekten Fitness**. Letztere ergibt sich aus der Fortpflanzung Verwandter, die gleiche Allele besitzen. So wäre die Fitness von Bienenarbeiterinnen, die sich fortpflanzten, niedriger, als die Fitness von Arbeiterinnen, die sich nicht fortpflanzen, die aber ihre fortpflanzungsfähigen Schwestern unterstützen. Die Gesamtfitness steigt immer dann, wenn eigene Gene in Folgegenerationen weitergegeben werden. Wenn altruistisches Verhalten die Weitergabe fördert und dieses Verhalten selbst erblich ist, so setzt es sich in der Folge zwangsläufig durch. Dies gilt immer dann, wenn durch die höhere Nachkommenzahl der Vorteilsnehmer von den gleichen Allelen des Altruisten mehr in die nächste Generation gelangen als ohne das altruistische Verhalten.

Eine andere Form des Altruismus findet man beim Gemeinen Vampir (Abb. 128.2), einer sich von Säugerblut ernährenden Fledermaus, die in Gruppen von bis zu 100 Tieren lebt. Man kann beobachten, dass Vampire, die kein Opfer gefunden haben, am Ruheplatz von Artgenossen mit heraufgewürgtem Blut gefüttert werden. Dabei spielt der Verwandtschaftsgrad zwischen den Tieren keine Rolle. Die Tiere kennen sich allerdings individuell, und der Begünstigte tut zu einem späteren Zeitpunkt dasselbe. Man spricht in diesem Zusammenhang von wechselseitigem bzw. **reziprokem Altruismus**.

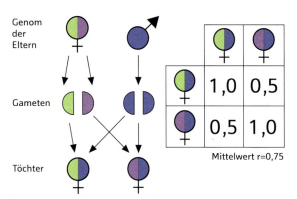

Genom der Eltern — Gameten — Töchter

Mittelwert r=0,75

Abb. 128.1 Verwandtschaftskoeffizienten zwischen Schwestern beim Erbgang weiblicher Bienen

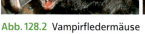

Abb. 128.2 Vampirfledermäuse

2.3 Paarungssysteme

Der nur im westlichen Zentralafrika vorkommende Zwergschimpanse oder Bonobo (Abb. 129.1) unterscheidet sich von seinem nächsten Verwandten, dem Schimpansen, u.a. durch seine zierlichere Statur und sein friedlicheres Verhalten. Bonobos leben in Gemeinschaften von 50 bis 100 Tieren, die sich oft noch in kleinere Untergruppen aufteilen. Die Zusammensetzung der Untergruppen kann sich laufend ändern. Die Angehörigen einer solchen Gruppe praktizieren eine Vielzahl von Sexualkontakten, die nicht nur der Fortpflanzung dienen, sondern auch sozialbindende und spannungsregulierende Bedeutung haben. Bestehen in Gruppen aus mehreren Männchen und Weibchen wechselnde Partnerschaften, liegt **Promiskuität** vor. Dies gilt sowohl für den Bonobo als auch für den Schimpansen. Dasjenige Männchen, das sich zum Zeitpunkt der Fortpflanzungsfähigkeit eines Weibchens am häufigsten mit diesem paart und dadurch am meisten Spermien überträgt, hat die höchsten Befruchtungschancen. Damit ist die Wahrscheinlichkeit, dass seine Allele in die nächste Generation gelangen am höchsten. Denn innerhalb des weiblichen Organismus konkurrieren die Spermien um das Ei. Diese **Spermienkonkurrenz** führte im Laufe der Evolution dazu, dass die Männchen relativ große Spermamengen produzieren. Spermienkonkurrenz ist bei vielen Tierarten nachzuweisen, bei denen sich die Weibchen innerhalb einer Fortpflanzungsperiode mit mehreren Männchen paaren. Ein Vorteil für die Weibchen ist eine hohe Wahrscheinlichkeit der Befruchtung und damit der Weitergabe ihrer Allele.

Innerhalb des Tierreichs kam es zur Ausbildung weiterer **Paarungssysteme** (Abb. 129.1). Bei der Mehrzahl der Wirbeltiere liegt **Polygynie** vor, d.h. ein Männchen verpaart sich mit mehreren Weibchen. Polygynie ist oft mit auffälligem **Sexualdimorphismus** verbunden: Die Männchen sind erheblich größer als die Weibchen, sodass sie das Territorium erfolgreich verteidigen können. Dies gilt z.B. für Orang-Utan und Gorilla. Vergleichsweise selten ist dagegen **Polyandrie**. Sie kommt z.B. bei Krallenäffchen vor, kleinen Primaten, die in Gruppen von bis zu 15 ausgewachsenen weiblichen und männlichen Tieren zusammenleben. Innerhalb dieser Gruppen pflanzt sich nur ein dominantes Weibchen fort, das sich mit mehreren Männchen paart. Außer bei Vögeln ist **Monogamie** im Tierreich selten anzutreffen. Sie bedeutet einen Fortpflanzungsvorteil, wenn beide Eltern Brutpflege betreiben. Bei Monogamie ist der Sexualdimorphismus in der Regel gering oder er fehlt ganz, z.B. bei Gibbons.

Viel aufwändiger als die Produktion der kleinen Spermien ist die Produktion von großen, nährstoffreichen Eiern wie bei Vögeln oder noch mehr das Austragen von Jungen wie bei Säugetieren. Weibchen investieren somit meist viel mehr Energie in die Fortpflanzung. Das führte in der Evolution zwangsläufig dazu, dass Weibchen solche Männchen als Partner bevorzugen, deren Merkmale eine genetisch vorteilhaftere Ausstattung erwarten lassen. Dazu gehören zum Beispiel ein großes Geweih oder ein Prachtgefieder. Das Wahlverhalten der Weibchen fördert Konkurrenz unter den Männchen und die besondere Hervorhebung solcher Merkmale. Man spricht von **sexueller Selektion**.

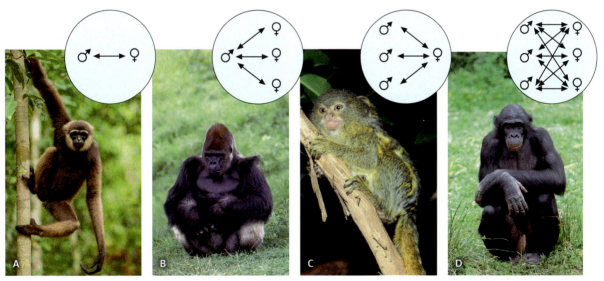

Abb. 129.1 Paarungssysteme am Beispiel von verschiedenen Affenarten.
A Monogamie, z.B. Gibbon; **B** Polygynie, z.B. Gorilla; **C** Polyandrie, z.B. Krallenäffchen; **D** Promiskuität, z.B. Bonobo

2.4 Aggressives Verhalten und Rangordnung

Die in Indien beheimateten Hulman-Languren leben polygyn in Gruppen von etwa 15 erwachsenen Tieren. Der dominante Haremshalter wird immer wieder von jüngeren Männchen, die in Junggesellenverbänden zusammenleben, herausgefordert und muss zur Verteidigung seiner Position viel Energie aufwenden. Durchschnittlich zwei Jahre kann ein dominantes Männchen seine Position behaupten, bis es durch ein kräftigeres Männchen abgelöst wird. Bei einer solchen Haremsübernahme ist immer wieder zu beobachten, dass der neue Haremshalter Jungtiere der Gruppe verfolgt und tötet, auch gegen den teilweise erbitterten Widerstand der betroffenen Mütter (Abb. 130.1).

Dieses Verhalten, das man als **Infantizid** bezeichnet, wurde lange Zeit als krankhaft und artschädigend interpretiert. Mittlerweile zeigte sich aber, dass die neuen Haremshalter dadurch ihre eigene reproduktive Fitness erhöhen. Zum einen töten die Männchen fast nie Jungtiere, die mit ihnen verwandt sind. Zum anderen verkürzt sich der Abstand zwischen zwei Geburten bei den Weibchen nach einem Infantizid um fast ein Viertel. Der Grund ist, dass bei Weibchen, die ihr Jungtier verlieren, der Eisprung früher wieder einsetzt. Nach einem Infantizid können sich die Männchen also früher mit den Weibchen ihres Harems paaren. Auf diese Weise können sie in den zwei Jahren, die ihnen durchschnittlich als Haremshalter zur Verfügung stehen, mehr eigene Nachkommen zeugen. Damit bringen sie ihre Allele rascher und häufiger in die nächste Generation ein.

Abb. 130.2 Löwenmännchen kämpfen um ihre Rangordnungsstellung.

Proximate und ultimate Ursachen. Zu den aktuellen Ursachen, die ein Verhalten hervorrufen, gehören physiologische Faktoren wie die Konzentration eines Hormons im Blut sowie äußere Reize. Im Falle des Haremhalters der Hulman-Languren beruht das aggressive Rangordnungsverhalten auf dem Sexualhormon Testosteron. Dieses Hormon steigert nicht nur die sexuelle Motivation, sondern auch die Aggressivität. Ausgelöst wird das agonistische Verhalten durch den Anblick des Rivalen. Man bezeichnet aktuelle Ursachen, die ein Verhalten unmittelbar hervorrufen, als **proximate Ursachen** (lat. *proximus* der Nächste, Unmittelbarste). Eine proximate Ursache für aggressives Verhalten kann z. B. die Notwendigkeit sein, seinen Nachwuchs bei einem Angriff eines Fressfeindes zu verteidigen (Abb. 130.3). Auch Ergebnisse der Verhaltensontogenese, etwa die Erfahrungen spiele-

Abb. 130.1 Hulman-Languren-Mutter mit getötetem Jungtier

Abb. 130.3 Aggressivität einer Affenmutter

rischen Aggressionsverhaltens, beeinflussen als proximate Ursachen das Verhalten unmittelbar.

Darüber hinaus ist ein Verhalten stammesgeschichtlich verursacht. Es wird zwangsläufig ausgeführt, weil es den Fortpflanzungserfolg, die reproduktive Fitness, fördert. Deshalb hat es sich in der Evolution entwickelt. So ist das Rangordnungsverhalten der Hulman-Languren einschließlich des Infantizids stammesgeschichtlich verursacht; denn mit der Funktion des dominanten Haremhalters ist ein höherer Fortpflanzungserfolg verbunden. Evolutionäre Ursachen des Verhaltens werden als **ultimate Ursachen** bezeichnet (lat. *ultimus* der Letzte). Rangordnungen haben sich stammesgeschichtlich bei vielen in Gruppen lebenden Arten von Wirbeltieren (Abb. 130.2) und Insekten entwickelt.

Evolutionsstabile Strategien. Bei den Rothirschen, die während der Brunftzeit polygyn leben, findet zwischen Haremsbesitzern und Herausforderern zunächst ein akustischer Wettkampf statt. Nähert sich ein Rivale einem Harem, so kommt es zwischen ihm und dem Platzhirsch zu einem sich steigernden Röhrduell (Abb. 131.1). Kann diesen Wettstreit keiner der Rivalen für sich entscheiden, beginnen sie parallel nebeneinander herzulaufen. Sowohl durch das Röhrduell als auch durch das Parallelgehen wird eine weitere Auseinandersetzung vermieden. Kommt es dennoch zum Kampf, läuft dieser meist nach festen Regeln ab, wobei die gefährlichen Geweihe normalerweise in nicht verletzender Weise eingesetzt werden. Man bezeichnet solche Kämpfe als **Turnier-** oder **Kommentkämpfe** (Abb. 131.2). Beim Rothirsch werden nur in wenigen Fällen schwere Verletzungen beobachtet. Ver-

Abb. 131.1 Imponierverhalten eines Rothirschs

letzen oder töten sich die Tiere beim Kampf, spricht man von **Beschädigungskämpfen.** Bei Komment- oder Beschädigungskämpfen können Auseinandersetzungen bei vielen Tierarten durch **Beschwichtigungs-** oder **Demutsgebärden** abgebrochen werden. Diese bestehen oft aus dem Darbieten verletzlicher Körperstellen oder dem Gegenteil der Drohgebärde, also z. B. aus Sich-klein-machen oder Sich-auf-den-Boden-legen (Abb. 132.1).

Die Beobachtung, dass direkte aggressive Konfrontationen zwischen zwei artgleichen Individuen oft durch Imponierverhalten oder Kommentkämpfe und nicht durch Beschädigungskämpfe entschieden werden, kann durch Modelle der **Spieltheorie** erklärt werden.

Dabei handelt es sich um einen Zweig der Mathematik, der auch in der Biologie Anwendung findet. Der Biologe JOHN MAYNARD SMITH analysierte als Erster mithilfe der

Abb. 131.2 Kommentkampf bei Rothirschen

Spieltheorie Konflikte zwischen Tieren. Er sah, gemäß dieser Theorie, die Wechselwirkungen von Organismen im Verhalten als Spiel an. Die Spieltheorie geht davon aus, dass die Strategie eines »Spielers« auf seine Nutzenmaximierung ausgerichtet ist aber auch von den Strategien der »Mitspieler« beeinflusst wird. Den Gewinnen und Verlusten werden Fitnesswerte zugeordnet und das »Spiel« wird am Computer simuliert.

Smith bezeichnete Individuen einer Art, die den Kampf meiden als »Tauben« und Tiere, die sich auf einen Kampf einlassen als »Falken«. Er macht weiterhin die folgenden Annahmen: Trifft ein Falke auf eine Population von Tauben, ist ihm die jeweilige Ressource, wie z. B. Futter oder Paarungspartner sicher, ohne dass es für ihn mit hohen Kosten verbunden ist. Stößt eine Taube auf eine Falkenpopulation, sind ihre Kosten gering, denn sie gibt immer auf und vermeidet die direkte körperliche Konfrontation. Trifft ein Falke aber auf einen anderen Falken, ist die Wahrscheinlichkeit hoch, dass einer der beiden schwer verletzt oder sogar getötet wird. Wenn sich nun alle Tiere wie Falken verhalten würden, wäre das mit sehr hohen Kosten verbunden. Jede Mutation, die zu einer Verhaltensänderung führen würde, sodass sich ein Falke zukünftig wie eine Taube verhielte, brächte enorme Vorteile. Dies bedeutet, dass eine reine Falkenstrategie sich im Laufe der Evolution nicht als stabil erweisen kann.

Eine reine Taubenstrategie erscheint zunächst optimal, da die Kosten im Vergleich zum möglichen Nutzen sehr gering sind. Allerdings hätte auch in diesem Fall eine auftretende Mutation zum Falken für die Mutante Vorteile, weshalb auch eine reine Taubenstrategie in der Evolution nicht dauerhaft stabil sein sollte. Auf dieser Grundlage kann man Rangordnungskämpfe bei Säugern interpretieren. Bei der Simulation nahm Smith weiterhin an, es gäbe bei einer Art Tauben (Kommentkämpfer) und Falken (Beschädigungskämpfer). Erstere drohen nur oder kämpfen nach festgelegten Regeln, verletzen aber den Rivalen nicht. Die Unterlegenen fliehen, sodass sie unverletzt bleiben. Die Falken kämpfen ernsthaft und fliehen nur nach schwerer Verletzung. Treffen zwei Tauben aufeinander, so haben beide nur geringe Kosten; kommt es dagegen zwischen zwei Falken zum Kampf, so haben beide hohe Kosten. Trifft ein Falke auf eine Taube, so hat Ersterer einen Nutzen, Letztere nicht allzu große Nachteile.

Die Wahrscheinlichkeit des Aufeinandertreffens der verschiedenen Typen hängt bei der Simulation von der Anzahl der Individuen mit dem jeweiligen Verhalten ab. Wenn in der Population viele Tauben vorhanden sind, haben Falken einen Fortpflanzungsvorteil. Wenn die Population aber vorwiegend aus Falken besteht, die sich gegenseitig stark verletzen, so haben die wenigen Tauben einen

Vorteil, weil sie weniger verletzt werden; ihre Nachkommenzahl steigt allmählich.

Schließlich entwickelt sich bei der Simulation ein Gleichgewichtszustand. Diesen bezeichnet man als **Evolutionsstabile Strategie** (ESS). Eine ESS ist dadurch gekennzeichnet, dass sie, wenn sie von der Mehrzahl der Mitglieder einer Population angewendet wird, durch keine andere Strategie ersetzt werden kann, solange nicht neuartige Mutanten auftreten.

Eine ESS ergibt sich nicht nur unter der Bedingung, dass die Gruppenmitglieder ein für alle Mal Falken oder Tauben sind. Auch dann, wenn sich Tiere je nach Situation entweder als Komment- oder Beschädigungskämpfer verhalten, entwickelt sich im Modell eine ESS. Eine solche Strategie bezeichnet man als Bourgeois-Strategie (franz. *bourgeois* Bürger, hier im Sinne von »angepasst«). Als »Bourgeois« wird das Individuum bezeichnet, das eine Doppelstrategie anwendet. Ist es Ressourcenbesitzer, verhält es sich wie ein Falke. Wenn es sich Ressourcen verschaffen will, verhält es sich dagegen wie eine Taube. Für den Fall, dass sich eine ganze Population nach dieser Strategie verhält, treten keine erhöhten Kosten durch tatsächlich auftretende Kämpfe auf.

Die spieltheoretischen Modelle werden realitätsnäher, wenn man auch die Lernfähigkeit der Tiere einbezieht: Es wird Individuen geben, die als Kommentkämpfer beginnen und dies so lange bleiben, wie es der Rivale auch tut. Geht dieser zum Beschädigungskampf über, so handeln sie ebenso. Nimmt man diese schon bekannte *Tit-for-tat*-Strategie ins Modell auf, so wird deutlich, dass sie Rangordnungskämpfe in realen Populationen recht gut beschreibt. Ist diese Strategie in der Evolution erst einmal entstanden, bleibt sie also aufrechterhalten; sie ist eine ESS.

Abb. 132.1 Dominanz- und Demutsverhalten bei Wölfen

ZUSAMMENFASSUNG

Verhalten wird immer von zwei Seiten bestimmt: Man unterscheidet zum einen unmittelbare, **proximate** Ursachen wie die Steuerungsmechanismen (Auslöser, Sinnes- und Nervenfunktionen, Wirkung von Hormonen und Rhythmik) sowie die Verhaltensentwicklung (genetische Ursachen, Reifungsprozesse, Lernverhalten). Zum anderen erforscht man die evolutionäre Bedeutung der Verhaltensweisen, die **ultimaten** Ursachen.

Mit diesen speziellen Wechselwirkungen zwischen evolutionären Ursachen und dem Auftreten bestimmter Verhaltenselemente beschäftigt sich die **Verhaltensökologie**. Zur Beurteilung der Bedeutung von Verhalten bedient sie sich der **Kosten-Nutzen-Analyse**. Man geht davon aus, dass sich in der Evolution im Laufe der Zeit solche Verhaltensmuster durchsetzten, bei denen der Nutzen die »Kosten« übertrifft.

Altruistisches Verhalten lässt sich mit der Verbesserung der Gesamtfitness des Einzeltieres erklären, das nahe Verwandte unterstützt und so die Weitergabe der eigenen Allele fördert. Auch Sozialstrukturen haben sich in der Evolution entwickelt. Bei den Paarungssystemen lassen sich die Formen Monogamie, Polygynie, Polyandrie und Promiskuität unterscheiden. Sie dienen dem Fortpflanzungserfolg der beteiligten Individuen.

Zum Sozialverhalten zählt neben dem Sexualverhalten auch das **Aggressionsverhalten** mit seinen vielen Facetten. Proximate Ursachen eines solchen Verhaltens können die Verteidigung einer erlegten Beute oder des eigenen Nachwuchses sein. Auch hier dient das Verhalten wieder zwangsläufig dem Fortpflanzungserfolg, also der reproduktiven Fitness. So finden sich **Rangordnungen** zum Beispiel bei vielen in Gruppen zusammenlebenden Tierarten wie Wölfen, Menschenaffen oder Elefanten. Auch Kämpfe sind beim Aggressionsverhalten nicht ausgeschlossen: Dabei unterscheidet man **Kommentkämpfe** von **Beschädigungskämpfen**. Erstere laufen nach festen Regeln und meist ohne Verletzungen ab. Sie informieren den Gegner über Stärke und Ausdauer des anderen. Durch Demutsgebärden lassen sich diese Kämpfe meist rasch beenden.

AUFGABE

1 ·· **Altruismus**

An der Universität Zürich wurde eine Versuchsserie zum Altruismus beim Menschen durchgeführt. Die Teilnehmer spielten jeweils in Gruppen von vier Personen, die sich zuvor nicht kannten. Alle erhielten jeweils ein Startkapital von sFr. 20,–. Jedes Gruppenmitglied investierte pro Spielrunde ohne Absprache mit den anderen einen beliebigen Anteil in ein »Gemeinschaftsprojekt«. Der investierte Gesamtbetrag wurde am Ende jeder Runde verdoppelt und gleichmäßig auf alle Gruppenmitglieder verteilt; zudem wurden bei der Auszahlung alle Mitglieder über den Einsatz der anderen informiert. Wenn drei Mitglieder jeweils 10,– einsetzten, der vierte aber als »Trittbrettfahrer« nichts, so war die Gesamtinvestition 30,–, nach Verdoppelung 60,– und jeder der vier erhielt 15,–. Somit hat jeder Investor 5,– gewonnen, der Trittbrettfahrer aber 15,–. Gespielt wurde über zehn Runden. In einem Teil der Versuche konnten andere Gruppenmitglieder nach jeder Spielrunde bestraft werden. Der Strafende konnte gegen eine Gebühr von 1,– eine Buße von 3,– aussprechen, gegen 2,– eine Buße von 6,– usw. Die Gebühren und Bußgelder verfielen.

Versuch I: Über zehn Spielrunden bilden jeweils dieselben vier Personen eine Gruppe, und es besteht Bestrafungsmöglichkeit nach jeder Runde.

Versuch II: Die Gruppe wechselt nach jeder Runde, sodass stets vier neue Partner aufeinandertreffen, und es besteht keine Bestrafungsmöglichkeit.

Versuch III: Wie bei II, aber mit der nachträglichen Bestrafungsmöglichkeit gegenüber den anderen Spielern, auf die man nicht mehr trifft.

Vergleichen Sie die Ergebnisse und interpretieren Sie sie im Hinblick auf altruistisches Verhalten.

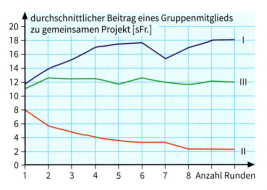

Verhaltensbeobachtungen an Tieren

1 ▪▪ Verhalten bei Guppys

Sie benötigen
Guppy-Schwarm, zwei erwachsene Männchen und zwei nicht trächtige Weibchen, zwei kleine Aquarien

Durchführung
Beobachten Sie den Guppy-Schwarm. Achten Sie auf ein geschlechtsreifes Männchen und Weibchen und notieren Sie ihre Merkmale. Wählen Sie dann einen bestimmten Guppy aus und notieren Sie fünf Minuten lang alle gezeigten Verhaltensweisen. Entnehmen Sie dem Aquarium zwei Männchen und setzen Sie sie in das kleinere Aquarium um. In das zweite kleine Becken geben Sie ein kleines und ein großes Guppyweibchen. Die Tiere werden etwa vier Tage getrennt gehalten. Die Aquarien stehen dabei so nebeneinander, dass sich die Tiere sehen können. Dann setzen Sie die Tiere gemeinsam in ein Aquarium. Als Vierergruppe beobachten Sie für zehn Minuten das Verhalten je eines Fisches. Protokollieren Sie alle Verhaltensweisen so genau wie möglich.

Aufgaben
a) Beschreiben Sie das Aussehen eines männlichen und eines weiblichen Guppys.
b) Beschreiben Sie die gezeigten Elemente des Sexualverhaltens eines Guppys (vgl. Abb. 134.1)

Das Männchen folgt dem Weibchen.

Das Männchen schwimmt vor dem Weibchen.

Das Männchen spreizt die Schwanzflosse.

Das Männchen zeigt eine S-förmige Krümmung des Körpers.

Begattung

Abb. 134.1 Balzverhalten bei Guppys

2 ▪▪ Verhalten bei Kampffischen

2.1 Spiegelversuch

Sie benötigen
Aquarium (20–60 l), Handspiegel, Stoppuhr und ein Kampffischmännchen pro Gruppe, das vor dem Versuch etwa eine Woche isoliert gehalten werden muss

Durchführung
Setzen Sie ein Kampffischmännchen in das Versuchsbecken. Beobachten Sie das Verhalten während der Eingewöhnungsphase. Stellen Sie anschließend einen Spiegel an die Schmalseite des Beckens.

Aufgaben
a) Beobachten und protokollieren Sie das Verhalten des Männchens in der Eingewöhnungsphase.
b) Protokollieren Sie das Verhalten am Spiegel. Messen Sie etwa 15 Minuten lang die Dauer des Kiemendeckelspreizens bzw. des Flossenspreizens bei jeder Annäherung an den Spiegel. Stellen Sie die Messergebnisse grafisch dar.
c) Werten Sie Ihre Grafik aus und vergleichen Sie diese mit Abb. 134.2.

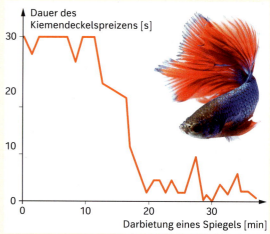

Abb. 134.2 Drohverhalten eines Kampffisches beim Spiegelversuch

2.2 Aggressionsverhalten des Kampffisches

Sie benötigen
Pro Gruppe ein Aquarium (40 l), undurchsichtige Trennwand, zwei gleichgroße Kampffischmännchen, die etwa eine Woche lang isoliert gehalten wurden, vorbereitetes Protokoll

Durchführung

Unterteilen Sie das Aquarium mithilfe der Trennwand in zwei Hälften. Setzen Sie in jede Hälfte ein Kampffischmännchen von gleicher Größe. Entfernen Sie nach einer Eingewöhnungszeit die Trennwand.

Aufgaben

a) Beobachten Sie die beiden Männchen vor und nach Entfernung der Trennwand. Tragen Sie die Beobachtungen jeweils in das Protokoll ein. Nach etwa fünf Minuten müssen die beiden Männchen wieder voneinander getrennt werden, da sie sich sonst gegenseitig verletzen.

b) Erstellen Sie nach dem angegeben Beispiel eine Tabelle.
Ordnen Sie die beobachteten Verhaltensweisen der Imponier-, Droh- und Kampfphase zu. Nicht alle der in der Tabelle angegebenen Verhaltensweisen lassen sich immer in der Reihenfolge und in der Vollständigkeit beobachten. Das Verhalten ist auch bei Kampffischen nicht starr, sondern abwandelbar.

Ethogramm des Kampfverhaltens

Imponierphase	Drohphase	Kampfphase
Verfärbungen des Körpers, Verfärbungen der Flossen, Flossen spreizen	Anschwimmen, Längsschwimmen, Brustflossenschwirren, Kiemendeckel abspreizen	Schwanzflossen schlagen, »S-Biegung«, der Körperachse, Rammstoss, Maulzerren, Bisswechsel

Tab. 135.1 Kampfverhalten eines Kampffisches

2.3 Attrappenversuche

Sie benötigen

Siehe Material zum Versuch 2.1, zusätzlich Blumendraht oder Holzstäbchen, Knete in verschiedenen Farben

Durchführung

Stellen Sie von Kampffischen dreidimensionale Nachbildungen (Attrappen) her. In einer ersten Versuchsreihe wandeln Sie die Farbe, in einer zweiten die Größe und in einer dritten die Form der Attrappe ab. Befestigen Sie jede Attrappe an einem Blumendraht oder Holzstäbchen.

Aufgaben

a) Setzen Sie zu einem Männchen die jeweilige Attrappe und führen Sie mit ihr die Schwimmbewegungen eines zweiten Männchens durch. Die Attrappen können aber auch dicht an der Außenwand des Aquariums vorbeigeführt werden.

b) Protokollieren Sie das Verhalten des Kampffisches.

3 ▪▪ Fressverhalten beim Kuba-Laubfrosch

Sie benötigen

Kuba-Laubfrosch, Larven des Mehlkäfers (aus der Zoohandlung), Pinzette, Steine, Zweige mit Blättern von Laubbäumen, Terrarium

Durchführung

Setzen Sie zunächst den Frosch in ein Terrarium. Geben Sie dem Tier mit Steinen und Zweigen Versteckmöglichkeiten. Warten Sie anschließend 5 bis 10 Minuten und beobachten Sie den Frosch. Entnehmen Sie nun mithilfe der Pinzette eine Mehlkäferlarve aus dem Vorratsgefäß und legen Sie diese in einem Abstand von ca. 20 Zentimetern vor den Frosch. Achten Sie dabei darauf, dass das Tier die Larve bemerkt. Sollte der Frosch auf die Larve unter den fremden Bedingungen nicht reagieren, können Sie die Fütterung auch im vertrauten Terrarium wiederholen.

Aufgaben

a) Beschreiben Sie das Fressverhalten des Kuba-Laubfrosches.

b) Stellen Sie das Fressverhalten als Fließschema dar.

c) Warum zeigen Frösche unter diesen Bedingungen nicht immer Fressverhalten?

Abb. 135.1 Kuba-Laubfrosch

4 ▪▪ Erkundungs- und Fressverhalten bei Wüstenrennmäusen

Sie benötigen

Wüstenrennmäuse, leeres Aquarium, Holzspäne als Einstreu, Holzhäuschen, halber Blumentopf, Steine, Holzwolle als Versteckmöglichkeiten, Getreidekörner, Obststückchen oder fertige Futtermischung, Abdeckung aus durchsichtigem Kunststoff, wasserlösliche Faserschreiber in zwei Farben

Durchführung

Richten Sie zunächst das Versuchsgefäß für die Tiere ein. Legen Sie Holzstreu auf den Boden, verteilen Sie die Versteckmöglichkeiten in dem Becken und legen Sie an zwei verschiedene Stellen das Futter (vgl. **Abb. 136.1**). Verwenden Sie als Einstreu und Versteckmöglichkeiten nichts, womit die Versuchstiere schon einmal in Berührung gekommen sind. Für die eigentliche Versuchsdurchführung arbeiten Sie zu zweit. Geben Sie eine Rennmaus in das Becken und legen die Kunststoffscheibe vorsichtig auf. Zeichnen Sie nun mit dem Faserschreiber auf der Kunststoffplatte den Weg der Maus im Becken nach. Nach 15 Minuten setzen Sie das Tier wieder in seinen Käfig zurück und wiederholen den Versuch mit einer weiteren Wüstenrennmaus.

Aufgaben

a) Erstellen Sie einen Steckbrief zur Mongolischen Wüstenrennmaus.

a) Protokollieren und beschreiben Sie das Erkundungsverhalten der Wüstenrennmäuse.

b) Zeigen Sie mithilfe des nachgezeichneten Weges, wo sich die Maus am Anfang des Versuches und zu Versuchsende bevorzugt aufhält. Begründen Sie.

c) Beginnt das Tier gleich zu fressen, nachdem es in das Becken gesetzt wurde? Erklären Sie.

durchsichtige Kunststoffabdeckung

Abb. 136.1 Untersuchungsgefäß für das Erkundungsverhalten bei Wüstenrennmäusen

5 ▪▪ Verhaltensweisen eines Goldhamsters

Sie benötigen

Goldhamster, Beobachtungskäfig mit Sägespänen, Heu oder Hamsterwolle, Papprolle, Futter (Salatblatt, Sonnenblumenkerne …)

Durchführung

Setzen Sie einen Goldhamster vorsichtig in den Beobachtungskäfig. Beobachten Sie ihn für etwa zehn Minuten. Halten Sie sowohl die Verhaltensweisen als auch die Häufigkeit, mit der sie gezeigt werden, in folgendem Protokoll fest:

Verhaltensweise	Häufigkeit
1 Aufrichten	I
2 Laufen	IIII
3 Scharren	
4 Ablecken	
5 Putzen mit den Vorderpfoten	
6 Putzen mit dem Hinterbein	
7 Schnuppern	̶H̶H̶
8 Koten	
9 Fressen	
10 Hamstern	
11 Futter transportieren	
12 Verstecken im Heu	
usw.	

Treten noch weitere Verhaltensweisen auf, so ergänzen Sie das Protokoll.

Aufgaben

a) Werten Sie Ihr Protokoll aus. Stellen Sie Ihre Ergebnisse z. B. im Säulendiagramm dar.

b) Stellen Sie für den Goldhamster einen Steckbrief wie bei den Rennmäusen auf. Ergänzen Sie dabei Hinweise zur artgerechten Haltung.

6 ■■■ Beobachtungen bei Primaten im Zoo

Vorbereitung

Informieren Sie sich vor Ihrem Zoobesuch über die dort gehaltenen Primatenarten. Lassen Sie sich wenn möglich von der Tierpflegerin oder dem Tierpfleger die Bedeutung der Mimik und der verschiedenen Körperhaltungen der Tiere erklären. Wählen Sie dann fünf oder sechs Arten aus, die Sie in Gruppen (4 bis 6 Schüler) beobachten. Dabei sollte vor allem das Sozialverhalten von Menschenaffen untersucht werden. Nehmen Sie sich für die erste Beobachtung 20 bis 30 Minuten Zeit. Machen Sie dann eine Pause und beobachten Sie später noch einmal etwa 30 Minuten lang.

Aufgaben für die 1. Beobachtung

Versuchen Sie, einzelne Verhaltensweisen wie Fortbewegung, Nahrungsaufnahme, Rangordnungsverhalten, Eltern-Kind-Beziehungen und Aggressionsverhalten zu unterscheiden. Notieren Sie sich Stichpunkte zur Fortbewegung und Nahrungsaufnahme.

Aufgaben für die 2. Beobachtung

Versuchen Sie, Häufigkeit, handelnde Tiere und Auslöser für bestimmte Verhaltensweisen genauer zu beobachten. Führen Sie dazu ein Protokollblatt mit Strichlisten. Arbeiten Sie dabei in Zweiergruppen.
Mögliche Fragen könnten sein:
Wie oft haben welche Tiere Kontakt miteinander?
Zeigen bestimmte Tiere mehr Imponier- bzw. Demutsverhalten als andere?
Wie viele Körperkontakte gibt es zwischen Mutter und Kind?
Welches Jungtier spielt mit wem und wie lange?

Sie können für Ihre Beobachtungen auch weitere Schwerpunkte festlegen und einige Verhaltensweisen fotografieren oder filmen.

Auswertung der Exkursion

Sammeln Sie Ihre Beobachtungsergebnisse und werten Sie sie in der Gruppe aus. Fassen Sie die Ergebnisse in einem Kurzreferat für den Kurs zusammen und stellen Sie sie vor. So haben Sie zum Schluss einen Vergleich über Fortbewegung, Nahrungsaufnahme und Sozialverhalten bei mehreren Primatenarten. Stellen Sie Verhaltensweisen heraus, die in ähnlicher Form auch beim Menschen zu beobachten sind. Sie können Ihre Ergebnisse auch als Poster präsentieren.

Abb. 137.1 A Nahrungssuche mit Werkzeuggebrauch; B Drohen; C Soziale Fellpflege (Grooming); D Spielverhalten

Evolution

Im Jahr 1831 brach das englische Schiff H. M. S. Beagle zu einer fünfjährigen Expedition nach Südamerika auf. Es sollte die Küste dieses Kontinents kartieren. Außerdem sollten naturkundliche Studien durchgeführt werden. Deshalb befand sich auch ein Naturwissenschaftler an Bord, der 22-jährige CHARLES ROBERT DARWIN. Dieser untersuchte Pflanzen und Tiere in ganz unterschiedlichen Lebensräumen, zum Beispiel im tropischen Regenwald, in der Tundra Feuerlands und auf den Galapagos-Inseln im Pazifik. Er konnte auch fossile Überreste ausgestorbener Arten mit heute lebenden ähnlichen Arten vergleichen und nicht nur Gemeinsamkeiten, sondern auch erstaunliche Abwandlungen feststellen. Seine Studien führten ihn zu der Einsicht, dass sich alle lebenden Arten aus früher existierenden Arten entwickelt haben. Für den Evolutionsvorgang lieferte CHARLES DARWIN eine ursächliche Erklärung und erarbeitete damit eine wesentliche theoretische Grundlage der gesamten Biologie: Mithilfe der Evolutionstheorie lassen sich alle Eigenschaften der Lebewesen erklären, auch der Bau des menschlichen Körpers und sogar manche Verhaltensweisen des Menschen.

Die abgebildete Meerechse lebt auf den Galapagos-Inseln. Die Männchen dieser Echse werden 1,3 m lang, die Weibchen 60 cm. Ihre Vorfahren gelangten – vermutlich mit treibenden Baumstämmen – vom südamerikanischen Festland auf die Vulkaninseln. So waren sie geografisch von der Festlandpopulation getrennt und es bestand kein gemeinsamer Genpool mehr.

Die Galapagos-Inseln gelten als »Schaufenster der Evolution«. Neben den Meerechsen fand CHARLES DARWIN hier weitere Belege für die Entstehung von Unterarten und Arten, zum Beispiel bei Finken und Schildkröten. DARWINS Vermutung, dass alle 14 Arten der Galapagosfinken von einer Ausgangsart abstammen und unterschiedlich alt sind, ließ sich durch moderne molekularbiologische Untersuchungen des Cytochrom-b-Gens belegen.

1 Mechanismen der Evolution

Im Jahre 1967 wurde in Kanada ein kleiner Kater ohne Fell geboren. Als er geschlechtsreif war, verpaarte man ihn mit seiner eigenen Mutter, um mehr nackte Katzen zu erhalten. Die Nachkommen wurden mit Amerikanischen Kurzhaar-Katzen gekreuzt. Innerhalb weniger Jahre führte die Züchtung zu der neuen Rasse der Sphinx-Katzen (Abb. 140.1 B). Diese besitzen keine Tasthaare am Kopf und nur an wenigen Körperstellen etwas Fell, z. B. am Schwanz. Ihre Haut ist allein von einem feinen Haarflaum überzogen. Aus diesem Grund sind Sphinx-Katzen besonders empfindlich gegen Kälte und UV-Licht und daher stets auf eine warme Wohnung sowie den Schutz vor direkter Sonneneinstrahlung angewiesen. Nur die dauernde Betreuung durch den Menschen sichert diesen Katzen die nackte Existenz. Sie könnten also in der freien Natur nicht überleben wie etwa die zahlreichen verwilderten Hauskatzen in den Städten.

Neue Rassen von Haustieren lassen sich in relativ kurzer Zeit züchten. Bedingung dafür sind zufällige Änderungen des Erbgutes, die sich in neuartigen Eigenschaften des Phänotyps ausprägten. Außerdem ist die gezielte Auslese von Individuen mit erwünschten Eigenschaften durch einen Züchter erforderlich.

Auch in der Natur ist im Laufe der Stammesgeschichte eine ungeheuere Vielfalt verschiedener Arten von Katzen entstanden. Ursachen dafür sind ebenfalls sowohl zufällige Erbgutänderungen als auch Auslese. Natürliche Auslese erfolgt jedoch, im Gegensatz zur Züchtung, nicht zielgerichtet: In der Natur können sich nur solche Lebewesen fortpflanzen, die bis zum Eintritt der Geschlechtsreife überleben. Organismen, denen überlebenswichtige Eigenschaften im Phänotyp fehlen, ist diese Möglichkeit verbaut. Folglich wäre das felllose Kätzchen, hätte es eine verwilderte Stadtkatze in Kanada zur Mutter gehabt, lange vor der Geschlechtsreife gestorben. Dagegen kann für den heutigen Menschen der Verlust des Fells bei den Vorfahren kein Überlebens- bzw. Fortpflanzungshemmnis gewesen sein.

Dass Erbänderung und natürliche Auslese Triebfedern der Evolution sind, ist eine Kernaussage der Evolutionstheorie. Die Mechanismen der Evolution sollen im Folgenden dargestellt und begründet werden.

Die folgenden Fragen werden behandelt:
- Was verstehen Biologen unter einer Art?
- Welche Faktoren bestimmen die Evolution?
- Was versteht man unter Coevolution?
- Wie ändern Gendrift und Flaschenhalseffekt einen Genpool?
- Unter welchen Bedingungen entstehen neue Arten?
- Wie wird in der Natur der Fortpflanzungserfolg gesichert?
- Welche Belege für die Evolution liefern Molekularbiologie und Verhaltensbiologie?

Abb. 140.1 Hauskatzen.
A normal behaartes Tier; B Sphinx-Katze

1.1 Artbegriff und Genpool

Das Landkärtchen ist ein einheimischer Schmetterling, dessen Flügelunterseiten mit einem Netz feiner Linien überzogen sind, deren Muster an Landkarten erinnert. Dieser Falter bildet zwei Generationen im Jahr aus, die sich im Aussehen stark unterscheiden: eine bräunlich rote Frühlingsform und eine dunkelbraune Sommerform (Abb. 141.1). Von LINNÉ wurden sie deshalb noch als zwei Arten beschrieben und mit unterschiedlichen wissenschaftlichen Namen belegt.

Die Zuordnung zu einer Art nahm CARL VON LINNÉ aufgrund von Merkmalen des Körperbaus vor. Nach diesem **morphologischen Artbegriff** gehören diejenigen Lebewesen zu einer Art, die in wesentlichen Körpermerkmalen untereinander und mit ihren Nachkommen übereinstimmen. Bei Pflanzen zählen z. B. Eigenschaften des Blütenbaus zu den wesentlichen Merkmalen (Abb. 141.2). Bei der Festlegung »wesentlicher« Merkmale geht man allerdings nicht ohne eine gewisse Willkür vor, außerdem gelingt es nicht immer, anhand des äußeren Erscheinungsbildes Organismen klar und eindeutig einer Art zuzuordnen, wie das Beispiel des Landkärtchens zeigt.

In dieser Hinsicht bedeutete der von ERNST MAYR (1904–2005) befürwortete **biologische Artbegriff** einen wesentlichen Fortschritt. Danach versteht man unter einer Art eine Population, deren Individuen sich untereinander fortpflanzen und durch Fortpflanzungsschranken von anderen Populationen isoliert sind. Zu den Fortpflanzungsschranken gehören z. B. die artspezifischen Gesänge der Singvögel.

Die Erkenntnisse der Populationsgenetik, die sich mit der Verteilung der Allele in Populationen beschäftigt, unterstützen die DARWIN'sche Evolutionstheorie. Die Gesamtheit der Allele einer Population wird als **Genpool** bezeichnet. Er bleibt unter den folgenden Voraussetzungen konstant: Es treten keine Mutationen auf, alle Individuen sind für die gegebene Umwelt gleich gut geeignet und die Wahrscheinlichkeit für die Paarung beliebiger Partner ist gleich groß; die Population ist sehr groß, der Genpool bleibt daher auch beim Zu- oder Abwandern oder Tod einzelner Individuen praktisch konstant. Nach dem **populationsgenetischen Artbegriff** wird eine Art als eine Population definiert, deren Genpool von den Genpools anderer Arten getrennt ist.

Auch Fossilien kann man unterschiedlichen Arten zuordnen. Da Kreuzungsversuche in solchen Fällen ausgeschlossen sind, kann in der Paläontologie nur ein morphologischer Artbegriff verwendet werden. Nicht selten sind allerdings wesentliche Merkmale, die nach gängiger Lehrmeinung bei heute lebenden Organismen eine Art bestim-

men, an den Fossilresten nicht erhalten. Daher kennzeichnen manchmal zufällig erhaltene morphologische Eigenschaften den **paläontologischen Artbegriff**, wie z. B. ein Blattabdruck anstelle des normalerweise zur Artbestimmung verwendeten Blütenbaus.

Abb. 141.1 Landkärtchen. A Frühlingsform; B Sommerform

Abb. 141.2 Historisches Ordnungssystem auf der Basis von Gestaltmerkmalen

1.2 Mutation und Rekombination

Veränderungen des Genpools kommen durch zufällig auftretende Mutationen zustande. Nur Mutationen liefern neue Allele. Auch durch sexuelle Rekombination wird die Variabilität einer Population erhöht, und zwar ohne Veränderung des Genpools.

Unter einer **Mutation** versteht man eine Veränderung der Nucleotidsequenz der DNA. So kommt es beispielsweise bei der Replikation der DNA immer wieder zu Fehlern. Davon betroffen sind auch jene DNA-Bereiche, die keine genetische Information tragen. Mutationen sind häufige Ereignisse: Beispielsweise trägt beim Menschen jeder dritte bis vierte Gamet (Eizelle oder Spermium) eine neue Mutation. Allerdings kommt nur ein kleiner Teil dieser genetischen Veränderungen auch im Phänotyp zum Ausdruck. Beispielsweise lässt sich eine Mutation, die zum Albinismus führt, beim Menschen und vielen Tierarten beobachten. Dabei können Pigmente für Haut oder Federn nicht gebildet werden (Abb. 142.1). Aufgrund ihres Phänotyps, der sie für Fressfeinde besonders auffällig macht, werden albinotische Tiere in der Natur schnell entdeckt und gefressen.

Eine Neukombination von Allelen führt ebenfalls zu neuen Genotypen. Diesen Vorgang bezeichnet man als **Rekombination.** Er erhöht die genetische Variabilität innerhalb einer Population und erweitert damit das durch Mutationen vorgegebene Spektrum an neuen Phänotypen.

Selbst innerhalb einer Population können verschiedenste Varianten auftreten (Abb. 142.2). Auf den ersten Blick sehen z. B. alle Zebras identisch aus. Tatsächlich trägt jedoch jedes Tier sein individuelles Streifenkleid (Abb. 142.3). Der Genpool einer Population verändert sich dadurch jedoch nicht. Rekombination erfolgt durch Zufallsverteilung der väterlichen und mütterlichen Chromosomen sowie durch Crossover während der Meiose.

Das Ausmaß der Variabilität in der Folgegeneration hängt von der Zahl unterschiedlicher Gameten ab. Beim Menschen ergeben sich allein durch die zufällige Verteilung der 23 homologen Paare von Chromosomen $2^{23} = 8\,388\,608$ verschiedene Kombinationsmöglichkeiten. Erhöht wird diese mögliche Anzahl der Rekombinanten noch durch Crossover. Die Anzahl der theoretisch möglichen Allelkombinationen übersteigt demnach die Zahl der Individuen einer Population um ein Vielfaches. Aufgrund der hohen Variabilität bei sexueller Fortpflanzung entstehen relativ häufig Individuen, die an veränderte Umweltbedingungen angepasst wären. Wenn sich nun Umweltbedingungen tatsächlich ändern, z. B. aufgrund zufälliger oder durch den Menschen verursachter Ereignisse, haben diese daran angepassten Individuen mit hoher Wahrscheinlichkeit viele Nachkommen. Dies ist ein Grund dafür, dass für die Evolution die geschlechtliche Fortpflanzung von überragender Bedeutung ist und sich beim überwiegenden Teil der Mehrzeller durchgesetzt hat. Demgegenüber spielt die ungeschlechtliche Fortpflanzung eine geringere Rolle.

Abb. 142.2 Unterschiedliche Phänotypen in einer Population von Muscheln

Abb. 142.3 Jedes Zebra besitzt ein individuelles Streifenkleid

Abb. 142.1 Albino-Eselspinguin in einer Brutkolonie

1.3 Natürliche Selektion

Ein Weibchen des Atlantischen Kabeljaus (Abb. 143.2) kann pro Jahr bis zu fünf Millionen Eier ablaichen. Die Nachkommen eines einzigen Kabeljaupaares könnten innerhalb von sechs Jahren den Atlantik vollständig ausfüllen, wenn sie sich mit der maximal möglichen Rate fortpflanzen würden. CHARLES DARWIN erkannte, dass die von ihm untersuchten Arten mehr Nachkommen erzeugen, als selbst wieder zur Fortpflanzung kommen können. Auch stellte er fest, dass die Individuenzahl dieser Arten über längere Zeiträume konstant blieb. Außerdem beobachtete DARWIN, dass die meisten Organismen Merkmalsunterschiede aufweisen und ihren Eltern nicht vollständig gleichen. Aus diesen Befunden schloss er, dass die Variabilität der Organismen in einer ungleichen Überlebens- und Fortpflanzungsfähigkeit zum Ausdruck kommt: Nur diejenigen Individuen, die am besten an die jeweils herrschenden Umweltbedingungen angepasst sind, erreichen das Fortpflanzungsalter. Die Begünstigung von Organismen, die am besten an ihre Umwelt angepasst sind, nannte DARWIN **natürliche Selektion** (natürliche Auslese).

Wegen mangelnder Angepasstheit, z. B. an das Nahrungsangebot, sterben viele Individuen, ehe sie sich fortpflanzen, andere haben nur wenige Nachkommen. Die am besten angepassten Individuen haben dagegen einen relativ hohen Fortpflanzungserfolg; sie tragen mit ihren Allelen demnach mehr zum Genpool der folgenden Generation bei als die weniger angepassten. Durch natürliche Selektion wird also der Anteil von Allelen am Genpool einer Population verändert.

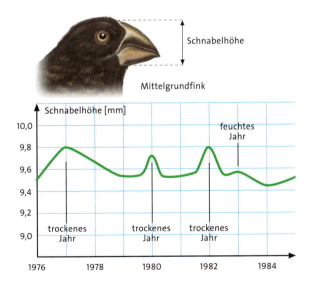

Abb. 143.1 Gerichtete Selektion für die Schnabelgröße bei einer Grundfinkenpopulation der Galapagos-Inseln

Abb. 143.2 Atlantischer Kabeljau

Die natürliche Auslese ist zu unterscheiden von der **künstlichen Selektion.** Diese nutzt der Mensch seit mehreren Tausend Jahren zur Veränderung von Haustieren und Kulturpflanzen. Dabei wählt er nur solche Individuen zur Weiterzucht aus, die von ihm gewünschte Merkmalskombinationen aufweisen.

Selektion und reproduktive Fitness. Die natürliche Selektion kann nachträglich anhand der unterschiedlichen Nachkommenzahl der Individuen festgestellt werden. Die Eignung eines Genotyps, mit seinen Allelen möglichst häufig im Genpool der folgenden Generation vertreten zu sein, nennt man dessen **reproduktive Fitness,** kurz Fitness oder Tauglichkeit. In diesem Zusammenhang wird deutlich, dass die Begriffe »Kampf ums Dasein« sowie »Überleben des Stärksten« irreführend sind, da Fortpflanzungserfolge nur selten auf körperliche Auseinandersetzungen zurückzuführen sind. Darüber hinaus lässt das Überleben eines Einzelorganismus noch keine Aussage bezüglich der Anzahl seiner Nachkommen zu. Die reproduktive Fitness wird vielmehr durch eine ganze Reihe von Faktoren beeinflusst, wie z. B. Lebenserwartung, Fruchtbarkeit und die Fähigkeit einen Geschlechtspartner zu finden. Beispielsweise ist die reproduktive Fitness eines unfruchtbaren Hirsches gleich null, selbst wenn sich dieses Tier als besonders kräftig und langlebig erweisen sollte.

Durch Selektion bleiben vorteilhafte Genotypen erhalten oder ihre Anzahl nimmt sogar zu. Die Anzahl der Genotypen mit geringer Fitness nimmt dagegen ab. Die Gesamtpopulation enthält also auch Genotypen, deren Fitness nicht den Maximalwert erreicht. Das ist Voraussetzung dafür, dass Evolution stattfinden kann. Hätten nämlich alle Individuen die gleiche Fitness, so gäbe es keine genetische Variabilität und damit keine Selektion; Evolution wäre ausgeschlossen.

Stabilisierende Selektion. In einer Population, die über viele Generationen hinweg in einer gleichbleibenden Umwelt lebt, werden neu auftretende Mutanten mit nachteiligen Merkmalen ständig beseitigt. Beispielsweise bewirken bei flugfähigen Vögeln längere oder kürzere Flügel im Vergleich zu Flügeln mit Ideallänge veränderte aerodynamischen Eigenschaften. Dies führt z. B. zu Nachteilen bei der Flucht oder bei der Futterbeschaffung. Bei Sperlingen konnte beobachtet werden, dass Tiere mit sehr langen oder sehr kurzen Flügeln bei Stürmen relativ oft getötet werden. Diese **stabilisierende Selektion** erhält Merkmale, die in einer konstant bleibenden Umwelt günstig sind. Es kommen bevorzugt Individuen ohne extreme Merkmale zur Fortpflanzung. So wird der Genpool stabilisiert und die Variabilität der Population konstant gehalten (Abb. 144.1 A).

Transformierende Selektion. Der Mittlere Grundfink (Abb. 143.1) auf einer Insel des Galapagos-Archipels ist durch seinen hohen, kräftigen Schnabel als Samenfresser gekennzeichnet. Dabei bevorzugt er leicht zu knackende, kleine Samen. In Jahren mit genügend Regen werden kleine Samen in großer Anzahl gebildet, während diese in trockenen Jahren eher selten sind. Der Grundfink muss dann auf die größeren, dickwandigeren Samen ausweichen. Dies wirkt sich auf die Schnabelhöhe der Grundfinkenpopulation aus: Bereits in der Folgegeneration kann man vermehrt Individuen mit einer vom Mittelwert abweichenden, größeren Schnabelhöhe feststellen. Bei sich ändernden Umweltbedingungen werden Phänotypen begünstigt, die zuvor in bestimmten

Merkmalen vom Mittelwert der Population abwichen. Diese **gerichtete** oder **transformierende Selektion** verändert also in der Population die Häufigkeit von Merkmalen und damit den Genpool (Abb. 144.1 B).

Aufspaltende Selektion. Bei den Buntbarschen, einer artenreichen Familie der Knochenfische, kann man im Hinblick auf die Körperform extreme Varianten beobachten. Abweichend von der typisch spindelförmigen Fischgestalt findet man z. B. stark seitlich abgeplattete Arten, die zwischen Stelzwurzeln Schutz und Nahrung suchen. Andere Arten leben in Felsspalten; sie haben einen stabartig verlängerten Körper. Von **aufspaltender Selektion** spricht man, wenn die ursprünglich häufigsten Phänotypen besonders stark zurückgehen. Von dieser Art der Selektion werden Phänotypen mit extremen Merkmalen begünstigt (Abb. 144.1 C).

Bei den Buntbarschen der ostafrikanischen Seen führten Unterschiede in spezifischen Körpermerkmalen, beispielsweise der Größe, dazu, dass die verschiedenen Varianten unterschiedliche Nahrungsquellen erschließen konnten. Kamen weitere Faktoren hinzu, etwa starker Feinddruck oder Krankheiten, so konnte die aufspaltende Selektion so weit gehen, dass sich deutlich unterschiedliche ökologische Nischen entwickelten und sich die Populationen schließlich vollständig trennten. Dann findet eine Rückkehr zum ursprünglichen Zustand der Population meist nicht mehr statt. Ohne komplette Trennung der Populationsteile kann es dazu kommen, dass der Ausgangszustand wiederhergestellt wird, sobald sich die Umweltbedingungen wieder ändern.

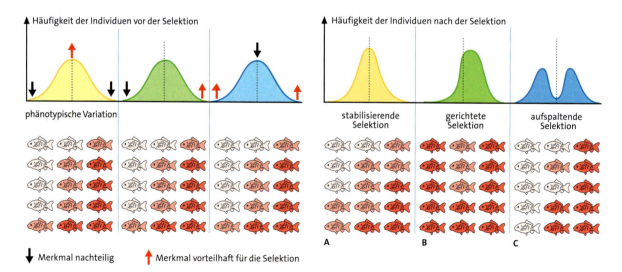

Abb. 144.1 Formen der Selektion. **A** stabilisierende Selektion; **B** gerichtete Selektion; **C** aufspaltende Selektion

1.4 Selektionsfaktoren und ihre Wirkungen

Auf den Kerguelen, einer kleinen vulkanischen Inselgruppe im südlichen Indischen Ozean, findet man Fliegen- und Schmetterlingsarten, deren Flügel so stark rückgebildet sind, dass die Tiere nicht mehr fliegen können (Abb. 145.1). Mutanten mit verkümmerten Flügeln haben auf diesen Inseln, die häufig starken Stürmen ausgesetzt sind, einen Selektionsvorteil, da fliegende Insekten bei diesen Bedingungen häufig auf das Meer hinausgetrieben werden und so umkommen. Wind kann also den Fortpflanzungserfolg beeinflussen. Er wirkt als **abiotischer Selektionsfaktor.**

Weitere Beispiele für abiotische Selektionsfaktoren sind Gifte, die der Mensch gegen Schädlinge oder Krankheitserreger einsetzt. Sowohl der Einsatz von Insektiziden als auch von Antibiotika führt durch natürliche Selektion zur Herausbildung von Populationen, die nur noch aus resistenten Individuen bestehen: Bereits vor dem Gifteinsatz vorhandene, zufällig entstandene resistente Mutanten überleben und vermehren sich. Weder Insektizide noch Antibiotika erzeugen direkt Resistenzen, sondern sie wirken indirekt als Selektionsfaktoren.

Andere Lebewesen wirken als **biotische Selektionsfaktoren.** Man unterscheidet die zwischenartliche Selektion, beispielsweise durch Fressfeinde oder Parasiten, von der innerartlichen Selektion durch Artgenossen.

Der Birkenspanner ist ein Nachtfalter, der tagsüber auf Bäumen mit heller Borke, wie z. B. Birken, zu finden ist (Abb. 145.2). Er besitzt weißlich gemusterte Flügel und ist daher vor seinen Fressfeinden gut getarnt. In Birkenspannerpopulationen treten immer wieder dunkel gefärbte Mutanten auf, die sich jedoch auf den Stämmen der Bäume deutlich abzeichnen und von Vögeln daher bevorzugt gefressen werden. Als sich mit der Industrialisierung und damit einhergehenden veränderten Umweltbedingungen die Borke der Bäume durch Ruß dunkler färbte und auf den Bäumen wachsende helle Flechten abstarben, wurden die dunkel gefärbten Birkenspanner häufiger. In den Industriegebieten Mitteleuropas, Großbritanniens und Nordamerikas wurde deshalb in wenigen Jahrzehnten die helle Ausgangsform fast vollständig verdrängt. Eine Mutation, die eine gesteigerte Produktion des Farbstoffes Melanin zur Folge hatte und sich nur auf die Körperfarbe auswirkte, lieferte die genetische Voraussetzung. Der durch die Fressfeinde konstant ausgeübte Selektionsdruck bewirkte bei veränderten Umweltbedingungen die Veränderung des Genpools. Dieses Phänomen, das Industriemelanismus genannt wird,

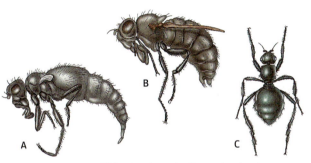

Abb. 145.1 Flugunfähige Insekten der Kerguelen-Inseln.
A Tangfliege; **B** Weitmaulfliege; **C** Dungfliege

Abb. 145.2 Helles und dunkles Exemplar des Birkenspanners auf einem Birkenstamm

Abb. 145.3 Sexualdimorphismus beim Hirschkäfer: Männchen (links) und Weibchen (rechts)

ist ein Beispiel für **zwischenartliche Selektion**. Bedingt durch eine Verbesserung der Luftqualität geht seit mehreren Jahrzehnten der Anteil an dunkel gefärbten Varianten wieder zurück.

Bei den größten europäischen Käfern, den Hirschkäfern, kämpfen konkurrierende Männchen unter Verwendung ihrer geweihartig vergrößerten Mundwerkzeuge miteinander. Die Konkurrenz um Nahrung, Reviere oder Geschlechtspartner führt zu **innerartlicher Selektion**. Auch bei vielen anderen Tierarten wird diese Konkurrenz in Form von Rangordnungskämpfen ausgetragen. Schwächere Tiere haben geringere Fortpflanzungschancen als stärkere, tragen also weniger zum Genpool der Folgegeneration bei. Die Konkurrenz um Geschlechtspartner wirkt sich auch auf Geschlechtsmerkmale aus, die als sexuelle Auslöser dienen. Bei vielen Tieren entwickelten sich im Verlauf der Stammesgeschichte deutliche Unterschiede in den sekundären Geschlechtsmerkmalen. Das abweichende Erscheinungsbild von Männchen und Weibchen bezeichnet man als **Sexualdimorphismus** (Abb. 145.3). Dieser äußert sich z. B. in einem deutlichen Größenunterschied, in der Ausbildung besonders auffallender Farben oder Signalstrukturen, wie langer, bunter Federn beim Pfau bzw. mächtiger Hörner oder Geweihe bei Wiederkäuern. Damit verbunden sind häufig Imponierverhalten und aufwändige Balzzeremonien. Weibchen bevorzugen meistens besonders eindrucksvolle Männchen, es kommt zur **sexuellen Selektion**.

Coevolution. Die epiphytische Orchidee *Angraecum sesquipedale* aus dem Regenwald Madagaskars besitzt Blüten mit einem bis über 30 cm langen Sporn, in dem Nektardrüsen liegen (Abb. 146.1 A). DARWIN sagte voraus, dass ein Insekt mit einem entsprechend langen Saugrüssel existieren müsse, das aus dieser Orchidee Nektar sauge und dabei die Blüten bestäube. Zu Beginn des 20. Jahrhunderts entdeckte man einen entsprechenden Nachtfalter aus der Familie der Schwärmer (Abb. 146.1 A); er erhielt den Namen *Xanthopan morgani praedicta* (lat. *praedictus* vorhergesagt). Der lange Rüssel ist durch die Selektion begünstigt, weil der Schmetterling dadurch nicht zu nahe an die Blüte heranfliegen muss. So ist der Falter vor Feinden geschützt, wie z. B. Jagdspinnen, die auf der Pflanze lauern können (Abb. 146.1 B). Insekten mit langen Rüsseln berühren allerdings die Pollensäcke von Blüten mit kurzem Sporn nicht und bestäuben sie deshalb auch nicht. Daher begünstigt die Selektion zugleich die Entwicklung des langen Sporns.

Die gegenseitige evolutive Beeinflussung zweier Arten, die zu wechselseitiger Anpassung führt, nennt man **Coevolution**. Viele Beispiele dafür findet man bei den Wechselbeziehungen zwischen Blütenpflanzen und ihren Bestäubern. Die wichtigsten Bestäuber sind Insekten, manche Pflanzenarten werden von Vögeln oder Fledermäusen bestäubt. Die Coevolution hat zur großen Artenvielfalt von Blütenpflanzen und Insekten geführt. Die Blüten sind in Gestalt, Duft und Färbung an die bestäubenden Insekten angepasst, die Insekten an bestimmte Blüten im Bau der Mundwerkzeuge, der Sinnesorgane und im Verhalten.

Abb. 146.1 **A** Orchidee *Angraecum sesquipedale* und ihr Bestäuber *Xanthopan morgani praedicta*; **B** Schwärmer und Jagdspinne

Andere Beispiele für Coevolution findet man in der gegenseitigen evolutiven Beeinflussung von Parasiten und ihren Wirten sowie von Pflanzen und Tieren und ihren jeweiligen Fressfeinden.

In einer Biozönose stehen die Arten in Wechselbeziehungen. Daher wirkt sich jeder Evolutionsschritt einer Art auch auf andere Arten aus, weil sich die Bedingungen der zwischenartlichen Selektion verändern. So gesehen ist Evolution immer auch Coevolution.

Tarn- und Warntrachten. Der Eisfuchs, der in der Arktis lebt, ist im Winter weiß wie Schnee, im Sommer besitzt er ein dunkler gefärbtes Fell. Der Wüstenfuchs ist gelblich bis hellbraun wie Sand, und viele Heuschrecken sind grün oder braun gefärbt wie das Gras, in dem sie sich aufhalten. Alle diese Tiere weisen eine **Tarnfärbung** auf.

Die Nachahmung eines Gegenstandes oder eines Lebewesens zur Tarnung bezeichnet man als **Mimese** (gr. *mimesis* Nachahmung). Dadurch können Fressfeinde getäuscht werden. So ahmt z. B. der Birkenspanner die Zeichnung von Borke nach (Abb. 145.2), Stabschrecken und Spannerraupen gleichen einem Zweig und bestimmte Zikaden einem Pflanzenstachel. Der an der Südküste Australiens beheimatete Große Fetzenfisch (Abb. 147.1) tarnt sich mithilfe zahlreicher lappiger Auswüchse. Er imitiert damit schwimmende Tange, zwischen denen er nur schwer zu entdecken ist. Der mit ausgebreiteten Flügeln sehr farbenprächtige Schmetterling *Kallima* (Abb. 147.2) gleicht mit zusammengefalteten Flügeln einem dürren Laubblatt. Er ahmt mit seinen Flügelunterseiten nicht nur Form und Farbe des Blattes, sondern sogar Blattadern und Fraßstellen perfekt nach.

Abb. 147.1 Großer Fetzenfisch

Abb. 147.2 Blattschmetterling *Kallima.* **A** Ruhestellung mit zusammengefalteten Flügeln; **B** Falter mit ausgebreiteten Flügeln

Abb. 147.3 Warnfärbungen.
A Pfeilgiftfrosch; **B** Korallenschlange

Auffällige Zeichnungen oder Farben, die Fressfeinde abschrecken, bezeichnet man als **Warntracht**. Schwarzgelbe und schwarzrote Farbkombinationen sind dabei häufig anzutreffen. Sie kommen z. B. bei Wespen und dem Feuersalamander sowie bei zahlreichen tropischen Pfeilgiftfröschen und Korallenschlangen vor (Abb. 147.3). Alle diese Lebewesen sind giftig und besitzen somit gewissermaßen einen chemischen Schutz vor Fressfeinden.

Mimikry. Die Nachahmung eines anderen Tieres zur Täuschung oder Abschreckung bezeichnet man als **Mimikry** (engl. *mimic* nachahmen). So ahmen manche Schwebfliegenarten die Warntracht von Wespen nach. Sie werden daher von Insekten fressenden Vögeln nicht gefangen, die schon eine schlechte Erfahrung mit einer Wespe gemacht haben. Der in Mitteleuropa vorkommende Hornissenschwärmer (Abb. 148.2) ist ein Schmetterling, der mit seiner schwarzgelben Färbung und seinen durchsichtigen, nur am Rand mit Schuppen besetzten Flügeln Hornissen imitiert. Die Mimikry betrifft manchmal nicht nur Gestalt oder Färbung, sondern es können auch bestimmte Verhaltensweisen wie Körperhaltung und Fortbewegung der Täuschung dienen: So faltet beispielsweise der Hornissenschwärmer seine Flügel neben dem Hinterleib zusammen, nicht – wie bei Schmetterlingen üblich – über dem Hinterleib. Die Zahl der Nachahmer darf allerdings nicht zu groß werden; denn wenn ein Fressfeind zuerst auf mehrere Nachahmer trifft, verliert der Schutz seine Wirkung. Je häufiger die Nachahmer sind, desto geringer ist ihre Fitness.

Bei den Ragwurz-Arten dient die Mimikry der Bestäubung. Die Blüten dieser Orchideen ahmen in Gestalt, Färbung und Geruch die Weibchen bestimmter Insektenarten nach (Abb. 148.1). Die Insektenmännchen werden dadurch angelockt und unternehmen auf den Blüten Begattungsversuche (Abb. 148.1 C). Dabei nehmen sie Pollen auf, tragen ihn zur nächsten Blüte und nehmen so die Bestäubung vor.

Ein weiteres Beispiel für Mimikry findet man in den Korallenriffen. Dort suchen Putzerfische Fische anderer Arten nach Parasiten ab. Dieses Verhalten wird von den Fischen geduldet. Der Putzer wird im Aussehen und Verhalten von einem räuberischen Schleimfisch nachgeahmt, der Fleischstücke aus anderen Fischen herausbeißt. Bei dieser Form der Mimikry wird vom Schleimfisch eine Tarnung benutzt, um Nahrung zu erbeuten. Auch der Kuckuck nutzt andere Arten aus; seine Eier sind häufig jenen der ausbrütenden »Wirtsvögel« in Form und Farbe angepasst.

Abb. 148.2 Hornissenschwärmer, ein Schmetterling

Abb. 148.1 Mimikry zur Bestäubung. **A** Blüte der Spiegelragwurz, eine Orchidee aus dem Mittelmeergebiet; **B** Gestalt, Färbung und Geruch der Ragwurzblüte (links) ähneln einem Dolchwespen-Weibchen (rechts); **C** Dolchwespen-Männchen führt Begattungsversuche durch

1.5 Gendrift

Die Zusammensetzung des Genpools einer Population kann sich von einer Generation zur nächsten selbst dann verändern, wenn weder neue Mutationen auftreten noch Selektion wirkt. Beträchtliche Teile einer Population können nämlich z. B. durch Unwetter oder Waldbrand plötzlich vernichtet werden. Dadurch können bestimmte Allele ganz verschwinden. In der Folge nimmt der überlebende kleinere Teil der Population die Stelle der verschwundenen Teilpopulation ein. So können der zufällige Tod bzw. das zufällige Überleben von Trägern bestimmter Gene für die Zusammensetzung des Genpools einer Population von Bedeutung sein. Solche zufallsbedingten Änderungen des Genpools bezeichnet man als **Gendrift**.

Gendrift ist in kleinen Populationen wirksamer als in großen. Dies zeigt ein Beispiel: In einer Population von 100 Individuen seien ein Viertel (25 Individuen) Träger eines Merkmals X, die auf ein bestimmtes Allel zurückzuführen ist. Nun gehen 50 Individuen zufällig zugrunde, darunter 20 Individuen mit X. In der Restpopulation sind also nur noch 5 , also ¹⁄₁₀ der ursprünglichen X-Individuen vorhanden. Der Tod der 50 Individuen führt zu einer Abnahme der Allelhäufigkeit von 25 % auf 10 %. Liegt dagegen eine Ausgangspopulation von 1000 Individuen vor, in der ein Viertel (= 250 Individuen) Träger von X ist, so bewirkt der zufällige Tod von 50 Individuen (davon 20 X-Individuen) lediglich eine Änderung von weniger als 1 %.

In kleinen Populationen sind daher das Auftreten von Umweltkatastrophen, aber auch Einflüsse des Menschen wie Bejagung oder Zerstörung des Lebensraumes von besonderer Bedeutung für die genetische Vielfalt. Kleine Populationen findet man z. B. bei Arten, die isoliert an nur einem Ort vorkommen. Ein Beispiel ist der Kakapo (Abb. 149.1 A), eine flugunfähige und nachtaktive Papageienart. Der Kakapo kommt lediglich noch in etwa 120 Exemplaren auf zwei Inseln vor der neuseeländischen Küste vor. Der Bestand war zwischenzeitlich auf etwa 20 Tiere gesunken, die genetische Variabilität ging drastisch zurück. Die genetische Verarmung und die damit verbundene Veränderung der Allelfrequenzen aufgrund eines Populationseinbruchs bezeichnet man als »genetischen Flaschenhals« (Abb. 149.2).

Beim Geparden, der als das schnellste Landwirbeltier der Welt gilt (Abb. 149.1 B), gab es offenbar vor etwa 10 000 Jahren einen vergleichbaren Zusammenbruch der Population. Die heute lebenden Tiere dieser Art sind sich infolgedessen genetisch sehr ähnlich, so wie man es ansonsten nur von Inzuchtlinien bei Haustieren kennt.

Ähnliche Verhältnisse findet man, wenn wenige Individuen einer Population, sogenannte Gründerindividuen, in einen neuen Lebensraum gelangen. Häufig ist dies bei Neubesiedelungen von Inseln der Fall, wie etwa bei den vulkanisch entstandenen Inseln des Galapagos- und des Hawaii-Archipels.

Einen Sonderfall stellt das Aussetzen von Wildtieren durch den Menschen dar. So sind sich die weit über 100 000 heute in Deutschland lebenden Waschbären genetisch sehr ähnlich. Die meisten von ihnen gehen auf lediglich zwei Waschbärpaare zurück, die 1934 in Hessen ausgesetzt wurden.

Abb. 149.1 Beispiele genetisch verarmter Tierarten infolge von Gendrift. **A** Kakapo (Eulenpapagei); **B** Gepard

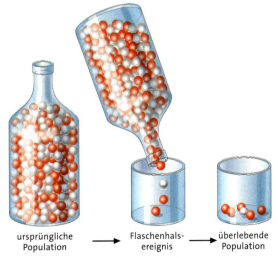

ursprüngliche Population → Flaschenhals-ereignis → überlebende Population

Abb. 149.2 Modell des Flaschenhalseffekts

1.6 Zusammenspiel der Evolutionsfaktoren

Die Gesamtheit der Gene aller Individuen einer Population nennt man den **Genpool**. Er bleibt unter folgenden Voraussetzungen konstant:

- Innerhalb der Population liegt keine Variabilität der Individuen vor oder die Variabilität ändert sich nicht. Es treten also keine Mutationen auf.
- Alle Individuen der Population sind an ihre Umwelt gleich gut angepasst, d. h. sie unterscheiden sich nicht in ihrer Fitness.
- Die Paarungswahrscheinlichkeit beliebiger Partner ist gleich groß. Somit spielt beispielsweise sexuelle Selektion keine Rolle.
- Zu- oder Abwanderung von Individuen und der Tod einzelner Individuen haben keine Auswirkungen auf die Zusammensetzung des Genpools.

Dies alles gilt nicht für eine natürliche Population, weshalb man dieses Modell als **ideale Population** bezeichnet. Allerdings kommen sehr große Populationen den geforderten Eigenschaften einer idealen Population recht nahe.

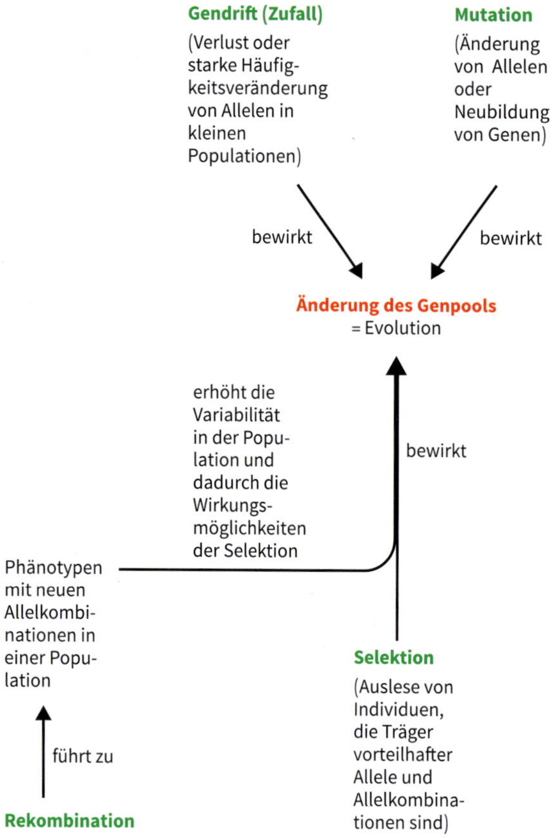

Jede Abweichung von den Voraussetzungen einer idealen Population erzeugt eine Veränderung des Genpools und damit einen kleinen Evolutionsschritt. Die Evolutionstheorie besagt, dass Evolution insbesondere durch das Zusammenwirken folgender Faktoren hervorgerufen wird (Abb. 150.1):

1. Durch Mutationen entstehen ständig neue Allele und damit neue Eigenschaften.
2. Infolge von Selektion vermehren sich vorteilhafte Phänotypen.
3. Durch den zufälligen Tod von Teilen einer Population können in kleinen Populationen bestimmte Allele durch Gendrift unwiederbringlich verloren gehen.

Für die Wirksamkeit von Mutation und Selektion ist weiterhin die Rekombination der Allele innerhalb des Genpools wichtig. Infolge der geschlechtlichen Fortpflanzung entstehen so immer wieder neue Allelkombinationen und somit Phänotypen, die der Selektion unterliegen. Die Neukombination der Allele führt zwar zu neuen Genotypen, der Genpool ändert sich dadurch aber nicht.

Neue Arten entstehen dadurch, dass der Genaustausch zwischen zwei Teilpopulationen unterbrochen wird. Diese Auftrennung des Genpools nennt man genetische Separation.

Erhaltung negativer Eigenschaften. Obwohl durch Selektion nur Individuen mit vorteilhaften Allelen ausgelesen werden, können sich auch negative Eigenschaften in einer Population erhalten.

Dies kann zum einen daran liegen, dass entsprechende Mutationen immer wieder neu entstehen. Das gilt z. B. für Trisomie 21 (S. 16). Die Betroffenen haben selten Nachkommen, geben das veränderte Genom also normalerweise nicht an die nächste Generation weiter. Obwohl Individuen mit Trisomie 21 also durch Selektion nicht begünstigt werden, bleibt die Erbkrankheit erhalten, weil die Mutation immer wieder auftritt.

Eine negative Eigenschaft kann auch dann erhalten, bleiben, wenn das betreffende Allel zugleich ein positives Merkmal hervorruft. Ein Beispiel beim Menschen ist die Sichelzellanämie. Diese Erbkrankheit ist Folge einer Genmutation. Die homozygoten Träger des mutierten Allels haben eine geringe Lebenserwartung. Dagegen leiden die Herozygoten nur bei Sauerstoffmangel unter der Krankheit. Zugleich sind sie resistent gegen Malaria; denn die Entwicklung der Malaria-Erreger ist in den abnormen Roten Blutzellen gestört. Die Vorteile des Sichelzell-Allels überwiegen in Malariagebieten. Dort haben Individuen mit Sichelzellanämie einen Selektionsvorteil. Deshalb konnte sich in diesen Gebieten diese Erbkrankheit ausbreiten.

Gendrift (Zufall)
(Verlust oder starke Häufigkeitsveränderung von Allelen in kleinen Populationen)

Mutation
(Änderung von Allelen oder Neubildung von Genen)

bewirkt · bewirkt

Änderung des Genpools
= Evolution

erhöht die Variabilität in der Population und dadurch die Wirkungsmöglichkeiten der Selektion

bewirkt

Phänotypen mit neuen Allelkombinationen in einer Population

Selektion
(Auslese von Individuen, die Träger vorteilhafter Allele und Allelkombinationen sind)

führt zu

Rekombination

Abb. 150.1 Zusammenwirken der Evolutionsfaktoren

1.7 Artbildung und Isolation

Allopatrische Artbildung. An den Rändern des Grand Canyons in Arizona leben zwei nahe verwandte Erdhörnchenarten derselben Gattung (Abb. 151.1). Während sich im Laufe von Jahrmillionen der Colorado River ins Gestein grub, kam es allmählich zu einer zunehmenden räumlichen Trennung einer Ausgangspopulation, bis die mitlerweile 1800 Meter tiefe Schlucht für die kleinen Nager schließlich ein unüberwindliches Hindernis darstellte. Diese zunehmende räumliche Trennung führte dazu, dass der Austausch von Individuen zwischen den entstandenen Teilpopulationen verringert und schließlich unterbrochen wurde. Werden seltener Individuen ausgetauscht, so wird auch der **Genfluss** geringer, nämlich der Austausch von Allelen zwischen zwei Teilpopulationen einer Art. Die räumliche Trennung führt allmählich zu einer Veränderung des Genpools, denn in den beiden Gruppen treten unterschiedliche Mutationen auf und die Selektion wirkt infolge ungleicher Umweltverhältnisse unterschiedlich. Wenn Allele nur noch sporadisch ausgetauscht werden, ändern sich in den Teilpopulationen mit der Zeit die Allelhäufigkeiten. Damit entstehen unterschiedliche genetische Varianten. Diese zeigen sich auch an den Phänotypen; es bilden sich unterschiedliche Rassen bzw. Unter-

arten. Sobald der Genfluss vollständig unterbrochen ist, kann der Genpool irgendwann durch eine Mutation aufgetrennt werden. Damit sind zwei getrennte Arten entstanden (Abb. 152.1).

Jede Auftrennung eines Genpools in zwei getrennte Genpools bezeichnet man als **genetische Separation** (Abb. 152.1 und 152.2). Ist diese vollzogen, zeigen die neuen Arten mit der Zeit immer mehr Merkmalsunterschiede. Infolge räumlicher Trennung war bei den Erdhörnchen schließlich keine gemeinsame Fortpflanzung der Individuen beider Populationen mehr möglich. Es kam zur Bildung zweier Arten. Diese Form der Artbildung aufgrund geographischer Isolation bezeichnet man als **allopatrisch** (gr. *allos* ein anderer, *patra* Vaterland). Dabei hängt es von der Ausbreitungsfähigkeit der Lebewesen ab, ob eine gegebene geografische Barriere ausreicht, um getrennte Teilpopulationen voneinander dauerhaft getrennt zu halten. Tiere, für die der Grand Canyon keine Barriere darstellt, haben sich am Nord- und Südrand nicht in verschiedene Arten aufgespalten.

Verschiedene geologische Prozesse wie z.B. Inselbildungen, das Entstehen von Gebirgszügen oder Wanderungen von Kontinenten können zu räumlicher Trennung führen, sodass der Austausch von Individuen zwischen Teilpopulationen verringert oder unterbrochen wird. Das

Abb. 151.1 Durch allopatrische Artbildung entstandene Erdhörnchenarten am Grand Canyon.
A *Ammospermophilus harrisi;* **B** *Ammospermophilus leucurus*

Ausmaß des Austausches hängt von der räumlichen Anordnung der Teilpopulationen ab; zwischen weit voneinander entfernten Teilpopulationen findet nur sehr selten ein Wechsel von Individuen statt. Die Wahrscheinlichkeit der Artbildung ist umso größer, je unterschiedlicher die Anpassung der Teilpopulationen verläuft.

So hat sich als Folge der letzten Eiszeit und damit verbundenen Vergletscherungen die Krähe im westlichen Europa zur Rabenkrähe, im östlichen Europa zur Nebelkrähe entwickelt, die jedoch noch als zwei Rassen angesehen werden (Abb. 152.2). Nach dem Rückzug des Eises wurden die eisfrei gewordenen Gebiete wieder besiedelt. Im Bereich der Elbe und bis zum Nord-Ostsee-Kanal überlappen sich heute die Verbreitungsgebiete der beiden Krähen; dort bilden sie auch fruchtbare Bastarde. Ebenfalls durch die Trennung während der Eiszeiten haben sich Sprosser und Nachtigall sowie Winter- und Sommergoldhähnchen zu echten Arten entwickelt (Abb. 152.2). Sie besiedeln heute zum Teil das gleiche Gebiet, eine Bastardbildung erfolgt nicht.

Weite Entfernungen zwischen den Randbereichen eines Verbreitungsgebietes einer Art führen infolge geringen Genflusses zwischen den verschiedenen Teilpopulationen zur Entwicklung von Rassen. So bildet die Kohlmeise drei Rassen: Die europäisch-sibirische, die südasiatische und die chinesische Rasse. Wo sich ihre Verbreitungsgebiete berühren, entstehen fruchtbare Bastarde. Nur in Ostasien, wo die chinesische auf die europäisch-sibirische Rasse trifft, erfolgt keine Bastardierung. Hier verhalten sich die Rassen wie zwei getrennte Arten.

Die etwa 3500 km vom nächsten Kontinent entfernten Hawaii-Inseln sind vulkanischen Ursprungs. Jede der Inseln wurde nach ihrer Entstehung von Lebewesen besiedelt, die z. B. mit Wind oder Meeresströmungen von anderen Inseln oder vom Festland auf die jeweils neu entstandenen Inseln verschlagen wurden. Während zwischen Teilpopulationen auf nahe gelegenen Inseln noch ein geringer Genfluss stattfinden kann, machen größere Strecken einen Genfluss unmöglich. Kleine Gruppen von **Gründerindividuen** repräsentieren den Genpool ihrer Stammpopulation nur unvollständig. Durch Gendrift (S. 149) und natürliche Selektion kann sich der Genpool einer kleinen, isolierten Population im Vergleich zur Ausgangspopulation erheblich verändern, sodass eine neue Art entsteht. So entstanden auf den Hawaii-Inseln, den Galapagos-Inseln und den Kanarischen Inseln, begünstigt durch das Fehlen von Konkurrenz, jeweils eigene Tier- und Pflanzenarten. Solche Arten, die nur in einem eng begrenzten Gebiet vorkommen, bezeichnet man als endemische Arten (gr. *endemos* einheimisch).

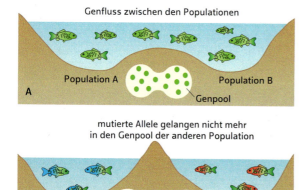

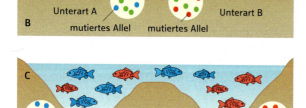

Abb. 152.1 Modell der Aufspaltung einer Art durch räumliche Trennung. **A** Genfluss vorhanden; **B** Isolation durch eine trennende Barriere; **C** genetische Separation

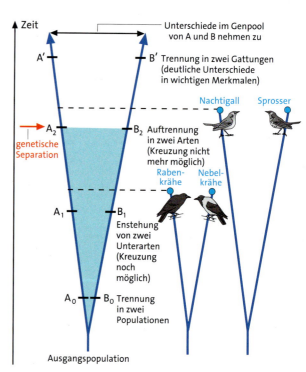

Abb. 152.2 Bildung von Rassen und Arten als Folge räumlicher Trennung

Sympatrische Artbildung. In den ostafrikanischen Seen haben die Buntbarsche eine große Zahl von Arten hervorgebracht (Abb. 153.1). Im Malawi-See sind es etwa 600. Viele davon sind im Verlauf von etwa 15 000 Jahren entstanden, die Artbildung verlief also sehr rasch. Man kann beobachten, dass sich Weibchen nahe verwandter Buntbarscharten nur mit den typisch gefärbten, artgleichen Männchen paaren. Geht man nun von einer ursprünglich überwiegend einfarbigen Ausgangspopulation von Buntbarschen aus, kann sich eine Auftrennung des Genpools dadurch ergeben, dass sich Weibchen bevorzugt oder ausschließlich mit Männchen paaren, die auf Grund einer Mutation eine ganz bestimmte neue Färbung zeigen. Der Farbunterschied wird dabei durch sexuelle Selektion verstärkt, da sich die Weibchen bevorzugt mit den Männchen paaren, die sich farblich am deutlichsten von den anderen Männchen unterscheiden. Dabei stellt die Paarungspräferenz der Weibchen die entscheidende Fortpflanzungsbarriere dar, welche die Genpools der verschiedenen Arten getrennt hält. Ein weiterer wichtiger Faktor bei der Artbildung der Buntbarsche war die Bildung verschiedener ökologischer Nischen. Durch zufällige Rekombinationen und Mutationen entstanden in der ursprünglichen Buntbarschpopulation eines Sees verschiedene Anpassungsformen, die unterschiedliche Nahrungsquellen nutzten und somit jeweils eine neue ökologische Nische bildeten. Somit entgingen sie der innerartlichen Konkurrenz. Durch Selektion auf bestimmte Ernährungsformen und andere Lebensbedingungen wurden die Teilpopulationen ökologisch isoliert. Schließlich führten Mutationen zu einer Fortpflanzungsschranke, und damit war die Artbildung erfolgt.

Entstehen in einem Lebensraum ohne geographische Isolation zwei neue Arten durch Ausbildung einer biologischen Fortpflanzungsschranke, spricht man von **sym**patrischer Artbildung (gr. *sym* zusammen, *patra* Vaterland). Diese wirkt vor allem dann, wenn ein Lebensraum von wenigen Arten besiedelt wird und daher noch zahlreiche ökologische Nischen gebildet werden können. Das ist z. B. nach der Neubesiedlung von Inseln oder Seen der Fall. Auch im Tanganjika-See bildeten Buntbarsche über 170 Arten. Beim Besetzen der ökologischen Nischen entwickelten die Buntbarsche in den verschiedenen Seen ähnliche Merkmale (Abb. 153.1). Die sich ähnelnden Buntbarsche gehören verschiedenen Gattungen an. Diese haben sich konvergent entwickelt.

Aber auch in bereits dicht besiedelten Lebensräumen kann es zu sympatrischer Artbildung kommen. Beispielsweise können einige Pflanzenunterarten auf schwermetallhaltigen Böden wachsen. Diese Fähigkeit isoliert sie ökologisch von anderen Teilpopulationen dieser Art, die dazu nicht in der Lage sind. Schließlich kann es zu einer Artaufspaltung kommen. So entstand z. B. das Galmeiveilchen auf Bergbauhalden in Mittelsachsen.

Eine sympatrische Artbildung erfolgt auch, wenn eine biologische Fortpflanzungsschranke infolge einer Genommutation entsteht. Dabei kommt es schlagartig zu genetischer Isolation. Beispielsweise tritt bei Pflanzen verbreitet Polyploidie auf. Dabei verdoppelt sich der Chromosomensatz. Polyploide können nur unter sich, nicht aber mit den Ausgangsformen fruchtbare Nachkommen erzeugen. Sie stehen also mit diesen nicht mehr im Genaustausch. Viele Rosenarten sind auf diese Weise sympatrisch entstanden.

Isolationsformen. Allopatrische und sympatrische Artbildung gehen auf unterschiedliche Formen von Isolation zurück. Von geographischer Isolation spricht man, wenn, wie im Fall der Erdhörnchenarten am Grand Canyon (S. 151), Populationen einer Art durch geographische

Abb. 153.1 Buntbarsche aus dem Tanganjika-See (**A**) und dem Malawi-See (**B**)

Barrieren getrennt werden, sodass kein gemeinsamer Genpool mehr besteht. Ökologische Isolation entsteht z.B. dann, wenn sich bei einer Population unterschiedliche Nahrungsnischen bilden und genetische Isolation z.B., wenn polyploide Individuen auftreten. Ethologische Isolation kommt bei Säugern und Vögeln aufgrund der Evolution unterschiedlicher Paarungsgewohnheiten zustande. So unterscheiden sich die Laubsängerarten Zilpzalp und Fitis (Abb. 154.1) im Aussehen kaum. Durch ihre unterschiedlichen Gesänge besteht zwischen ihnen aber eine biologische Fortpflanzungsschranke. Der Gesang führt nur Geschlechtspartner der gleichen Art zusammen. Zeitliche Isolation erfolgt durch unterschiedliche Fortpflanzungs- bzw. Blütezeiten. Während etwa der Rote Holunder bereits ab April Blüten ausbildet, blüht der Schwarze Holunder erst Juni bis Juli (Abb. 154.2). Bei Gliederfüßern wird eine Begattung zwischen Individuen verschiedener Arten dadurch verhindert, dass die Geschlechtsorgane in ihrem Aufbau nicht zusammen passen. Dieses Phänomen wird als mechanische Isolation bezeichnet.

Wenn nach einer erfolgten Paarung die Befruchtung verhindert wird, weil die Eizelle für die Spermienzelle nicht das passende chemische Signal aussendet, spricht man von gametischer Isolation.

Alle bisher genannten Isolationsformen verhindern entweder Paarung oder Befruchtung und damit die Bildung von Zygoten. Wenn sich Individuen zweier Arten dennoch kreuzen, kann ein Genaustausch dadurch verhindert werden, dass die entstandenen Bastarde steril sind. Ein Beispiel dafür sind Liger (Abb. 154.3). Sie sind mit einer Körperlänge von bis zu 3,50 m die größten Katzen. Liger sind Hybride, die aus der Kreuzung eines männlichen Löwen mit einem weiblichen Tiger hervorgehen können. Die natürlichen Lebensräume von Löwe und Tiger überschneiden sich nicht. Deswegen werden Liger nur in Zoos oder Zirkussen geboren, wenn beide Großkatzenarten gemeinsam gehalten werden. Männliche Liger sind ebenso wie Maultiere oder Maulesel, welche auf Paarungen von Esel und Pferd zurückzuführen sind, steril. In diesen Fällen bleibt die Artschranke also bestehen.

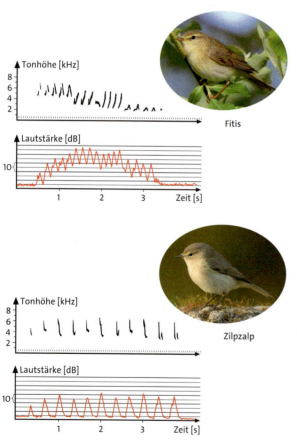

Abb. 154.1 Klangspektrogramm (Tonhöhe) und Schalldruckkurve (Lautstärke) der Gesänge von Zilpzalp und Fitis

Abb. 154.2 Roter und schwarzer Holunder

Abb. 154.3 Liger

1.8 Adaptive Radiation

In der Kreidezeit entwickelten die Plazentasäuger wichtige neue Merkmale: Sie gebaren lebende Junge, waren warmblütig und hatten ein isolierendes Fell. Mit diesen Eigenschaften passten sie sich an unterschiedliche Ernährungsweisen an und es entstanden in einer geologisch kurzen Zeit viele allerdings nur kleine Arten. Wenn durch verschiedenartige Nutzung des Lebensraums oder durch Neubesiedlung eines Lebensraums in einem kurzem Zeitraum zahlreiche Arten unterschiedlicher Anpassung entstehen spricht man von **adaptiver Radiation** (Abb. 155.1). Wenn sich später erneut ähnliche Anpassungsformen entwickeln, sterben solche Formen wahrscheinlich rasch wieder aus, weil ihre ökologische Nische schon besetzt ist. Daher ver-

Abb. 155.2 Anzahl der Familien von Meeresorganismen mit Hartteilen im Phanerozoikum. Die Pfeile geben die Massen-Aussterbeereignisse an.

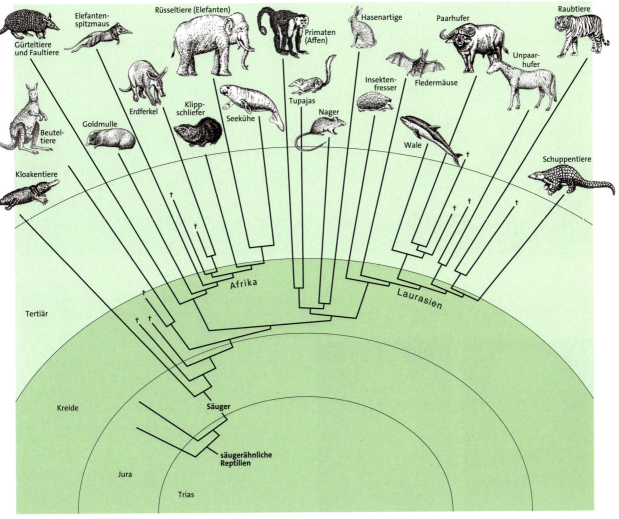

Abb. 155.1 Adaptive Radiation der Säugetiere. Ausgestorbene Gruppen sind durch Striche ohne Namen angegeben. Nahezu alle Ordnungen heute lebender Plazentasäuger sind dargestellt.

langsamt sich in vielen Fällen die Artbildung innerhalb einer Gruppe allmählich. Eine größere Umweltveränderung kann aber zu erneuter Radiation führen. Das Massenaussterben zu Ende der Kreidezeit führte dazu, dass die verschiedenen Säugergruppen zahlreiche neue Arten und nun auch sehr große Formen hervorbrachten (Abb. 155.1).

Ein weiteres Beispiel ist die adaptive Radiation der Darwinfinken. Die Form »Fink« besiedelte einen durch die Inselbildung neu entstandenen Lebensraum. Sie konnte dort viele Nischen besetzen, die ihr bei stärkerer Konkurrenz nicht zugänglich geworden wären.

Bei den Landpflanzen wurden infolge der immer besseren Anpassung an das Landleben die Farnpflanzen von den Nacktsamern und diese wiederum von den Bedecktsamern als herrschender Gruppe abgelöst. Jedoch sind nie alle ökologischen Nischen von den weiterentwickelten Formen besetzt wurden, sodass Arten der älteren Gruppen erhalten blieben. Allerdings gibt es heute nur noch etwa 1000 Nacktsamer-Arten gegenüber 300000 Arten der Bedecktsamer.

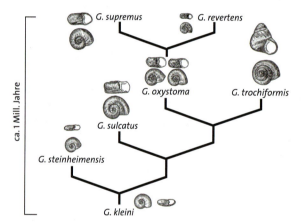

Abb. 156.1 Evolution der Schneckengattung *Gyraulus* im See von Steinheim am Albuch (Württemberg)

Abb. 156.2 *Lingula*, ein Armfüßer.
A heutige Form; **B** Schale einer fossilen *Lingula*-Art

Artbildungen werden also, geologisch gesehen, ganz verschieden rasch stattfinden. Wenn die Voraussetzungen einer adaptiven Radiation erfüllt sind, erfolgen sie rasch. Dann aber können längere Zeiten folgen, in denen die angepassten Arten sich kaum verändern, sofern die Umwelt konstant bleibt. Verändert sich dagegen die Umwelt erheblich, so wird häufiger die Addition vieler kleiner Mutationsschritte zu einer allmählichen Ausbildung neuer Arten führen. Dies kennt man z. B. von der Schneckengattung *Gyraulus*, die sich vor 15 Mill. Jahren in einem See im Steinheimer Becken auf der Schwäbischen Alb entwickelte (Abb. 156.1). In dem See änderte sich die Umwelt mehrfach, da der Ionengehalt stark schwankte.

Lebende Fossilien. Verbleiben Arten in einem Lebensraum, der sich über geologische Epochen hinweg wenig ändert, so bleiben sie nach Erreichen einer guten Angepasstheit gestaltlich oft weitgehend konstant. Man bezeichnet solche Formen unter den heutigen Lebewesen als lebende Fossilien. Den Armfüßer *Lingula* gibt es unverändert seit dem Ordovizium (Abb. 156.2), den Krebs *Triops* seit der Trias. Eine Nebengruppe der Quastenflosser, aus deren Stammgruppe die Landwirbeltiere hervorgingen, hat in größeren Meerestiefen überlebt und existiert als *Latimeria* bis heute. Lungenfische gibt es seit der Trias in unveränderter Gestalt. Unter den Pflanzen ist der Ginkgobaum seit dem Jura unverändert und daher ein lebendes Fossil. Diese in China heimische Baumart ist heute weltweit verbreitet. Der Urwelt-Mammutbaum *Metasequoia* galt seit der Kreidezeit als ausgestorben, bis er 1941 in einem chinesischen Gebirge gefunden wurde.

Massenaussterben. Am Ende der Kreidezeit vor 65 Millionen Jahren schlug dort, wo sich heute die mexikanische Halbinsel Yucatan befindet, ein Himmelskörper von etwa 10 km Durchmesser ein. Dadurch gelangten riesige Staubmengen in die Atmosphäre, die einige Monate lang die Sonne verdunkelten und zu einer mehrjährigen drastischen Abkühlung führten. Bis zur Wiederherstellung normaler Verhältnisse verging mehr als ein Jahrtausend. Inzwischen waren die letzten Großsaurier und im Meer die Ammoniten, aber auch eine Reihe anderer Arten ausgestorben. Man spricht von einem Massenaussterben. Für das Phanerozoikum sind fünf Massenaussterbeereignisse belegt (Abb. 155.2); allerdings sind die Ursachen der anderen vier viel weniger klar.

Das Aussterben einzelner oder weniger Arten ist hingegen ein normaler Vorgang im Evolutionsablauf. Vor allem haben sich stark spezialisierte Arten bei raschen Umweltveränderungen, z. B. Klimaschwankungen, oft nicht mehr angepasst und starben daher aus.

1.9 Transspezifische Evolution

2004 wurde in Kanada im ca. 380 Millionen alten Sediment eines Flussdeltas ein Fossil gefunden, das nach der Sprache der Inuit *Tiktaalik* (großer Flachwasserfisch) genannt wurde. *Tiktaalik* (Abb. 157.2) besitzt sowohl Merkmale eines Fisches als auch Kennzeichen eines Lurches. So verfügt er über Brustflossen (ein Fischmerkmal) mit ausgeprägten Arm- und Handwurzelknochen (ein Merkmal landlebender Wirbeltiere einschließlich der Amphibien). Man nimmt an, dass er sich mit seinen umgebildeten Flossen auf dem Grund flacher Gewässer fortbewegte. Derartige Gliedmaßen ermöglichen den Übergang von der aquatischen Lebensweise zum Leben an Land und stellen damit ein Schlüsselereignis in der Evolution der Wirbeltiere dar.

    Vorgänge, die in der Stammesgeschichte zur Bildung einer neuen Art führen, bezeichnet man als **intraspezifische Evolution**. Laufen hingegen Vorgänge ab, die zur Bildung neuer Gattungen, Familien und noch höherer systematischer Einheiten führen, spricht man von **transspezifischer Evolution**. Man stellt sich diesen Prozess als eine Abfolge vieler nacheinander ablaufender Artbildungsvorgänge vor. Auf diese Weise dürften aus Knochenfischen die ersten Amphibien und somit eine neue Wirbeltierklasse entstanden sein (Abb. 157.1). Man geht davon aus, dass bei trans- und intraspezifischer Evolution dieselben Faktoren wirksam sind. Während intraspezifische Evolution bisweilen unmittelbar beobachtet werden kann, ist dies bei transspezifischen Prozessen nicht möglich, da sie in geologischen Zeiträumen ablaufen. Solche Ereignisse erschließt man aus Indizien, z. B. aus Fossilien von Übergangsformen.

Übergang zum Landleben. Rasch nacheinander ablaufende Artbildungsvorgänge können z. B. bei der Besiedlung eines neuen Lebensraums vorkommen, der zuvor nicht oder nur unvollständig

Abb. 157.2 *Tiktaalik*-Fossil

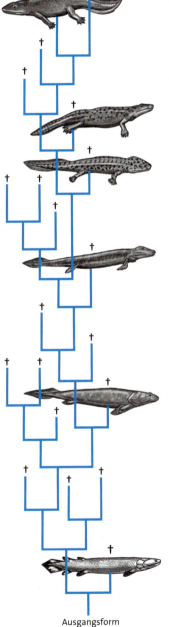

weitere Vierfüßer

Ausgangsform

Abb. 157.1 Modell der transspezifischen Evolution der Amphibien

genutzt wurde. Dabei kann es zu einer schrittweisen Veränderung des Bauplans von Organismen kommen, die den Lebensraum als erste eroberten – etwa Lebewesen, die vom Wasser aus das Land erobern. Einzelne Mutanten, die in einen neuen Lebensraum vordringen, können dort überleben, auch wenn sie nur wenig angepasst sind, da sie dort nicht auf Konkurrenten treffen. Durch ihre Vermehrung entsteht nach kurzer Zeit jedoch innerartliche Konkurrenz, und die Evolution führt zu unterschiedlichen Anpassungsformen und in der Folge zu neuen Unterarten und Arten.

    Vor etwa 400 Millionen Jahren existierten höher entwickelte Lebewesen ausschließlich im Wasser. Nach der Besiedlung des Landes durch einfach gebaute Farnpflanzen, die *Psilophyten*, folgten zuerst unterschiedliche Formen der Gliederfüßer. Der erste »Landgang« der Wirbeltiere erfolgte im Devon vom Süßwasser aus. Möglicherweise gab es damals Trockenperioden, sodass Gewässer austrockneten und es vorteilhaft war, sich zumindest zeitweise an Land aufzuhalten.

    Eine Voraussetzung dafür war neben der Fortbewegung mit Gliedmaßen auch die Fähigkeit, Luft zu atmen. Bestimmte fossile Lungenfische hatten zusätzlich zu ihren Kiemen auch einfache Lungen. Untersuchungen an heutigen afrikanischen und südamerikanischen Lungenfischen zeigen, dass ihre Lunge aus zwei Flügeln beiderseits des Darms besteht. Auch der Blutkreislauf der Lungenfische bestätigt die Atmung durch Kiemen und Lungen (Abb. 158.1 B): Ein Teil des aus den Kiemen kommenden Blutes fließt in den Körperkreislauf, ein anderer Teil fließt durch die Lungenkapillaren und nimmt zusätzlich Sauerstoff auf. Dann kehrt es durch das einfach gebaute Herz zu den Kiemen zurück. Auf diese Weise reichert sich das Blut sowohl mit Sauerstoff aus dem Wasser als auch mit Sauerstoff aus der Luft an. Einige fossile Lungenfische besaßen in ihren Brust- und Bauchflossen verknöcherte Skelette und Muskulatur. So konnten sie sich im flachen Wasser besser fortbewegen. Dieses Merkmal trifft ebenfalls auf einige rezente Arten zu.

Auch *Tiktaalik* konnte sich mit seinen Vorderflossen abstützen, den beweglichen Kopf über Wasser halten und sich an Land aufhalten. Aus den Stelzflossen dieses fossilen Fleischflossers gingen die Beine der Landwirbeltiere hervor. Die Veränderung des Bauplans der Extremitäten beim Wechsel von Stelzflossen zu Beinen kann die Entwicklungsgenetik erklären. Die zeitliche Veränderung der Aktivität von Homöobox-Genen bewirkt die entsprechenden morphologischen Veränderungen. Innerhalb weniger Millionen Jahre führte eine große Zahl solcher kleiner Mutationsschritte allmählich zur Entstehung der Vierfüßlerextremität (Abb. 158.2 A bis C).

Einige Millionen Jahre später im Mittel- und Oberdevon trat *Ichthyostega* auf, eine urtümliche Amphibienart. Sie besaß noch einen Fischschwanz, hatte jedoch schon vier Gliedmaßen zum Laufen (Abb. 158.2 B). Allerdings trat noch keine Fünfgliedrigkeit auf, wahrscheinlicher sind sieben Finger. Die Lebensräume der Amphibien liegen bis heute meist in der Nähe von Gewässern, da den Tieren ein effizienter Verdunstungsschutz fehlt und ihre Fortpflanzung und die Entwicklung der Larven an Wasser gebunden ist.

Präadaptation. Die Vorfahren der Landwirbeltiere wiesen Merkmale auf, die einen Lebensraumwechsel vom Wasser zum Land ermöglichten. Diese begünstigten die Entwicklung zum neuen Bauplan der Amphibien mit vier Extremitäten und Lungen. Wenn das Gewässer, in dem sie lebten, zeitweilig austrocknete, konnten die Tiere mithilfe ihrer Stelzflossen zu anderen Gewässern gelangen, wobei ihnen ihre Schwimmblase den Gasaustausch ermöglichte. Ein Merkmal, das bei einer Umweltänderung – hier beim Landgang – einen Selektionsvorteil bietet, wird als **Präadaptation** (Vorangepasstheit) bezeichnet.

Jede auf einer Mutation beruhende Merkmalsänderung, die eine Verlängerung des Landaufenthalts ermöglichte, bedeutete einen Selektionsvorteil. So entstanden schließlich Arten, die überwiegend auf dem Land lebten.

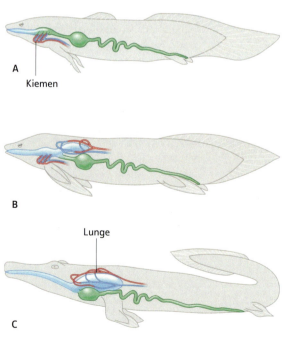

Abb. 158.1 Entwicklungstendenzen bei Lungenfischen.
A Vorfahr der Lungenfische; **B** Lungenfisch; **C** *Tiktaalik*

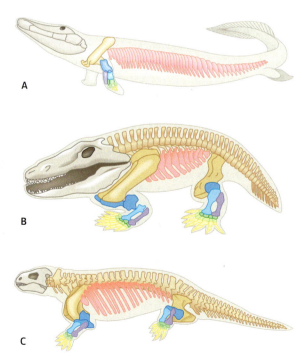

Abb. 158.2 Fossile Wirbeltierskelette.
A *Tiktaalik*; **B** *Ichthyostega*; **C** Ur-Kriechtier

Bedingt durch zunehmende Konkurrenz entstanden im Verlauf von wenigen Jahrmillionen immer neue Anpassungsformen und damit zahlreiche neue Amphibienarten.

Auch bei den Pflanzen begünstigten zahlreiche Mutationsereignisse den Übergang zum Landleben. So erreichten vor etwa 450 Millionen Jahren grünalgenartige Pflanzen zunächst Küstensümpfe und dann das Land. Parallel dazu entwickelten sich Moose (Abb. 159.1). Aufgrund von verschiedenen Mutationen entwickelten sich Festigungsgewebe als Anpassungen an das **Landleben;** diese waren im Wasser wegen des Auftriebes nicht erforderlich. Außerdem entstanden Abschlussgewebe, die dem Wasserverlust durch Verdunstung entgegenwirkten.

Ein erstes Beispiel einer solchen **Sprosspflanze** lässt sich vor etwa 420 Millionen Jahren nachweisen. Die ersten Landpflanzen, die in Europa und Nordamerika auftraten zählten zu den Nacktfarnen oder *Psilophyten*. Ein Beispiel dafür ist *Cooksonia*. Diese Pflanze wurde etwa 40 cm groß, war dichotom verzweigt und hatte eine blattlose Sprossachse. Sie besaß noch keine echten, mit Leitbündeln ausgestatteten Wurzeln wie heutige Landpflanzen. Allerdings verfügte sie bereits über Spaltöffnungen an den Luftsprossen und ein Leitgewebe, dass aus Siebzellen und Wasser leitenden Zellen bestand. Sie zählte wie alle Psilophyten zu den Sporenpflanzen. Am Ende des Silurs wurden die Nacktfarne von höher entwickelten Sporenpflanzen abgelöst. Zu ihnen zählen **Farne, Schachtelhalme** und **Bärlappe.** Sie verfügen über echte Wurzeln, ein leistungsfähiges Wasserleitungssystem (Abb. 159.2), Blätter mit Spaltöffnungen und Festigungsgewebe. Mit den Spaltöffnungen im Blatt bildeten sich zusätzlich Regulationsmechanismen, die eine Veränderung von Spaltöffnungsweiten ermöglichten.

Im Karbon traten baumartige Farne und Bärlappe auf, gleichzeitig entwickelten sich die ersten **Samenpflanzen** (Abb. 159.1)

Durch Klimaveränderungen im Perm kam es zu einer weltweiten Abkühlung, Trockengebiete breiteten sich aus. **Nacktsamer** waren weitaus besser an solche Umweltbedingungen angepasst und ihre Fortpflanzung war im Gegensatz zu den Farnpflanzen wasserunabhängig. Zunehmende Konkurrenz führte zur Anpassung an immer trockenere Standorte. So entstanden viele neue Arten, die man aufgrund von Bauplanunterschieden wie der Samenbildung, in neue Gattungen und höhere systematische Einheiten einordnen konnte. Die letzte große auftretende Pflanzengruppe sind die **Bedecktsamer** in der Kreidezeit. Sie entwickelten sich zur vorherrschenden Pflanzengruppe auf der Erde mit zahlreichen Pflanzenfamilien.

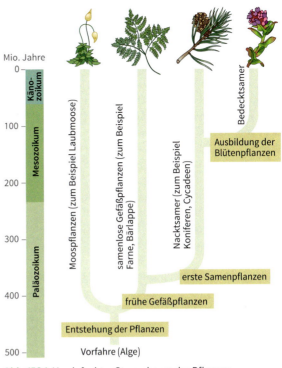

Abb. 159.1 Vereinfachter Stammbaum der Pflanzen

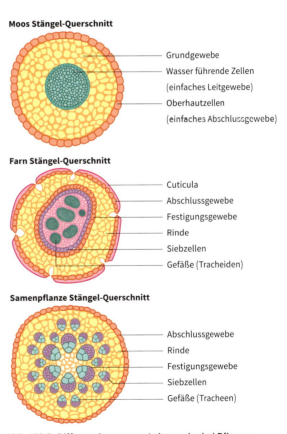

Moos Stängel-Querschnitt

Grundgewebe
Wasser führende Zellen
(einfaches Leitgewebe)
Oberhautzellen
(einfaches Abschlussgewebe)

Farn Stängel-Querschnitt

Cuticula
Abschlussgewebe
Festigungsgewebe
Rinde
Siebzellen
Gefäße (Tracheiden)

Samenpflanze Stängel-Querschnitt

Abschlussgewebe
Rinde
Festigungsgewebe
Siebzellen
Gefäße (Tracheen)

Abb. 159.2 Differenzierung von Leitgewebe bei Pflanzen

1.10 Bedeutung der Evolutionstheorie

Die Evolutionstheorie hat wie die Zelltheorie Bedeutung für alle Teilgebiete der Biologie und zeigt deren Zusammenhang auf. In allen Bereichen gibt es Befunde, die nur durch die Evolution eine naturwissenschaftliche Erklärung finden. Die Lehre von der Abstammung der Arten und ihre ursächliche Erklärung durch die Evolutionstheorie waren zur Zeit DARWINS zunächst Widerständen ausgesetzt. Die unmittelbare Beobachtung deutet eher auf eine Konstanz der Arten als auf deren zeitliche Änderung hin. Aufgrund der großen Zahl von Belegen für die Evolution und der Befunde der Paläontologie setzte sich die Evolutionslehre aber bis zum Ende des 19. Jahrhunderts schließlich durch. Alle weiteren Befunde der Biologie ließen sich zwanglos einbauen und heute liefert vor allem die Molekulargenetik wichtige Beiträge zur Evolutionsforschung. Die Ursachenbeschreibung DARWINS hat Erweiterungen erfahren, erwies sich aber im Kern als zutreffend.

Die Entwicklung der Kompartimentierung der Eucyte wird durch die Endosymbiontentheorie erklärt (S. 175). Die Entstehung der Fotosynthese bei Prokaryoten führte zur Sauerstoffanreicherung auf der Erde, sodass sich die Zellatmung entwickeln konnte. Andererseits entstanden mit dem Sauerstoff-Umsatz auch reaktive Sauerstoff-Formen. Diese toleriert die Zelle in geringer Menge und nutzt sie sogar als Informationsquelle durch Einbeziehung in Signalketten; in höherer Konzentration sind sie bis heute, mehr als zwei Milliarden Jahre nach ihrem ersten Auftreten, eine Ursache für Zellschädigung geblieben (»Sauerstoff-Paradoxon«). Die Neurobiologie beschreibt ein laufend größer und leistungsfähiger gewordenes Nervensystem sowie ein zunehmend differenziertes Verhalten. Zu beobachten ist vor allem ein Anstieg der Lern- und Anpassungsfähigkeit, bis schließlich der Mensch durch seine Kultur und Zivilisation in hohem Maße umweltunabhängig wird. Evolution wird vorausgesetzt, wenn man in der Genetik und Gentechnik Voraussagen über zu erwartende Homologien und den Aufbau von Genen bei verschiedenen Arten macht und dann medizinisch nutzt. Ein Beispiel sind die Tiermodelle für die ALZHEIMER-Erkrankung in der medizinischen Forschung. Entwicklungsvorgänge sind nur durch die Untersuchung ihrer Evolution vollständig zu verstehen, vor allem auf der molekularen Ebene, wie z. B. die Evolution der Hox-Gene zeigt.

Die molekularbiologisch untermauerte Evolutionstheorie ist die einzige tragfähige Theorie für die Entstehung von Lebewesen und das Evolutionsgeschehen. Sie steht mit unabhängig davon gewonnenen Ergebnissen der Geologie, Geophysik und Astrophysik in Übereinstimmung, wird durch physikalische Theorien, z. B. der Entstehung des Sonnensystems, gestützt und so zu einem Teil des naturwissenschaftlichen Weltbildes.

Es ist nicht sicher, dass die derzeitige Evolutionstheorie bereits alle an der Evolution beteiligten Ursachen vollständig erfasst hat. Die Evolutionstheorie ist daher eine hinreichende Theorie; sie kann zwar alle bekannten Erscheinungen erklären, gibt aber vielleicht keine vollständige Ursachenbeschreibung. Ferner ist das Erkennen der jeweiligen Abstammungsverhältnisse und damit des Ablaufes der Stammesgeschichte abhängig von den verfügbaren bzw. ausgewerteten Quellen; der »Tree of life« ist ein riesiges Forschungsprogramm.

Kritik. Gelegentlich werden Ansichten vertreten, wonach bestimmte Evolutionsfaktoren nicht wirksam seien, oder es werden andere Faktoren eingeführt. Der Vorgang der Evolution wird dabei nicht in Frage gestellt. Der **Vitalismus** nimmt als Evolutionsfaktor eine »Lebenskraft« an, die allerdings mit naturwissenschaftlichen Methoden nicht nachweisbar ist. Der **Saltationismus** nimmt eine »schlagartige« Bildung neuer Arten bzw. Gattungen durch Großmutationen an; solche wurden nie beobachtet. Allerdings gibt es Mutationen in Entwicklungsgenen, die sich auf die Gestaltbildung auswirken können. Meist sind die entsprechenden Mutanten stark benachteiligt, wie z. B. vierflügelige Drosophila-Fliegen. Aber in einzelnen Fällen können sie zur Artbildung beitragen. Dies wurde bei Orchideenblüten gezeigt. Nach der sogenannten **»Kritischen Evolutionstheorie«** sollen sich Bau und Funktion der verschiedenen Formen aus mechanischen Gründen entwickelt haben, nicht aufgrund von Selektion. Evolution kann nach dieser Auffassung nicht aus Homologien und molekularbiologischen Daten erkannt werden. Sie hat daher einen viel geringeren Erklärungswert als die DARWIN'sche Theorie.

Nach Ansicht des **Kreationismus** hingegen entstand das Leben durch einen einmaligen Schöpfungsakt. Die Lebewesen seien in der jetzt bekannten Vielfalt geschaffen worden. Viele Lebewesen seien seit der Schöpfung ausgestorben. Ferner bestünden Erde und Lebewesen nach Ansicht vieler Kreationisten nicht schon seit Milliarden Jahren. Mutation und Selektion könnten nur Varianten innerhalb der Artgrenzen erzeugen, nicht aber neue Arten. Die Entwicklung komplexer biologischer Systeme sei nicht erklärbar und müsse als gezielte Planung angesehen werden. Der dazu eingeführte Begriff des »**Intelligent Design**« dient im Grunde zur Verschleierung des religiösen Inhalts der Ansichten. Diesen ist auf mehreren Ebenen entgegenzutreten:

- **fachwissenschaftlich:** Zahlreiche Unzweckmäßigkeiten zeigen, dass von einem »*intelligent design*« nicht die Rede sein kann. Die Unzweckmäßigkeiten können nur durch Evolution erklärt werden, so z. B. die Überkreuzung von Atem- und Speiseweg bei Landwirbeltieren, das inverse Auge der Wirbeltiere, die Vereinigung von Harn- und Samenleiter bei Säugern, die Rhesus-Unverträglichkeit beim Menschen. Ein Ingenieur, der solche Konstruktionen vorlegen würde, müsste mit Entlassung rechnen!
- **theologisch:** Der biblische Schöpfungsbericht besteht aus zwei nicht identischen Darstellungen (Genesis 1, Genesis 2, V. 4 ff.). Er wurde in einer Form verfasst, die dem Weltbild vor 2500 Jahren entsprach und hat nicht die Funktion einer naturwissenschaftlichen Beschreibung. Dass der Glaube an einen Schöpfergott mit Evolution vereinbar ist, haben namhafte Theologen der großen Konfessionen mehrfach dargestellt. Wer die Aussage »Gott hat die Welt erschaffen« als naturwissenschaftliche Aussage ansieht, macht Gott zum Objekt der Naturwissenschaften; dies ist für Monotheisten eine Herabwürdigung.
- **wissenschaftstheoretisch:** Der Kreationismus erkennt nicht an, dass naturwissenschaftliche Aussagen empirisch überprüft werden und falsifizierbar sein müssen. Nimmt man eine Schöpfung im Sinne des Kreationismus an, so ist daraus keine falsifizierbare Hypothese abzuleiten; daher ist die Ansicht wissenschaftlich leer. Die Aussage: »Gott hat die Welt erschaffen« ist empirisch weder beweisbar noch widerlegbar. Aus der Tatsache, dass sich die Naturwissenschaften nur mit empirisch überprüfbaren Aussagen befassen, folgt aber nicht, dass es nur empirisch Nachprüfbares gibt. Wissenschaftlich nicht zulässig ist daher die Auffassung eines atheistischen **Szientismus.** Dieser behauptet, aus der Nichtbeweisbarkeit Gottes folge dessen Nichtexistenz. Er überschreitet damit die Grenzen, die sich die Naturwissenschaften durch die Beschränkung ihrer Methoden selbst gesetzt haben.

Die Evolutionstheorie kann allerdings zu der Frage führen, warum die Evolution zum Menschen geführt hat, einem Wesen mit der Fähigkeit zum Nachdenken und zum vernünftigen Handeln. Fragen dieser Art sind nach dem Gesagten mit den Mitteln der Naturwissenschaften nicht lösbar. Antworten darauf sind dem persönlichen Glauben überlassen. Für den christlichen Naturwissenschaftler KEPLER ist die Wissenschaft eine Methode, um einige der göttlichen Schöpfungsgedanken zu erkennen. DARWIN drückt es im Schlusssatz von »*Origin of species*« so aus: »Es ist wahrlich etwas Erhabenes um die Auffassung dass der Schöpfer den Keim allen Lebens, das uns umgibt, nur wenigen oder gar nur einer einzigen Form eingehaucht hat und dass, während sich unsere Erde nach den Gesetzen der Schwerkraft im Kreise bewegt, aus einem so schlichten Anfang eine unendliche Zahl der schönsten und wunderbarsten Formen entstand und noch weiter entsteht.«

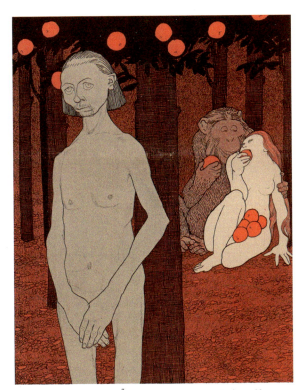

Wir können die biblischen Überlieferungen sehr wohl mit der Naturwissenschaft in Einklang bringen. Nach den neuesten Forschungen hat Adam von Eva den Apfel nicht genommen; unsere Stammmutter gab ihn deshalb einem Gorilla. Und so ist die darwinistische Lehre bewiesen.

O. Gulbransson im Simplicissimus 1903

ZUSAMMENFASSUNG

Gemäß dem biologischen **Artbegriff** sind Individuen verschiedener Arten durch Fortpflanzungsschranken isoliert und es lassen sich nur artgleiche Individuen untereinander kreuzen. Nach dem populationsgenetischen Artbegriff ist der Genpool einer Art von Genpools anderer Arten getrennt. Dieser Artbegriff steht in Einklang mit der Evolutionstheorie. Mutationen verändern den Genpool und erhöhen die Variabilität. Auch **Rekombinationen** erhöhen die Variabilität, ohne jedoch den Genpool zu ändern.

Die **natürliche Selektion** begünstigt hinsichtlich Fortpflanzung die am besten angepassten Organismen. Auf diese Weise verändert sie den Anteil von Allelen am Genpool einer Population. Die reproduktive Fitness ist ein Maß für die Eignung eines Genotyps, seine Allele möglichst zahlreich in den Genpool der folgenden Generation einzubringen. In einer gleichbleibenden Umwelt werden Individuen ohne extreme Merkmale bevorzugt. Dies erfolgt aufgrund der Wirkung der stabilisierenden Selektion. Bei sich verändernden Umweltbedingungen begünstigt transformierende Selektion solche Phänotypen, die in bestimmten Merkmalen zuvor vom Mittelwert der Population deutlich abwichen. Aufspaltende Selektion kann Phänotypen mit extremen Merkmalen begünstigen. Dies kann z. B. infolge hohen Feinddruckes geschehen.

Der Fortpflanzungserfolg kann sowohl durch abiotische als auch durch biotische **Selektionsfaktoren** beeinflusst werden. Bei den biotischen Selektionsfaktoren unterscheidet man innerartliche und zwischenartliche Selektion.

Die wechselseitige evolutive Veränderung durch Arten, die in enger ökologischer Beziehung stehen, nennt man Coevolution. Ergebnis von Selektion sind auch Mimese und Mimikry. Die Evolutionstheorie begründet, dass Evolution durch das **Zusammenspiel** der verschiedenen **Evolutionsfaktoren** hervorgerufen wird.

Wenn sich durch verschiedenartige Nutzung eines Lebensraumes oder die Besiedlung eines neuen Lebensraums zahlreiche Arten entwickeln, spricht man von **adaptiver Radiation.** Neue Lebensräume entstanden z. B. nach einem Massenaussterben wie es am Ende des Perms oder der Kreidezeit auftrat.

Bei kleinen Populationen kann sich der Genpool zufallsbedingt, unabhängig von Mutation und Selektion, verändern; es handelt sich um **Gendrift.**

Durch die Auftrennung eines Genpools in zwei getrennte Genpools kommt es zu **Artbildung.** Führt geografische Isolation von Populationen dazu, spricht man von allopatrischer Artbildung. Entstehen in einem Lebensraum zwei neue Arten durch Ausbildung einer biologischen Fortpflanzungsschranke, so handelt es sich um sympatrische Artbildung.

Die Entstehung von Gattungen und höheren Einheiten bezeichnet man als **transspezifische Evolution.** Diese Form der evolutiven Entwicklung erfolgte besonders rasch z. B. beim Lebensraumwechsel vom Wasser zum Land, der durch Präadaptationen gefördert wurde.

Ein Beispiel für transspezifische Evolution ist der Übergang vom Wasser- zum **Landleben** bei Tieren und Pflanzen. Er war mit einer Reihe von sprunghaften anatomischen und morphologischen Veränderungen verknüpft und belegt auch bei fossilen Lebewesen den Zusammenhang zwischen Struktur und Funktion.

Bei den ersten Wirbeltieren an Land entwickelten sich das Laufen mit mehrgliedrigen Gliedmaßen mit knöchernem Innenskelett und passender Muskulatur sowie die Fähigkeit über Lungen Luft zu atmen. So entstanden neue Wirbeltiergruppen wie Amphibien und Reptilien. Die Leistungsfähigkeit der Gliedmaßenskelette und der Lungen nahm dabei zu. Bei den ersten Landpflanzen traten ebenfalls Neuerungen ein. Zu ihnen zählten Abschlussgewebe, Festigungsgewebe und Leitgewebe. Auch hier nehmen **Komplexität** und **Differenzierung** zu wie man am Beispiel der Leitgewebe belegen kann.

Neben der Zelltheorie gehört die Evolutionstheorie zu den grundlegenden biologischen Theorien. Sie schließt widerspruchsfrei alle Ergebnisse der Biologie ein. Auch steht sie mit Ergebnissen der Astrophysik über die Entstehung der Welt und der Geologie zur Entwicklung der Erde im Einklang, die unabhängig gewonnen wurden. Bei strikter Trennung theologischer und biologischer Aussagen widerspricht die Evolutionstheorie der biblischen Schöpfungslehre nicht. Wie jede naturwissenschaftliche Theorie ist die Evolutionstheorie nicht als abgeschlossen anzusehen. Möglicherweise gibt sie noch keine vollständige Ursachenbeschreibung und ist ergänzungsbedürftig.

AUFGABEN

1 ▪▪ Ein flugunfähiger Kormoran

Auf den Galapagos-Inseln lebt ein naher Verwandter unseres einheimischen Kormorans. Im Unterschied zur heimischen Art hat dieser Wasservogel Stummelflügel und ist flugunfähig (Abb. 163.1). Versuchen Sie, die Entstehung der flugunfähigen Galapagos-Kormorane auf der Basis der modernen synthetischen Evolutionstheorie zu erklären. Berücksichtigen Sie dabei, dass flugunfähige Vogelarten besonders oft auf Inseln anzutreffen sind.

Abb. 163.1 Galapagos-Kormoran

2 ▪ Seltene Hirsche

Der ostasiatische Davidshirsch (Abb. 163.2) ist eine der seltensten Hirscharten der Welt. Heute besteht der Bestand aus etwa 1300 Tieren, von denen sehr viele in Zoologischen Gärten leben. Untersuchungen des Erbgutes von Davidshirschen ergaben, dass sich die Individuen allesamt genetisch außerordentlich ähnlich sind. Erklären Sie diese Tatsache.

Abb. 163.2 Davidshirsch

3 ▪▪ Allelfrequenz

Mutation, genetische Rekombination und Gendrift gehören zu den Evolutionsfaktoren. Nennen Sie denjenigen Faktor, der die Allelfrequenzen in einer Population nicht beeinflusst. Begründen Sie.

4 ▪▪ Sympatrische Artbildung

Im Vergleich zu allopatrischer Artbildung scheint sympatrische Artbildung selten in der Stammesgeschichte aufzutreten.
Begründen Sie diese Tatsache und stellen Sie Vermutungen an, welche Voraussetzungen erfüllt sein müssen, damit es überhaupt zu sympatrischer Artbildung kommen kann.

5 ▪▪ Artbildung

Das folgende Diagramm (Abb. 163.3) zeigt drei Möglichkeiten, wie natürliche Selektion in einer Population wirken kann. Die violett unterlegten Flächen kennzeichnen jeweils Phänotypen, die durch Selektion eliminiert werden.
a) Benennen und beschreiben Sie die drei Varianten.
b) Geben Sie eine mögliche Erklärung für den jeweiligen Selektionsverlauf.

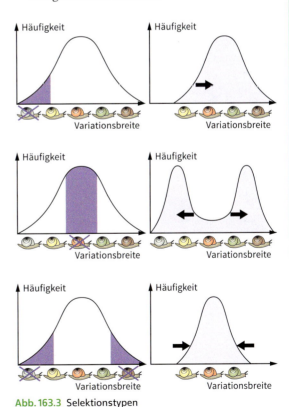

Abb. 163.3 Selektionstypen

6 ▪▪▪ Die Ruineneidechsen von Capri

Auf Capri ist die grünliche, braun gesprenkelte Ruineneidechse sehr häufig. Daneben existiert eine blaue Form, die ausschließlich die beiden Faraglioni-Felsen bewohnt, die als steile Felsriffe ca. 300 m vor Capri aus dem Meer ragen (Abb. 164.1).

Nachdem im Jahre 1872 die blaue Faraglioni-Eidechse auf diesen Felsen entdeckt worden war, beschäftigten sich Zoologen mit dem Phänomen der abweichenden Farbe. Sie zogen als Erklärung eine spezielle Vererbung in Erwägung: »Die Farbänderung bei diesen Tieren wird durch Umwelteinflüsse und innere Faktoren verursacht, tritt rasch auf und wird erblich fixiert«. Als Ursache wurden u. a. abweichende Ernährung, Trinken von Salzwasser, Kannibalismus, Licht und Wärmestrahlung sowie direkte Farbanpassung an die Umgebung angeführt.

Als 1951 die steilen Felsen näher erforscht wurden, fand man reichlich Fliegen, Käfer, Asseln und Ameisen. Auch Klima und Pflanzenwuchs zeigten keine Unterschiede zum Festland von Capri. Die Faraglioni-Eidechsen waren vollständig isoliert; eine genetische Vermischung mit den grünen Eidechsen Capris ist nicht möglich.

a) Nehmen Sie Stellung zu den Annahmen aus dem 19. Jahrhundert, die das blaue Farbkleid der Faraglioni-Eidechsen zu erklären versuchten. Schildern Sie ein Experiment, das einen dieser Erklärungsversuche falsifizieren könnte.

b) Entwickeln Sie aufgrund der geografischen und ökologischen Bedingungen auf den Felsen eine Hypothese zur Evolution der Faraglioni-Eidechsen.

7 ▪▪▪ Australien, der Kontinent der Beuteltiere

Der australische Kontinent ist vergleichsweise arm an Säugetierordnungen. Neben verschiedenen Nagetier- und Fledermausgruppen sowie einigen Robbenarten kommen nur Beuteltiere und Kloakentiere in Australien vor. Allerdings ist die Formenvielfalt der Beuteltiere verblüffend: Neben insektenfressenden, mausähnlichen Formen (Beutelmäuse) findet man pflanzenfressende Steppen- und Waldbewohner (Kängurus), spezialisierte blattfressende Kletterer (Koala), herbivore Bodenwühler (Beutelmull, Wombat), früchtefressende Kletterer (Fuchskusu), Beutegreifer (Beutelmarder, Beutelteufel) sowie gleitfliegende Arten (Gleitbeutler), Blütensaftlecker (Honigbeutler) und spezialisierte Termitenfresser (Ameisenbeutler; Abb. 164.2). Auch auf den anderen Kontinenten lebten früher Beuteltiere; vor allem aus Südamerika kennt man viele unterschiedliche fossile Gruppen. Heute sind sie bis auf wenige amerikanische Beutelrattenarten ausgestorben. Die ältesten bekannten Beuteltierfossilien stammen aus der Kreide Nordamerikas und sind etwa 100 Millionen Jahre alt; die fossilen australischen Formen sind allesamt nicht älter als 2 Millionen Jahre.

a) Entwerfen Sie eine Hypothese zur Verbreitungsgeschichte der Beuteltiere und zur Entstehung der Vielfalt der australischen Formen.

b) Der Ameisenbeutler ernährt sich fast ausschließlich von Termiten. Mit seinen kräftigen Krallen ist er in der Lage, die steinharten Bauten dieser sozialen Insekten aufzubrechen. Die Beutetiere werden mit der langen, klebrigen Zunge aus dem Bau geholt. Nennen Sie Säuger, die die ökologische Rolle des Ameisenbeutlers in anderen Kontinenten innehaben.

Abb. 164.1 A Ruineneidechse vom italienischen Festland; B Faraglioni-Eidechse

Abb. 164.2 Ameisenbeutler

8 ■■■ Von Bienen und Hummeln

In Europa gibt es 53 Hummelarten. Hummeln sammeln wie Honigbienen Pollen und Nektar, allerdings bevorzugen sie robuste Blüten von Schmetterlingsblütlern (z. B. Klee, Luzerne) und Lippenblütlern (z. B. Salbei). Viele dieser Blüten öffnen sich nur, wenn sich ein vergleichsweise schwerer Bestäuber auf ihnen niederlässt.

Eisenhuthummel *Bombus gerstaeckeri* K VI–IX: KL 20–26; RL 21–23 A VII–X: KL 15–18; RL 6–14	Gelber Eisenhut Blauer Eisenhut

Gartenhummel *Bombus hortorum* K VI–V: KL 17–22; RL 19–22 A V–VIII: KL 11–16; RL 14–16	Taubnesseln, Weißklee, Rotklee, Ziest, Disteln, Rittersporn, Ackerbohne, Flockenblume, Springkraut, Goldregen, Obstbäume

Dunkle Erdhummel *Bombus terrestris* K IV– V: KL 19–22; RL 9–10 A V– IX: KL 11–17; RL 8–9	Schwarznessel, Rot- und Weißklee, Taubnesseln, Wicken, Flockenblumen, Lerchensporn, Fingerhut, Goldregen, Weiden

Helle Erdhummel *Bombus lucorum* K III–V: KL 18–21; RL 9–10 A III–VIII: KL 9–16; RL 8–9	Weiden, Obstbäume, Taubnesseln, Weiß- und Rotklee, Apfelrose, Lupine, Schwarznessel, Johannisbeere

Waldhummel *Bombus silvarum* K IV–VI: KL 16–18; RL 12–14 A V–X: KL 10–15; RL 10–12	Taubnesseln, Dornige Hauhechel, Klette, Wicken, Esparsette, Beinwell, Goldregen, Schwertlilie, Springkraut

Honigbiene *Apis mellifera* A KL 12–15; RL 6–7	Obstbäume, viele Pflanzenfamilien

Tab. 165.1 Zeitraum der Futtersuche, Körpergrößen, Rüssellängen und Hauptfutterpflanzen von Hummeln und Bienen. Römische Zahlen: Monate, in denen Nahrung gesammelt wird. **K** Königin, **A** Arbeiterin bzw. Jungkönigin, **KL** Körperlänge (in mm), **RL** Rüssellänge (in mm)

Die Kronröhren von hummelbestäubten Blüten sind häufig recht lang (z. B. Rotklee: 8 bis 12 mm) und enthalten viel Nektar. Eine sehr lange Röhre (15 bis 25 mm) mit eingerolltem Sporn bilden die Nektarblätter des Gelben Eisenhuts. Hummelmännchen fordern Weibchen mit Pheromonen zur Paarung auf, die sie während des Flugs abgeben. Haben die Männchen eine Hummelkönigin entdeckt, stürzen sie sich auf sie und versuchen sie zu begatten. Dies gelingt nur bei Königinnen der eigenen Art; von Weibchen anderer Arten werden sie abgeschüttelt.

a) CHARLES DARWIN empfahl den Australiern, die Bienenvölker zur Bestäubung von Obstbäumen einsetzten, für eine ergiebigere Saatgutproduktion von Luzerne und Rotklee die Gartenhummel einzuführen. Begründen Sie DARWINS Empfehlung.

b) Erklären Sie die Existenz so vieler heimischer Hummelarten ökologisch. Nutzen Sie zur Antwort auch die Angaben in Tab. 165.1.

c) Wie könnte sich evolutionsbiologisch die Anpassung von Gelbem Eisenhut und Eisenhuthummel vollzogen haben?

d) Rekonstruieren Sie den Ablauf der Evolution der heimischen Hummelarten der Gattung *Bombus*.

9 ■■ Ungewöhnliche Blütenbestäuber

In den Tropen gibt es zahlreiche Blütenpflanzen, die nicht von Insekten, sondern von Vögeln bestäubt werden. Bekannte Beispiele sind die südamerikanischen Kolibris.

a) Zeigen Sie anhand von Abb. 165.2, welche Merkmale eine typische Kolibriblüte aufweist.

b) Erläutern Sie am Beispiel von Kolibri und »Kolibriblüte« das Phänomen der Coevolution.

c) Begründen Sie, weshalb es in den gemäßigten Breiten Europas keine blütenbestäubenden Vögel gibt.

Abb. 165.2 Blütenbesuchender Kolibri

2 Evolutionsforschung

Im Jahre 1798 erhielt das Britische Museum in London einen Tierbalg aus Australien. Dieser hatte einen Entenschnabel, Schwimmhäute wie Wasservögel, ein Fell wie ein Otter und einen platten Schwanz wie ein Biber. Die Museumsbiologen glaubten, man habe ihnen im Scherz ein aus verschiedenen toten Tieren zusammengenähtes Präparat geschickt. Doch trotz sorgfältiger Inspektion fanden die Zoologen weder verdächtige Nähte noch Klebestellen. Folglich mussten sie ein Exemplar einer noch unbekannten Art mit Merkmalen verschiedener Tiergruppen vor sich haben. Es handelte sich um ein an Gewässern lebendes Schnabeltier (Abb. 166.1).

Erst im Jahre 1824 entdeckte man bei den Schnabeltierweibchen Milchdrüsen, welche die Milch in zwei Hauttaschen am Bauch abgeben, aus denen die Jungen trinken. Wegen dieser Eigenschaft und des Fells wird das Schnabeltier zu den Säugetieren gestellt. Weitere 60 Jahre später beobachtete man, dass es wie Reptilien und Vögel Eier legt und ausbrütet. Dieses Merkmalsmosaik deutet darauf hin, dass Säugetiere einerseits und Reptilien und Vögel andererseits gemeinsame Vorfahren haben.

Der Schnabel, ein empfindliches Tastorgan, und die Schwimmhäute entwickelten sich unabhängig von entsprechenden Organen der Vögel, können also nicht zur Begründung der Verwandtschaft herangezogen werden.

Die Evolutionsforschung analysiert die Verwandtschaftsbeziehungen von Lebewesen und beschreibt die Abstammungsverhältnisse mithilfe von Stammbäumen. Darauf wird im Folgenden eingegangen.

Es stellen sich diese Fragen:
- Woran erkennt man Verwandtschaftsbeziehungen zwischen Lebewesen?
- Wie stellt man Stammbäume auf?
- Welche Bedeutung haben molekularbiologische Daten für die Rekonstruktion der Stammesgeschichte?
- Was verrät Verhalten über Verwandtschaft?

Abb. 166. 1 Schnabeltier unter Wasser. Länge bis zur Schwanzspitze ca. 60 cm

2.1 Ähnlichkeiten von Lebewesen

Vergleicht man die Vordergliedmaßen eines Menschen, eines Vogels und eines Delfins, so stellt man fest, dass sie zwar auf den ersten Blick sehr unterschiedlich aussehen, dass ihnen aber ein gemeinsamer Bauplan zugrunde liegt. Die Unterschiede zwischen den Arten einer systematischen Gruppe erklärt man damit, dass im Laufe der Evolution Veränderungen an den gleichen Genen auftraten, die zu einer Abwandlung des Bauplans führten. Die durch kleine Mutationsschritte entstandenen Phänotypen unterlagen der Selektion. Man geht davon aus, dass der Bau der Extremitäten aller heutigen Amphibien, Reptilien, Säugetiere und Vögel auf einen Grundtyp zurückzuführen ist, wie ihn die ersten Landwirbeltiere besaßen. Fossilien solcher Urlurche kennt man aus etwa 360 Millionen Jahre alten Gesteinsschichten (Abb. 167.1).

Stimmen Strukturen, die bei verschiedenen Arten eine unterschiedliche Funktion ausüben, im Grundaufbau überein, spricht man von **Homologie** (gr. *homologos* übereinstimmend). Homologe Merkmale bei unterschiedlichen Organismen weisen auf deren stammesgeschichtliche Verwandtschaft hin.

Weiterhin findet man Strukturen, die trotz gleicher Funktion unterschiedliche Baupläne aufweisen. So zeigen die Vorderextremitäten von Maulwurf und Maulwurfsgrille, die zwei unterschiedlichen Tierstämmen angehören, auffallende Übereinstimmungen in ihrer äußeren Gestalt (Abb. 167.2). Diese Gliedmaßen haben unterschiedliche Grundbaupläne, die auf verschiedene Gene zurückzuführen sind. Ihre Ähnlichkeit ist mit einer evolutiven Anpassung an vergleichbare Umweltbedingungen zu erklären: Maulwurfsgrille und Maulwurf zeigen eine ähnliche grabende Lebensweise. Man spricht in einem solchen Fall von **Analogie**.

Ist nicht nur ein einzelnes Organ von Analogie betroffen, sondern das gesamte Erscheinungsbild, bezeichnet man dies als **Konvergenz** (lat. *convergere* sich nähern). Ein bekanntes Beispiel für Konvergenz ist die stromlinienförmige Körpergestalt bei Fischen, Delfinen und fossilen Fischechsen, die drei unterschiedlichen Wirbeltierklassen angehören. Die Fischgestalt ist somit mehrfach unabhängig voneinander in der Evolution als Angepasstheit an das Leben im Wasser entstanden. Ein pflanzliches Beispiel konvergenter Entwicklung ist die Stammsukkulenz, bei der der Spross als Wasserspeicher dient. Die Lebensräume dieser Pflanzen sind von langen Trockenperioden und kurzzeitigen Regenfällen gekennzeichnet. In Amerika besetzen Kakteen diese ökologische Nische, in Afrika und Asien äußerlich ähnliche Formen aus anderen Pflanzenfamilien (Abb. 167.3).

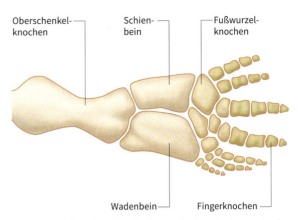

Oberschenkel-knochen — Schien-bein — Fußwurzel-knochen — Wadenbein — Fingerknochen

Abb. 167.1 Rekonstruktion der Hintergliedmaße eines Urlurchs

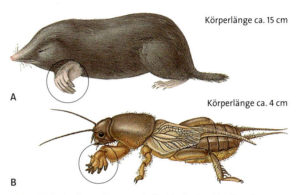

Körperlänge ca. 15 cm

A

Körperlänge ca. 4 cm

B

Abb. 167.2 Analoge Organe. A Grabbein des Maulwurfs; B Grabbein der Maulwurfsgrille

Abb. 167.3 Konvergenz als Angepasstheit an trockene Standorte. A Säulenkaktus; B Wolfsmilch; C Aasblume *Stapelia*. Die drei Arten gehören unterschiedlichen Pflanzenfamilien an.

2.2 Homologien in der Ontogenese

Erwachsene Blauwale können 35 m lang und 130 Tonnen schwer werden. Der Blauwal ernährt sich ausschließlich von kleinen Krebsen, die er mit einem riesigen Seihapparat aus dem Meerwasser filtert. Dieser Filter besteht aus Hunderten von langen, flexiblen und am Rand fransigen Hornplatten, den Barten, die vom Oberkiefer in die Mundhöhle ragen. Zähne werden für diese Art der Nahrungsaufnahme nicht benötigt. Überraschenderweise finden sich aber bei Blauwalembryonen Zahnanlagen, die mit zunehmendem Alter des Embryos verschwinden (Abb. 168.1). Dieser Befund deutet darauf hin, dass der Blauwal von zahntragenden Vorfahren abstammt. In seiner Embryonalentwicklung zeigt er somit ein ursprüngliches Merkmal seiner stammesgeschichtlichen Ahnen.

Die Embryonalentwicklung der Wale weist außerdem darauf hin, dass sich diese dem Wasserleben angepassten Säugetiere aus vierfüßigen, landlebenden Formen entwickelt haben: Walembryonen besitzen Anlagen von Hintergliedmaßen und einen Hals mit sieben freien Halswirbeln, außerdem ein Haarkleid, Riechnerven sowie Nasenmuscheln und Speicheldrüsen. Bei den erwachsenen Tieren sind die Halswirbel verwachsen, die übrigen Merkmale sind rückgebildet. Die Individualentwicklung der Wale legt nahe, dass diese Merkmale und die entsprechenden Strukturen der landlebenden Säuger homolog sind.

Heute kennt man zahlreiche ähnliche Beispiele für solche Homologien in der Ontogenese. So lässt sich bei Säugetierembryonen die Umorganisation des Kiefergelenks der Fische, Amphibien und Reptilien zu den Gehörknöchelchen des Mittelohrs erkennen. Auch in diesem Fall treten kurzzeitig Merkmale von Strukturen anderer Organismengruppen auf, was auf Homologie hinweist.

Auch Larven können Hinweise auf Verwandtschaftsverhältnisse liefern. So sind die Seepocken nicht auf den ersten Blick als Krebstiere zu erkennen. Diese an Felsküsten oder Schiffsrümpfen festsitzenden Tiere weichen in ihrem Äußeren stark von den übrigen Krebsen ab. Ihre Zugehörigkeit zu dieser Gruppe verraten aber ihre Larven, die denen vieler anderer Krebse sehr ähnlich sehen (Abb. 168.2).

Aufgrund solcher Befunde formulierte ERNST HAECKEL die Biogenetische Regel. Danach lassen sich Entwicklungsschritte der **Phylogenese** (gr. *phyle* Stamm, *genesis* Entstehung), der Stammesgeschichte, in ähnlicher Form im Verlauf der **Ontogenese** (gr. *on* das Existierende), der Individualentwicklung, wiedererkennen. Befunde der modernen Entwicklungsgenetik stützen diese Regel.

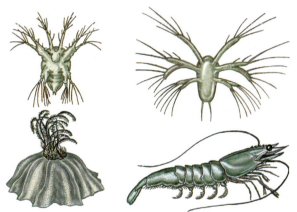

Abb. 168.2 Seepocke und Garnele und ihre Larven

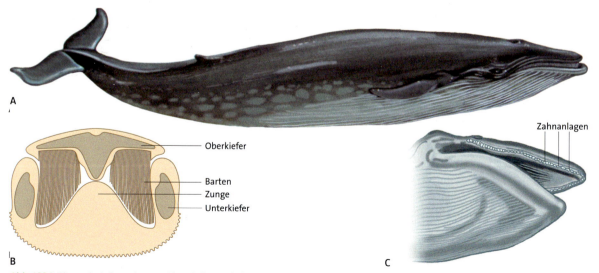

Abb. 168.1 Blauwal. **A** Erwachsenes Tier; **B** Querschnitt durch den Kopf eines erwachsenen Tiers; **C** Embryo mit Zahnanlagen

Labels in figure B: Oberkiefer, Barten, Zunge, Unterkiefer
Label in figure C: Zahnanlagen

2.3 Molekulare Homologien

Bakterien, Fliegen, Frösche, der Mensch: Alle Organismen sind aus denselben chemischen Grundbausteinen zusammengesetzt, besitzen DNA, weisen dieselben Mechanismen der Proteinbiosynthese auf und stimmen in grundlegenden Stoffwechselprozessen überein. Aufgrund dieser Übereinstimmungen ist ein gemeinsamer Ursprung aller Lebewesen anzunehmen. Außerdem kommen die Verwandtschaftsverhältnisse von Lebewesen, die sich aus den Untersuchungen von Organhomologien ergeben haben, auch auf der Ebene der DNA-Sequenzen und der Genprodukte zum Ausdruck (S. 170).

Bei einem Vergleich der Aminosäuresequenz verschiedener Enzyme lassen sich Ähnlichkeiten feststellen, die nicht zufällig sein können. So stimmen bei den eiweißspaltenden Verdauungsenzymen Chymotrypsin und Trypsin bei Säugern die Aminosäuren an etwa 40% der Positionen überein. Man schließt daraus, dass die beiden Enzyme homolog und aus einem gemeinsamen Ur-Enzym entstanden sind. Diesem Ur-Enzym lag ein einziges Gen zugrunde. Jetzt gibt es im Genom für Chymotrypsin und Trypsin zwei Gene. Daraus ist zu folgern, dass sich im Laufe der Evolution das Urgen zu zwei getrennten Genen verdoppelt hat. In diesen kam es zu unterschiedlichen Mutationen, sodass zwei verschiedene homologe Gene entstanden. Ihre Produkte haben eine etwas unterschiedliche Struktur und Funktion. In ähnlicher Weise haben sich andere Gene verdoppelt oder vervielfacht.

So konnte aus einem Urgen eine Gruppe homologer Gene mit ähnlicher DNA-Sequenz, eine **Multigenfamilie,** entstehen. Dies gilt z. B. für die Gene, die die Polypeptidketten codieren, aus denen der Blutfarbstoff Hämoglobin aufgebaut ist. Je vier dieser Globinketten, von denen jeweils zwei identisch sind, bilden ein Proteinmolekül. Beim Menschen besteht der rote Farbstoff vor der Geburt vor allem aus α- und γ-Ketten. Nach der Geburt setzt sich das Hämoglobin zum größten Teil aus α- und β-Globin zusammen. Außerdem kennt man noch weitere Globintypen, die anstelle der β- oder γ-Polypeptide in das Protein eingebaut sein können. Alle diese Globine ähneln sich in ihrer Aminosäureabfolge. Mit Ausnahme des Gens für die α-Kette liegen alle Gene dieser Multigenfamilie auf demselben Chromosom (Abb. 169.1). Homologe Gene findet man innerhalb einer Art, aber auch bei unterschiedlichen Arten. Dies zeigt der Vergleich von Cytochrom c und des zugrunde liegenden Gens bei verschiedenen Organismenarten (S. 171). Um diese beiden Homologiearten zu trennen, muss man den Homologiebegriff auf der Ebene der Gene verschärfen (Abb. 169.2). Homologe Gene gleicher Funktion bei verschiedenen Arten nennt man ortholog. Sie entstanden durch unabhängige Mutationsereignisse aus einem gemeinsamen Ur-Gen. Homologe Gene innerhalb einer Art, wie die Globingene des Menschen, bezeichnet man als paralog. Ihre Genprodukte haben oft eine unterschiedliche Funktion.

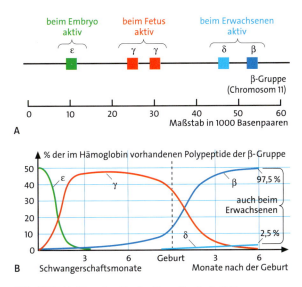

Abb. 169.1 Multigenfamilie der Gene für die β-Kette des Hämoglobins beim Menschen. **A** Anordnung der Gene auf Chromosom 11; **B** zeitlicher Verlauf der Bildung der verschiedenen β-Ketten

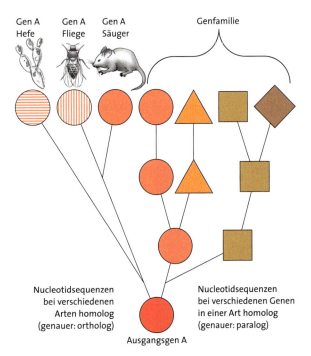

Abb. 169.2 Homologie von Genen

2.4 Molekularbiologische Stammbäume

Geier ernähren sich von Aas. In ihrem Körperbau sind sie an diese Form der Ernährung angepasst: der kräftige Hakenschnabel, die spärliche Befiederung von Kopf und Hals, der große, dehnbare Kropf und der enzymreiche Magensaft können als Anpassungen an den Verzehr von großen Tierkadavern verstanden werden. Man findet Geier sowohl in Afrika, Asien und Europa als auch in Süd- und Mittelamerika. Zu den Altweltgeiern gehören z. B. der Gänsegeier und der Ohrengeier, einer der bekanntesten Vertreter der Neuweltgeier ist der Kalifornische Kondor (Abb. 170.1). Aufgrund ihres ähnlichen Körperbaus wurden die altweltlichen und die neuweltlichen Geier lange Zeit in der Ordnung der Greifvögel vereinigt. In den 1970er-Jahren wurde jedoch aufgrund von Befunden aus der Anatomie und der vergleichenden Verhaltensforschung die Hypothese aufgestellt, die Neuweltgeier seien mit den Störchen näher verwandt als mit den Greifvögeln. Demzufolge wurden die Merkmalsähnlichkeiten der beiden Geiergruppen auf eine konvergente Entwicklung zurückgeführt. Die Klärung der Frage nach den tatsächlichen Verwandtschaftsbeziehungen erfolgte durch DNA-Analysen. Es zeigte sich, dass Neuweltgeier tatsächlich ähnliche Nucleotidsequenzen besitzen wie Störche, Möwen und Albatrosse. Demnach gehen diese Gruppen auf eine gemeinsame Ausgangsform zurück. Die altweltlichen Geier gehören gemäß diesen Untersuchungen dagegen in die Verwandtschaft der Adler und Bussarde.

Außer Körperbaumerkmalen können also auch molekularbiologische Befunde zur Klärung stammesgeschichtlicher Verwandtschaftsverhältnisse herangezogen werden. Die ersten Untersuchungen der molekularen Evolutionsforschung erfolgten bereits um 1900 mit Proteinen des Blutserums. Dazu wurde die **Serumreaktion** durchge-

führt: Man injiziert einem Versuchstier, z.B. einem Kaninchen, menschliches Blutserum. Bei Serum handelt es sich um die Blutflüssigkeit ohne zelluläre Anteile und Gerinnungsstoffe. Das Immunsystem des Versuchstiers bildet daraufhin Antikörper gegen die Proteine des Fremdblutes (S. 72). Dann entnimmt man dem Kaninchen Blut, lässt dieses gerinnen und gewinnt daraus »Anti-Human-Serum«. Gibt man dieses Serum zu einer Probe mit menschlichem Serum, ist eine starke Ausfällung festzustellen: Die spezifischen Antikörper binden an die Serumproteine des Menschen. Im Vergleich dazu reagiert das Anti-Human-Serum des Kaninchens mit den Seren anderer Säugetiere schwächer. Aus der Menge des Niederschlags kann man Rückschlüsse auf die verwandtschaftliche Nähe der untersuchten Tiere zum Menschen ziehen (Abb. 170.2). In vielen Fällen bestätigten Daten aus der Serumreaktion die aus anatomischen Vergleichen ermittelten Verwandtschaftsverhältnisse.

Heute spielt die Serumreaktion für die Verwandtschaftsforschung keine Rolle mehr. Um 1960 begann man die Aminosäureabfolge homologer Proteine zu analysieren. Ein bekanntes Beispiel ist die vergleichende Untersuchung von **Cytochrom c,** in allen aeroben Lebewesen ein Protein der Zellatmung. Das Cytochrom c des Menschen unterscheidet sich von dem des Rhesusaffen nur in einer einzigen Aminosäure. Dies lässt auf einen einzigen Mutationsschritt schließen. Zwischen Menschen- und Hunde-Cytochrom treten 11 Unterschiede auf, denen vermutlich entsprechend viele Mutationsereignisse zugrunde liegen. Dies bestätigt, dass sich die Evolutionslinie zum Menschen früher von der Evolutionslinie zum Hund getrennt hat als von der zum Rhesusaffen. Selbst zwischen Hefe

Abb. 170.1 Kalifornischer Kondor (**A**) und Ohrengeier (**B**) gehören verschiedenen Vogelordnungen an.

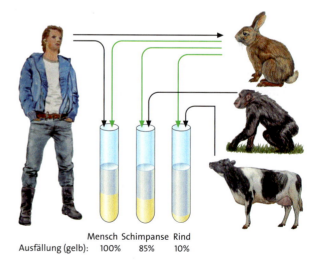

	Mensch	Schimpanse	Rind
Ausfällung (gelb):	100 %	85 %	10 %

Abb. 170.2 Serologische Ähnlichkeit von Blutserumproteinen des Menschen und einiger Tiere

und Mensch stimmt noch etwas mehr als die Hälfte aller Aminosäuren überein. Dies kann kein Zufall sein: Die Evolution des Cytochroms c ist vor sehr langer Zeit von einem »Ur-Cytochrom« ausgegangen. Abb. 171.1 fasst die Änderungen in einem »Stammbaum des Cytochroms c« zusammen. Obwohl er sich nur auf eine einzige Molekülart bezieht, gleicht er weitgehend dem Stammbaum, der mithilfe der vergleichenden Anatomie aufgestellt wurde. Der Cytochrom-Stammbaum kann auch als **»molekulare Uhr«** genutzt werden. Das Cytochrom c von Säugetieren und Amphibien unterscheidet sich durchschnittlich in 17 Aminosäurepositionen. Aus Fossilfunden weiß man, dass sich die Stammeslinien der beiden Gruppen vor rund 400 Millionen Jahren getrennt haben, daraus ergibt sich ein rechnerischer Wert von einem Aminosäureaustausch in 20 bis 25 Millionen Jahren. Da sich außerdem gezeigt hat, dass die Mutationsrate eines bestimmten Gens über lange Zeiträume annähernd konstant ist, erhält man so ein Maß für die Geschwindigkeit der Evolution des betreffenden Proteins. Aus diesem Wert können näherungsweise auch die Trennungszeiten anderer Gruppen berechnet werden, so wie die von (Ur-)Chordatieren und Wirbellosen vor 600–800 Millionen Jahren.

DNA-Stammbäume. Heute ist die Analyse der Nucleotidsequenz von Genen das Standardverfahren zur Ermittlung molekularer Ähnlichkeiten von Organismen. DNA-Sequenzierungen haben den Vorteil, dass sie rasch durchzuführen sind und dass der Grad der Übereinstimmungen in den Basensequenzen unmittelbar zu erkennen ist. Mittlerweile arbeitet die molekulare Evolutionsforschung ausschließlich mit DNA-Sequenzvergleichen. Die Gemeinsamkeiten und Unterschiede in der Nucleotidsequenz mehrerer Gene und anderer leicht identifizierbarer DNA-Sequenzen werden mit Computern ausgewertet und in Stammbaumdarstellungen umgesetzt.

Die DNA-Analyse liefert wichtige Erkenntnisse zur Systematik der Wirbeltiere, aber auch zu Verwandtschaftsverhältnissen bei Prokaryoten, wirbellosen Tieren und Pflanzen, die mit den klassischen Verfahren nicht zu erhalten waren. Beispielsweise konnte aufgrund der Untersuchung von Cytochrom-b-Gensequenzen bei Eulen unerwarteterweise die sehr nahe Verwandtschaft der Schneeeule mit dem Uhu belegt werden (Abb. 171.2). Besondere Bedeutung kommt der DNA-Analyse zu, wenn die morphologischen und anatomischen Merkmale einer Art keine eindeutige Zuordnung zu einer systematischen Gruppe zulassen. Außerdem können morphologisch sehr ähnliche Formen gegeneinander abgegrenzt werden. Dies spielt besonders bei den Prokaryoten eine große Rolle, die sich äußerlich oft nicht unterscheiden lassen.

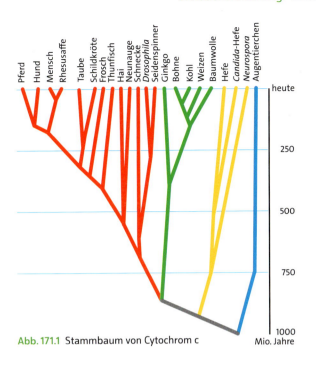

Abb. 171.1 Stammbaum von Cytochrom c

Abb. 171.2 Stammbaum der Eulen auf der Basis von DNA-Analysen

2.5 Das Verhalten verrät stammes- geschichtliche Verwandtschaft

In der Verhaltensforschung werden unter anderem angeborene Verhaltensweisen nahestehender Tiergruppen untersucht. Aus den gewonnenen Erkenntnissen können Forscher Rückschlüsse auf die stammesgeschichtliche Entwicklung der Tiere ziehen.

Zu den am gründlichsten erforschten Tierarten gehören die Entenvögel. So fällt zum Beispiel auf, dass die Küken aller Entenvögel einen einsilbigen Pfeiflaut ausstoßen, wenn sie sich verlassen fühlen. Dieses »Pfeifen des Verlassenseins« ist angeboren.

Während der Balz sind besonders viele charakteristische Verhaltensweisen zu beobachten. Es gibt beispielsweise zwei Arten von Balzverhalten: die gesellige **Turnierbalz**, die viele Erpel gemeinsam aufführen und die **Einzelbalz** vor der Ente. Die Turnierbalz beginnt mit cincr Begrüßungsbewegung, dem *Antrinken.* Die Erpel nehmen etwas Wasser auf und schleudern es nach oben (Abb. 172.1 B). Im Augenblick der größten Spannung des Körpers ertönt ein lauter Pfiff, dem sofort ein tiefer Grunzton folgt. Weitere Bestandteile der Turnierbalz sind das *Schnabelschütteln,* das *Schüttelstrecken,* wobei der Körper schräg nach vorn aus dem Wassers gehoben wird, sowie das *Schwanzschütteln.* Dieser Gesellschaftsbalz folgt die Einzelbalz. Sie dient der Paarfindung und ist auf ein bestimmtes Weibchen gerichtet. Das »*Hetzen«* als weibliche Balz zeigen alle Entenvögel bis auf Graugans und Kanadagans. Dabei schwimmt die Ente kopfnickend ihrem umworbenen Erpel hinterher und droht gleichzeitig über ihre Schulter hinweg den anderen artgleichen Männchen.

Alle Verhaltensweisen lassen sich auf bestimmte Grundformen wie Baden und Putzen zurückführen. Sie werden auch als **homologe Verhaltensweisen** bezeichnet, da sie einen gemeinsamen Ursprung – die Körperpflege – haben und vererbbar sind. Verhaltensforscher haben festgestellt: Je mehr übereinstimmende Verhaltensweisen zwei Entenarten zeigen, desto näher sind sie vermutlich miteinander verwandt (Abb. 172.1 A). Damit kann das angeborene Verhalten der Tiere ebenso Hinweise auf die stammesgeschichtliche Verwandtschaft geben wie das bei körperlichen Merkmalen der Fall ist.

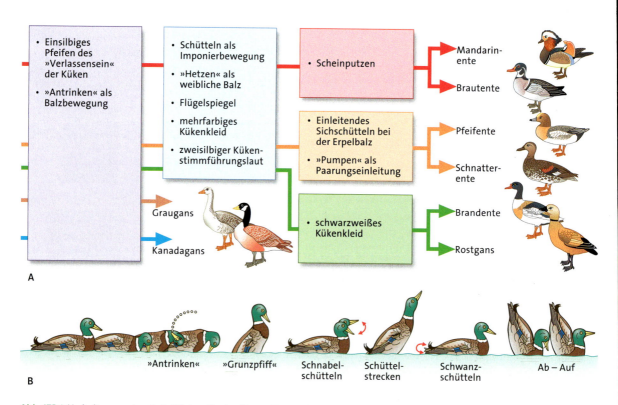

Abb. 172.1 Verhaltensmerkmale bei Entenvögeln, die zur Verwandtschaftsbestimmung genutzt werden.
A Stammbaum der Entenvögel; **B** Turnierbalz eines Stockentenerpels

ZUSAMMENFASSUNG

Die **Evolutionsforschung** beschäftigt sich mit den Ursachen und Gesetzmäßigkeiten der Evolution sowie der Klärung von Verwandtschaftsverhältnissen zwischen den Arten.

Trotz der großen Formenvielfalt stellt man **Ähnlichkeiten von Lebewesen** fest. Aufgrund von Merkmalsähnlichkeiten fasst man verschiedene Arten zu größeren Gruppen wie Gattung, Familie, Ordnung zusammen. Bestimmte Strukturen üben bei verschiedenen Arten eine unterschiedliche Funktion aus, stimmen jedoch aufgrund gleichartiger Gene in ihrem Grundaufbau überein: homologe Strukturen. Diese gelten als Beleg für stammesgeschichtliche Verwandtschaft.

Andere Strukturen haben bei gleicher Funktion unterschiedliche Baupläne, die auf verschiedene Gene zurückzuführen sind: analoge Strukturen.

Treten in der **Ontogenese von Strukturen** z. B. der Gehörknöchelchen der Säuger, kurzzeitig Strukturmerkmale anderer Organismengruppen auf, wie das Kiefergelenk der Reptilien, so gelten beide Strukturen als **homolog**. Gemäß der Biogenetischen Regel lassen sich **Entwicklungsschritte** der Stammesgeschichte in ähnlicher Form im Verlauf der **Ontogenese** wiedererkennen.

Verwandtschaftsbeziehungen lassen sich auch auf molekularer Ebene erkennen. So führt die vergleichende DNA-Analyse zu **molekularbiologischen Stammbäumen**. Stimmen verschiedene Enzyme wie Chymotrypsin und Trypsin in ihrer Aminosäuresequenz weitgehend überein, so spricht das für Homologie und einen gemeinsamen Ursprung. Eine **molekulare Homologie** findet man auch bei Genen, die eine ähnliche DNA-Sequenz aufweisen. Vielfach **entwickelte** sich in der Stammesgeschichte aus einem Urgen eine Gruppe homologer Gene, eine Multigenfamilie.

AUFGABEN

1 ▪▪ Grabende Säugetiere

Der in australischen Wüstengebieten vorkommende Beutelmull (Abb. 173.1A) und der Europäische Maulwurf (Abb. 173.1B) sind sich in ihrem äußeren Körperbau sehr ähnlich, gehören aber verschiedenen Säugetiergruppen an: Der Beutelmull ist ein Beuteltier und der Maulwurf gehört zu den Insektenfressern.
Erläutern Sie unter Zuhilfenahme evolutionsbiologischer Vorstellungen, wie die Ähnlichkeiten im Erscheinungsbild der zwei genannten Tiere zustande gekommen sein dürften.

2 ▪ Systematische Stellung des Schuhschnabels

In der traditionellen Vogelsystematik wird der afrikanische Schuhschnabel (Abb. 173.2) zu den äußerlich ähnlichen Reihern und Störchen in die Ordnung der Stelzvögel gestellt. Neuere molekulare Befunde deuten darauf hin, dass dieser Vogel wohl eher mit den Pelikanen verwandt ist. Nennen und beschreiben Sie zwei verschiedene molekularbiologische Methoden, mit denen sich die systematische Stellung des Schuhschnabels überprüfen lassen könnte.

Abb. 173.1 **A** Beutelmull; **B** Maulwurf

Abb. 173.2 Schuhschnabel

Evolution des Stoffwechsels

Verwandtschaftsgruppen. Lange Zeit sah man die Pilze als eine Gruppe von Organismen an, deren Besonderheiten dadurch erklärt wurden, das sie farblos geworden seien und daher eine eigene Ernährungsweise entwickelten. Man billigte ihnen, neben dem Pflanzen- und Tierreich, den Rang eines eigenen Reiches zu. Der DNA-Stammbaum zeigt aber, dass **Pilze** polyphyletisch sind: die Schlauch-und Ständerpilze – dazu gehören die Waldpilze – sind näher mit den Tieren verwandt als mit den Pflanzen. Die Mehltaupilze, die als Pflanzenparasiten Schäden verursachen, gehören jedoch in eine Gruppe von Algen; sie sind im Verlauf der Evolution pilzartig geworden. Die erfolgreiche Ermittlung von Stammbäumen mithilfe von DNA hat zu etlichen derartigen Überraschungen geführt. Daraus entstand das Programm des *»Tree of Life«.* Alle Arten von Lebewesen sollen in einen Stammbaum eingeordnet werden, der dann über das Internet zugänglich ist.

Die **Algen** bilden ebenfalls keine einheitliche Gruppe. Bei den Braunalgen sind völlig getrennt von den »echten« Pflanzen **Vielzeller** entstanden. Zu ihnen gehören die großen Meerestange, mit bis zu 200 m Länge die größten Lebewesen der Erde. Vielzelligkeit ist bei den Eukaryoten also dreimal getrennt entstanden: bei den vielzelligen Tieren, bei den echten Pflanzen zusammen

mit Rot- und Grünalgen und bei der Verwandtschaftsgruppe, zu der die Braunalgen gehören. Die alte Gliederung der Eukaryoten in ein Pflanzen- und ein Tierreich ist überholt. Man gliedert heute in sechs Reiche (Abb. 174.1).

Die **vielzelligen Tiere** (Metazoen) lassen sich auf eine Ausgangsgruppe zurückführen. Am Übergang von Ein- zu Vielzellern stehen die Schwämme. Bei Hohltieren liegen zwei gut ausgebildete Zellschichten vor. Den Hohltieren stehen die bilateralsymmetrischen Tiere gegenüber; sie besitzen ein Vorder- und ein Hinterende. Bei diesen haben sich früh zwei große Gruppen voneinander getrennt. Die **Urmundtiere** (Protostomier), – der Mund der jungen Larve bleibt als Mundöffnung erhalten, der After entsteht neu – und die **Neumundtiere** (Deuterostomier), bei denen der Larvenmund zum After wird und der endgültige Mund neu entsteht.

Die Urmundtiere teilten sich in zwei Gruppen auf. Die eine ist durch die Häutung des Außenskeletts gekennzeichnet; dazu gehören die Gliederfüßer. Zur anderen Gruppe gehören Ringelwürmer und Weichtiere, nach molekularen Daten auch Plattwürmer, Rädertierchen und Armfüßer. Zur Aufklärung dieser Verwandtschaft trugen die HOX-Gene erheblich bei. Zu den Neumundtieren gehören die Stachelhäuter und die **Chordatiere,** deren wichtigste Teilgruppe die **Wirbeltiere** sind.

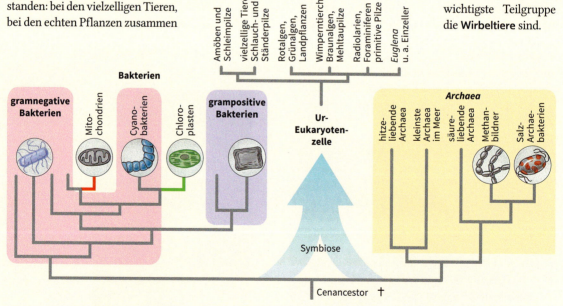

Abb. 174.1 Die Reiche der Lebewesen aufgrund der Untersuchung von DNA-Sequenzen. Bei den Bakterien unterscheidet man nach dem Bau der Zellwand und der dadurch bestimmten Anfärbemöglichkeit grampositive und gramnegative Formen.

Endosymbiontentheorie. Im Jahr 1883 fand der deutsche Botaniker FRANZ WILHELM SCHIMPER anhand lichtmikroskopischer Untersuchungen, dass »Chlorophyllkörner (Chloroplasten) … nicht durch Differenzierung aus dem Plasma, sondern aus ähnlichen Gebilden durch Teilung entstehen«. Er schrieb, dass »ihre Beziehung zu dem sie enthaltenden Organismus einigermaßen an eine Symbiose erinnern«. Daraus leitete er diese Hypothese ab:

Hypothese 1. »Möglicherweise verdanken die grünen Pflanzen wirklich einer Vereinigung eines farblosen Organismus mit einem von Chlorophyll gleichmässig tingierten (gefärbten) ihren Ursprung.«

Später zeigte sich, dass auch Mitochondrien nur durch Teilung aus ihresgleichen entstehen. Im Jahr 1967 erweiterte die amerikanische Biologin LYNN MARGULIS die obige Hypothese:

Hypothese 2. Chloroplasten und Mitochondrien waren einst selbständige Prokaryoten, die als Symbionten in andere Prokaryoten aufgenommen wurden.

Ergebnisse. Es wurden Eigenschaften dieser Zellorganellen mit denen heute lebender Prokaryoten verglichen. Dabei ergaben sich u. a. die folgenden Übereinstimmungen:

Chloroplasten und Mitochondrien besitzen eine Hülle aus zwei Membranen, als ob sie in Wirtszellen eingedrungen wären und ihre eigene Membran von der Wirtsmembran umschlossen worden wäre, so wie dies bei der Endocytose von Partikeln geschieht. Die innere Membran der Mitochondrien enthält ein Phospholipid, das sonst nur in der Bakterienmembran vorkommt, die äußere ist eine Eukaryotenmembran. Beide Organellen besitzen wie Protocyten nackte DNA, die nicht in Form von Chromosomen mit Histonen verbunden ist. Sie ist in der Regel ringförmig gebaut wie das Bakterienchromosom. Beide Organellen haben eigene Ribosomen und bilden einen Teil der Organell-Proteine selbst. Diese Ribosomen sind so groß wie die der Protocyte und kleiner als die Ribosomen der Eucyte.

Diskussion. Die Ergebnisse zahlreicher Forscher bestätigen die Endosymbiontenhypothese (Abb. 175.1). Diese ist so gut abgesichert und von so hohem Erklärungswert, dass sie heute als Theorie gilt. Für diese Theorie spricht auch die Tatsache, dass einige Arten von Pantoffeltierchen als Endosymbionten vollständige membranumschlossene Zellen von Grünalgen

(Chlorellen) besitzen und daher nicht auf organische Nahrung angewiesen sind. Beide Zelltypen können allerdings getrennt weitergezüchtet werden; es handelt sich daher vermutlich um eine »junge« Symbiose. Andere Wimpertierchen sowie verschiedene einzellige Algen und Schwämme enthalten Bakterien als Endosymbionten.

Im Verlauf der Stammesgeschichte wurde die Symbiose unauflösbar, weil zahlreiche Gene vom Symbionten in den Kern der Eucyte übergingen. So entwickelten sich die aufgenommenen Prokaryoten zu Zellorganellen. Einige begeißelte farblose Einzeller haben einzellige eukaryotische Algen, die Fotosynthese duchführen, als Symbionten aufgenommen. Deren Kerne wurden dann infolge des Übergangs von Genen stark verkleinert oder verschwanden. So entstanden »Chloroplasten« mit einer Hülle von mehr als zwei Membranen, z.B. bei Braunalgen.

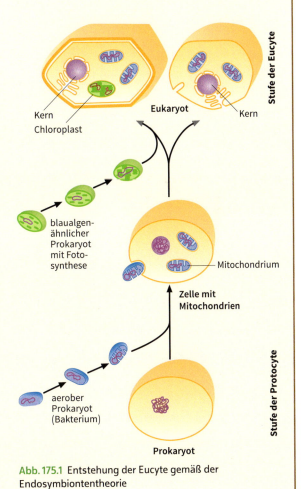

Abb. 175.1 Entstehung der Eucyte gemäß der Endosymbiontentheorie

Entstehung organischer Verbindungen. Die Frage, wie unter den Bedingungen der frühen Erde organische Verbindungen entstehen konnten, wurde erstmals 1953 von STANLEY L. MILLER im Rahmen seiner Doktorarbeit experimentell untersucht. Er führte Versuche durch, in denen eine nachgebildete Atmosphäre der frühen Erde elektrischen Entladungen als simulierten Gewittern ausgesetzt wurde (Abb. 176.1). In dem Gemisch von CH_4, CO, NH_3, H_2 und Wasserdampf entstanden im Verlauf von Stunden zahlreiche organische Verbindungen. Darunter waren wichtige Bausteine aller Lebewesen, z. B. verschiedene Aminosäuren. In darauf aufbauenden Experimenten nutzten weitere Forscher andere Energiequellen, wie z. B. radioaktive Strahlung oder glühende Lava, die ins Wasser fließt. Die Ergebnisse waren stets ähnlich. Bei solchen Versuchen entsteht auch Formaldehyd, der in wässriger Lösung vielerlei Zucker bilden konnte. Später haben Forscher mit anderen einfachen Molekülen, z. B. Blausäure HCN, gearbeitet. Bei deren Umsetzung bilden sich vor allem Nucleotide. Bei Gegenwart von Phosphat entstehen energieliefernde Verbindungen, wie z. B. ATP. Höhermolekulare Verbindungen entstanden nicht, denn dazu reichten die Konzentrationen der Bausteine nicht aus.

Entstehung eines Stoffwechsels. Eine fortlaufende Vermehrung von Bausteinen der Lebewesen erfordert eine konstante Energiezufuhr und gleichbleibende Umwelt. Diese Bedingungen sind im Bereich der Tiefseevulkane erfüllt. Dort entsteht durch Reaktion von Schwefelwasserstoff mit Eisen-Ionen das Mineral Pyrit (Katzengold, Schwefelkies, FeS_2). Bei dessen Bildung

kann CO_2 aus den Vulkanen reduziert werden. Diese Befunde gaben Anlass zu Experimenten unter Bedingungen des Ozeans der frühen Erde. Dabei wurden organische Verbindungen aus anorganischen gebildet, z. B. Carbonsäuren. Aus diesen entstehen viele andere Stoffe; unter Beteiligung von Ammoniak auch Aminosäuren, die zu Peptiden weiter reagieren. Im Ozean der frühen Erde konnten sich aus gebildeten Fettsäuren um die wachsenden Pyritkristalle herum Membranen und damit abgeschlossene Reaktionsräume entwickeln. Darin wurden Verbindungen angereichert und weiter umgesetzt. So könnte sich ein Stoffwechsel zunächst ohne Enzyme entwickelt haben. Im Experiment entstanden in konzentrierter Lösung auch Oligonucleotide und aus diesen Polynucleotide mit 20–50 Nucleotidbausteinen, die als Vorstufen von RNA-Molekülen anzusehen sind. Diese Polynucleotide waren in der konzentrierten Lösung vergleichsweise stabil. Aufgrund dieser Befunde gilt es als wahrscheinlich, dass auch die weiteren Schritte der Evolution hin zu Lebewesen im Bereich der Tiefseevulkane stattgefunden haben. Jedoch beruhen alle solchen Überlegungen auf Experimenten unter simulierten Bedingungen und bleiben daher hypothetisch.

Auch nach Entstehung der ersten Lebewesen waren wahrscheinlich Reaktionen unter Beteiligung von Schwefelwasserstoff (H_2S) die wichtigste Energiequelle. Außerdem entstanden immer noch organische Verbindungen aus anorganischen und wurden dann in den Zellen umgesetzt. Die Zellen vermehrten sich, sodass die Nahrung allmählich knapp wurde. Nun waren solche Zellen im Vorteil, die in der Lage waren, lichtabsorbierende Farbstoffe zu bilden und Licht als Energiequelle zu nutzen. Diese Farbstoffe entstanden vermutlich aus Stoffen, die Wärmestrahlen absorbierten. Solche Substanzen ermöglichten es den Zellen im Bereich der Vulkane, geeignete Temperaturbereiche zu erkennen und zu besiedeln.

Anfangs diente der Schwefelwasserstoff als Elektronenlieferant; diese Art der Fotosynthese gibt es heute noch bei den Schwefelpurpur-Bakterien in schwefelwasserstoffhaltigen Quellen. Ein weiterer Entwicklungsschritt war die Elektronenlieferung durch die Spaltung von Wasser, das in unbegrenzter Menge verfügbar war. Die Wasserspaltung in der Fotosynthese liefert außerdem Sauerstoff. Seine Anreicherung begann vor etwa 2,5 Milliarden Jahren und damit lange nach Entstehung von Prokaryoten. Mit diesem »Großen Oxidationsereignis« (GOE) veränderten sich die Ver-

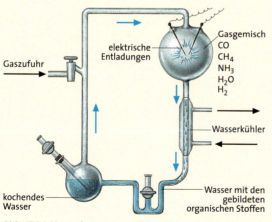

elektrische Entladungen

Gaszufuhr

Gasgemisch
CO
CH_4
NH_3
H_2O
H_2

Wasserkühler

kochendes Wasser

Wasser mit den gebildeten organischen Stoffen

Abb. 176.1 Versuchsapparatur (60 cm hoch) von S. MILLER

hältnisse auf der Erdoberfläche grundlegend. Die Sauerstoffanreicherung war Voraussetzung für die Evolution der Zellatmung, die Energie durch völlige Oxidation organischer Verbindungen liefert.

Frühe biologische Evolution. Es ist anzunehmen, dass in der frühen Evolution RNA-Moleküle als Informationsträger dienten und damit die Funktion hatten, die heute von der DNA ausgeübt wird. RNA-Moleküle hatten auch katalytische Wirkung bei der Bildung von Proteinen. Von Proteinen können viel mehr verschiedene Reaktionen katalysiert werden als von RNA-Molekülen. Man nimmt daher an, dass es mit der Zeit zu einer Arbeitsteilung zwischen RNA-Molekülen als Informationsträgern und Proteinen als Katalysatoren kam. Wenn alle diese Reaktionen in einem kleinen membranumschlossenen Raum abliefen, lag bereits die Vorstufe einer Zelle vor. Man nennt sie »Protobiont«. Wird bei der Bildung von Protobionten die Membran durch den Stoffwechsel chemisch immer gleichartig aufgebaut, so sind echte Zellen entstanden. In einem weiteren Evolutionsschritt wurde die chemisch stabilere DNA zum Informationsträger. Der RNA verblieb die Vermittlerfunktion zwischen DNA und Protein. Damit waren alle notwendigen Bestandteile ursprünglicher Lebewesen vorhanden. Man spricht vom **Cenancestor** (cen: gr. *kainos,* neu; *ancestor* engl. Vorfahr) und versteht darunter die hypothetische Ausgangsform aller Organismen (Abb. 177.1).

Die Hypothese der RNA-Welt. Heutige Lebewesen enthalten die Erbinformation in der DNA. Diese verdoppelt sich vor jeder Zellteilung. Sie wird in der Zelle ständig in mRNA umgeschrieben. Diese Transkription benötigt das Protein RNA-Polymerase als Enzym. Die Information gelangt in der mRNA zu den Ribosomen. Dort wird sie in eine Sequenz von Aminosäuren eines Proteins übersetzt; tRNA-Moleküle transportieren die Aminosäuren zum Ribosom und ribosomale RNA katalysiert deren Verknüpfung.

Dieses komplexe System der Weitergabe und Realisierung der Erbinformation kann nur schrittweise entstanden sein. Es sollte also zunächst eine Molekülsorte alle Funktionen ausgeübt haben. Dafür kommt aus folgenden Gründen die RNA in Frage: Viele Viren, z. B. HIV, speichern ihre Erbinformation in RNA-Molekülen. RNA-Moleküle können auch ohne DNA-Vorlage vervielfältigt werden. RNA kann katalytische Wirkung haben; RNA-Katalysatoren nennt man

Ribozyme. Eines davon ist z. B. bei der Verknüpfung der Aminosäuren im Ribosom wirksam. Dieses Wissen führte zu folgender Hypothese: In der RNA-Welt waren RNA-Moleküle Informationsträger und Katalysatoren des Stoffwechsels. Die Funktionen der RNA müssen dann zum Teil auf Proteine übergegangen sein.

Zahlreiche Beobachtungen und Experimente bestätigten diese Hypothese. So wurde im Labor ein Ribozym künstlich hergestellt, das sich selbst replizieren kann. Viele künstlich hergestellte Ribozyme katalysieren Reaktionen, die mit Ribozymen aus heutigen Organismen nicht zustande kommen. Übergänge von der RNA-Welt zu den jetzigen Verhältnissen findet man bei Partikeln, die aus RNA und Proteinen bestehen. Dazu gehören z. B. die Ribosomen. Bei anderen solcher Partikel liegt die katalytische Funktion je nach Organismus in der RNA oder im Protein. So ist bei Bakterien ein Ribozym an der Bildung der tRNA-Moleküle beteiligt. Sein kleiner Protein-Anteil hat keine katalytische Funktion. Bei Eukaryoten ist es umgekehrt; hier ist die katalytische Funktion nur im Protein lokalisiert.

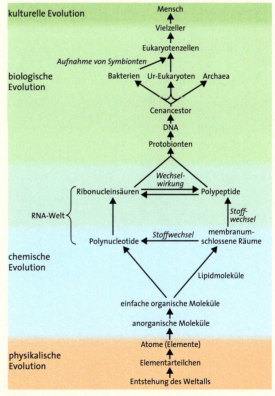

Abb. 177.1 Stufen der Evolution

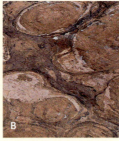

Abb. 178.1 Stromatolithe. **A** Fossil aus Westaustralien, etwa 3,5 Milliarden Jahre alt; **B** heutige Stromatolithe

Abb. 178.2 Rekonstruktionen von Organismen der Ediacara-Lebenswelt

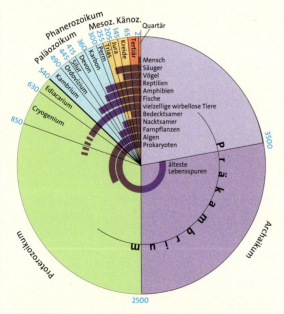

Abb. 178.3 Gliederung der Erdgeschichte mit Zeitangaben in Millionen Jahren und Vorkommen einiger Organismengruppen

Evolution im Präkambrium. Die Erde entstand vor ca. 4,5 Milliarden Jahren. In Gesteinen Westaustraliens, die 3,5 Milliarden Jahre alt sind, fand man feinlamellierte Schichten. Gesteine mit derartigen Strukturen entstehen auch heute gelegentlich an tropischen Küsten. Sie werden von Cyanobakterien gebildet; man bezeichnet sie als **Stromatolithe** (Abb. 178.1). In Dünnschliffen von Stromatolithen findet man cyanobakterienartige Zellen. Solche Bakterien betreiben Fotosynthese. Allerdings gibt es aus dieser frühen Zeit keine Hinweise auf Sauerstoffbildung. Aber auch einige heute lebende Cyanobakterien führen eine Form der Fotosynthese durch, bei der zwar CO_2 aufgenommen aber Sauerstoff nicht freigesetzt wird. Dies dürfte sich schon vor 3,5 Milliarden Jahren so abgespielt haben. Die CO_2-Entnahme aus der Atmosphäre verstärkte sich, nachdem die wasserspaltende Fotosynthese entstanden war. Deren Evolution ist daran zu erkennen, dass vor etwa 2,5 Milliarden Jahren erstmals oxidierte Mineralien entstanden. Der Sauerstoff begann sich zwischen 2,4 und weniger als 1 Milliarden Jahren in der Atmosphäre bis auf etwa ein Zehntel des heutigen Wertes anzusammeln (Abb. 179.1). Als Folge entstand allmählich die Ozonschicht in der Stratosphäre. Die lange Zeit der Erdgeschichte (Abb. 178.3), die weiter zurückliegt als 540 Millionen Jahre, bezeichnet man als **Präkambrium**. In der Zeitspanne nach dem Oxidationsereignis sind Fossilreste häufiger; man nennt diesen Abschnitt das **Proterozoikum** (gr. *protos,* erster).

Durch die Kohlenstoffdioxid-Bindung entging die Erde der »Treibhausfalle« einer zu starken Erwärmung. Die Oberfläche kühlte sich ab, und vor etwa 2,2 Milliarden Jahren kam es zur ersten großen Eiszeit. Die Erde lief Gefahr, in eine »Kühlhausfalle« zu geraten. Dies wurde verhindert durch erneuten Anstieg des CO_2-Gehaltes der Atmosphäre. Durch die Eiszeit kam es nämlich zu einer drastischen Abnahme der Cyanobakterien, die Kohlenstoffdioxid durch Fotosynthese banden. Starker Vulkanismus infolge verstärkter Plattenbewegungen (Plattentektonik) lieferte zusätzlich Kohlenstoffdioxid. Nach der Eiszeit konnten sich daher Cyanobakterien sogar allmählich auf feuchten Festlandsgebieten ansiedeln.

In Schichten mit einem Alter von etwa 1,5 Milliarden Jahren findet man erstmals Reste von Zellen, die nach Größe und Gestalt von **Eukaryoten** stammen. Ihre Entstehung setzt die Bildung der Eucyte durch Endosymbiose voraus (S. 175). Als Vielzeller sind über viele hundert Millionen Jahre hinweg nur Algenzellfäden und Reste wurmförmiger Organismen überliefert. In der Folgezeit vereinigten sich die Kontinentalplatten, bis schließlich ein einziger Superkontinent vorlag. Da die Zahl der Subduktionszonen abnahm, war auch die CO_2-Bildung durch Vulkane verringert. Die Abnahme des CO_2 in der Atmosphäre führte vor etwa 700 Millionen Jahren zur stärksten Vereisung, die die Erde erlebte. Man spricht von der **Schneeball-Erde.**

Durch Plattenbewegungen zerfiel der Superkontinent, sodass zahlreiche Flachmeere entstanden. In Schichten, die nach der großen Eiszeit zwischen 630 und 540 Millionen Jahren gebildet wurden, fand man zuerst in Südaustralien, später auch auf allen anderen Kontinenten die Abdrücke zahlreicher, überwiegend flach gebauter Organismen (Abb. 178.2). Sie wurden früher vor allem den Hohltieren und Ringelwürmern zugeordnet, bilden aber wahrscheinlich eine eigene Evolutionslinie. Zum Teil handelt es sich vermutlich um koloniebildende Einzeller. Nach dem ersten Fundort spricht man von der **Ediacara-Lebenswelt.**

Im Zeitraum von 540 bis 515 Millionen Jahren entstand in den Flachmeeren eine große Anzahl neuer Tierformen. Der Zeitraum der letzten 540 Millionen

Jahre der Erdgeschichte heißt **Phanerozoikum** (gr. *phaneros,* sichtbar) wegen der zahlreichen Fossilfunde, die die weitere Evolution der Lebewesen gut belegen.

Gegen Ende des Präkambriums hatten Vielzeller erstmals Hartteile (Schalen, Panzer) gebildet. In der Folgezeit führte dies zur Entstehung zahlreicher Formen von zum Teil absonderlicher Gestalt (Abb. 179.2). Viele davon starben rasch, d. h. nach etlichen Millionen Jahren, wieder aus.

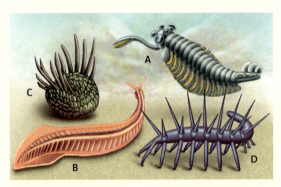

Abb. 179.2 Lebewesen aus den Burgess-Tonschiefern des Kambriums. **A** *Anomalocaris* (Größe bis 2 m); **B** *Pikaia;* **C** *Wiwaxia.* B und C sind ca. 5 cm groß; **D** *Hallucigenia*

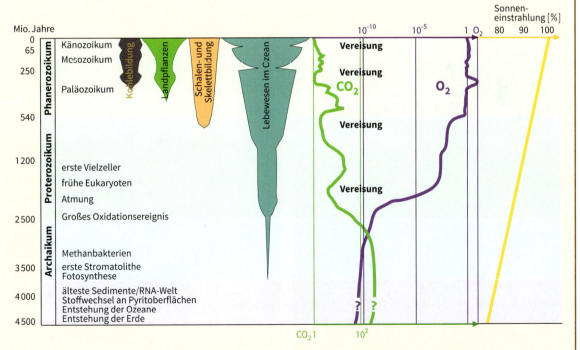

Abb. 179.1 Wichtige Ereignisse in der Evolution der Erde und der Lebewesen sowie Änderungen der CO_2- und O_2-Konzentration und der Intensität der Sonneneinstrahlung. Die heutigen Werte sind willkürlich gleich 1 bzw. 100 % gesetzt.

179

3 Evolution des Menschen

Im Jahr 2008 machten Archäologen in einer Höhle der Schwäbischen Alb einen sensationellen Fund: Sie gruben die Stücke einer ungefähr sechs Zentimeter hohen und dreieinhalb Zentimeter breiten Figurine einer Frau aus, die bislang älteste Plastik eines Menschen («Venus vom Hohlen Fels», Abb. 180.1). Diese wurde vor etwa 35 000 Jahren mit feinen Steinwerkzeugen aus dem Stoßzahn eines Mammuts herausgearbeitet.

Bei der Skulptur sind die Geschlechtsmerkmale besonders hervorgehoben: Übergroße Brüste, ein stark ausladendes Gesäß und ein deutlich vergrößerter Genitalbereich legen die Interpretation nahe, es handle sich um ein Fruchtbarkeitssymbol. An Stelle des Kopfes findet sich oberhalb der Schultern eine Art Öse. Die Plastik ist ein Zeugnis der Kulturstufe des Aurignacium, die unter anderem auch Höhlenmalereien, Tierfiguren und Musikinstrumente hervorgebracht hat. Die ersten Zeugnisse dieser Kulturstufe traten vor ca. 40 000 Jahre auf, als der

Homo sapiens in Europa einwanderte. Durch biologische Evolution war damals die Leistungsfähigkeit von Gehirn und Hand bereits so hoch entwickelt, dass derartige Produkte kultureller Evolution entstehen konnten. Da in der Nähe der Skulptur keine Überreste menschlicher Körper lagen, kann die Figur dem *Homo sapiens* allerdings nicht mit letzter Sicherheit zugerechnet werden. Sie könnte auch vom Neandertaler stammen, der in dieser Zeit noch gemeinsam mit dem Jetztmenschen vorkam. Dies gilt jedoch als unwahrscheinlich.

Im Folgenden geht es um die biologische und die kulturelle Evolution des Menschen.

Es stellen sich diese Fragen:

- Wo steht der Mensch im System der Organismen?
- Wie verlief die Stammesgeschichte des Menschen?
- Was versteht man unter kultureller Evolution?
- Wie variabel ist der Mensch?

Abb. 180.1 »Venus vom Hohlen Fels«. A von der Seite und von vorne betrachtet; B Fundstätte

3.1 Der Mensch im System der Organismen

Schon LINNÉ hat den Menschen aufgrund seiner körperlichen Merkmale in die Klasse der Säugetiere eingeordnet und für Affen und Menschen zusammen die Ordnung der »Herrentiere« oder **Primaten** geschaffen. Dem Menschen gab er den lateinischen Namen *Homo sapiens* und an Stelle der Artbeschreibung fügte er hinzu: »*Nosce te ipsum*«. Die Gliederung der Primaten durch LINNE wurde später verfeinert und ist durch den molekularen Stammbaum gut gestützt. Die Primaten werden danach in zwei Unterordnungen, die **Halbaffen** und die **Höheren Primaten,** eingeteilt (Abb. 181.1). Die ursprünglichsten Affen sind die Koboldmakis aus Südostasien. Weiterhin unterscheidet man die räumlich getrennten Gruppen der Neuwelt- und der Altweltaffen. Die **Neuweltaffen** kommen in den Tropenwäldern Amerikas vor. Sie sind Baumtiere mit breiter Nasenscheidewand sowie seitlich gestellten Nasenlöchern und werden daher auch Breitnasenaffen genannt. Häufig besitzen sie einen Greifschwanz. Die **Altweltaffen** oder Schmalnasenaffen mit schmaler Nasenscheidewand und nach vorne gerichteten Nasenlöchern sind auf die Alte Welt beschränkt. Zu den Altweltaffen gehören Hundsaffen (z. B. Meerkatzen, Paviane) und Menschenaffen.

Allen Altweltaffen gemeinsam ist der Aufbau des Gebisses. In beiden Kiefern befinden sich in jeder Hälfte 2 Schneidezähne, 1 Eckzahn, 2 vordere und 3 hintere Backenzähne.

Menschenaffen und Mensch einschließlich Vormenschen fasst man ihrer Ähnlichkeit wegen in der Gruppe der **Hominoidea** (»Menschenartige«) zusammen. Gleichartig ist beispielsweise die Ausbildung der Kaufläche mit fünf flachen Erhebungen. Daher reicht der Fund eines einzigen fossilen Backenzahns aus, um einen Vertreter der Gruppe Hominoidea zuzuordnen. Dies ist für die Zuordnung von Fossilresten wichtig.

Die Gibbons sind die ursprünglichste Gruppe der heutigen **Menschenaffen;** sie kommen in Südostasien als Baumbewohner vor. Zu den Großen Menschenaffen gehören drei Gattungen: der Orang-Utan in Sumatra und Borneo und der Gorilla sowie der Schimpanse mit zwei Arten im afrikanischen Urwald. Der **Orang-Utan** ist ein Hangelkletterer. Er besitzt 9 Handwurzelknochen, die afrikanischen Arten hingegen 8. **Gorilla** und **Schimpanse** sind weniger ausgeprägte Hangler und mehr Boden- als Baumtiere. Die molekularen Stammbäume ermöglichten es, die Zeitpunkte der Trennung der einzelnen Gattungen innerhalb der Menschenaffen mit einer Genauigkeit von wenigen Millionen Jahren zu ermitteln. Demnach sind Schimpanse und Bonobo am nächsten mit dem Menschen verwandt; Orang-Utan und Gibbon stehen ihm am fernsten. Alle Menschenaffen haben 48 Chromosomen, der Mensch hingegen 46.

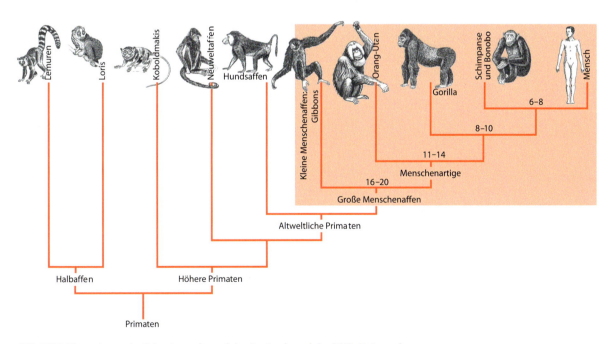

Abb. 181.1 Stammbaum der Primaten aufgrund der Anatomie und der DNA-Untersuchung. Für die Hominoidea ist der Zeitraum der Trennung der Gattungen in Millionen Jahren angegeben.

3.2 Stammesgeschichte des Menschen

Im Jahr 1856 wurden beim Kalkabbau im Neandertal bei Düsseldorf Skelettreste gefunden und dem Lehrer Johann Carl Fuhlrott aus (Wuppertal-)Elberfeld übergeben. Er beschrieb sie als Reste eines Menschen der »vorhistorischen« Zeit. Dieser Ansicht wurde von Fachleuten, allen voran vom Anatomen Rudolf Virchow, widersprochen. Es dauerte etwa 30 Jahre, bis sich herausstellte, dass Fuhlrott recht gehabt hatte. Mit dem Fund des »Neandertalers« beginnt die wissenschaftliche Erforschung der menschlichen Stammesgeschichte.

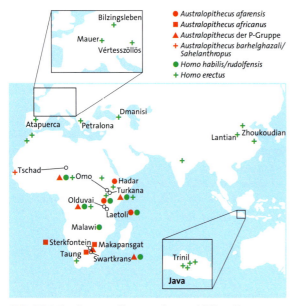

Abb. 182.1 Fundorte von Vormenschen und frühen Formen der Gattung *Homo*

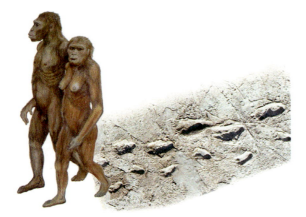

Abb. 182.2 Fußabdrücke (vermutlich eines männlichen und eines weiblichen Individuums) von *Australopithecus* in vulkanischer Asche (Laetoli, Tansania)

Vorfahren des Menschen. Vor etwa 30 Millionen Jahren lebten die Vorfahren der heutigen Altweltaffen als Baumtiere in Afrika. In der Zeit vor 24 bis 16 Millionen Jahren entstanden daraus viele Arten einer Primatengruppe, die als Ursprungsgruppe von Menschenaffen und Mensch angesehen wird; am bekanntesten ist die ostafrikanische Gattung *Proconsul*. Vor etwa 17 Millionen Jahren erreichten frühe Menschenaffen auch Europa.

Vor etwa 12 bis 10 Millionen Jahren trennte sich eine Evolutionslinie zum Orang-Utan von der gemeinsamen Hominidenstammgruppe (S. 181). Vor ungefähr 9 Millionen Jahren entstand die Evolutionslinie zum Gorilla. Schließlich erfolgte vor 7 bis 6 Millionen Jahren die Auftrennung der Linien zum Menschen einerseits und zu den beiden Schimpansenarten andererseits. Etwa dieses Alter besitzen zwei Fossilfunde, die sich daher nicht sicher einer der beiden Evolutionslinien zuordnen lassen. Im Jahr 2000 wurden in Kenia Extremitätenknochen und Kieferstücke mit Zähnen eines fossilen Hominiden gefunden, der den Namen *Orrorin tugenensis* erhielt und möglicherweise bereits aufrecht gehen konnte. Aus dem Tschad stammt ein etwa gleich alter Schädelfund (*Sahelanthropus tchadensis;* S. 184), bei dem es sich aber wohl nicht um einen Vormenschen, sondern um eine frühe Menschenaffenart handelt.

Weltweite Klimaveränderungen vor etwa 7 bis 5 Millionen Jahren führten in Afrika zu einer Auflockerung vieler Wälder und einer Ausdehnung der Savannen. Infolge der Selektion entwickelten sich daher neue Anpassungsformen, die den Lebensraum anders nutzten. Wahrscheinlich spielte ein Wechsel in der Ernährung eine wichtige Rolle. Zusätzlich zur Pflanzennahrung konnten Aas und Kleintiere verzehrt werden. Bei aufrechter Körperhaltung konnten die Individuen ein größeres Gebiet überblicken und daher die Nahrung besser ausfindig machen. Zweibeiniges Laufen ermöglichte ausdauerndes Laufen, die freien Hände konnten dabei zum Tragen von Gegenständen genutzt werden. Außerdem wird bei dieser Körperhaltung ein kleinerer Teil der Körperoberfläche der Sonnenstrahlung ausgesetzt. Dadurch muss weniger Energie für die Temperaturregulation aufgewendet werden.

Die Zuhilfenahme der Hände bei der Ernährung führte zu einer allmählichen Rückbildung der Kaumuskulatur und damit zur Umbildung des Schädels. Zusammen mit dem vielseitigen Gebrauch der Hand verstärkte dies die Tendenz zur Vergrößerung des Gehirns, das dadurch mehr Energie benötigte. Der Übergang zu gemischter Nahrung aus Pflanzen, Aas und Kleintieren war dabei vorteilhaft, da aus tierischer Nahrung mehr Energie je Masseneinheit gewonnen werden kann als aus rein pflanzlicher Nahrung.

Vormenschen. Jene Formen der menschlichen Evolutionslinie, die noch nicht alle anatomischen Merkmale des echten Menschen aufweisen und die keine gut behauenen Steinwerkzeuge herstellten, bezeichnet man als Vormenschen. Eine Reihe von Funden aus Ost- und Südafrika (Abb. 182.1) erlaubt eine Einteilung dieser Vormenschen in mehrere Gattungen. Die frühesten dieser Lebewesen gingen vermutlich bereits zeitweilig aufrecht; zu ihnen gehört *Ardipithecus ramidus*.

Zu den Vormenschen gehören auch die Arten der Gattung **Australopithecus** (wörtlich: Südaffe). Durch zahlreiche Funde gut bekannt ist **Australopithecus afarensis** (Abb. 183.1) aus der Afarsenke Äthiopiens (3,8–2,9 Millionen Jahre). Der erste Fund ist unter dem Namen »Lucy« bekannt geworden. Von dieser Art stammen auch 3,7 Millionen Jahre alte Fußabdrücke aus Laetoli in Tansania, die in vulkanischer Asche entdeckt wurden; sie belegen den aufrechten Gang (Abb. 182.2). Wie die Abdrücke zeigen, waren männliche Individuen deutlich größer als weibliche. Die langen Arme und das Skelett des Fußes zeigen, dass diese frühen *Australopithecus*-Arten Bäume gut erklettern konnten. Man nimmt an, dass sie dort schliefen. Mit einem Gehirnvolumen von höchstens 500 ml hatten die *Australopithecus*-Arten noch deutlich kleinere Gehirne als die Arten der Gattung *Homo*.

Innerhalb der Gattung *Australopithecus* entwickelten sich dann einerseits zierliche, andererseits robustere Arten. Von den zierlichen Formen kam der etwa 1,2 m große *Australopithecus africanus* (Abb. 184.3) vor allem in Südafrika vor. Die robusten, etwa 1,5 m großen Arten lebten in Südafrika und in Ostafrika. Sie hatten ein sehr kräftiges Gebiss und ernährten sich wohl vor allem von Gräsern. Wegen ihres abweichenden Körperbaus werden sie heute in eine eigene Gattung *Paranthropus* gestellt. (Abb. 184.4).

Frühe *Homo*-Arten. Alle Funde echter Menschen, die älter sind als 2 Millionen Jahre, stammen aus Afrika. Dort sind also höchstwahrscheinlich die ersten Vertreter der Gattung entstanden. Als wichtiger Selektionsfaktor wird eine Klimaveränderung vor 3 bis 2 Millionen Jahren diskutiert, die zu einer Veränderung der Ernährung führte. Nach Lagerplatzfunden nutzten die echten Menschen in größerem Maße Fleischnahrung. Die ältesten Reste von *Homo* sind etwa 2,5 Millionen Jahre alt. Da gleichzeitig *Australopithecus*-Arten existierten, müssen die beiden Gruppen unterschiedliche ökologische Nischen innegehabt haben. Die jüngeren *Australopithecus*-Arten sind also nicht Vorfahren der Gattung *Homo*.

Frühe *Homo*-Funde besaßen mit 600 bis 800 ml ein deutlich größeres Gehirnvolumen als die Arten der Gattung *Australopithecus*. Die ältesten Funde erhielten den Namen **Homo rudolfensis** (Abb. 184.5). Der Name stammt von der ersten Fundstelle am Turkana-See (früher Rudolf-See) im heutigen Malawi. Etwas jünger sind die Funde von **Homo habilis** aus Ostafrika. Der Name *habilis* (lat. geschickt) leitet sich von den Werkzeugen her, die man dieser Art zuschreibt.

Abb. 183.1 *Australopithecus afarensis*. **A** Schädel und Skelett, vervollständigt; **B** Rekonstruktion des Aussehens

Abb. 184.1 *Sahelanthropus tchadensis* aus dem Tschad; Alter über 6 Millionen Jahre

Abb. 184.2 *Australopithecus afarensis* aus Äthiopien (Rekonstruktion); Alter ca. 4 bis 3 Millionen Jahre

Abb. 184.3 *Australopithecus africanus* aus Südafrika; Alter ca. 3 bis 2 Millionen Jahre

Abb. 184.4 *Paranthropus boisei* aus Ostafrika (Tansania); Alter ca. 1,75 Millionen Jahre

Abb. 184.5 *Homo rudolfensis* aus Ostafrika (Turkana-See); Alter ca. 2 Millionen Jahre

Abb. 184.6 *Homo erectus (Homo ergaster)* aus Ostafrika (Turkana-See); Alter ca. 1,8 Millionen Jahre

Abb. 184.7 *Homo neanderthalensis steinheimensis* (Vorstufe des Neandertaler) aus Steinheim bei Stuttgart; Alter ca. 230 000 Jahre

Abb. 184.8 *Homo neanderthalensis* (Neandertaler) von Chapelle-aux-Saints; Alter ca. 70 000 Jahre

Abb. 184.9 *Homo sapiens* (altertümliche Form) aus Sambia (Broken Hill = Kabwe); Alter ca. 500 000 bis 250 000 Jahre

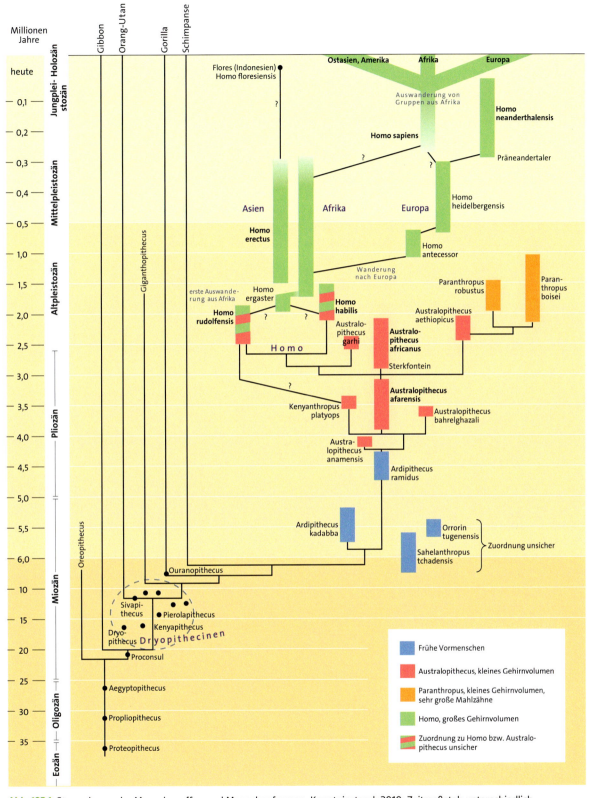

Abb. 185.1 Stammbaum der Menschenaffen und Menschenformen. Kenntnisstand: 2010; Zeitmaßstab unterschiedlich (s. Hintergrundfarbe der Zeitachse); von den fossilen Menschenaffen-Funden sind nur wenige eingetragen.

185

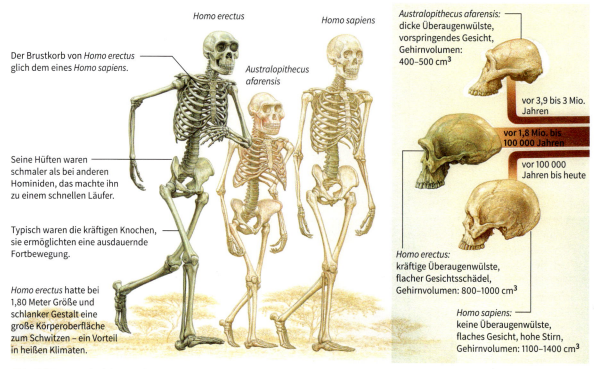

Homo erectus

Homo sapiens

Australopithecus afarensis

Der Brustkorb von *Homo erectus* glich dem eines *Homo sapiens*.

Seine Hüften waren schmaler als bei anderen Hominiden, das machte ihn zu einem schnellen Läufer.

Typisch waren die kräftigen Knochen, sie ermöglichten eine ausdauernde Fortbewegung.

Homo erectus hatte bei 1,80 Meter Größe und schlanker Gestalt eine große Körperoberfläche zum Schwitzen – ein Vorteil in heißen Klimaten.

Australopithecus afarensis: dicke Überaugenwülste, vorspringendes Gesicht, Gehirnvolumen: 400–500 cm³

vor 3,9 bis 3 Mio. Jahren

vor 1,8 Mio. bis 100 000 Jahren

vor 100 000 Jahren bis heute

Homo erectus: kräftige Überaugenwülste, flacher Gesichtsschädel, Gehirnvolumen: 800–1000 cm³

Homo sapiens: keine Überaugenwülste, flaches Gesicht, hohe Stirn, Gehirnvolumen: 1100–1400 cm³

Abb. 186.1 *Australopithecus afarensis, Homo erecus* und *Homo sapiens* im Vergleich

Homo erectus-Verwandtschaft. Formen mit einem größeren Gehirnvolumen (800–1200 ml) treten vor ca. 2 Millionen Jahren in Afrika auf. Sie wurden **Homo erectus** (lat. *erectus* aufrecht) genannt. Ein fast vollständiges, 1,6 Millionen Jahre altes Skelett eines Jugendlichen wurde am Turkana-See in Kenia gefunden. Merkmale des *Homo erectus* sind eine flache Stirn mit starken Überaugenwülsten und Fehlen des Kinns (Abb. 186.1).

Vor weniger als 2 Millionen Jahren haben Menschen der *Homo erectus*-Population erstmals Afrika verlassen. Über Südasien erreichte der Mensch Ost- und Südostasien; so entstand eine östliche Gruppe von *Homo erectus.* Einer der frühesten Fossilbelege stammt aus Java; er ist ca. 1,5 Millionen Jahre alt. Der Fund eines Schädeldaches des »Javamenschen *Pithecanthropus erectus*« durch Eugene Dubois im Jahr 1891, ebenfalls aus Java, ist etwa 800 000 Jahre alt; er ist namengebend für *Homo erectus* gewesen. Aus China stammt der fast gleichaltrige »Pekingmensch«. Für den »Pekingmensch« ist nachgewiesen, dass er das Feuer nutzte. Nachfahren von *Homo erectus* waren vielleicht die kleinwüchsigen Menschen von Flores. Sie lebten noch vor 20 000 Jahren auf der kleinen indonesischen Insel.

Andere Populationen des *Homo erectus* erreichten Europa und entwickelten sich dort weiter, sodass man ihnen häufig den eigenen Artnamen **Homo heidelbergen-** **sis** zubilligt. Funde gibt es aus Spanien, Frankreich, Ungarn und Griechenland. In Deutschland fand man Reste dieser Menschenart in Mauer bei Heidelberg und in Bilzingsleben in Thüringen. Aus Mauer stammt der erste europäische Fund (1907) von *Homo heidelbergensis* in Europa. Es handelt sich um einen etwa 610 000 Jahre alten, gut erhaltenen Unterkiefer (Abb. 187.1). Diesem Fossil verdankt die Frühmenschenart ihren wissenschaftlichen Namen.

Die Menschen auf dem Evolutionsniveau von *Homo erectus* und *Homo heidelbergensis* sammelten einerseits pflanzliche Nahrung. Andererseits wurde Fleischnahrung durch Jagd in Gruppen beschafft. Großwildjagd ist durch den Fund von Speeren, die etwa 400 000 Jahre alt sind, in Schöningen am Harz direkt nachgewiesen. Am Wohnplatz erfolgte die Verteilung und Aufarbeitung der Nahrung mithilfe von Werkzeugen. Vermutlich verlief die Nahrungsbeschaffung ähnlich wie bei heutigen Jäger-Sammler-Völkern; demnach sammelten vor allem die Frauen, und die Männer jagten. Hierzu waren Absprachen erforderlich. Soziale und wirtschaftliche Beziehungen konnten nur mithilfe der Sprache geregelt werden. Daher bestand ein Selektionsdruck in Richtung auf eine bessere Sprach- und Denkfähigkeit. Dementsprechend beschleunigte sich die Vergrößerung des Gehirnvolumens.

Homo neanderthalensis. Während der Eiszeiten und Zwischeneiszeiten entwickelte sich der Mensch weiter. Die Schädelform veränderte sich, und das Gehirnvolumen stieg auf über 1200 ml. So entstanden in Europa die Vorläufer des Neandertalers und vor etwa 150 000 Jahren der Neandertaler selbst. Ein besonders gut erhaltener vermutlicher Vorläufer des Neandertalers ist der Fund von Steinheim/Murr (Baden-Württemberg). Der 1933 gefundene Schädel ist mindestens 250 000 Jahre alt (Abb. 184.7). Er zeigt kräftige Überaugenwülste und hat ein größeres Gehirnvolumen als *Homo heidelbergensis.*

Der **Neandertaler** *(Homo neanderthalensis)* war ein kräftiger, großwüchsiger Mensch. Der Schädelinhalt betrug oft über 1500 ml und war somit größer als beim heutigen Menschen. Die Stirn hatte Überaugenwülste, die Nase war breit, ein Kinn fehlte (Abb. 184.8).

Der Neandertaler ist mittlerweile von über 70 Fundstellen in Europa, Vorder- und Zentralasien bekannt. Aus Frankreich stammen zahlreiche fast vollständige Skelette. Seine Steinwerkzeuge sind von vielen weiteren Orten bekannt. Er verschwand in Europa vor knapp 30 000 Jahren spurlos. Danach findet man in Europa nur noch den heutigen Menschen. Der Neandertaler war wohl dem modernen Menschen bei der Konkurrenz um Ressourcen wie Nahrung und Behausungen unterlegen.

Aus Knochen des Neandertalers gewonnene DNA wurde mit jener des heutigen Menschen verglichen. Die Unterschiede belegen, dass der Neandertaler eine eigene Art gebildet hat und die Trennung von der Evolutionslinie zu *Homo sapiens* etwa 500 000 Jahre zurückliegen muss. Allerdings zeigen neuere Funde, dass in vielen Populationen des modernen Menschen kleine Anteile von Neandertaler-Erbgut enthalten sind. Dies deutet darauf hin, dass es in den Überschneidungsgebieten der beiden Arten zu Vermischungen kam.

Homo sapiens. Altertümliche Formen des *Homo sapiens* (lat. *sapiens* weise) sind aus Süd-und Ostafrika bekannt (Abb. 184.9). Aus solchen entstand vor etwa 150 000 Jahren in Afrika der heutige Mensch. Frühe Funde des »modernen *Homo sapiens*« stammen aus Äthiopien (Abb. 187.2). Ihr Schädelinhalt liegt bei etwa 1400 ml. Der Schädel besitzt eine steile Stirn, ein gewölbtes Schädeldach und ein deutlich entwickeltes Kinn; Überaugenwülste fehlen.

Mit molekularbiologischen Untersuchungen (S. 170) können Ähnlichkeiten von Populationen des Menschen ermittelt werden. Dabei wird DNA heute lebender Menschen verglichen. Man analysiert Nucleotidsequenzen, die sich außerhalb der Gene befinden und daher nicht der Selektion unterliegen. Auch wird zum Vergleich mitochondriale DNA herangezogen.

Mit diesen Methoden lassen sich Aussagen über die genetische Verwandtschaft von Menschengruppen machen. Diese ermöglichen dann Zeitangaben über die Trennung solcher Gruppen im Laufe der Evolution. So ergab sich, dass die außerafrikanischen Gruppen des heutigen Menschen näher verwandt sind, als manche Schwarzafrikaner untereinander. Daraus schloss man, dass eine nur kleine Gruppe von Menschen Afrika verließ, vermutlich vor etwa 100 000 Jahren, und dass von dieser Gruppe alle übrigen Menschengruppen außerhalb Afrikas abstammen.

Fossilfunde zeigen, dass der heutige Mensch vor über 40 000 Jahren über Vorderasien nach Südosteuropa kam. Frühe europäische Fossilfunde stammen vom Balkan und auch aus Frankreich. Aus dieser Zeit stammen die Steinwerkzeuge und andere Gegenstände der Aurignacium-Kultur.

Vor mehr als 60 000 Jahren gelangte der heutige Mensch nach Südasien und von dort dann nach Ostasien, vor über 50 000 Jahren wanderten Menschen erstmals nach Australien. Von Ostasien aus erreichte der Mensch vor 35 000 bis 15 000 Jahren in mehreren getrennten Wanderungen über die Beringstraße Amerika.

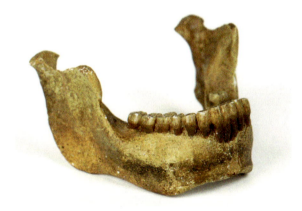

Abb. 187.1 *Homo heidelbergensis*, Unterkiefer von Mauer

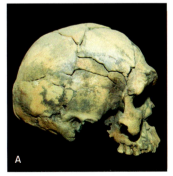

Abb. 187.2 Früher *Homo sapiens* aus Äthiopien.
A Schädelfund; **B** Rekonstruktion des Aussehens

3.3 Kulturelle Evolution

Nahezu 40 000 Jahre alt sind die ältesten Kunstwerke des Jetztmenschen. Der Entstehung von Kunst geht in der Gattung *Homo* eine lange Entwicklungszeit von Werkzeugen voraus, die der biologischen Evolution parallel läuft (**Abb. 188.1**). Werkzeuge im weiteren Sinn sind alle Gerätschaften, die der Mensch herstellt, z. B. auch Musikinstrumente, Autos und Computer. Wichtige Kulturprodukte sind die Schrift und die aus ihr entwickelten Formen der Weitergabe von Information bis hin zum Internet.

Werkzeuge. Die Australopithecinen stellten vermutlich noch keine Werkzeuge her; sie verwendeten aber Gerölle und Knochen als Werkzeuge. Frühe Vertreter der Gattung *Homo* fertigten aus Geröllen primitive Werkzeuge und benutzten andere Gerölle zu deren Herstellung. Der frühe *Homo erectus* hieb Feuersteine zu groben Faustkeilen zurecht. Feuersteine sind hart, spaltbar und geben scharfe Kanten. Angebrannte Knochenstücke an verschiedenen Fundstellen belegen, dass *Homo erectus* das Feuer benutzte. In Ost- und Südafrika gibt es über 1,2 Millionen Jahre alte Fundplätze mit Brandspuren.

Der Neandertaler besaß verschiedenartige, wenn auch ziemlich grobe Steinwerkzeuge: Faustkeile, Spitzen, Schaber, Kratzer und Bohrer. Seine Ablösung durch den modernen Menschen in Europa vor 40 000 bis 35 000 Jahren leitete hier eine starke Veränderung in der Kulturentwicklung ein. Es gibt nun auch Kunstwerke. Der Mensch

der jüngeren **Altsteinzeit** war zwar weiterhin Jäger und Sammler, aber die Steinwerkzeuge wurden nun sehr gut bearbeitet. Dazu kamen verschiedenartige Knochenwerkzeuge, wie z. B. Nadeln, die auf die Herstellung von Kleidung schließen lassen. Die Erfindung von Pfeil und Bogen erleichterte die Jagd.

Vor etwa 12 000 Jahren setzte in Mitteleuropa die Wiederbewaldung nach der letzten Eiszeit ein. Die Lebensweise der Menschen veränderte sich; die Jagd fand nun in Wäldern statt und Flüsse wurden zu wichtigen Verkehrsadern. Diese **Mittelsteinzeit** endete mit dem Übergang zur Sesshaftigkeit, in Mitteleuropa ca. 5500 v. Chr. Damit lässt man die **Jungsteinzeit** (Neolithikum) beginnen.

In Vorderasien begann der Übergang vom Nomadenleben zur Sesshaftigkeit zwischen 10 000 und 8000 v. Chr. Die Menschen wurden zu teilweise sesshaften Viehzüchtern oder völlig sesshaften Ackerbauern, die Nutzpflanzen anbauten und Haustiere hielten. Feste Wohnungen entstanden; Töpferei und Weberei wurde erfunden. Der Mensch nahm innerhalb von 1000 Jahren mehrere Getreidearten, Lein und Hülsenfrüchtler in Kultur. Folge der veränderten Ernährungsgrundlage, die man als neolithische Revolution bezeichnet, war eine starke Bevölkerungszunahme.

Unabhängig von Vorderasien geschah Ähnliches vor etwa 7000 Jahren in Ostasien, vor über 5000 Jahren in Mittelamerika und etwas später in Zentralafrika. Auch dort wurden jeweils Pflanzenarten in Kultur genommen, so in Ostasien der Reis, in Amerika der Mais, in Afrika Hirse-

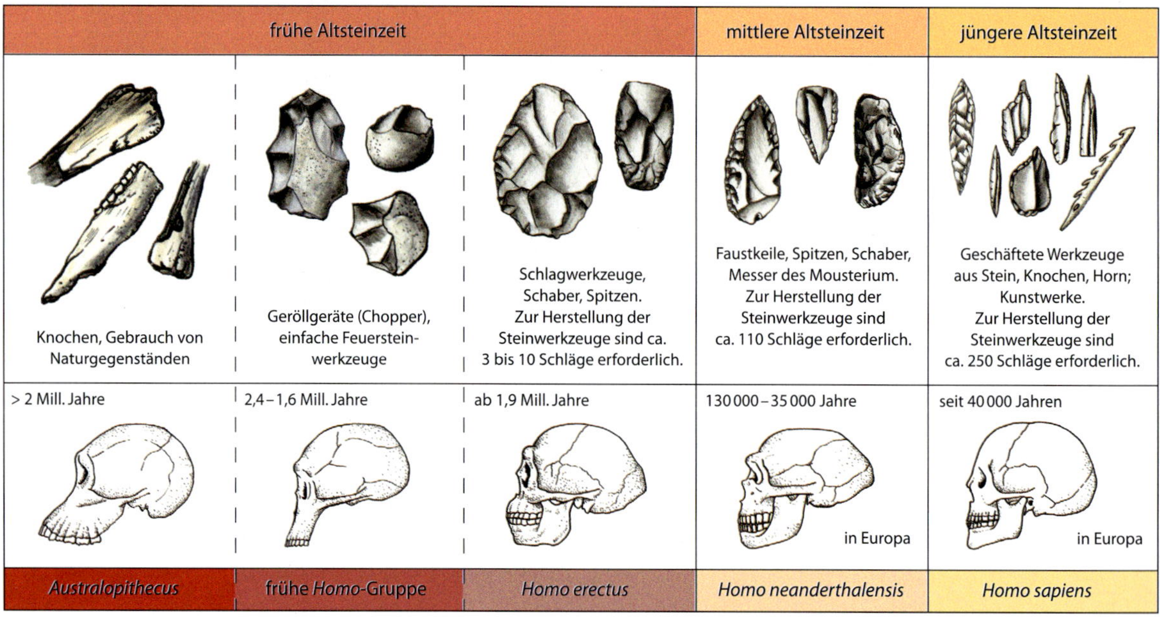

frühe Altsteinzeit			mittlere Altsteinzeit	jüngere Altsteinzeit
Knochen, Gebrauch von Naturgegenständen	Geröllgeräte (Chopper), einfache Feuersteinwerkzeuge	Schlagwerkzeuge, Schaber, Spitzen. Zur Herstellung der Steinwerkzeuge sind ca. 3 bis 10 Schläge erforderlich.	Faustkeile, Spitzen, Schaber, Messer des Mousterium. Zur Herstellung der Steinwerkzeuge sind ca. 110 Schläge erforderlich.	Geschäftete Werkzeuge aus Stein, Knochen, Horn; Kunstwerke. Zur Herstellung der Steinwerkzeuge sind ca. 250 Schläge erforderlich.
> 2 Mill. Jahre	2,4–1,6 Mill. Jahre	ab 1,9 Mill. Jahre	130 000–35 000 Jahre	seit 40 000 Jahren
			in Europa	in Europa
Australopithecus	frühe *Homo*-Gruppe	*Homo erectus*	*Homo neanderthalensis*	*Homo sapiens*

Abb. 188.1 Werkzeuge von Vormenschen und Menschen

Abb. 189.1 Gletschermumie »Ötzi« vom Similaunpass der Ötztaler Alpen (ca. 3150 v. Chr.); Fundsituation

Abb. 189.2 Höhlengemälde von Wildpferden, Pech Merle (Südwestfrankreich); Alter ca. 27 000 Jahre

Arten. Fast gleichzeitig mit dem Ackerbau traten in Vorderasien die ersten Städte auf. Die Kenntnis von Ackerbau und Viehzucht verbreitete sich durch wandernde Bevölkerungsgruppen von Vorderasien über den Balkan nach Mittel- und Westeuropa.

Etwa um 5000 v. Chr. lernte der Mensch in Vorderasien, Metall aus erzhaltigem Gestein zu schmelzen. Zunächst wurde Kupfer verwendet, das aber für viele Anwendungen zu weich ist, sodass man auch in der späten Jungsteinzeit auf Steinwerkzeuge angewiesen war. Aus dieser Zeit stammt die Gletschermumie »Ötzi« (Abb. 189.1), durch die man auch über die Bekleidung der damaligen Menschen unterrichtet ist. Mit Erfindung der Bronzeherstellung wurden die Steinbeile und -waffen allmählich durch Metallgegenstände abgelöst. Mit der **Bronzezeit,** die in Mitteleuropa von ca. 2200 bis 900 v. Chr. dauerte, entstanden Berufe z. B. der Bergleute und der Händler, und so eine stärkere soziale Gliederung der Bevölkerung. Fernhandel mit Zinn, Salz und weiteren Gütern erforderte die Herausbildung von Fernwegen. Mit der Erfindung der Eisengewinnung beginnt die **Eisenzeit.**

In Vorderasien und Ägypten wurden um 3000 v. Chr. die ersten Schriften entwickelt. Damit ging zunächst dort die Vorgeschichte in die durch schriftliche Hinterlassenschaften dokumentierte Geschichte über.

Kunst. Etwa 75 000 Jahre alter Körperschmuck des *Homo sapiens* ist aus Afrika bekannt. Die ältesten fast 40 000 Jahre alten Kunstwerke stammen aus mehreren Höhlen der Schwäbischen Alb. Da in den gleichen Fundschichten Werkzeuge der Aurignacium-Kultur gefunden wurden, ist anzunehmen, dass sie vom modernen Menschen hergestellt worden sind. Neben der »Venus« aus der Höhle »Hohler Fels« gibt es etwas jüngere kombinierte Tier-Mensch-Figuren mit Löwin-Kopf (Abb. 189.3 A), vielerlei kleine Elfenbeinschnitzereien, darunter Mammut, Wildpferd, Höhlenlöwe und Vögel, sowie Flöten aus

Vogelknochen, die ein Musizieren belegen (Abb. 189.3 C). Dicke Frauenfiguren, die als Fruchtbarkeitsidole gedeutet werden, sind von verschiedenen Orten bekannt. Etwa 25 000 Jahre alt ist die »Venus« von Willendorf in Österreich (Abb. 189.3 B).

In der Höhle von Chauvet in der Ardeche findet man die über 30 000 Jahre alten frühesten Höhlenmalereien. Die Mehrzahl der Höhlenmalereien in Frankreich (z. B. der Höhle von Lascaux) und Spanien (Höhle Altamira) sind erheblich jünger; sie gehören der Kulturstufe des Magdalenium an (Abb. 189.2). Manche der Malereien dienten vermutlich religiösen Riten, um z. B. eine erfolgreiche Jagd zu bewirken.

Abb. 189.3 Kunstwerke des frühen Jetztmenschen. A Tierfigur; B Venus von Willendorf; C Flöte aus Vogelknochen

3.4 Variabilität beim Menschen

In einer Menschenmenge (Abb. 190.1), etwa bei einem Konzert oder in einem Fußballstadion, unterscheiden sich die Individuen oft deutlich in ihrem Aussehen voneinander. Menschen besitzen demnach die Fähigkeit, unterschiedliche Phänotypen auszubilden. Diese Variabilität äußerst sich z. B. in Unterschieden hinsichtlich Alter, Geschlecht, Haut- und Haarfarbe und Körpergröße.

Altersvariabilität. Menschen verändern sich im Laufe ihres Lebens vom Säuglingsstadium bis ins Greisenalter stark in ihrer äußeren Erscheinung. Man unterscheidet Kindheits-, Jugend-, Reife- und Erwachsenenstadium sowie das Stadium höheren Alters. Besonders auffällig sind die Proportionsverschiebungen während des Wachstums

Abb. 190.1 Menschenmenge

(Abb. 190.2). So nimmt beispielsweise vom Neugeborenen bis zum Reifestadium die relative Beinlänge zu.

Zudem bilden sich im Laufe des Wachstums die sekundären Geschlechtsmerkmale aus. Auch am Skelett treten Veränderungen auf. So schließen sich die Wachstumsfugen der Knochen von Armen und Beinen in einem bestimmten Lebensalter. Die Schädelknochen verwachsen erst im Laufe der Kindheit; beim Säugling sind noch längere Zeit nach der Geburt Knochenlücken, die Fontanellen, festzustellen. Auch der Bau des Gebisses ändert sich mit zunehmendem Alter; das Milchgebiss des Kindes wird vom bleibenden Gebiss des Erwachsenen abgelöst.

Geschlechtsvariabilität. Die Geschlechtsvariabilität des Menschen beruht auf der Ausbildung der primären und sekundären Geschlechtsmerkmale (Abb. 190.3). Zu den sekundären Geschlechtsmerkmalen der Frauen gehören weiche Gesichtszüge, Brüste, schmale Schultern, eine schmale Taille und breite Hüften. Typische Männermerkmale sind breite Schultern, schmale Hüften, eine kräftigere Muskulatur und Bartwuchs. Jedoch tragen auch andere Merkmale, z. B. die Körpergröße, zum Geschlechtsdimorphismus bei. Die Variationsbereiche beider Geschlechter überlappen sich erheblich. In unmittelbarem Zusammenhang mit der Fortpflanzung stehen der größere Beckenraum und Beckenausgang (Geburtskanal) der Frau. Das Wachstum wird bei der Frau früher abgeschlossen. Im Verhältnis zum Körper ist daher der weibliche Kopf größer als der männliche.

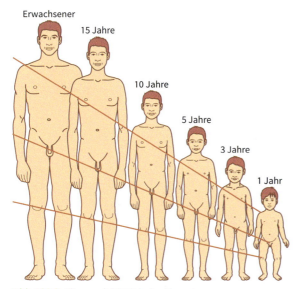

Abb. 190.2 Altersvariabilität beim Menschen

Abb. 190.3 Antike Statuen verkörpern idealtypisch die geschlechtsspezifischen Merkmale von Mann und Frau. **A** Aphrodite des PRAXITELES (350 v. Chr.); **B** Speerträger des POLYKLET (5. Jh. v. Chr.)

Gruppenvariabilität. Alle heutigen Menschen gehören derselben Art *Homo sapiens* an. Wegen der Unterschiedlichkeit der Menschen in verschiedenen Gebieten der Erde unterteilte man diese früher in verschiedene Menschenrassen, wobei auffällige Merkmale wie Hautfarbe, Haarfarbe und -form, Gesichtsform und Körperbau zur Unterscheidung herangezogen wurden. Traditionell wurden drei große Rassenkreise unterschieden: Kaukaside (Europa bis Indien), Mongolide (Ostasien, Indianer Amerikas) und Negride (Afrika). Der Rassenbegriff beim Menschen wird in der Biologie heute aber aus verschiedenen Gründen kritisch gesehen.

Die genetischen Unterschiede zwischen Menschengruppen lassen sich an monogenen Merkmalen, z. B. den Blutgruppen, oder anhand von DNA-Sequenzvergleichen erfassen. Zum Sequenzvergleich werden DNA-Bereiche außerhalb der Gene herangezogen, die also nicht der Selektion unterliegen, oder man untersucht mitochondriale DNA. Die Vergleiche ergaben, dass alle heutigen Menschen zu einem großen Teil in ihrer genetischen Ausstattung übereinstimmen. Die Merkmale, die zur Einteilung in Rassenkreise herangezogen wurden, also insbesondere die Pigmentierung von Haut, Haaren und Augen, beruhen nur auf wenigen Allelen. Allerdings sind sie als »Oberflächenmerkmale« sehr augenfällig, sodass die Bedeutung dieser Unterschiede genetisch überbewertet wird.

Die Ergebnisse der molekulargenetischen Untersuchungen zeigen außerdem, dass die Variationsbereite einzelner Gene innerhalb eines »Rassenkreises« teilweise viel größer ist als zwischen verschiedenen solchen Gruppen. Zwar kann man die Unterschiede zwischen verschiedenen geografischen Gruppen statistisch erfassen, doch sind diese so gering, dass sich eine Auftrennung des heutigen Menschen in Rassen oder Unterarten nicht rechtfertigen lässt. Die geringen Unterschiede lassen sich dadurch erklären, dass unterschiedliche Menschengruppen schon immer in einem genetischen Austausch standen.

Die DNA-Untersuchungen belegen außerdem eine große genetische Variabilität innerhalb der afrikanischen Populationen. Demgegenüber unterscheiden sich die übrigen Menschengruppen genetisch deutlich weniger. Vor ungefähr 100 000 Jahren wanderten Menschen aus Afrika nach Vorderasien aus. Die geringe genetische Variabilität der Nichtafrikaner lässt sich mit Gendrift (S. 149) erklären: Nur eine kleine Teilpopulation verließ Afrika, und nach heutigem Erkenntnisstand stammen alle nichtafrikanischen Menschen von dieser Gruppe ab.

Ein interessanter Aspekt der genetischen Variabilität beim Menschen wurde erst in den letzten Jahren aufgedeckt. So stellte man fest, dass die meisten modernen Menschen mit Ausnahme der ursprünglich in Afrika beheimateten Menschen Bestandteile des Neandertaler-Genoms in ihrem Erbgut haben. Daraus schließt man, dass es in Vorderasien zu einer Vermischung von *Homo sapiens* und *Homo neanderthalensis* gekommen sein muss. Alle Menschengruppen, die aus diesen vorderasiatischen Populationen hervorgingen – also auch die Europäer –, tragen demzufolge noch Reste des Neandertaler-Erbes in sich.

Menschen bewerten sich und andere vielfach nach ihrer Zugehörigkeit zu einer bestimmten Gruppe. Auch die Zuordnung zu einer bestimmten »Rasse« wurde und wird vielfach immer noch mit einer sozialen und kulturellen Bewertung verbunden. Rassenideologien, wie sie etwa zur fast völligen Vernichtung der nordamerikanischen und australischen Ureinwohner und zum Genozid an der jüdischen Bevölkerung unter den Nationalsozialisten führten, lassen sich jedoch in keiner Weise durch genetische Befunde stützen.

Abb. 191.1 Vielfalt beim Menschen

ZUSAMMENFASSUNG

Menschenaffen und Mensch bilden im System der Organismen die Gruppe der Hominoidea. Diese gehören mit den übrigen Affen zu den Höheren Primaten. Halbaffen und Höhere Primaten bilden die Ordnung der Primaten.

Fossilfunde erlauben die Rekonstruktion der Stammesgeschichte des Menschen. Die Evolutionslinien von Mensch und Schimpanse trennten sich vor 7 bis 6 Millionen Jahren. Die meisten Vormenschenfunde gehören zur Gattung *Australopithecus.* Deren älteste Vertreter sind ca. 4 Millionen Jahre alt. Alle Funde echter Menschen (Gattung *Homo*), die mehr als 2 Millionen Jahre alt sind, stammen aus Afrika. Arten von *Homo* lebten ursprünglich neben den *Australopithecus*-Arten, wobei die beiden Gruppen unterschiedliche ökologische Nischen innehatten. Populationen von *Homo erectus* drangen vor knapp 2 Millionen Jahren in andere Kontinente vor. In Europa entwickelte sich *Homo erectus* zu *Homo heidelbergensis.* Vor etwa 150 000 Jahren entstand der Neandertaler.

Der Jetztmensch *(Homo sapiens)* ist ebenfalls ca. 150 000 Jahre alt; zu dieser Zeit kann er erstmals in Afrika nachgewiesen werden. Vor weniger als 100 000 Jahren erfolgte die Auswanderung einer kleinen Gruppe nach Vorderasien. Nach Europa kam er vor ca. 40 000 Jahren.

Zu den Produkten der kulturellen Evolution gehören Werkzeuge, Kunstwerke, technische Geräte sowie die Schrift. Die Entwicklung von Werkzeugen verläuft in der Gattung *Homo* parallel zur biologischen Evolution.

Die Menschen zeigen Variabilität bezogen auf Alter und Geschlecht. Außerdem kennzeichnet Gruppenvariabilität den Menschen. Aufgrund äußerer Merkmale wie Hautfarbe unterschied man früher beim Menschen unterschiedliche Rassen. Weil alle Menschen im Erbgut großenteils übereinstimmen, erwies sich diese Gliederung als unzutreffend.

Die bislang bekannten Arten der Gattung *Homo* wurden mit Ausnahme des Jetztmenschen anhand von Fossilfunden bestimmt. Der Unterscheidung der Menschenarten liegt also nicht der biologische Artbegriff, sondern der morphologische Artbegriff zugrunde; denn die Zuordnung der fossilen Reste zu Arten beruht allein auf morphologischen Unterschieden.

Wenn sich Fossilreste jedoch nur in wenigen Merkmalen unterscheiden, ist gelegentlich unklar, ob diese nicht auf innerartliche Variabilität zurückzuführen sind. Der Vergleich kann in solchen Fällen nämlich unterschiedlich ausfallen. Das Ergebnis hängt von den Kriterien ab, die in der Forschung anlegt werden. Anders als beim Vergleichen von heute lebenden Organismen, zum Beispiel in der Homologieforschung, fehlen für die Zuordnung vergleichbarer Fossilien zu einer bestimmten Art nicht selten wesentliche Merkmale. Bei Fossilien, die nicht älter als 50 000 Jahre sind, können DNA-Analysen die morphologischen Untersuchungen ergänzen.

AUFGABEN

1 ■ Tuberkulose

Das Tuberkulose-Bakterium *Mycobacterium tuberculosis* bildet verschiedene Stämme, die an DNA-Unterschieden zu identifizieren sind. Man findet jeweils getrennte Stämme in Australien und Südostasien, in Indien, in Ostasien und in Europa. In Nordamerika ist der europäische Stamm vorhanden. In Afrika gibt es mindestens einen eigenen Stamm, außerdem kommt aber auch der europäische Stamm vor.
Geben Sie eine Erklärung für die Verteilung der Bakterienstämme auf der Basis der Stammesgeschichte des Menschen.

2 ■■ DNA-Vergleich

Der Vergleich von insgesamt 5000 Genen von Schimpanse und Mensch ergab, dass sich diese in gerade einmal 1,3 % voneinander unterscheiden.
a) Begründen Sie, weshalb trotz dieser sehr geringen genetischen Distanz Mensch und Schimpanse lange Zeit sogar in unterschiedliche Familien innerhalb des Primatensystems gestellt wurden.
b) Die gemeinsame Stammeslinie der beiden Schimpansenarten einerseits und der Menschen andererseits dürfte sich nach heutigem Erkenntnisstand vor 5 bis 7 Millionen Jahren getrennt haben.
Beschreiben Sie zwei Methoden, mit denen solche Zahlen ermittelt werden können.

3 ▪ Einordnung von Hominidenfossilien

Abb. 193.1 zeigt zwei Schädel fossiler Hominiden. Schädel **A** weist ein Gehirnvolumen von 880 ml auf und wurde in Afrika gefunden. Die Untersuchung der Zähne ergab, dass es sich um einen jugendlichen, noch nicht ausgewachsenen Menschen handelte. Aus Skelettteilen des Körpers ermittelte man eine Größe von 1,5 m. Als Erwachsener wäre er vermutlich 1,7 bis 1,8 m groß geworden.

Schädel **B** wurde unter Kalkablagerungen in einer europäischen Höhle gefunden. Das Alter der Kalkschichten konnte auf 200 000 Jahre bestimmt werden. Das Alter des Schädels könnte noch darüber liegen. Das Gehirnvolumen beträgt zwischen 1200 und 1250 ml.

a) Ordnen Sie durch Vergleich mit den **Abb. 184.1** bis **Abb. 184.9** und den Textangaben Schädel **A** einer Gruppe der Menschenartigen zu.

b) Nennen Sie die beiden Gruppen der Menschenartigen zu denen der Schädel **B** passt.

c) Begründen Sie, weshalb beim europäischen Schädel die absolute Altersdatierung schwierig ist.

d) Beschreiben Sie eine Methode, mit der das Gehirnvolumen eines fossilen Schädels ermittelt werden könnte.

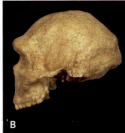

Abb. 193.1 Hominidenfunde aus Afrika (**A**) und Europa (**B**)

4 ▪▪▪ Der älteste Europäer nördlich der Alpen

Der Fund eines menschlichen Unterkiefers in einer Sandgrube in Mauer bei Heidelberg stellte im Jahre 1907 eine wissenschaftliche Sensation dar. Die Forschung bemüht sich seither, das Alter dieses Fossils und seine Stellung im Hominiden-Stammbaum zu ermitteln.

a) Neueren Forschungsergebnissen zufolge hat das Fossil aus Mauer ein Alter von etwa 610 000 Jahren.

Informieren Sie sich über verschiedene Methoden, mit deren Hilfe das Alter eines Fossils ermittelt werden kann. Diskutieren Sie jeweils,

ob diese Methode zur Bestimmung des *Homo-heidelbergensis*-Fundes eingesetzt werden kann.

b) Die Stellung von *Homo heidelbergensis* im Stammbaum des Jetztmenschen ist nach wie vor umstritten. Eine Theorie fasst den Heidelberg-Menschen als unmittelbaren Vorfahren des heutigen Menschen auf, nach einer anderen Vorstellung führte die Entwicklung von *Homo heidelbergensis* in eine »evolutive Sackgasse«. Erläutern Sie diese Bezeichnung anhand von **Abb. 185.1**.

c) In der Fundschicht des Unterkiefers wurden außer dem Hominidenfossil zahlreiche Säugetierknochen gefunden, darunter Reste von Waldelefanten, Wildpferden, Flusspferden, Waldnashörnern, Waldbisons, Rehen, Rothirschen, Elchen, Bibern, Kragenbären, Wölfen und Löwen. Versuchen Sie anhand der Funde, Aussagen über den Lebensraum und die klimatischen Verhältnisse zu machen, unter denen *Homo heidelbergensis* lebte.

5 ▪▪ Ein Hominide aus Ostafrika

Das in **Abb. 193.2** gezeigte Schädelmodell wurde nach Funden aus etwa 3 Millionen Jahre alten Ablagerungen in Ostafrika rekonstruiert.

a) Beschreiben Sie den Schädel.

b) Versuchen Sie anhand der Altersangabe und der Schädelmerkmale eine Zuordnung zu einer der im Text vorgestellten Arten aus der Stammesgeschichte der Hominiden.

c) Man nimmt heute an, dass die Hominidenart, zu der dieser Schädel gehört, aufrecht ging. Erklären Sie, welche Befunde dieser Annahme zugrunde liegen könnten.

Abb. 193.2 Schädelrekonstruktion eines fossilen Hominiden

Ebenen der Biosysteme

Proteine. Biologen untersuchen Strukturen und Funktionen von Biosystemen auf verschiedenen Ebenen. Molekularbiologen erforschen zum Beispiel Biomoleküle wie Kohlenhydrate, Nucleinsäuren, Fette oder Proteine. Proteine sind Makromoleküle, die aus Aminosäuren zusammengesetzt sind, diese wiederum bestehen immer aus den Atomen der Elemente Kohlenstoff, Wasserstoff, Stickstoff und Sauerstoff. Anzahl, Auswahl und Reihenfolge dieser Aminosäuren bestimmen die Primärstruktur eines Proteins. Sie ist dafür verantwortlich, welches arteigene Protein vorliegt. Sekundär- und Tertiärstruktur ermöglichen die weitere Raumstruktur des Proteins (**Abb.195.1**) und diese letztendlich auch die Funktion. So könnte das Protein ein kugelförmiges Enzym mit aktivem Zentrum sein und Stoffwechselreaktionen katalysieren. Es könnte sich auch um ein Protein handeln, das auf einer Zellmembran sitzt und Zuckerketten trägt und der Zellerkennung dient. Oder es wäre ein röhrenförmiges Protein, das die Membran durchquert und dem Stofftransport dient.

Biomembran. Membranen bestehen jedoch nicht nur aus Proteinen, sondern auch aus Lipiden, die zu den Fettmolekülen zählen. Durch den einheitlichen Bau einer Biomembran können Membranen fusionieren und Transportprozesse wie Endo- und Exocytose werden möglich. Membranen schaffen in der Eucyte Reaktionsräume. Zum einen weil sie Zellorganellen wie Chloroplasten, Mitochondrien und den Zellkern umgeben. Zum anderen, weil ein inneres Membransystem, das endoplasmatische Reticulum, die Zelle durchzieht. Aufgrund dieser **Kompartimentierung** können viele biochemische Reaktionen in der Zelle ablaufen.

Zellorganell. Ein Beispiel für ein Zellorganell mit Doppelmembran sind Chloroplasten (**Abb.195.1**). Sie kommen in grünen Pflanzenzellen vor und dienen der Fotosynthese. Isolierte Chloroplasten sind bei Belichtung auch außerhalb der Zelle einige Stunden lang fotosynthetisch aktiv. Die innere Membran dieses Organells schnürt zahlreiche flache Membransäckchen ab, die Thylakoide. Sie können den gesamten Chloroplasten als Stromathylakoide durchziehen. Zum Teil bilden sich auch geldrollenartige Thylakoidstapel, die Granathylakoide. In den Thylakoidmembranen liegen zum Beispiel die Farbstoffe für die Fotosynthese.

Zelle. Die nächste Systemebene sind die Zellen. Jede eucytische Zelle hat verschiedene Zellorganellen wie Mitochondrien, einen Zellkern, Ribosomen und einen GOLGI-Apparat. Sie ist die kleinste Funktionseinheit eines Organismus. Sie ist auch der Beginn allen Lebens in der Evolution. Die Entwicklung tierischer und pflanzlicher Vielzeller begann mit entsprechenden Einzellern.

Gewebe. Zellen mit gleichartiger Gestalt und Funktion bilden gemeinsam die nächste Ebene der Biosysteme – das Gewebe. So lassen sich im Palisadengewebe langgestreckte Zellen mit Chloroplasten finden, im Schwammgewebe dagegen rundliche bis ovale Zellen mit Chloroplasten. Erst wenn mehrere Gewebe gemeinsam eine Funktion erfüllen, ist die nächste Ebene erreicht.

Organ. Das Organ für die Fotosynthese ist das Blatt. Es besteht aus mehreren Geweben wie Palisadengewebe, Schwammgewebe, oberer und unterer Epidermis und Leitgewebe. Das Blatt ermöglicht die Aufnahme von Lichtenergie und Kohlenstoffdioxid sowie die Abgabe von Wasserdampf und Sauerstoff. Andere Organe der Pflanzen sind Wurzel oder Sprossachse.

Organsystem. Bei komplexen Organismen gibt es noch eine weitere Ebene der Biosysteme. So finden sich beim Menschen zahlreiche Organe wie Speiseröhre, Magen, Darm, Bauchspeicheldrüse und Leber, die einer bestimmten Hauptfunktion dienen. Sie zählen dann zu einem Organsystem wie dem Verdauungssystem. Aufgrund der Wechselwirkungen seiner Elemente kann ein System Eigenschaften gewinnen, die isolierte Elemente nicht aufweisen. Fällt ein Element aus, können auch Systemeigenschaften verloren gehen. Das Gehirn des Menschen besteht aus etwa 100 Milliarden Nervenzellen. Es steuert über Nervenbahnen Körperbewegungen, vegetative Zentren und Denkprozesse. Wird das Gehirn zum Beispiel durch einen Schlaganfall geschädigt, können Funktionen wie Bewegungen oder Sprechen verloren gehen.

Organismus. Ein Organismus ist ein einzelnes Lebewesen. Wobei dieses nicht immer alle Systemebenen erfüllen muss. Auch Pantoffeltierchen und Amöben sind Organismen. Komplexere Lebewesen wie der Mensch bestehen aus Organsystemen. Er hat zum Beispiel ein Verdauungs-, Nerven- und Ausscheidungssystem.

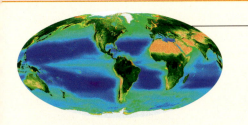

Biosphäre
Teil der Erde, in dem Lebewesen
vorkommen, d. h. die Gesamtheit
der Ökosysteme der Erde.

Ökosystem
Einheit von Lebensgemeinschaft
und Lebensraum.

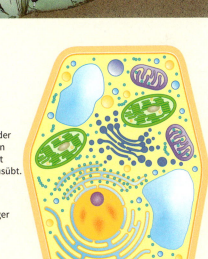

Lebensgemeinschaft
Gesamtheit der Arten
eines Ökosystems;
sie stehen in
Wechselbeziehung.

Population
alle artgleichen Individuen,
die zur selben Zeit in
einem Verbreitungsgebiet
leben und sich miteinander
fortpflanzen können.

Organismus
einzelnes Lebewesen,
z. B. ein Mensch,
ein Tier, eine Pflanze,
ein Mikroorganismus.

Organ
Teilsystem von Pflanze, Tier oder
Mensch, das aus verschiedenen
Geweben zusammengesetzt ist
und spezifische Funktionen ausübt.

Gewebe
Verband von Zellen gleichartiger
Gestalt und Leistung,
z. B. Abschlussgewebe.

Zelle
kleinstes lebensfähiges
Element des Organismus
von Pflanze, Tier und Mensch;
Mikroorganismen können aus
einer Zelle bestehen.

Organell
Bestandteil von Zellen mit
spezifischer Funktion; dazu
gehören Chloroplasten, die
der Fotosynthese dienen.

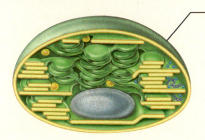

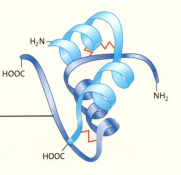

Biomolekül
in Lebewesen vorkommende
organische Substanz, die bestimmte
Eigenschaften zeigt, z. B.
z. B. Zucker-, Protein- und Fettmolekül.

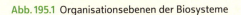

Abb. 195.1 Organisationsebenen der Biosysteme

Systematisierung

Vom Einzeller zum Vielzeller. Wie man sich den Übergang vom Einzeller zum Vielzeller modellhaft vorstellen kann, zeigen verschiedene Organisationsstufen der Grünalgen. *Chlamydomonas* ist zum Beispiel eine **einzellige** Grünalge, die sich mithilfe von Geißeln fortbewegt (Abb. 196.1 A). In ihrer ovalen Zelle befindet sich ein großer, becherförmiger Chloroplast. Ein lichtempfindliches Organell, der Augenfleck, ermöglicht es dem Einzeller, lichtdurchflutete Bereiche im Wasser aufzusuchen.

Im Süßwasser findet man auch die nächste Organisationsstufe der Grünalgen, die **Kolonie.** Ein Beispiel dafür ist *Gonium* (Abb. 196.1 B). Sie bildet einen 0,1 Millimeter großen Verband aus 16 Chlamydomonas ähnlichen Zellen. Sie sind in eine Gallerthülle eingebettet und bewegen sich als Ganzes fort. Entnimmt man experimentell eine Einzelzelle aus der Kolonie, so ist diese allein lebensfähig. Das trifft auf die höchste Organisationsstufe, die echten **Vielzeller,** nicht mehr zu. Hier findet man Zelldifferenzierungen und Arbeitsteilung innerhalb der Zellen, die ihn bilden. Ein Beispiel für eine vielzellige Grünalge ist *Volvox* (Abb. 196.2). Der Körper dieser Kugelalge besteht aus bis zu 3200 Einzelzellen. Sie bilden eine bis 0,5 Millimeter große Hohlkugel. Die Einzelzellen sind über Plasmabrücken verbunden, sodass Stoffaustausch und Koordination von Geißelbewegungen ermöglicht werden. Ebenso treten erste **Differenzierungen** auf: Einige Zellen sind lichtempfindlicher, andere können sich ungeschlechtlich durch Zellteilung fortpflanzen. So entwickeln sich Tochterkugeln, die beim Platzen der Mutterkugel frei werden. Einige wenige Zellen der Kugelalge sind zur geschlechtlichen Fortpflanzung fähig.

Stellung der Organismen im Ökosystem. Die hier vorgestellten Grünalgen zählen zum Phytoplankton und kommen in heimischen Süßgewässerlebensräumen wie Teichen oder Seen vor. Sie betreiben wie andere Wasserpflanzen Fotosynthese.

Dabei bauen sie aus den anorganischen Stoffen Kohlenstoffdioxid und Wasser energiereichere organische Verbindungen auf. Diese Organismen werden daher **Produzenten** genannt (lat. *producere* hervorbringen). Die Gesamtheit der organischen Substanzen, die von den Produzenten aus anorganischen Stoffen produziert werden, bezeichnet man als **Biomasse.** Die organischen Verbindungen sind zum Aufbau und für die Funktion des Organismus erforderlich. Dafür werden zusätzlich Mineralstoffe benötigt.

Direkt von den Produzenten leben viele Tiere, die Pflanzenfresser (Herbivoren). Zu diesen gehören im Teich z. B. einige Kleinkrebse und die Stockente.

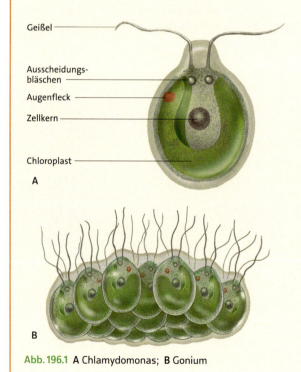

Geißel

Ausscheidungsbläschen

Augenfleck

Zellkern

Chloroplast

A

B

Abb. 196.1 A Chlamydomonas; B Gonium

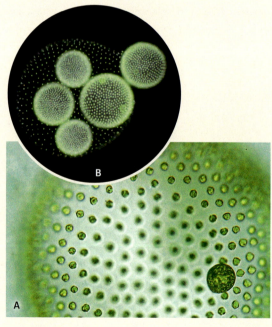

B

A

Abb. 196.2 Kugelalge *(Volvox aureus)*. A lichtmikroskopisches Bild; B platzendes Individuum mit Tochterkugeln

Von den Herbivoren ernähren sich andere Tiere, die Fleischfresser (Carnivoren). Zu diesen zählen z. B. Raubfische oder Libellenlarven. Carnivoren leben indirekt von den Produzenten. Die Tiere sind die **Konsumenten** des Systems (lat. *consumere* verbrauchen, verzehren).

Die Ausscheidungen und Leichen der Tiere sowie abgestorbene Pflanzenteile werden von Abfallfressern, z. B. Würmern und manchen Insekten, aufgenommen und zu einfacheren Verbindungen zersetzt. Eine große Rolle bei den Abbauprozessen spielen weiterhin Bakterien und Pilze. Alle Organismen, die an der Zersetzung und Mineralisierung toter organischer Substanz beteiligt sind, werden **Destruenten** genannt (lat. *destruere* zerstören). Wie die Konsumenten scheiden auch die Destruenten Mineralstoffe aus, die für das Wachstum der grünen Pflanzen zur Verfügung stehen.

Population. Individuen einer Art, die zur selben Zeit in einem Lebensraum vorkommen und sich dort untereinander fortpflanzen können, zählen zu einer **Population.** In einem Teich oder See findet man zum Beispiel verschiedene Populationen des Phytoplanktons, des Zooplanktons, der Wasserpflanzen und der Fische. Die Entwicklung der einzelnen Populationen hängt von verschiedenen Faktoren ab, dazu gehören sowohl abiotische als auch biotische Faktoren. Eine Fischkrankheit kann zum Beispiel ebenso zu einem Populationsrückgang bei Rotfedern führen wie starker

Sauerstoffmangel im Gewässer oder ein Überbesatz an Raubfischen.

Biozönose und Biotop. Zwischen den im Teich lebenden Organismen bestehen unterschiedliche Beziehungen: Kleine Fische ernähren sich von Planktonorganismen, und verschiedene Kleinkrebsarten konkurrieren um eine Nahrungsquelle. Alle Organismen zusammen bilden die Lebensgemeinschaft, die **Biozönose**, des Teiches (Abb. 197.1). Die Masse aller lebenden Organismen einer Biozönose bezeichnet man mitunter als Biomasse. Dieser Begriff wird also in unterschiedlicher Bedeutung verwendet. Auch abiotische Standortfaktoren beeinflussen die Teichorganismen. In einem Gewässer spielen insbesondere die Temperatur und der Sauerstoffgehalt des Wassers eine wichtige Rolle. Die Gesamtheit aller abiotischen Umweltfaktoren bezeichnet man als Lebensraum oder **Biotop**.

Ökosystem. Die Einheit aus Biozönose und Biotop heißt Ökosystem (Abb. 197.2). Es umfasst die Summe aller Beziehungen zwischen dem Lebensraum und den darin vorkommenden Lebewesen sowie diesen Lebewesen untereinander. Ökosysteme tauschen mit ihrer Umgebung Energie und Stoffe aus, d. h. sie sind offene Systeme: Das einfallende Sonnenlicht liefert die Energie für die Fotosynthese der Pflanzen im Teich. Über Zuflüsse aus angrenzenden Wiesen können Mineralstoffe eintragen werden.

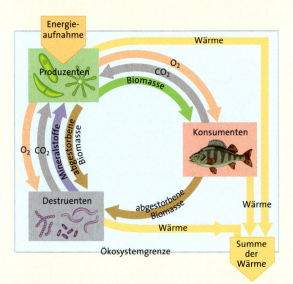

Abb. 197.1 Beziehungen zwischen den Organismen eines Ökosystems (Beispiel Teich)

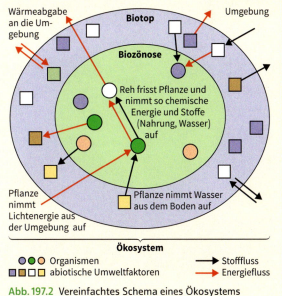

Abb. 197.2 Vereinfachtes Schema eines Ökosystems

Stoffwechsel und Energie

Produzenten und Fotosynthese. Pflanzen und einige Prokaryoten sind in der Lage aus Kohlenstoffdioxid und Wasser Kohlenhydrate aufzubauen, wobei sie Sauerstoff ausscheiden. Sie stellen also aus energiearmen anorganischen Stoffen energiereiche Stoffe her. Diese Organismen sind **autotroph.** Dagegen sind Tiere, Pilze und die meisten Prokaryoten darauf angewiesen, organische Verbindungen als Nahrung aufzunehmen. Diese Lebewesen sind **heterotroph.**

Zum Aufbau organischer Stoffe aus anorganischen Stoffen muss eine beträchtliche Energiemenge aufgewendet werden. Nutzen autotrophe Lebewesen dazu die Energie des Lichtes, betreiben sie **Fotosynthese.** Neben grünen Pflanzen sind dazu einige Bakterien in der Lage, z.B. die Cyanobakterien, die früher auch als »Blaualgen« bezeichnet wurden. 1–3% der Sonnenenergie, die auf die Pflanzen auftrifft, werden in der Fotosynthese in chemische Energie umgewandelt.

Die Gesamtmenge organischer Stoffe, die von der Pflanze pro Zeiteinheit durch Fotosynthese gebildet wird, bezeichnet man als **Bruttoprimärproduktion.** Diese Größe kann auf eine einzelne Pflanze, ein Ökosystem oder die gesamte Biosphäre bezogen werden. Ein Großteil der gebildeten organischen Substanzen wird von der Pflanze wieder abgebaut. Dabei setzt sie Energie für die Erhaltung ihrer Lebensvorgänge frei. Die übrigen Fotosyntheseprodukte dienen dem Aufbau des pflanzlichen Organismus und als Speicherprodukte. So wird Stärke z. B. in Kartoffelknollen und Getreidekörnern gespeichert, Zucker in der Zuckerrübe.

Den Massenzuwachs der Pflanzen pro Zeiteinheit bezeichnet man als **Nettoprimärproduktion.** Diese pflanzliche Biomasse kann den Konsumenten als Nahrung dienen. Auch die Nettoprimärproduktion kann auf eine einzelne Pflanze, ein Ökosystem oder die Biosphäre bezogen werden.

Der Biomasseaufbau der Pflanzen bildet somit die Lebensgrundlage aller heterotrophen Organismen. Sie ist darüber hinaus von größter Bedeutung für die Volkswirtschaft (Abb. 198.1). Die Nettoprimärproduktion beträgt weltweit schätzungsweise 150 bis 200 Milliarden Tonnen pflanzlicher Trockenmasse pro Jahr.

In der Fotosynthese entstehen aus Kohlenstoffdioxid und Wasser durch Belichtung Zucker (Glucose) und Sauerstoff. Die dabei ablaufenden Stoffwechselprozesse lassen sich in der folgenden Reaktionsgleichung zusammenfassen:

$$6\,CO_2 + 6\,H_2O \xrightarrow{\text{Licht}} C_6H_{12}O_6 + 6\,O_2$$

Die in der Reaktionsgleichung angegebene Glucose wird im Stoffwechsel weiter verarbeitet. Beispielsweise entstehen daraus Stärke und Cellulose.

Die fotosynthetisch gebildete Stärke lässt sich auf einfache Art nachweisen. Dazu werden die Farbstoffe eines Laubblattes mit Aceton extrahiert. Dann wird das Blatt mit Iod-Kaliumiodid-Lösung (LUGOL'sche Lösung) behandelt: Eine dunkelblaue Färbung zeigt Stärkesynthese an. Wurde zuvor ein Teil des Blattes mit einer Schablone abgedeckt, kann Stärke nur an den belichteten Stellen nachgewiesen werden (Abb. 198.2).

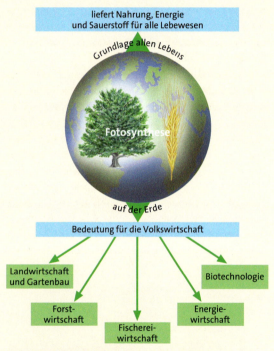

liefert Nahrung, Energie
und Sauerstoff für alle Lebewesen

Grundlage allen Lebens

Fotosynthese

auf der Erde

Bedeutung für die Volkswirtschaft

Landwirtschaft und Gartenbau

Biotechnologie

Forstwirtschaft

Energiewirtschaft

Fischereiwirtschaft

Abb. 198.1 Die Bedeutung der Fotosynthese

Abb. 198.2 Stärkenachweis im Laubblatt

Zellatmung. Der Mensch, Tiere, Pflanzen und viele Mikroorganismen decken ihren Energiebedarf durch den Abbau organischer Stoffe. Zum vollständigen Abbau dieser Stoffe ist Sauerstoff erforderlich. Dabei entstehen Kohlenstoffdioxid und Wasser. Dieser Vorgang findet in den Zellen statt und wird als **Zellatmung** bezeichnet. Organismen, die Sauerstoff zum Stoffabbau benötigen, nennt man **aerob**. Von dieser »inneren Atmung« zu unterscheiden ist die **äußere Atmung** von Mensch und Tieren. Darunter versteht man die Aufnahme von Sauerstoff und die Abgabe von Kohlenstoffdioxid über besondere Atmungsorgane wie Lungen, Kiemen, Tracheen oder die Haut.

Da die Fotosynthese nur tagsüber möglich ist und nicht alle Pflanzenorgane fotosynthetisch tätig sind, müssen auch Pflanzen Sauerstoff für die Zellatmung aufnehmen.

Aus einfachen Kohlenhydraten, die bei der Fotosynthese gebildet werden, können Pflanzen eine Vielzahl an organischen Verbindungen herstellen. Einige dieser Stoffe, darunter Zucker, Glycerin und die Fettsäurebestandteile der Fette, können in den Zellen veratmet werden, wobei Energie freigesetzt wird (Abb. 199.1A). Tiere mobilisieren in der Regel zur Energiebereitstellung Kohlenhydrat- und Fettreserven. Nur wenn diese erschöpft sind, verwerten hungernde Tiere auch körpereigene Proteine. Zellen aerober Organismen bauen bei der Zellatmung organische Verbindungen über drei aufeinander folgende Stoffwechselwege ab, die man als Glykolyse, Citratzyklus und Atmungskette bezeichnet. Diese laufen bei eukaryotischen Zellen getrennt voneinander in verschiedenen **Kompartimenten** ab (Abb. 199.1B). Dadurch können sie auch effektiv reguliert werden. Während die Glykolyse im Cytosol abläuft, finden die Reaktionen des Citratzyklus in der Mitochondrienmatrix und die der Atmungskette in der inneren Mitochondrienmembran statt. Die Zellen der Tiere veratmen am häufigsten Glucose:

$$C_6H_{12}O_6 + 6\,O_2 \longrightarrow 6\,CO_2 + 6\,H_2O$$

Die beim Glucoseabbau freiwerdende Energie wird für die Zelle zu einem Teil in Form von ATP verfügbar, zum Teil aber auch als Wärme frei. Bei Tieren trägt die Wärmeproduktion zur Erwärmung des Körpers bei. Frühblüher können sich mithilfe der Wärme einen Weg durch den Schnee schmelzen. Zersetzungsprozesse im Kompost und Verwesungsprozesse gehen auf die Stoffwechselaktivität verschiedener Bakterien zurück. In beiden Fällen, die teilweise auch ohne Sauerstoff stattfinden, können die Temperaturen als Folge der starken Wärmebildung bis zu 30 °C über der Umgebungstemperatur liegen. Im Komposthaufen werden so die Zersetzungsprozesse beschleunigt. Aufgrund der Wärmeentwicklung können bei kriminalistischen Ermittlungen verwesende Leichen mittels Thermokameras von Flugzeugen aus geortet werden.

Die Abfolge der Stoffwechselwege der Zellatmung ist in allen aeroben Organismen gleich. Die Glykolyse kommt zudem auch bei **anaeroben** Organismen vor, die ohne Sauerstoff leben können. Dies ist ein Indiz für den gemeinsamen Ursprung aller Organismen.

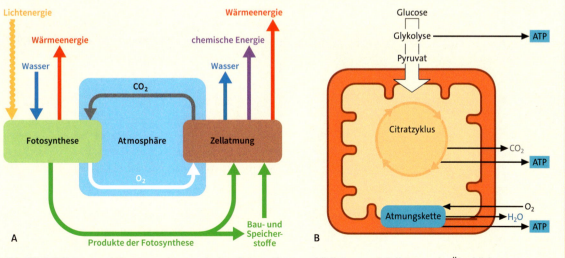

Abb. 199.1 Zellatmung. **A** Zusammenhang zwischen Fotosynthese und Zellatmung; **B** Zellatmung im Überblick

Stoffkreislauf und Energiefluss. In der Biosphäre durchlaufen die Stoffe die Nahrungsnetze. Sie gelangen nach der Mineralisierung in die unbelebte Umwelt, also in den Boden und ins Wasser, und können von dort wieder von den Organismen aufgenommen werden. Während dieser Prozesse kommen die verschiedenen chemischen Elemente immer wieder in unterschiedlichen chemischen Verbindungen vor. Eine regelmäßige Abfolge unterschiedlicher Verbindungen eines Elementes in der Biosphäre heißt **Stoffkreislauf.**

Kohlenstoffkreislauf. Kohlenstoff kommt in allen organischen Verbindungen vor. Er ist auch Bestandteil vieler anorganischer Verbindungen, z.B. von Kohlenstoffdioxid und von Kalk (Calciumcarbonat). Kohlenstoff wird an verschiedenen Stellen in der Biosphäre unterschiedlich lange gespeichert. Daher unterscheidet man zwei Kreisläufe: Bleibt der Kohlenstoff maximal einige Tausend Jahre in einem Reservoir gespei-

chert, spricht man vom **Kurzzeitkreislauf,** verbringt er viele Tausend bis Millionen Jahre in Speichern, vom **Langzeitkreislauf** (Abb. 200.1).

Im Kurzzeitkreislauf wird von den Pflanzen bei der Fotosynthese aus Kohlenstoffdioxid und Wasser organische Substanz aufgebaut. Die gebildeten organischen Stoffe gelangen in die Nahrungskette. Durch die Atmung der Organismen wird der Kohlenstoff in Form von Kohlenstoffdioxid wieder abgegeben. Dabei ist der Mensch mit knapp 6 % an der CO_2-Abgabe beteiligt. Pro Jahr atmet ein Mensch etwa 350 kg Kohlenstoffdioxid aus. Darin sind ca. 100 kg Kohlenstoff enthalten. Bei etwa 7 Milliarden Menschen werden somit 0,7 Gigatonnen Kohlenstoff jährlich durch Atmung freigesetzt (1 Gigatonne = 10^9 Tonnen). Auch der Abbau organischer Verbindungen durch Destruenten führt zur Freisetzung von Kohlenstoffdioxid.

In aquatische Ökosysteme gelangt Kohlenstoffdioxid durch die Atmung der Wasserorganismen. Außerdem diffundiert es zurzeit aus der Luft ins Wasser.

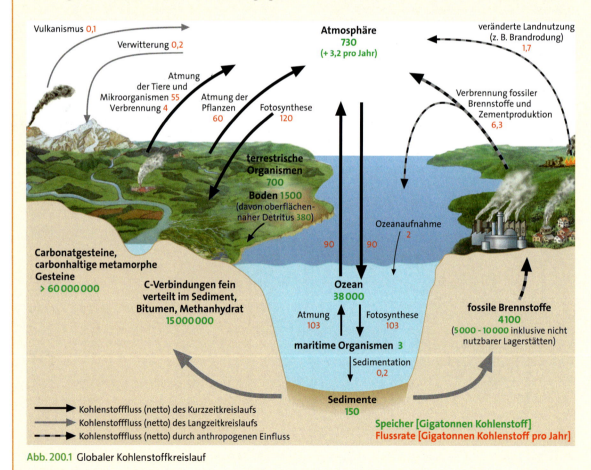

Abb. 200.1 Globaler Kohlenstoffkreislauf

Der Ozean ist der bedeutendste Kohlenstoffspeicher der Erde. Er enthält mehr als 50-mal so viel Kohlenstoff wie die Atmosphäre. In den oberflächennahen Schichten der Meere setzt das Phytoplankton durch Fotosynthese annähernd so viel Kohlenstoffdioxid um wie die Landpflanzen, seine Speicherkapazität hingegen ist sehr gering.

Im Langzeitkreislauf ist Kohlenstoff vor allem in Carbonatgesteinen (z.B. Kalkstein) und in geringen Mengen in Erdöl-, Erdgas- und Kohlelagerstätten sowie Torfvorkommen gespeichert. Im Ozean lagern sich Kalkschalen, z.B. von Phytoplankton, am Boden ab. Aus dem enthaltenen Kalk entsteht Kalkstein. Der organische Teil sedimentierter Planktonorganismen ist Ausgangsstoff für die Erdöl- und Erdgasbildung. Auf dem Festland werden vergleichsweise kleine Kohlenstoffmengen der Torf- oder Kohlebildung zugeführt.

Mehr als 99,9% des gesamten Kohlenstoffgehalts der Erde sind in Langzeitspeichern fixiert, im Carbonatgestein allein ca. 80%. Die Nutzung der fossilen Brennstoffe durch den Menschen führt zu einer extrem schnellen Entleerung der nutzbaren Langzeitspeicher. Das bei der Verbrennung entstehende Kohlenstoffdioxid gelangt in die Atmosphäre. Dadurch erhöhte sich die CO_2-Konzentration von 0,028% vor 140 Jahren auf nunmehr 0,04%, und sie steigt weiter an. Durch den Anstieg diffundiert zurzeit mehr Kohlenstoffdioxid aus der Atmosphäre in den Ozean als früher. Dadurch sinkt der pH-Wert des Meerwassers. Dies behindert die Kalkbildung von Meeresorganismen und schädigt diese somit.

Energiefluss. Der Energietransfer durch ein Ökosystem von einer Trophiestufe zur nächsten wird als Energiefluss bezeichnet. Es gilt die Faustregel, dass sich bei der Weitergabe der Energie in der Nahrungskette die Energiemenge von Stufe zu Stufe auf etwa 10% verringert. Die Pflanzen nutzen fotosynthetisch sogar nur ca. 1% der auf die Erdoberfläche gelangenden Lichtenergie der Sonne (Abb. 201.2).

Die Fleischproduktion zur Ernährung des Menschen ist energetisch sehr aufwendig, da Nutztiere den größten Teil der Biomasse ihrer Nahrung in der Zellatmung selbst verbrauchen (Abb. 201.1). Für die Erzeugung von 1 kg Rindfleisch sind etwa 8 kg pflanzliche Futtermittel erforderlich. Ernährt sich der Mensch von pflanzlichen Produkten, nutzt er die Primärproduktion am besten aus. Der ärmere Teil der Weltbevölkerung lebt daher fast ausschließlich von pflanzlicher Nahrung.

Abb. 201.1 Nutzung der Nahrung beim Übergang von einer Trophiestufe zur nächsten

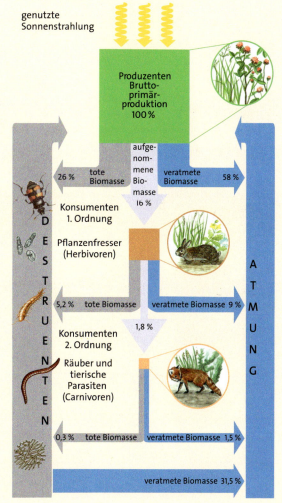

Abb. 201.2 Energiefluss durch ein Wiesenökosystem

Gefäßpflanzen untersuchen

Gefäßpflanzen. Gefäßpflanzen ist ein Sammelbegriff für Farnpflanzen und Samenpflanzen. Zu den Farnpflanzen zählen Urfarne, Bärlappe, Schachtelhalme und Echte Farne. Zu den Samenpflanzen gehören Nacktsamer und Bedecktsamer. Gemeinsam ist beiden Großgruppen, dass sie für den Stofftransport Leitbündel ausbilden, diese enthalten einen Gefäßteil für die Leitung von Wasser. Das unterscheidet sie von Algen und Moosen.

Grundbauplan. Der Bauplan der Samenpflanzen soll am Beispiel der Gefleckten Taubnessel *(Lamium maculatum L.)* erklärt werden (Abb. 202.1 A und B). Diese Art kommt häufig in Deutschland vor und zählt zur Familie der Lippenblütengewächse. Taubnesseln sind

Samenpflanzen, sie bilden Blüten aus, aus denen sich später Früchte mit Samen entwickeln.

Die unterirdischen **Wurzeln** der Taubnessel sind verzweigt und verankern die Pflanze im Boden. Sie dienen der Aufnahme von Wasser und gelösten Mineralsalzen. Der oberirdische Spross gliedert sich in **Sprossachse** und Blätter. Dabei ist die Sprossachse, auch Stängel genannt, vierkantig. Die **Laubblätter** sitzen kreuzweise gegenständig an der Sprossachse. Ihre Form erinnert an Brennnesselblätter. Sie besitzen jedoch keine Brennhaare. Trotzdem schützt ihr Aussehen vor Fressfeinden.

Taubnesseln sind an vielen Standorten anzutreffen. Sie besiedeln Waldränder, Hecken, Straßengräben, Auwälder und Ruderalplätze. Damit zählen sie zu den **Mesophyten** und bevorzugen halbschattige, nährsalzreiche Böden. Je nach Licht können die Blät-

Abb. 202.1 Gefleckte Taubnessel. **A** im Lebensraum; **B** Pflanze; **C** Blütenlängsschnitt **D** Blütengrundriss; **E** Früchte

ter an sehr sonnigen Standorten **Angepasstheiten** wie kleinere Blattflächen, geringfügig dickere Blätter und eine stärkere Behaarung zeigen. An sehr schattigen Standorten sind die Blätter etwas größer, dünner und chlorophyllreicher.

Auch die **Blüten** der Taubnessel bestehen aus umgewandelten Blättern, die jedoch der Fortpflanzung dienen (Abb. 202.1 C und D). Man unterscheidet fünf miteinander verwachsene Kelchblätter und fünf Kronblätter, die ebenfalls verwachsen sind. Zwei bilden die Oberlippe und drei die Unterlippe der Blüte. Beide Teile formen im unteren Abschnitt eine Röhre. Außerdem gibt es vier Staubblätter, zwei kürzere und zwei längere, sowie Fruchtblätter, die den viergeteilten Fruchtknoten bilden, dem ein langer Griffel mit Narbe entspringt. Nach Bestäubung und Befruchtung entwickelt sich die viergeteilte Frucht (Abb. 202.1 E).

Systematik. Die **Art** Gefleckte Taubnessel zählt zur **Gattung** Taubnesseln und zur **Familie** der Lippenblütengewächse. Zu dieser Familie zählen weltweit 7000 verschiedene Arten. Diese wiederum gehört zur **Ordnung** Lippenblütenartige und ist eine zweikeimblättrigen Samenpflanze. Sie haben Keimlinge mit zwei Keimblättern, fast immer netzartig verlaufende Blattadern, kreisförmig angeordnete Leitbündel mit Kambium und eine gut entwickelte Haupt-

wurzel mit Seitenwurzeln. Zu den zweikeimblättrigen Pflanzen zählen auch Kreuzblütengewächse, Schmetterlingsblütengewächse und Korbblütengewächse wie die Sonnenblume.

Neben den zweikeimblättrigen Pflanzen treten die einkeimblättrigen Pflanzen auf. Sie haben immer einen einkeimblättrigen Keimling, häufig dreizählige Blüten, parallel verlaufende Blattadern und als Wurzel ein Wurzelbüschel. Der Sprossachsenquerschnitt zeigt kleine, verstreut angeordnete Leitbündel, die kein Bildungsgewebe besitzen. Durch das fehlende Kambium tritt kein sekundäres Dickenwachstum auf. Zu den Einkeimblättrigen zählen alle Gräser wie Mais, Weizen, Bambus und Zuckerrohr. Aber auch Palmen, Lilien und Krokusse sind einkeimblättrig. Alle ein- und zweikeimblättrigen Pflanzen zählen zur **Klasse** der Bedecktsamer. Sie bilden nach der Befruchtung Früchte aus, die den Samen schützen und oft zu seiner Verbreitung beitragen. 99 Prozent aller Samenpflanzen gehören in diese Gruppe.

Evolutionsbiologisch älter als die Bedecktsamer sind die Nacktsamer. Sie haben getrenntgeschlechtliche Blütenstände. In den weiblichen Blüten liegen die Samenanlagen frei auf speziellen Blättern oder Schuppen. Der Pollen hat so direkten Zugang zu den Eizellen. Häufig bilden Nacktsamer Zapfen aus. Zu ihnen zählen Nadelgehölze, Ginkgo und Palmfarne.

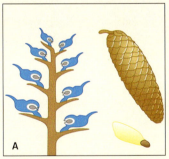

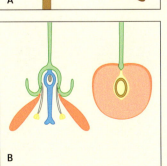

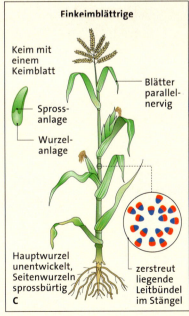

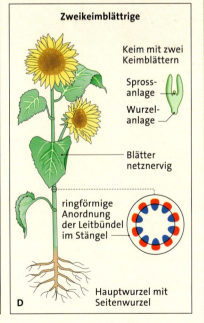

Abb. 203.1 Gruppen der Samenpflanzen. **A** Nacktsamer; **B** Bedecktsamer; **C** Einkeimblättrige; **D** Zweikeimblättrige

Wiederholung: Herstellen und Zeichnen mikroskopischer Präparate

Unverholzte Sprossachsen von Blütenpflanzen sind besonders geeignete und lohnende Objekte für lichtmikroskopische Untersuchungen. Auf Querschnitten durch die Sprossachse, die vergleichsweise einfach hergestellt werden können, können verschiedene Zell- und Gewebetypen betrachtet werden.

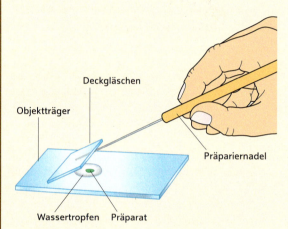

Abb. 204.1 Herstellen eines mikroskopischen Präparats

Deckgläschen
Objektträger
Präpariernadel
Wassertropfen   Präparat

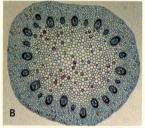

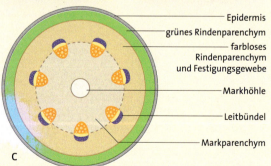

Epidermis
grünes Rindenparenchym
farbloses Rindenparenchym und Festigungsgewebe
Markhöhle
Leitbündel
Markparenchym

Abb. 204.2 Bau der Hahnenfuß-Sprossachse. A Hahnenfußpflanzen auf einer Wiese; B angefärbtes mikroskopisches Präparat eines Sprossachsen-Querschnitts; C Gewebe der Hahnenfuß-Sprossachse im Überblick

Zunächst müssen Querschnitte durch die Sprossachse hergestellt werden. Diese sollten möglichst dünn sein, damit das Objekt lichtdurchlässig ist und das Präparat möglichst nur aus einer einzigen Zellschicht besteht. Zur Herstellung der Schnitte können ein Mikrotom, eine Rasierklinge mit Griffschutz oder ein scharfes Skalpells eingesetzt werden. Erfolgen Handschnitte mit einer Rasierklinge oder einem Skalpell, wird das Sprossachsenstück zuvor in ein Styroporstück oder ein Stückchen Holundermark eingeklemmt. Die erhaltenen Schnitte werden in einen Wassertropfen auf einem Objektträger überführt. Anschließend wird vorsichtig mit einem Deckgläschen abgedeckt, z. B. unter Zuhilfenahme einer Präpariernadel (Abb. 204.1). Dabei sollte der Einschluss von Luftblasen vermieden werden. Gegebenenfalls kann das Präparat vor dem Aufsetzen des Deckgläschens mit einer geeigneten Färbelösung angefärbt werden.

Nun kann das Präparat mikroskopiert werden. Dazu wählt man zunächst die schwächste Vergrößerung, um sich einen ersten Überblick zu verschaffen. Beim Durchmustern des Präparats wird ein geeigneter dünner Schnitt gesucht und anschließend weiter untersucht. Um festzustellen, aus welchen Gewebetypen die untersuchte Sprossachse zusammengesetzt ist und wie diese angeordnet sind, genügt eine schwächere Vergrößerung. Um zelluläre Ausschnitte zu betrachten, wird anschließend bei steigender Vergrößerung betrachtet. Dabei ist darauf zu achten, dass beim Fokussieren das Präparat nicht beschädigt und eine Beschädigung oder Verschmutzung der Objektivlinse verhindert wird. Dies geschieht am besten dadurch, dass der Objekttisch bei seitlicher Betrachtung so weit wie möglich nach oben gedreht wird, sodass das Präparat gerade nicht mehr vom Objektiv berührt wird; danach wird der Objekttisch mit dem Feintrieb langsam nach unten gedreht, bis das Präparat scharf sichtbar wird. Durch Öffnen oder Schließen der Blende kann der optimale Bildkontrast eingestellt werden. Während des Arbeitens mit einem monokularen Lichtmikroskop mit nur einem Okular sollte das Auge, das nicht durch das Okular schaut, nicht geschlossen werden.

Im mikroskopischen Präparat eines Querschnitts durch eine Hahnenfuß-Sprossachse erkennt man mehrere Gewebetypen (Abb. 204.2): Ein Abschlussgewebe aus einer oder mehreren Zellschichten, die Epidermis, begrenzt die Sprossachse nach außen. Nach innen schließt sich das Grundgewebe (Parenchym) an, dessen Zellen regelmäßig geformt sind; die äußeren Parenchymzellen enthalten Chloroplasten. In das Grundgewebe eingebettet sind die Leitbündel, in denen sich Leitungsbahnen zum Wasser- und Nährsalztransport sowie zur Leitung gelöster Nährstoffe und Festigungselemente unterscheiden lassen. Oft ist das Innere der Sprossachse hohl; man spricht von einer Markhöhle.

Anfertigen mikroskopischer Zeichnungen. Das Herstellen von Zeichnungen ist neben der Mikrofotografie die wichtigste Methode, um das Aussehen mikroskopischer Präparate zu dokumentieren.

Bei der zeichnerischen Darstellung eines Sprossachsenquerschnittes ist es sinnvoll, zunächst eine Übersichtsskizze bei schwächster Vergrößerung anzufertigen, auf der die Gewebetypen durch Umrisslinien gegeneinander abgegrenzt werden (Abb. 204.2 C). Im Anschluss werden zelluläre Ausschnitte verschiedener Gewebetypen bei stärkerer Vergrößerung gezeichnet.

Gegenüber der Fotografie von Mikropräparaten hat die zeichnerische Erfassung drei Vorteile:

Das Zeichnen zwingt den Betrachter dazu, das Präparat sehr genau zu betrachten.

Die Zeichnung kann abstrahieren; nur wesentliche Bestandteile des Präparats werden erfasst, während Unwesentliches – z. B. störende Luftblasen – nicht gezeichnet wird.

Durch Drehen am Feintrieb des Mikroskops können verschiedene Ebenen des Präparates betrachtet und anschließend zeichnerisch dargestellt werden. Ein Beispiel zeigt Abb. 205.1. Die Blätter einer Wasserpestpflanze bestehen lediglich aus zwei Zellschichten. In der Zeichnung ist eine Blattzelle der Wasserpest mit ihrer typischen Form, den Zellbestandteilen und Größenverhältnissen dieser Zellbestandteile zu sehen. Außerdem ist die Chloroplastendichte erkennbar. Die umliegenden Zellen des Gewebes sind angedeutet.

Als Zeichenmaterial sollte grundsätzlich glattes, weißes Zeichenpapier ohne Linien und Karos verwendet werden, außerdem ein mittelharter Bleistift (Härte HB), ein Bleistiftspitzer und – für möglichst nicht notwendige Korrekturen – ein weicher Radiergummi. Die Zeichnung sollte möglichst groß sein, in der Regel mindestens eine halbe DIN-A4-Seite.

Beim Anfertigen der Zeichnung ist besonderes Augenmerk auf die Konturen zu legen. Die Umrisslinien müssen klar und kräftig ausgeführt werden; es darf nicht gestrichelt werden. Schraffuren und Schattierungen sind nicht erlaubt.

Ein wichtiger Bestandteil der zeichnerischen Dokumentation ist die Beschriftung. Die Bildüberschrift nennt das Untersuchungsobjekt (mit wissenschaftlichem Namen der untersuchten Art), den gezeichneten Teil des Objektes, dazu die Art des Präparates und das Färbeverfahren, falls erfolgt. Beschriftungen der Zellbestandteile sollten rechts neben, nicht in der Zeichnung stehen, die Hinweisstriche mit Lineal und parallel zueinander ausgeführt werden. Am unteren Bildrand vervollständigen das Datum und der Name des Zeichners die Darstellung, der Kurs und die Vergrößerung werden ebenfalls angegeben.

Aufgabe
Stellen Sie Schnitte durch die Stängel einer Hahnenfußpflanze und einer Taubnessel her und fertigen Sie jeweils eine Übersichtszeichnung sowie Detailzeichnungen verschiedener Gewebetypen an.
Vergleichen Sie tabellarisch die Sprossachsenquerschnitte von Taubnessel und Hahnenfuß.

Wasserpest
Elodea canadensis L.
Blatt, Aufsicht, Frischpräparat

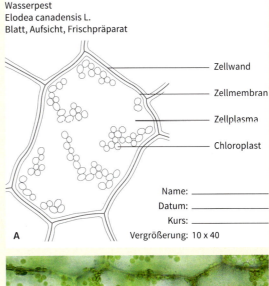

— Zellwand
— Zellmembran
— Zellplasma
— Chloroplast

Name: _____
Datum: _____
Kurs: _____
Vergrößerung: 10 x 40

A

B

Abb. 205.1 Zellulärer Ausschnitt aus dem Blatt einer Wasserpestpflanze. **A** Zeichnung eines mikroskopischen Präparats; **B** Lichtmikroskopische Aufnahme

Wahlpflichtthema

PRAKTIKUM
Wiederholung: Pflanzliche Zellen und Gewebe

A Gefärbte Zellen

Der Liguster ist ein Strauch, der häufig in Hecken angepflanzt wird. Aus den weißen Blüten entstehen nach der Bestäubung dunkelblaue, giftige Beerenfrüchte, deren Saft zum Färben von Wolle oder als Malfarbe verwendet werden kann. Die Sammelfrüchte der Heckenrose bezeichnet man als Hagebutten. Die orangeroten Früchte werden gerne von Vögeln gefressen; der Mensch nutzt sie zur Bereitung von Tee und Marmelade. Pflanzenfarbstoffe können in zwei unterschiedlichen Organellen vorliegen: Wasserlösliche Farbstoffe findet man in der Vakuole, lipophile Pigmente in zahlreichen unterschiedlich geformten Strukturen, den Chromoplasten. Um festzustellen, wo sich die Farbstoffe in den Zellen des Fruchtfleischs von Ligusterbeeren und Hagebutten befinden, kann eine lichtmikroskopische Untersuchung durchgeführt werden.

a) Stellen Sie zwei Quetschpräparate her. Schneiden Sie dazu eine Ligusterbeere und eine Hagebutte mit einem scharfen Messer durch. Bringen Sie anschließend mit einer Präpariernadel etwas Fruchtfleisch auf einen Objektträger.

b) Mikroskopieren Sie die Quetschpräparate mit dem Lichtmikroskop. Suchen Sie eine möglichst intakte Zelle und stellen Sie fest, in welchem Teil der Zelle sich jeweils der Farbstoff befindet.

c) Stellen Sie jeweils eine beschriftete Zeichnung einer einzelnen Zelle aus dem Fruchtfleisch her.

d) Chromoplasten und Chloroplasten gehen aus denselben farblosen Vorstufen, den Proplastiden, hervor. Nennen Sie eine Möglichkeit, wie man mithilfe eines Elektronenmikroskops die strukturelle Ähnlichkeit von Chloroplasten und Chromoplasten nachweisen kann.

Abb. 206.1 Früchte von Liguster (A) und Heckenrose (B)

B Plasmolyse in Zwiebelzellen

Sie benötigen

Rote Küchenzwiebel, Mikroskop, Objektträger, Deckgläschen, kleines Becherglas, Pasteurpipette, Messer, Pinzette, Präpariernadel, Filterpapierstreifen, Spatel, Saccharose, dest. Wasser.

Durchführung

a) Stellen Sie mit den oben angegebenen Materialien ein mikroskopisches Präparat von der unteren Epidermis einer Zwiebelschuppe her.

b) Mikroskopieren Sie zunächst bei schwächster Vergrößerung. Bringen Sie eine Stelle am Rand des Epidermisstücks mit rot gefärbten Zellen ins Blickfeld.

c) Stellen Sie in einem kleinen Becherglas etwa 20 ml konzentrierte Zuckerlösung her. Bringen Sie mit einer Pipette einen Tropfen der Lösung neben den Rand des Deckgläschens und saugen Sie die Flüssigkeit mit einem Streifen Filterpapier durch das Präparat (Abb. 206.2 A). Beobachten Sie über einige Minuten und beschreiben Sie die auftretenden Veränderungen.

d) Zeichnen Sie eine Zelle, an der auffällige Veränderungen zu beobachten sind.

e) Reinigen Sie die Pipette sorgfältig und saugen Sie wie unter c) beschrieben destilliertes Wasser durch das Präparat (mindestens zwei- bis dreimal). Notieren Sie Ihre Beobachtungen.

f) Erklären Sie die Versuchsergebnisse.

Zuckerlösung

Filterpapierstreifen

A

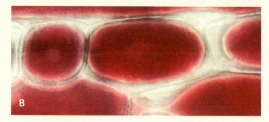

B

Abb. 206.2 Plasmolyse bei Zwiebelwurzelzellen.
A Durchsaugen von Zuckerlösung durch das Präparat;
B plasmolysierte Epidermiszellen

Systematisierung

C Fruchtgewebe einer Tomate

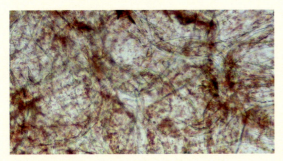

Abb. 207.1 Grünes Fruchtgewebe der Tomate

Sie benötigen
Mikroskop mit Zubehör; Zeichenmaterial; Messer; reife Tomate (rot); unreife Tomate (grün); (ersatzweise: rote und grüne Paprika)

Durchführung
Schneiden Sie mit dem Messer eine Tomate an und schaben Sie von der Schnittstelle etwas Fruchtgewebe ab. Bringen Sie dieses Material in einen Wassertropfen auf einen Objektträger.

Aufgaben
a) Mikroskopieren Sie zuerst bei geringer, dann bei stärkerer Vergrößerung.
b) Zeichnen Sie einige typische Zellen.
c) Fertigen Sie vom Fruchtgewebe einer unreifen Tomate ein entsprechendes Präparat, vergleichen und erläutern Sie.
d) Erstellen Sie eine begründete Hypothese über die biologische Funktion des Farbwechsels bei der Reifung von Früchten.

D Sprossachsenquerschnitte

Sie benötigen
Dauerpräparate von Sprossachsen ein- und zweikeimblättriger Pflanzen und frische Sprossachsenstücke (z. B. Tulpe oder Schwertlilie; Flieder oder Bohne); Rasierklinge; Mikroskop; Objektträger; Deckgläschen, Zeichenmaterial

Durchführung
Mikroskopieren Sie die beiden Dauerpräparate. Fertigen Sie von den Sprossachsen ganz dünne Schnitte an. Legen Sie den dünnsten Schnitt in je einen Wassertropfen auf den Objektträger. Decken Sie die Schnitte mit Deckgläsern ab und mikroskopieren Sie.

Aufgaben
a) Beschreiben Sie Ihre Beobachtungen beim Mikroskopieren der Dauerpräparate. Wie unterscheiden sich beide Präparate?
b) Zeichnen und beschriften Sie jeweils einen Ausschnitt der Sprossachsenquerschnitte. Nutzen Sie dazu auch die schematische Abbildung.

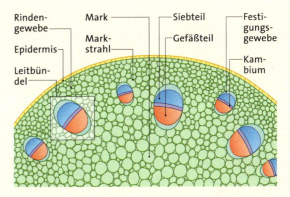

Abb. 207.2 Ausschnitt zweikeimblättriger Spross (Schema)

E Untersuchung von Wurzelhaaren und Wurzelspitzen

Sie benötigen
Senfsamen, Weizenkörner; zwei Petrischalen; schwarzes Papier; starke Lupe, Binokular oder Mikroskop

Durchführung
Legen Sie die Senfsamen und Weizenkörner jeweils in eine mit Wasser getränkte und schwarzem Papier ausgekleidete Schale. Stellen Sie diese an einen warmen Ort und beobachten Sie wie die Samen in den nächsten Tagen keimen.

Aufgaben
a) Betrachten Sie nach einigen Tagen die Keimwurzeln mit Lupe, Binokular oder der kleinsten Vergrößerung des Mikroskops.
b) Fertigen Sie eine einfache Zeichnung an. Beschriften Sie Ihre Zeichnung.
c) Wenn Sie die Samen weiter keimen lassen, wachsen Keimblätter. Begründen Sie, welchen Unterschied Sie feststellen würden.
d) Planen Sie Experimente, mit denen Sie den Einfluss von Wasser und Temperatur auf die Samenkeimung zeigen könnten.

Glossar

Kursivdruck in der Begriffserläuterung verweist auf einen anderen Begriff des Glossars.

A

absolute Altersbestimmung Datierung einer Gesteinsschicht durch Messung des Zerfalls radioaktiver Isotope, deren Zerfallsgeschwindigkeit bekannt ist.

Acetylcholin *Neurotransmitter,* der in *motorischen Endplatten* und *Synapsen* des *Zentralnervensystems* wirkt.

adaptive Radiation (lat. *radius* Radspeiche) Bildung zahlreicher Arten unterschiedlicher ökologischer Anpassung bei Neubesiedlung eines Lebensraums oder dessen neuartiger Nutzung in einem geologisch kurzen Zeitraum.

Aids (engl. *acquired immunodeficiency syndrome*) *s. HIV*

Aktionspotenzial (lat. *actio* Trägheit; *potentia* Kraft) Kurzzeitige, schnelle Änderung des *Membranpotenzials* einer erregbaren Zelle, die durch das Öffnen und Schließen von Ionenkanälen hervorgerufen werden *(s. Depolarisation).*

Allel (gr. *allos* anders) Allele sind zwei oder mehrere unterschiedliche Ausbildungsformen eines Gens; ein Chromosom besitzt jeweils nur ein Allel; Unterbegriff zu *Gen (s. multiple Allelie).*

Allergie (gr. *allos* anders; *ergon* Arbeit, Wirksamkeit) Übermäßige Immunreaktion auf ein normalerweise harmloses Antigen.

allopatrische Artbildung Artbildung aufgrund reproduktiver Isolation infolge räumlicher Trennung von Populationen,.

Altersbestimmung *s. absolute, relative Altersbestimmung*

altruistisches Verhalten Syn. uneigennütziges Verhalten; Verhalten, das die reproduktive Fitness eines Nutznießers auf Kosten der individuellen Fitness steigert. Es bleibt erhalten, wenn die *Gesamtfitness* durch *Verwandtschaftsselektion* zunimmt.

analoge Strukturen (gr. *analogos* entsprechend) Strukturen gleicher Funktion bei verschiedenen Arten, denen kein gemeinsamer Bauplan zugrunde liegt. Die Merkmalsübereinstimmungen sind mit einer evolutiven Anpassung an vergleichbare Umweltbedingungen zu erklären *(s. homologe Strukturen).*

Aneuploidie (Kunstwort gr. *an-* un-; *eu-* gut, richtig; *haploos* einfach) *s. Genommutation*

angeborene Immunabwehr Form der Immunabwehr, die sich unspezifisch gegen Mikroorganismen richtet; sie ist genetisch festgelegt.

angeborene Verhaltensweise Genetisch bedingte Verhaltensweise, bei der individuelles Lernen keine Rolle spielt.

Angepasstheit Zweckmäßigkeit von Strukturen und Funktionen im Hinblick auf die Lebensweise; Ergebnis der *Anpassung;* ein Kennzeichen aller Lebewesen.

Anpassung Syn. Adaptation; Vorgang, der im Laufe der *Evolution* durch *Selektion* zur Zweckmäßigkeit von Bau und Funktion der Lebewesen und ihrer Teile (Organe, Gewebe) im Hinblick auf die Lebensweise führt. Dadurch entstehen verschiedene Arten der *Angepasstheit.*

Antibiotika (gr. *anti-* gegenüber, entgegengesetzt; *bios* Leben) Aus Pilzen, besonders aus *Penicillium* oder aus Actinomyceten und anderen Bakterien gewonnene Substanzen, die andere Mikroorganismen in ihrer Entwicklung hemmen oder töten.

Antigen (gr. *anti* gegen; *genesis* Entstehung, Zeugung) Körperfremdes Molekül, das eine Immunantwort auslöst. Der Name geht auf die Fähigkeit von Antigenen zurück, die Bildung von *Antikörpern* auszulösen.

Antikörper (gr. *anti* gegen) Proteine, die spezifisch an eine bestimmte Substanz, nämlich ihr *Antigen,* binden. Alle Antikörper haben dieselbe Grundstruktur. Sie gehören zu den *Immunglobulinen* (Ig). Antikörper werden durch Plasmazellen als Reaktion auf eine Infektion oder Immunisierung gebildet. Sie binden und neutralisieren Krankheitserreger oder bereiten sie für die Aufnahme und den Abbau durch andere Zellen, wie z. B. Makrophagen, vor.

Apoptose (gr. *apoptosis* wegfallen) Syn. programmierter Zelltod; gezielte Selbsttötung von Zellen.

Art Grundeinheit der Systematik, und damit der Klassifikation der Organismen. Eine Art ist in der Regel als Fortpflanzungsgemeinschaft definiert.

aufspaltende Selektion Veränderung des Genpools durch besonders starke Verringerung der ursprünglich häufigsten Genotypen, z. B. infolge von starkem Feinddruck oder von Krankheiten.

Auslesezüchtung *s. Züchtung*

Australopithecinen (lat. *australis* südlich; gr. *pithekos* Affe) *Vormenschen* der Gattung Australopithecus, die in Afrika lebten. Sie gingen aufrecht, Männchen waren deutlich größer als Weibchen.

Autoimmunerkrankung (gr. *auto* selbst; lat. *immunis* unberührt) Krankheit, die durch eine Immunreaktion gegen körpereigene Stoffe hervorgerufen wird.

Autosomen (gr. *autos* der gleiche; *soma* Körper) Bezeichnung für alle *Chromosomen* eines Chromosomensatzes außer den *Geschlechtschromosomen.*

Axon (gr. *axon* Achse) Am Zellkörper von *Nervenzellen* entspringender Fortsatz, der Signale an andere Zellen weitergibt. Von einem Axon werden dabei *Aktionspotenziale* fortgeleitet, die bewirken, dass *Neurotransmitter* auf andere Zellen übertragen werden.

B

Bakterienchromosom (gr. *chroma* Farbe) Ringförmige DNA der Prokaryoten. Anders als die DNA der Eukaryoten ist die DNA der Prokaryoten nicht mit Histonen assoziiert.

Bakteriophagen (gr. *phagein* fressen) Syn. *Phagen;* Viren, die Bakterien befallen und sich in ihnen vermehren lassen.

BARR-Körperchen Zweites, inaktiviertes X-Chromosom der Frau

bedingter Reflex (lat. *reflexus* Zurückbeugen) *Reflex,* bei dem Verbindungen zwischen Sinneszelle und Erfolgsorgan durch Lernvorgänge neu ausgebildet werden *(s. unbedingter Reflex).*

Befruchtung Vereinigung von zwei Gameten zu einer einzigen Zelle, der *Zygote*

Beschädigungskampf Form des Kampfes zwischen Artgenossen, der zu Verletzung oder Tod führen kann *(s. Kommentkampf).*

B-Lymphocyten *s. Lymphocyten*

Brückentier Heute existierende Art, die ein Mosaik von Merkmalen systematisch getrennter Tiergruppen besitzt. *(s. Übergangsformen)*.

C

Cancerogene (lat. *cancer* Krebs) Krebs auslösende Faktoren, darunter chemische Verbindungen, ultraviolettes Licht, radioaktive Strahlung.

chemische Evolution Entwicklung von organischen Verbindungen bis zu Makromolekülen aus einfachen anorganischen Stoffen; Entwicklung eines urtümlichen Stoffwechsels unter Bedingungen der frühen Erde.

Chiasma (gr. *chiasma* Kreuz) Mikroskopisch erkennbare Überkreuzungsstelle von Nicht-Schwesterchromatiden während der *Reduktionsteilung* bei der *Meiose*. Chiasma ist Folge eines *Crossovers*.

Chromosom (gr. *chroma* Farbe; *soma* Körper) Im Zellkern befindliche färbbare fädige Struktur, die DNA enthält und zu Beginn einer Kernteilung durch Verschraubung eine charakteristische Gestalt annimmt. Chromosomen werden bei der Zellteilung geordnet an die Tochterzellen weitergegeben. *(s. Mitose, Meiose)*.

Chromosomenmutation *Mutation,* welche die Struktur einzelner *Chromosomen* verändert. Es können Stücke abbrechen oder aus einer Chromatide herausbrechen (Deletion). Die Stücke können sich aber auch an eine Chromatide des *homologen Chromosoms* eingliedern, was zu einer Verdopplung des entsprechenden Abschnitts führt (Duplikation). Wenn sich abgebrochene Stücke an ein nicht homologes Chromosom heften, nennt man das Translokation. Bricht aus einer Chromatide ein Stück heraus und fügt sich umgekehrt wieder ein, so spricht man von Inversion.

Codogen (gr. *genesis* Entstehung, Zeugung) *s. Codon*

Codon (fr. *code* Schlüssel) Basentriplett der mRNA, welches die Information für eine Aminosäure liefert. Das Basentriplett der DNA, von dem das Codon abgelesen wird, heißt Codogen, und das an das Codon bindende Basentriplett der tRNA Anticodon.

Coevolution Gegenseitige entwicklungsgeschichtliche Beeinflussung zweier in enger ökologischer Beziehung stehenden Arten, die zu wechselseitiger Anpassung führt.

Crossover Vorgang während der ersten Reifeteilung bei der *Meiose*, bei dem die Nicht-Schwesterchromatiden an homologen Stellen zerbrechen und über Kreuz wieder verknüpft werden. Dabei werden *Allele* neu kombiniert.

Cytokine (gr. *kytos* Zelle; *kinein* bewegen) Hormonartige Botenstoffe, die Immunzellen aktivieren. Sie werden von Makrophagen und *T-Lymphocyten* zum Informations-austausch untereinander und mit anderen Zellen des Immunsystems abgegeben. Bestimmte Cytokine lösen Fieber aus, andere bewirken die Phagocytose von Zellen, die von Viren befallen sind.

D

Deletion (lat. *delere* fehlen) *s. Chromosomenmutation*

Demutsgebärde Syn. Beschwichtigungsgebärde: Verhaltensweise, die dem Abbruch eines *Kommentkampfes* dient. Sie kann im Darbieten verletzlicher Körperteile bestehen.

Dendrit (gr. *dendron* Baum) Fortsatz, der aus dem Zellkörper vieler *Nervenzellen* entspringt. Die Dendriten bilden die Eingangsregion der Nervenzelle. Viele Nervenzellen besitzen zahlreiche Dendriten.

Depolarisation (lat. *de* ent-; gr. *polos* Pol) Veränderung des *Membranpotenzials* zu Werten, die weniger negativ als das *Ruhepotenzial* der Zelle sind.

Determination (lat. *determinare* bestimmen) Festlegung der Entwicklungsrichtung und damit der Spezialisierung embryonaler Zellen. Die Determination geht der *Differenzierung* voraus.

Differenzierung (lat. *differe* sich unterscheiden) Prozess der Spezialisierung von Zellen in Struktur und Funktion; der Differenzierung geht die *Determination* voraus.

diploid (gr. *diploos* doppelt) Als diploid wird ein doppelter Chromosomensatz bezeichnet. In ihm sind bis auf die *Geschlechtschromosomen* je zwei *Chromosomen* in Gestalt und Größe sowie in der Abfolge der Gene gleich (s. *haploid, homologes Chromosom*).

dominant (lat. *dominare* beherrschen) Eigenschaft eines *Allels*, bei der Ausbildung des *Phänotyps* bestimmend zu wirken und das *rezessive* Allel in seiner Auswirkung zu unterdrücken.

Dopamin *Neurotransmitter* des *Zentralnervensystems*, der u.a. an der Steuerung von Bewegungen, der *klassischen Konditionierung* und der Entstehung von *Sucht* beteiligt ist. Dopaminmangel führt zur Parkinson-Krankheit, die v.a. durch schwere Bewegungsstörungen gekennzeichnet ist.

Down-Syndrom Erbkrankheit, die auf der *Trisomie* 21 beruht. Benannt nach dem englischen Arzt J. L. H. Down, 1823–1896. Wegen mongolider Gesichtszüge der Betroffenen wurde die Erbkrankheit früher Mongolismus genannt *s. Chromosomenmutation*).

Dryopithecinen (gr. *drys* Baum) Gruppe fossiler Affen, aus der die heutigen Menschenaffen und der Mensch hervorgegangen sind.

Duplikation (lat. *duplicare* verdoppeln) *s. Chromosomenmutation*

E

Eigenreflex (lat. *reflexus* zurückbiegen) Reflex, bei dem das gereizte Organ und das Erfolgsorgan identisch sind, z.B. Knie-sehnenreflex (s. *Reflex, Fremdreflex*).

einsichtiges Lernen Planendes Durchspielen einer neuartigen Handlungsabfolge »in Gedanken« und ihre Ausführung ohne vorheriges Ausprobieren.

Elektrode (gr. *elektron* Bernstein; *hodos* Weg, Mittel) Elektrischer Leiter, mit dem sich z.B. kleine Spannungsänderungen über der Zellmembran feststellen lassen.

Embryonalentwicklung Syn. Keimesentwicklung; erste Phase der Ontogenese, dauert beim Menschen von der Befruchtung bis zur Geburt und schließt unter anderem Furchung und Organbildung ein.

embryonale Stammzelle *s. Stammzelle*

Endosymbionten-Theorie Sie besagt, dass Mitochondrien und Chloroplasten aus ursprünglich frei lebenden Prokaryoten hervorgegangen sind, die von anderen Prokaryoten als Symbionten aufgenommen wurden.

Endplattenpotenzial (lat. *potentia* Kraft) Erregendes *postsynaptisches Potenzial* (EPSP), das an der *motorischen Endplatte* auftritt.

Epigenetik (gr. *epi* auf, darüber) Teilgebiet der *Genetik*, das sich mit bleibenden Änderungen der Gentätigkeit befasst, die nicht in Veränderungen der Basensequenz begründet sind. Solche Änderungen der Gentätigkeit beruhen oft auf der Stilllegung von *Genen* durch Methylgruppen, wobei das Methylierungsmuster vererbt werden kann.

Epitop (gr. *epi* auf; *topos* Ort) Stelle auf einem *Antigen,* die von einem *Antikörper* oder einem Antigenrezeptor erkannt wird.

Erbkrankheit Schädigung, die auf eine *Gen-, Chromosomen-* oder *Genommutation* zurückzuführen ist.

Erregung Veränderung des *Ruhepotenzials* von *Nerven-, Drüsen-, Sinnes-* und Muskelzellen durch Einwirkung eines *Reizes*. Erfolgt durch einen starken Reiz eine *Depolarisation* über einen Schwellenwert hinaus, so entsteht ein *Aktionspotenzial.*

erworbene Immunabwehr (lat. *immunis* unberührt) Form der Immunabwehr, die durch Antigene und aktivierte *Antigen-präsentierende* Zellen ausgelöst wird. Diese Zellen aktivieren B-Lymphocyten und T-Lymphocyten (s. *humorale, zellvermittelte* und *angeborene Immunabwehr*).

Euploidie (Kunstwort: gr. *eu-* gut, richtig; *haploos* einfach) *s. Genommutation*

Evolution (lat. *evolvere* entwickeln) Entstehung des Lebens und allmähliche Veränderung der Merkmale der Einzelorganismen einer Population; die ursächliche Erklärung der Evolution liefert die Evolutionstheorie (s. *chemische E., intraspezifische E., transspezifische E.*).

evolutionsstabile Strategie (ESS) Genetisch festgelegte Verhaltensstrategie, die von der Mehrzahl der Mitglieder einer Population angewendet wird, solange nicht neue Mutanten auftreten. Eine EES wird in einer Population durch *stabilisierende Selek-*

tion aufrechterhalten. Diese festigt die Verhaltensstrategie und erhält somit die mittlere *Fitness*.

Exon (abgeleitet von lat. *exprimere* ausdrücken) DNA-Abschnitt eines eukaryotischen Gens, dessen Information in die reife mRNA eingeht. Zwischen den Exons des Gens liegen die Introns, die keine Information für den Proteinaufbau enthalten.

Expressivität (lat. *exprimere* ausdrücken) Ausprägungsgrad eines *Merkmals;* er kann bei Trägern des gleichen *Allels* unterschiedlich sein.

F

Fitness (genauer reproduktive Fitness) Syn. Tauglichkeit; Eignung eines *Genotyps* dafür, möglichst viele seiner Allele in den Genpool der Folgegeneration einzubringen. Diese Eigenschaft ist in hohem Maße Ergebnis der natürlichen *Selektion* und damit abhängig von den jeweils herrschenden Umweltbedingungen. Sie ist nachträglich messbar an der unterschiedlichen Nachkommenzahl der Individuen *(s. Gesamtfitness).*

Fortpflanzung Erzeugung von Nachkommen; man unterscheidet *geschlechtliche Fortpflanzung* und *ungeschlechtliche Fortpflanzung.*

Fossilien (lat. *fossilis* ausgegraben) Überreste von Lebewesen in unterschiedlicher Vollständigkeit und Erhaltung oder Lebensspuren wie Abdrücke; sie bilden die Grundlage der *Paläontologie* und dienen der relativen Altersbestimmung *(s. Leitfossilien).*

Fremdreflex (lat. *reflexus* zurückbiegen) Reflex, bei dem das gereizte Organ und das Erfolgsorgan verschieden sind, z. B. Lidschlussreflex *(s. Reflex, Eigenreflex).*

G

γ-Aminobuttersäure (GABA) Hemmender *Neurotransmitter* der in rund 30% aller *Synapsen* im menschlichen Gehirn freigesetzt wird.

Gen (gr. *genos* Gattung, Nachkommenschaft) Nach klassischer Auffassung ein bestimmter Teil des *Genoms*, der zur Ausbildung eines *Merkmals* beiträgt *(s. Allel).* In der Molekularbiologie der Abschnitt auf dem *Chromosom*, der für die Bildung eines oder mehrerer funktioneller Produkte zuständig ist, z. B. Polypeptide, ribosomale RNA, und der durch ein Startcodon und ein Stoppcodon begrenzt ist.

Gendrift Zufallsbedingte Veränderung des *Genpools* einer *Population,* wirkt unabhängig von *Mutation* und *Selektion* als Evolutionsfaktor.

genetische Bürde Abweichung der mittleren *Fitness* der *Population* von derjenigen des *Genotyps* mit der höchsten Fitness in einer Population.

genetische Separation (lat. *separare* trennen) Auftrennung eines *Genpools* in zwei getrennte Genpools; ist sie vollzogen, so liegen zwei getrennte *Arten* vor, die mit der Zeit immer mehr Merkmalsunterschiede zeigen.

genetischer Fingerabdruck für jedes Individuum kennzeichnendes Profil von STRs der DNA. Ausgewählte STRs werden mit *Restriktionsenzymen* ausgeschnitten, durch *PCR* vervielfältigt und durch Kapillarelektrophorese nach ihrer Größe aufgetrennt. Das STR Profil einer Tatort DNA wird mit dem von Verdächtigen verglichen.

Genfluss Austausch von Allelen zwischen Teilpopulationen einer Art infolge des Austausches von Individuen.

Genmutation *Mutation,* die auf ein *Gen* beschränkt bleibt und die zur Änderung der Basensequenz der DNA führt. Wenn nur eine oder wenige Basen der DNA betroffen sind, so spricht man von einer Punktmutation. Durch Genmutationen entstehen neue *Allele.*

Genom (gr. *genos* Gattung, Nachkommenschaft) Gesamtheit der *Gene* in der Zelle.

Genommutation *Mutation,* bei der sich die Anzahl der *Chromosomen* eines Chromosomensatzes ändert. Von *Aneuploidie* spricht man, wenn gegenüber dem normalen Chromosomensatz einzelne Chromosomen fehlen oder überzählig sind. Grund dafür ist eine unterbleibende Trennung der *homologen* Chromosomen während der *Meiose* wie bei der *Trisomie* 21. Bei *Polyploidie* ist der Chromosomensatz gegenüber dem normalen vervielfacht.

Genotyp (gr. *genos* Gattung, Nachkommenschaft; *typos* Gepräge, Form) Gesamtheit der *Gene,* welche die in einem Erbgang interessierenden *Merkmale* bestimmen *(s. Phänotyp).*

Genpool (gr. *genos* Gattung, Nachkommenschaft; engl. *pool* Fond, Bestand) Gesamtheit der *Allele* einer *Population.*

Gentechnik Eine Reihe molekularbiologischer Verfahren, die die gezielte Veränderung des *Genoms* von Lebewesen und *Viren* ermöglichen. Die Veränderung kann durch Ausschaltung von *Genen* oder Übertragung fremder Gene erfolgen. Die dadurch veränderten Zellen oder Organismen nennt man transgen.

Gentherapie (gr. *soma* Körper; *therapeuein* pflegen, heilen) Heilung erblicher Leiden mittels *Gentechnik.* Die Heilung mithilfe gentechnisch veränderter adulter *Stammzellen* wird als somatische Gentherapie bezeichnet. Davon wird die Gentherapie an Keimbahnzellen unterschieden, die jedoch aus biologischer Sicht derzeit unmöglich ist.

geographische Isolation Räumliche Trennung von Populationen einer Art, sodass kein gemeinsamer *Genpool* mehr besteht; führt zur Bildung getrennter Arten; ihr folgt die *genetische Separation* nach.

Gesamtfitness Fitness einer Gruppe von verwandten Individuen, die viele *Allele* gemeinsam haben. Die G. ergibt sich aus der direkten Fitness, die auf der Weitergabe eigener Allele in die Folgegeneration beruht, und der indirekten Fitness, die sich aus der Fortpflanzung Verwandter ergibt, die gleiche Allele besitzen. Die *Selektion* bewirkt eine Zunahme der Gesamtfitness *(s. Fitness).*

geschlechtliche Fortpflanzung Erzeugung von Nachkommen mithilfe von *Gameten.* Diese vereinigen sich im Vorgang der *Befruchtung* zur *Zygote (s. ungeschlechtliche Fortpflanzung).*

Geschlechtschromosomen Syn. Gonosomen; es handelt sich um *Chromosomen,* die *Gene* zur Ausbildung des Geschlechts tragen *(s. Autosomen).*

Geschlechtsdimorphismus *s. Sexualdimorphismus* Größen- oder Gestaltsunterschiede der beiden Geschlechter. Bei Säugern sind oft die männlichen Individuen größer.

Gleichgewichtsspannung Wert des *Membranpotenzials,* bei dem sich der vom Konzentrationsunterschied erzeugte Einstrom einer bestimmter Ionenart in die Zelle und der von einer anderen Ionenart, die unterschiedliche Ladung trägt, erzeugte Rückstrom die Waage halten.

Gliazellen (gr. *glia* Leim) Gruppe verschiedener Zelltypen des *Nervensystems,* die keine *Nervenzellen* sind, und zahlreiche Funktionen erfüllen. Dazu zählen z. B. die elektrische Isolierung von Nervenzellen und die Steuerung des Axon-Wachstums. Zu den Gliazellen gehören z. B. die Myelin bildenden SCHWANN'schen Zellen.

Gonosomen (gr. *gone* Geschlecht; *soma* Körper) *s. Geschlechtschromosomen*

H

Habituation (engl. *habituate* o. s. sich gewöhnen) Syn. Gewöhnung; sie bewirkt, dass wiederholt auftretende *Reize,* z. B. bestimmte Geräusche, die keine positiven oder negativen Folgereize ankündigen, nicht mehr beachtet werden; H. erleichtert die Auswahl bedeutsamer Reize durch Sinnesorgane; Form des *nicht-assoziativen Lernens.*

Handlungsbereitschaft Syn. Motivation; Bezeichnung für die inneren Ursachen einer Handlung.

haploid (gr. *haplos* einfach) Als haploid wird ein halber bzw. einfacher Chromosomensatz bezeichnet, in dem sich alle *Chromosomen* unterscheiden. Haploide Zellen entstehen in der *Meiose* aus *diploiden* Zellen.

Haupthistokompatibilitätskomplex (gr. *histos* Gewebe; lat. *compatibilis* verträglich) *s. MHC- Proteine*

heterozygot (gr. *heteros* der Andere; *zygon* Joch, Verbindung) Syn. *mischerbig*

HIV (engl. *human immunodeficiency virus*) Menschliches Immunschwächevirus; es verursacht das erworbene Immunschwächesyndrom (Aids). HIV ist ein Retrovirus, die selektiv T-Helferzelle infiziert, die gerade zur Teilung angeregt wurden. Virusinfizierte T-Helferzellen werden von T-Killerzellenn angegriffen und abgetötet.

Hominoidea Gruppe der *Menschenaffen* und aller Menschenformen einschließlich der *Vormenschen.*

Homo s. *Menschen*

Homo erectus (lat. *erigere* aufrichten) fossile Formen des echten Menschen. Vertreter von *H. erectus* sind vor knapp 2 Mill. Jahren aus Afrika ausgewandert. Aus *H. erectus* entstanden weitere Menschenformen, so über den Heidelberger Mensch in Europa der Neandertaler; in Afrika entstand der heutige Mensch.

homologe Strukturen (gr. *homoios* gleich) a) Auf der Ebene von Organen handelt es sich um Strukturen unterschiedlicher Funktionen, die auf den gleichen Grundbauplan zurückgehen; sie sind auf gleichartige *Gene* zurückzuführen. Homologie von Organen wird mithilfe von Homologiekriterien erkannt. b) Auf Molekülebene betrifft es ähnliche DNA-Sequenzen, die für Genprodukte mit unterschiedlicher Funktion bei einer Art oder gleichartiger Funktion bei verschiedenen Arten codieren bzw. deren jeweilige Genprodukte, nämlich Proteine, mit ähnlicher Primärstruktur (Aminosäuresequenz) (s. *analoge Strukturen*).

homologes Chromosom (gr. *homologos* übereinstimmend; *chroma* Farbe; *soma* Körper) *Chromosom,* das mit einem anderen Chromosom in Gestalt, Größe und Abfolge der *Gene* übereinstimmt.

Homöobox Stets gleichartige Basensequenz einer Gruppe von Genen, die für Transkriptionsfaktoren codieren. Die H. codiert für eine α-Helix, die mit der DNA in Wechselwirkung tritt. Eine wichtige Gruppe von Genen mit H. sind die *HOX-Gene.*

homozygot (gr. *homoios* der Gleiche; *zygon* Joch, Verbindung) Syn. *reinerbig*

HOX-Gene Gruppe von *Genen* (Homöobox); sie codieren für Transkriptionsfaktoren, die bei der *Ontogenese* von Bedeutung sind.

HOX-Proteine Transkriptionsfaktoren mit einer stets gleichartigen α-Helix, für die die *Homöobox* eines *HOX-Gens* codiert. HOX-Proteine steuern die Aktivität von *Genen,* die für die *Ontogenese* von Bedeutung sind.

humorale Immunabwehr (lat. *umor* Flüssigkeit; *immunis* unberührt) Form der erworbenen Immunabwehr, die sich gegen frei im Blut oder in der Lymphe vorkommende körperfremde Moleküle, Bakterien oder Viren richtet. Sie wird beim Erstkontakt mit einem *Antigen* in Gang gesetzt.

Hybride (lat. *hybrida* Mischling) Aus der Kreuzung von reinen Linien bzw. von unterschiedlichen Pflanzensorten oder verschiedenen Tierrassen hervorgegangenes Individuum

Hyperpolarisation (gr. *hyper* über; *polos* Pol) Veränderung des *Membranpotenzials* zu Werten, die negativer als das *Ruhepotenzial* der Zelle sind.

I

Immunabwehr (lat. *immunis* unberührt) (s. angeborene Immunabwehr, erworbene Immunabwehr).

Immunglobuline (lat. *immunis* unberührt; *globulus* Kügelchen) Syn. Antikörper; Proteine, die jeweils ein Antigen spezifisch binden; I. kommen vor allem im Blut aber auch im Schleim der Schleimhäute und in der Muttermilch vor.

Immunisierung (lat. *immunis* unberührt) Auslösung einer Immunreaktion durch gezielte Übertragung eines *Antigens* (aktive Immunisierung durch *Impfung*) oder von *Antikörpern* (passive Immunisierung).

Immunität (lat. *immunis* unberührt) Die durch die erworbene Immunabwehr durch Bildung von Gedächtniszellen herbeigeführte dauerhafte Abwehrfähigkeit des Organismus gegen den gleichen Erreger.

Impfung Durch Injektion eines Impfstoffs wird eine Immunreaktion zum Schutz vor einem bestimmten Krankheitserreger ausgelöst (s. *Immunisierung*).

Individualentwicklung Menge der Entwicklungsvorgänge, die von der Zygote zum erwachsenen Organismus und schließlich zum Tod führen; s. *Reproduktion.*

Information Übertragung von Nachrichten von einem Sender an einen Empfänger (s. *Kommunikation*)

inhibitorisches postsynaptisches Potenzial s. *postsynaptisches Potenzial*

innerartliche Selektion Veränderung des *Genpools* der *Population* einer *Art* durch Konkurrenz innerhalb der *Population* um Nahrung, *Reviere* oder Geschlechtspartner.

instrumentelle Konditionierung (lat. *condicio* Bedingung) Syn. Lernen nach Versuch und Irrtum: Form des assoziativen Lernens bei der eine Verknüpfung gebildet wird zwischen einem Reiz, z.B. einem Futterreiz, und einem Verhalten, das den Reiz herbeiführt, z.B. Betätigung eines Hebels (s. *klassische Konditionierung*).

Intersex Mensch, bei dem die äußerlich sichtbaren Geschlechtsmerkmale nicht seinen *Gonosomen* und Keimdrüsen entsprechen oder Keimdrüsen beider Geschlechter angelegt sind.

intraspezifische Evolution Evolutionsvorgänge, die bis zur Bildung einer neuen *Art* führen (s. *transspezifische Evolution*).

Intron (lat. *intra* innerhalb) s. *Exon*

Inversion (lat. *invertere* umkehren, umwenden) s. *Chromosomenmutation*

K

Keimbahn Abfolge der Zellen, die von einer befruchteten Eizelle zur *Zygote* der nächsten Generation führt. Eine Keimbahn findet sich bei den meisten vielzelligen Tieren, jedoch nicht bei Pflanzen.

klassische Konditionierung (lat. *condicio* Bedingung) Form des *assoziativen Lernens,* bei dem eine Verknüpfung zwischen Reizen gebildet wird: Einem neutralen Reiz, z.B. einem Lichtreiz, und einem zweiten Reiz, der positive, z.B. Futterreiz, oder negative Auswirkungen auf den Organismus hat (s. *instrumentelle Konditionierung*).

Klon (ver. aus gr. *klados* Zweig) Durch *ungeschlechtliche Fortpflanzung* aus einem pflanzlichen oder tierischen Individuum entstandene erbgleiche Nachkommenschaft.

Kodominanz (lat. *cum* mit, zusammen; *dominare* beherrschen) Erscheinung, dass zwei *Allele* bei der Ausbildung eines *Merkmals* zusammenwirken, ohne die Wirkung des anderen zu vermindern; ein bekanntes Beispiel bietet die Blutgruppe AB, bei der die Allele i^A und i^B die Bildung der beiden unterschiedlichen Blutgruppensubstanzen A und B steuern; von K. ist *unvollständige Dominanz* zu unterscheiden.

Kommentkampf Syn. Turnierkampf; Form des Kampfes zwischen Artgenossen, der meist nach festgesetzten Regeln abläuft und normalerweise nicht zu Verletzungen führt (s. *Demutsgebärde*).

Kommunikation Austausch von *Information* zwischen Sender und Empfänger.

Komplementsystem (engl. *complement* ergänzen) Gruppe von ca. 30 Plasmaproteinen im Blut von Säugern und Mensch, die bei der *Immunabwehr* an der Bekämpfung von Krankheitserregern beteiligt sind.

Konditionierung (lat. *condicio* Bedingung) Form des assoziativen Lernens; man unterscheidet die *klassische* und die *instrumentelle Konditionierung.*

Konjugation (lat. *coniungere* verbinden) Übertragung von DNA von einer Bakterienzelle auf eine andere über eine Plasmabrücke. Dabei kann die Kopie eines *Plasmids* oder eines Teils des *Bakterienchromosoms* übertragen werden.

Konkurrenzausschlussprinzip In einem bestimmten Biotop können nie zwei *Arten* mit identischen ökologischen Nischen nebeneinander vorkommen.

Konvergenz (lat. *convergere* sich hinneigen) Vorliegen einer ähnlichen Gestalt und Lebensweise aufgrund der Ausbildung einer ähnlichen ökologischen Nische durch nicht verwandte *Arten,* die in geografisch getrennten Gebieten leben.

Kopplungsgruppe Gesamtheit der *Allele,* die gemeinsam in einem *Chromosom* liegen.

Kreationismus (lat. *creatio* Schöpfung) Annahme, dass die einzelnen *Arten* getrennt erschaffen worden seien und eine *Evolution* nicht stattgefunden habe; kann keine naturwissenschaftlichen Hypothesen liefern und ist daher wissenschaftlich leer (s. *Szientismus*).

Kreuzung Vom Menschen gesteuerte Zusammenführung männlicher und weiblicher Keimzellen; geschieht bei Pflanzen über künstliche Bestäubung, bei Tieren durch Paarung ausgewählter Partner oder künstliche Besamung. Außer in der Tier- und Pflanzenzüchtung findet der Begriff Kreuzung in der Bakteriengenetik Verwendung.

künstliche Selektion (lat. *selectus* ausgewählt) Gezielte Auslese von Individuen mit gewünschten Eigenschaften durch einen Züchter.

künstliches System (gr. *systema* Vereinigung) Ergebnis der Klassifikation der Organismen, die von willkürlich ausgewählten Merkmalen ausgeht, z. B. das LINNÉsche System.

L

Leitfossilien *Fossile* Arten, die nur eine kurze geologische Zeitspanne existierten, weit verbreitet und meist sehr häufig waren. Fundschichten eines L. an verschiedenen Stellen der Erde sind gleich alt.

Lernen durch Einsicht s. *einsichtiges Lernen*

Lernen Vorgang, mit dem ein Organismus Informationen aus der Umwelt aufnimmt sowie im Gedächtnis speichert und dadurch sein Verhalten ändert *(s. nicht-assoziatives Lernen, einsichtiges Lernen).*

Leukocyten (gr. *leukos* weiß; *kytos* Zelle) Sammelbegriff für alle Weißen Blutzellen.

Lymphocyten (gr. *lymphe* Wasser; *kytos* Zelle) Gruppe verschiedener Weißer Blutzellen, die besondere Aufgaben bei der *erworbenen Immunabwehr* haben. Man unterscheidet B-Lymphocyten, diese entstehen beim Fetus im Roten Knochenmark (**b**one marrow), und T-Lymphocyten, sie entstehen in der Thymusdrüse. Von dort gelangen sie in die peripheren lymphatischen Organe, wo sie sich weiter ausdifferenzieren.

M

Massenaussterben Aussterben ungewöhnlich vieler *Arten* innerhalb eines geologisch kurzen Zeitraums; zum Teil verursacht durch rasche Veränderung der Umweltbedingungen.

Meiose (gr. *meiosis* Verminderung) Vorgang, bei dem aus einer *diploiden* Mutterzelle *haploide* Tochterzellen entstehen. Er läuft in zwei Schritten ab: Bei der ersten Reifeteilung *(Reduktionsteilung)* werden die Paare *homologer Chromosomen* getrennt. Die zweite Reifeteilung, ähnelt einer *Mitose.*

Membranpotenzial (lat. *membrana* Häutchen; *potentia* Kraft) Elektrische Spannung über der Zellmembran. Die Spannung kommt durch die unterschiedlichen Ladungen beiderseits der Membran zustande. Die Ladungsdifferenz beruht auf der unterschiedlichen Verteilung der Ionen zwischen dem Cytoplasma und dem Außenmedium *(s. Ruhepotenzial).*

Menschen Arten der Gattung Homo; dazu gehören *Homo rudolfensis, Homo habilis, Homo erectus, Homo heidelbergensis, Homo neanderthalensis* und die einzige heute noch existierende Art *Homo sapiens.*

Menschenaffen Affen, die mit alle *Menschen* der Gattung *Homo* sowie den *Vormenschen* zusammen die Familie *Hominoidea* bilden. Zu den M. gehören als ursprünglichste Gruppe die Gibbons, außerdem die großen Menschenaffen Orang, Gorilla, Schimpanse und Zwergschimpanse (Bonobo).

Merkmal In der Genetik ist ein Merkmal eine durch die Wirkung von einem oder mehreren *Genen* hervorgerufene Eigenschaft im *Phänotyp* eines Individuums. An der Ausbildung der Merkmale sind sowohl *Gene* als auch Umweltfaktoren beteiligt.

Metastase (gr. *metastasis* das Versetzen, die Wanderung) Durch Verschleppung von Krebszellen an anderen Körperstellen entstandener bösartiger Tumor.

MHC-Proteine (engl. *major histocompatibility complex* Haupthistokompatibilitätskomlex) Gruppe von Glykoproteinen der Zellmembran; an ihnen erkennt das Immunsystem körpereigene Zellen; MHC-Proteine präsentieren bei der *erworbenen Immunabwehr* Antigenbruchstücke und aktivieren dadurch *Antigen-spezifische T-Lymphocyten.*

Mimese (gr. *mimesis* Nachahmung) Nachahmung eines Gegenstandes oder eines Lebewesens zur Tarnung; M. ist eine Folge der *Selektion.*

Mimikry (engl. *mimicry* Nachahmung) Nachahmung eines anderen Tieres zur Täuschung oder Abschreckung u. a. von Fressfeinden; M. ist eine Folge der *Selektion.*

mischerbig Syn. heterozygot; liegen in einem *diploiden Genom* ein *Gen* oder mehrere Gene in zwei verschiedenen *Allelen* vor, so bezeichnet man den *Genotyp* in Bezug auf diese Gene als mischerbig.

Mitose (gr. *mitos* Faden) Kernteilung, bei der die *Chromosomen* unter dem Mikroskop erkennbar sind und gleichmäßig auf beide Tochterkerne verteilt werden.

Modifikation (lat. *modificare* gestalten) Individuum, das sich *phänotypisch* von anderen Individuen seiner *Population* als Folge von Umwelteinflüssen unterscheidet.

Motivation (lat. *motivus* bewegend) s. *Handlungsbereitschaft*

Motoneuron (lat. *motus* Bewegung) Syn. motorische Nervenzelle; *Nervenzelle,* deren Zellkörper sich im Rückenmark befindet und deren *Axon* an der Zelle eines Muskels endet. Bestimmte motorische Nervenzellen, die α-Motoneurone, lösen die Kontraktion von Skelettmuskeln aus.

motorische Endplatte Syn. neuromuskuläre Synapse; *Synapse* zwischen der Axonendigung eines *Motoneurons* und einer Muskelfaser.

multiple Allelie (lat. *multiplex* vielfach) Bezeichnung für den Sachverhalt, dass ein *Gen* in mehr als zwei *Allelen* vorkommt, z. B. beim Gen für die Blutgruppen beim Menschen. Multiple Allelie geht auf mehrfache *Mutation* des Gens zurück. In *Populationen* zeigen die meisten Gene multiple Allelie.

multipotente Stammzelle s. *Stammzelle*

Mutagen (lat. *mutare* ändern; gr. *gen* erzeugend) Faktor, der die Häufigkeit von Mutationen steigert; dabei kann es sich um eine chemische Substanz, energiereiche Strahlung z. B. UV-Licht, Röntgenstrahlung, radioaktive Strahlung oder einen Kälte bzw. Wärmeschock handeln.

Mutante (lat. *mutare* ändern) Träger einer *Mutation*

Mutation (lat. *mutare* ändern) Veränderung im Erbgut, die auf die Tochterzellen vererbt wird. In vielen Fällen werden Mutationen durch *Mutagene* ausgelöst, sie können aber auch auftreten, ohne dass die Einwirkung eines Mutagens erkennbar ist, dann bezeichnet man sie als Spontanmutationen *(s. Gen-, Punkt-, Chromosomen- und Genommutation, somatische Mutation.).*

Myelinscheide (gr. *myelos,* Mark) s. SCHWANN'*sche Scheide*

N

Natrium-Kalium-Pumpe *Pumpenprotein* in Zellmembranen der Tiere und des Menschen; es transportiert Natriumionen im Austausch gegen Kaliumionen aus der Zelle heraus. Diese Ionen werden unter erheblichen ATP-Verbrauch entgegen ihrem Konzentrationsgefälle verlagert.

natürliche Selektion (lat. *selectus* ausgewählt) Veränderung des Anteils von *Allelen* am *Genpool* einer *Population* in Abhängigkeit von Umweltbedingungen. Die Veränderung kommt durch die Begünstigung derjenigen Individuen zustande, die hinsichtlich Fortpflanzung am besten *angepasst* sind *(s. stabilisierende S., transformierende S., aufspaltende S., zwischenartliche S., innerartliche S., sexuelle S.).*

natürliches System Ergebnis der Klassifikation der Organismen, die Evolutionszusammenhänge wiedergibt.

Neandertaler Art der Gattung *Homo.* Der N. war ein großwüchsiger, kräftiger Mensch, der in der letzten Eiszeit in Europa sowie in Vorder- und Zentralasien lebte; in Europa verschwand er vor 30 000 Jahren spurlos; der namengebende Fund stammt vom Neandertal bei Düsseldorf.

Nerv Parallel verlaufende *Axone,* die durch Bindegewebe zu Bündeln zusammengefasst werden.

Nervensystem Gesamtheit des Nervengewebes eines Organismus; es hat die Befähigung zur Aufnahme von *Reizen* sowie zur Leitung und Verarbeitung von *Erregung.* Bei höher organisierten Tieren und beim Menschen unterscheidet man *Zentralnervensystem* und *peripheres Nervensystem.*

Nervenzelle (gr. *neuron* Nerv) Syn. Neuron; zellulärer Baustein des *Nervensystems*, der über besondere Zellfortsätze, zumeist zahlreiche *Dendriten* und ein *Axon*, verfügt. Mit diesen Fortsätzen steht eine Nervenzelle mit anderen Zellen (Nerven-, Sinnes-, Muskel-, Drüsenzellen) in Verbindung. Eine Nervenzelle ist zur Aufnahme, Verarbeitung und Weiterleitung von Informationen befähigt. Zu diesem Zweck kann sie ihr *Ruhepotenzial* ändern und *Aktionspotenziale* ausbilden.

neuromuskuläre Synapse *s. motorische Endplatte*

Neuron (gr. *neuron* Nerv) *s. Nervenzelle*

Neurotransmitter (lat. *neuron* Nerv; *transmittere* überbringen) Chemische Substanz (»Botenstoff«), z.B. Acetylcholin, die in der *Synapse* Information auf eine andere Zelle überträgt; wird von *Nervenzellen* hergestellt und an der präsynaptischen Membran der Synapse freigesetzt. Nach Diffusion durch den synaptischen Spalt bindet der N. an spezifische *Rezeptoren* in der postsynaptischen Membran.

nicht-assoziatives Lernen (lat. *associare* verbinden) Lernvorgang, der eine Verhaltensänderung als eine Reaktion auf einen sich häufig wiederholenden *Reiz* bewirkt.

Noradrenalin (lat. *ad* zu, *ren* Niere) Hormon des Nebennierenmarks sowie *Neurotransmitter* des *Sympathikus* und des *Zentralnervensystems*. Die Freisetzung von Noradrenalin spielt in bestimmten Hirnarealen für die Steuerung der Aufmerksamkeit eine wichtige Rolle.

O

Onkogen (gr. *ongkos* Umfang, Aufgeblasenheit): Krebs begünstigendes *Gen*; O. sind mutierte Formen normaler Gene, die in der Entwicklung von Bedeutung sind.

Ontogenese (gr. *ta onta* das Seiende; *genesis* Erzeugen, Zeugen) *s. Individualentwicklung*

P Q

Paläontologie (gr. *palaios* alt) Lehre von den Lebewesen der erdgeschichtlichen Vergangenheit, die als *Fossilien* erhalten geblieben sind; bedient sich vor allem der Methode der Vergleichenden Anatomie; begründet von G. Cuvier

Parasympathikus Nerv des vegetativen Nervensystems; Gegenspieler des *Sympathikus*

Parthenogenese (gr. *parthenos* Jungfrau; *genesis* Erzeugung, Zeugung) Syn. Jungfernzeugung; Spezialfall der geschlechtlichen *Fortpflanzung*, wobei sich ein neuer Organismus aus einer Eizelle ohne Verschmelzung mit einem männlichen *Gameten* entwickelt.

peripheres Nervensystem (gr. *peripheres* kreisförmig umgeben) Teil des *Nervensystems*, der dem Signalaustausch zwischen dem *Zentralnervensystem* und dem übrigen Körper (der »Peripherie«) dient. Zum peri-

pheren N. gehören das *vegetative Nervensystem* und die somatische Nervensystem.

Phagen *s. Bakteriophagen*

Phänotyp (gr. *phainein* sichtbar machen; *typos* Gepräge, Form) Das äußere Erscheinungsbild eines Individuums; an der Ausbildung der *Merkmale* sind *Umweltfaktoren* und *Gene* beteiligt. In der Genetik bezeichnet man mit Phänotyp auch nur die in einem Erbgang interessierenden Merkmale (*s. Genotyp*).

Plasmid ringförmiges DNA-Molekül, das neben dem *Bakterienchromosom* in Prokaryoten vorkommt. Plasmide sind relativ klein, sie umfassen meist nur mehrere tausend Basenpaare. Auch bei einigen Eukaryoten wie Hefen kommen neben den Chromosomen Plasmide vor.

Plattentektonik (gr. *tektos* geschmolzen) Theorie der Geowissenschaften, wonach die Erdkruste aus bis zu 100 km mächtigen Platten aufgebaut ist, die sich gegeneinander bewegen. Man unterscheidet ozeanische und kontinentale Kruste. Die Bewegung der Platten erfolgt infolge der Neubildung von Ozeanboden an mittelozeanischen Rücken und des Abtauchens von Ozeanboden in Subduktionszonen.

pluripotente Stammzelle *s. Stammzelle*

Polyploidie (Kunstwort gr. *polys* viel; *haploos* einfach) *s. Genommutation*

Population (lat. *populus* Volk) Gesamtheit der artgleichen Individuen einer Art, die in ihrem gemeinsamen Verbreitungsgebiet eine Fortpflanzungsgemeinschaft bilden; beim Menschen spricht man auch von Bevölkerung.

postsynaptisches Potenzial (lat. *post* nach; gr. *synaptein* zusammenkleben, lat. *potentia* Fähigkeit, Kraft) Kurzzeitige Änderung des *Ruhepotenzials*, welche von einem *Aktionspotenzial* in der postsynaptischen Zelle erzeugt wird. An einer erregenden *Synapse* verursacht ein *Aktionspotenzial* eine Depolarisation der Folgezelle (erregendes postsynaptisches Potenzial = EPSP), an einer hemmenden Synapse dagegen eine kurzzeitige Hyperpolarisation (inhibitorisches postsynaptisches Potenzial = IPSP).

Präadaptation (lat. *prae* vor; *adaptere* anpassen) Vorangepasstheit; Merkmal, das bei Veränderung der Umweltbedingungen einen Selektionsvorteil bietet.

Präkambrium (lat. *cambria*, röm. Bezeichnung für Nordwales) Epoche der Erdgeschichte, die weiter als 540 Mill. Jahre zurück liegt; sie ist arm an *Fossilien*.

Primaten Ordnung der Säugetiere, zu der auch der Mensch gehört; gegliedert in die zwei Unterordnungen Halbaffen und echte Affen bzw. höhere Primaten.

programmierter Zelltod *s. Apoptose*

Protobionten (gr. *proto* erst; *bios* Leben) Vorstufen von Zellen in der frühen biologischen Evolution.; kleine membranum-

schlossene Räume, in denen chemische Reaktionen abliefen. RNA-Moleküle wirkten sowohl als Träger der genetischen Information als auch als Katalysatoren bei der Bildung von Proteinen. Mit der Zeit ist es vermutlich zu einer Arbeitsteilung zwischen RNA-Molekülen als Informationsträgern und Proteinen als Katalysatoren gekommen.

Punktmutation Häufigste Form der *Genmutation*, bei der in der DNA nur ein Nucleotid eines *Gens* verändert, entfernt oder hinzugefügt wird.

R

Radiation *s. adaptive Radiation*

Ranvier'scher Schnürring An markhaltigen *Axonen* in regelmäßigen Abständen auftretender Bereich, an denen die *Myelinscheide* unterbrochen ist. Derartige Axone weisen nur dort spannungsgesteuerte Ionenkanäle auf, sodass bei ihnen nur an diesen Stellen *Aktionspotenziale* auftreten (*s. saltatorische Erregungsleitung*).

Rasse Unterbegriff zu *Art*.

Reaktionsnorm Die durch Gene festgelegte Bandbreite von Reaktionen auf Umwelteinflüsse bei der kontinuierlichen Ausprägung bzw. der diskontinuierlichen Ausbildung eines *Merkmals*.

Reduktionsteilung (lat. *reducere* zurückführen) Erste Reifeteilung in der *Meiose*, bei der die Paare der *homologen Chromosomen* getrennt werden.

Reflex (lat. *reflexus* Zurückbeugen) automatische, relativ stereotyp ablaufende Bewegung, die durch einen *Reiz* hervorgerufen wird (*s. bedingter Reflex, Eigenreflex, Fremdreflex, unbedingter Reflex*).

Refraktärzeit (lat. *refrangere* hemmen) Kurzer Zeitraum nach einem *Aktionspotenzial*, während dessen die Membran des Axons zunächst unerregbar (absolute Refraktärzeit) und anschließend vermindert erregbar ist (relative Refraktärzeit).

Reifeteilung *s. Meiose*

reinerbig Syn. homozygot; liegen in einem diploiden *Genom* ein oder mehrere Gene in je zwei gleichen *Allelen* vor, so bezeichnet man den *Genotyp* in Bezug auf diese Gene als reinerbig.

Reiz Änderung einer physikalischen oder chemischen Größe wie der Temperatur, die bei einer Zelle eine Reaktion auslösen kann, z.B. *Erregung* einer Sinnes- oder *Nervenzelle*.

Rekombination Syn. sexuelle Rekombination; Neukombination von Allelen, die zu neuen *Genotypen* führt. Die R. erfolgt bei der *Meiose*, wenn ursprünglich mütterliche und ursprünglich väterliche *Chromosomen* zufallsgemäß verteilt werden.

relative Altersbestimmung zeitliche Einordnung von Gesteinsschichten mithilfe von *Fossilien*. Das tatsächliche Alter der der Schicht wird nicht bestimmt, sondern nur ermittelt, ob die Schicht älter oder jünger als eine andere ist *(s. absolute Altersbestimmung)*.

Reproduktion *s. Fortpflanzung*

reproduktive Fitness *s. Fitness*

Restriktionsenzym (lat. *restringere* zurückziehen, öffnen) Enzym, das eine bestimmte *DNA*-Sequenz von 4–12 Basenpaaren erkennt und dort beide Stränge der DNA-Doppelhelix spaltet.

reverse Transkriptase (lat. *revertere* umkehren; *transscribere* umschreiben, übertragen) Enzym, das RNA in DNA transkribiert.

Revier (mittelhochdt. *rivier* Ufer, Gegend) Syn. Territorium; von Tieren gegen bestimmte oder alle Artgenossen verteidigtes Gebiet, in welchem sie ihre Nahrung erwerben, ihr Nest bauen, schlafen und sich fortpflanzen.

Rezeptor (lat. *recipere* empfangen) Bezeichnung für Moleküle oder ganze *Zellen*, die Informationen *(Reize)* aus der Umwelt oder von anderen Teilen des Organismus aufnehmen. Rezeptormoleküle sind vielfach Proteine von Membranen, die spezifisch ein Molekül (Ligand) binden, dadurch aktiviert werden und in der *Zelle* eine Signalkette in Gang setzen. Bei zellulären Rezeptoren handelt es sich um Sinneszellen.

Rezeptorpotenzial (lat. *receptor* Empfänger; *potentia* Fähigkeit) Änderung des *Ruhepotenzials* einer Sinneszelle durch die Einwirkung eines adäquaten *Reizes*. Es tritt an *Dendriten* und/oder dem Zellkörper auf; seine Amplitude ist abhängig von der Reizintensität und seine Dauer durch die Einwirkungszeit des Reizes bedingt.

rezessiv (lat. *recedere* nachgeben, zurücktreten) Eigenschaft eines *Allels*, bei der Ausbildung des *Phänotyps* nicht bestimmend zu wirken. Es wird in seiner Wirkung vom homologen *dominanten* Allel unterdrückt.

Rhesusfaktor *Antigen* in der Zellmembran der Roten Blutzellen, das es auch bei Rhesusaffen gibt.

RNA-Polymerase (gr. *polys* viel; *meros* Teil) Enzym, das bei der Transkription RNA synthetisiert.

Rückkreuzung *s. Testkreuzung*

Rudimente Durch Rückbildung eines Organs entstandene, in der Regel funktionslos gewordene Strukturen.

Ruhepotenzial (lat. *potentia* Kraft) *Membranpotenzial* von erregbaren Zellen (Nerven-, Sinnes-, Muskel-, Drüsenzellen), die im unerregten Zustand sind.

S

saltatorische Erregungsleitung (lat. *saltare* tanzen, springen) Besonders schnelle »sprungartige« Fortleitung von *Aktionspotenzialen* entlang den durch *RANVIER'sche Schnürringe* unterteilten *Axonen* mit *Myelinscheide*.

SCHWANN'sche Scheide Syn. Myelinscheide; Umhüllung um *Axone*. Diese wird von SCHWANN'schen *Zellen* ausgebildet, die sich spiralförmig um das Axon wickeln. Die SCHWANN'sche Scheide isoliert das Axon gegenüber der Zwischenzellflüssigkeit und bewirkt dadurch eine besonders schnelle Erregungsleitung.

SCHWANN'sche Zelle Bestimmter Typ von *Gliazelle*, der nur im *peripheren Nervensystem* vorkommt. SCHWANN'sche *Zellen* bilden die *Myelinscheide* um *Axone* aus und ermöglichen so die saltatorische Erregungsleitung entlang des *Axons*.

Schwellenwert Wert des *Membranpotenzials*, z. B. einer *Nervenzelle*, bei dessen Überschreitung *Aktionspotenziale* gebildet werden.

Selektion (lat. *selectus* ausgewählt) *s. natürliche Selektion, künstliche Selektion* Veränderung der Häufigkeit von *Allelen* im *Genpool* einer *Population* in Abhängigkeit von Umweltbedingungen; dadurch erfolgt die Anpassung an diese *(s. stabilisierende S., transformierende S., aufspaltende S., zwischenartliche S., innerartliche S., sexuelle S.)*.

Selektionsfaktoren *Umweltfaktoren*, die den Fortpflanzungserfolg beeinflussen. Man unterscheidet abiotische und biotische Faktoren und unterteilt letztere in zwischenartliche Selektionsfaktoren (Fressfeinde, *Parasiten*) und innerartliche Selektionsfaktoren (Konkurrenz zwischen Individuen der Art um Nahrung, *Revier*, Geschlechtspartner) *(s. sexuelle Selektion)*.

Separation *s. genetische Separation*

Sequenzierung der DNA (lat. *sequi* folgen) Feststellung der Nucleotidabfolge der DNA

Sexualdimorphismus Größen- oder Gestaltsunterschiede der beiden Geschlechter.

sexuelle Selektion Veränderung der *Genpools* einer Population, die sich auf die Geschlechtsmerkmale auswirkt. Sexuelle Selektion kommt durch innerartliche Konkurrenz um Geschlechtspartner zustande; sie ist z. B. mit der Bildung von Prachtkleidern, Geweihen und Imponierverhalten verbunden.

somatische Mutation (gr. *soma* Körper) *Mutation* in Körperzellen, die nicht die *Keimbahn* betrifft. Sie ist daher nicht erblich.

Sorte Begriff aus der Pflanzenzüchtung; zu einer Sorte zählen alle die Individuen einer Kulturpflanzenart, die bezüglich mehrerer gut erkennbarer *Merkmale* reinerbig sind und diese bei der Vermehrung beibehalten.

stabilisierende Selektion Der *Genpool* wird weitgehend konstant gehalten; sie ist bei konstant bleibender Umwelt wirksam.

Stammbaum Darstellung der Abstammungsverhältnisse und damit der verwandtschaftlichen Beziehungen innerhalb einer systematischen Gruppe. Ein Stammbaum, der natürliche Abstammungsverhältnisse zum Ausdruck bringt, darf nur Gruppen aufweisen, die auf eine Ausgangsart zurückgehen und muss alle bekannten Nachkommen-Arten dieser Ausgangsart umfassen.

Stammzelle Undifferenzierte Zelle, aus der differenzierte Zellen hervorgehen. Aus totipotenten Stammzellen (*Zygote*, Zellen der ersten Furchungsstadien, *Keimbahn*zellen) kann sich ein vollständiger Embryo entwickeln, aus pluripotenten Stammzellen (Zellen des Embryoblasten der Blastocyste) eine Vielzahl von Geweben. Diese Zellen des Embryoblasten werden auch als embryonale Stammzellen bezeichnet. Adulte Stammzellen kommen in ausdifferenzierten Geweben vor, sie ermöglichen dessen Regeneration und erneuern sich dabei selbst. Wenn sie sich zu mehreren Zelltypen ausdifferenzieren können, nennt man sie multipotent.

Stress (lat. *strictus* verwundet; engl. *stress* Belastung, Druck) Immer gleiche Reaktion des Organismus auf verschiedenartige belastende *Reize* wie Verletzung, Lärm, Bedrohung, zwischenmenschliche Konflikte.

Stromatolithe (gr. *stroma* Lage; *lithos* Stein) Vorwiegend durch Cyanobakterien gebildete Gesteinskrusten, die im *Präkambrium* häufig waren, aber an den tropischen Küsten gelegentlich auch heute noch entstehen.

Sucht Oberbegriff verschiedener Abhängigkeiten z. B. Drogenabhängigkeit, Abhängigkeit vom Glücksspiel; wichtige Kennzeichen von S. sind das zwanghafte Verlangen, die positiven Wirkungen des Suchtmittels zu erleben bzw. Entzugserscheinungen zu vermeiden.

Sympathikus Nerv der vom Hypothalamus ausgeht; er ist Teil des vegetativen Nervensystems und Gegenspieler des *Parasympathikus*.

sympatrische Artbildung Entstehung verschiedener Arten innerhalb eines Lebensraums, ohne geographische Trennung von *Populationen*.

Synapse (gr. *synaptein* verbinden) Kontaktstelle zwischen zwei *Nervenzellen* bzw. zwischen einer Nervenzelle und einer Muskel- oder Drüsenzelle.

System (gr. *systema* Vereinigung) Ein System besteht aus Elementen, die untereinander in Wechselbeziehung stehen. Durch die Wechselbeziehung seiner Elemente gewinnt ein System Eigenschaften, die die isolierten Elemente nicht aufweisen, nämlich Systemeigenschaften. Biosysteme verschiedener Ebenen, z. B. Organ und Population, unterscheiden sich deutlich in ihren Systemeigenschaften. *(s. künstliches System, natürliches System)*. Aus der umgangssprachlichen Verwendung des Wortes System für eine geordnete Zusammenstellung von Einzeldingen oder Begriffen zu einem Ganzen aufgrund weniger Prinzipien entstand die Bezeichnung *künstliches* bzw. *natürliches System* für die hierarchische Ordnung der Lebewesen.

Szientismus Auffassung, wonach aus der Nichtbeweisbarkeit Gottes die Nichtexistenz Gottes folgt. Überschreitung der Grenzen, die sich die Naturwissenschaften durch die Beschränkung ihrer Methoden selbst gesetzt haben (s. *Kreationismus*).

T

Territorium (lat. *terra* Erde) s. *Revier*

Testkreuzung *Kreuzung,* bei der festgestellt werden soll, ob der *Genotyp* eines Individuums *reinerbig* oder *mischerbig* ist. Dies erfolgt durch Kreuzung mit einem anderen Individuum, das im betrachteten *Merkmal* reinerbig *rezessiv* ist (Rückkreuzung)

Tetanus Dauerverkürzung des *Muskels,* für die zwischen 100 und 150 Reize pro Sekunde erforderlich sind.

Tiermodell Modellorganismus, der zur Untersuchung z. B. von Körperfunktionen des Menschen dient. Als T. dienen z. B. *transgene* Tiere mit einem menschlichen Defektgen oder einem ausgeschalteten Gen, das zu einem Gen des Menschen homolog ist.

T-Lymphocyten s. *Lymphocyten*

totipotente Stammzelle s. *Stammzelle*

Transduktion (lat. *trans* hinüber; *ducere* führen) Übertragung von DNA zwischen Bakterien mithilfe von *Bakteriophagen.*

Transformation (lat. *transformare* umformen) genetische Veränderung von Zellen durch Übertragung von isolierter DNA.

transformierende Selektion Veränderung des *Genpools* bei sich verändernden Umweltbedingungen; sie begünstigt Phänotypen, die zuvor vom Mittelwert der *Population* abwichen.

transgen (lat. *trans* hinüber; gr. *genos* Gattung, Nachkommenschaft) s. *Gentechnik*

Translokation (lat. *translocare* den Ort wcchscln) s. *Chromosomenmutation*

transspezifische Evolution Vorgänge in der *Evolution,* die zur Bildung neuer Gattungen, Familien, Klassen und noch höherer Einheiten führen; sie ist stets auf eine Abfolge von Artbildungsvorgängen zurückzuführen.

Trisomie (gr. *treis* drei; *soma* Körper) Das dreifache Vorliegen *homologer Chromosomen* als Folge einer unterbliebenen Trennung zweier homologer Chromosomen bei der *Reduktionsteilung* (s. DOWN-Syndrom, *Chromosomenmutation*).

Tumor (lat. tumere angeschwollen sein) Gewebswucherung infolge Zellvermehrung.

Tumorsuppressorgen (lat. *supprimere* unterdrücken) *Gen,* das für einen Wachstumshemmstoff codiert, und damit die ungehemmte Zellteilung bzw. die Bildung eines *Tumors* verhindert.

TURNER-Syndrom Erbliche Störung der Geschlechtsausbildung. Der *Genotyp* ist X0.

U

Übergangsform *Fossil,* das ein Mosaik von Merkmalen verschiedener Verwandtschaftsgruppen von Tieren oder Pflanzen aufweist und den Übergang von einer systematischen Einheit zu einer neuen markiert. (s. *Brückentier*).

Umweltfaktor Einflussfaktor, dem Lebewesen in ihrer Umwelt ausgesetzt sind. Man unterscheidet zwischen den abiotischen Faktoren der unbelebten Welt, z. B. Licht, Temperatur, Feuchtigkeit, Ionenverfügbarkeit, Wind, und den biotischen Faktoren, beispielsweise Geschlechtspartner oder Organismen anderer Arten wie Beutetiere, Konkurrenten, Symbionten Parasiten.

unbedingter Reflex (lat. *reflexus* Zurückbeugen) Genetisch vorprogrammierter *Reflex,* bei dem ein bestimmter Reiz eine bestimmte Reaktion auslöst, die nicht erlernt werden muss, z. B. Speichelsekretion (s. *bedingter R.*).

ungeschlechtliche Fortpflanzung Erzeugung von Nachkommen aus Körperzellen oder Sporen, z. B. Pilzsporen; alle auf ungeschlechtlichem Wege entstandenen Nachkommen eines Lebewesens sind erbgleich und bilden einen *Klon.*

unvollständige Dominanz Durch die Wirkung zweier verschiedener *Allele* eines Allelenpaares kommt bei den *Heterozygoten* ein mittleres Erscheinungsbild im Vergleich mit den *homozygoten* Eltern zustande; unvollständige Dominanz ist von *Kodominanz* zu unterscheiden.

V

Variabilität (lat. *variabilis* veränderlich) Eigenschaft einer Art, unter dem Einfluss der Gene und der Umwelt unterschiedliche *Phänotypen* auszubilden. Gestattet die durch die Gene festgelegte *Reaktionsnorm* fließende Übergänge zwischen verschiedenen Ausbildungen des Phänotyps, so bezeichnet man dies als kontinuierliche Variabilität. Die diskontinuierliche Variabilität beruht auf einer Reaktionsnorm, die nur einige phänotypische Ausprägungen zulässt.

vegetatives Nervensystem (lat. *vegetatio* belebende Bewegung) Teil des *peripheren Nervensystems;* es dient der Regelung der Funktion der inneren Organe und des Blutkreislaufs. Sympathikus und Parasympathikus sind Teile des vegetativen N.

Vektor (lat. *vehere* fahren) Transportsystem zur Übertragung von Fremd-DNA in der *Gentechnik.* Verwendet werden *Plasmide* sowie *Phagen* oder andere *Viren.*

Verwandtschaft Zusammengehörigkeit von Lebewesen aufgrund der gemeinsamen Stammesgeschichte. Die verwandtschaftlichen Beziehungen innerhalb von systematischen Gruppen kommen in *Stammbäumen* zum Ausdruck.

Verwandtschaftsselektion Wirkung der *Selektion* in einer Verwandtschaftsgruppe unter Berücksichtigung des *altruistischen Verhaltens.* Wenn durch dieses Verhalten von den gemeinsamen *Allelen* im Mittel mehr in die nächste Generation gelangen als ohne altruistisches Verhalten, breitet sich dieses durch Wirkung der *Selektion* aus.

Virus (lat. *virus* Gift, Schleim) Partikel mit DNA oder RNA als Erbsubstanz. Viren sind keine Lebewesen, da ihnen ein eigener Stoffwechsel fehlt. Sie vermehren sich in Zellen von Bakterien, Pflanzen oder Tieren.

Vormenschen alle Arten der menschlichen Evolutionslinie, die noch nicht alle anatomischen Merkmale der echten Menschen aufweisen und die noch keine gut behauenen Werkzeuge herstellten. Die Mehrzahl der Funde wird der Gattung *Australopithecus* zugeordnet.

W

Wildtyp derjenige Phänotyp, der in einer natürlichen *Population* am häufigsten auftritt. Als W. wird auch das *Allel* eines *Gens* bezeichnet, das in einer natürlichen Population am häufigsten vorkommt.

XYZ

zellvermittelte Immunabwehr (lat. *immunis* unberührt) Form der *erworbenen Immunabwehr,* die sich gegen körpereigene Zellen richtet, in die Krankheitserreger eingedrungen sind. An der zellvermittelten Immunabwehr sind keine *Antikörper* beteiligt.

Zentralnervensystem Bei den Wirbeltieren umfasst es Gehirn und Rückenmark. Das Z. empfängt über zuleitende *Nerven* Signale aus dem übrigen Teil des Körpers, z. B. von den Sinnesorganen, verarbeitet sie und entsendet über fortleitende Bahnen Informationen an die Erfolgsorgane (s. *peripheres Nervensystem*).

Züchtung Vorgehen zur Verbesserung oder Erhaltung von genetisch bestimmten Eigenschaften von Kulturpflanzen oder Nutztieren. Bei der Auslesezüchtung werden Organismen mit gewünschten Eigenschaften zur *Reproduktion* gebracht. Die Kreuzungszüchtung bringt neue Genkombinationen und somit in der Individualentwicklung neue Phänotypen hervor Bei der Heterosiszüchtung werden *Hybriden* durch *Kreuzung* zweier reiner Linien gezüchtet. Die Hybriden zeigen eine auffallende Mehrleistung gegenüber den Elternformen, den Heterosis-Effekt. Bei der Mutationszüchtung von Pflanzen wird das Saatgut *Mutagenen* ausgesetzt, um Mutanten mit neuen vorteilhaften Eigenschaften zu erhalten. Auch gentechnische Verfahren werden zur Züchtung eingesetzt.

zwischenartliche Selektion Veränderung des *Genpool* einer *Population* aufgrund des Einflusses einer anderen *Art,* z. B. eines Fressfeindes.

Zwitter Individuen mancher Tierarten, die sowohl Ovarien als auch Hoden besitzen (z. B. Weinbergschnecke und Regenwurm).

Register

Fette Seitenzahlen weisen auf eine ausführliche Behandlung im Text hin; ein * verweist auf das Glossar

Bildquellen

A1PIX - Your Photo Today, Ottobrunn: DIO 154; HSC 173; PHN 45; VWR 147. |action press - die bildstelle, Hamburg: ISOPIX SPRL 98. |akg-images GmbH, Berlin: 189; Album/Prisma 190; De Agostini Picture Lib./G. Dagli Orti 190. |alamy images, Abingdon/Oxfordshire: 103, 117; Aditya "Dicky" Singh 130; age fotostock 187, 187; Arco Images 134; Arco Images GmbH 12; Arterra Picture Library 204; Corbin17 157; Cro Magnon 183; Dave Mckay 165; David Cole 47; Deco Images 184; FeedStock 115; Fotomaton 38; Frank Hecker 165; Frank Teigler/Hippocampus Bildarchiv 153; Frans Lanting Studio 149; Grant Glendinning 147; Heritage Image Partnership Ltd 189; imageBROKER 184; Indiapicture 116; Juniors Bildarchiv GmbH 136; Kumar, Ajay 48; Lane, Mike 195; Lanmas 183; MichaelGrantWildlife 165; Naturepix 165; Pictorial Press Ltd 18; PNWL 41; PRAWNS 184; PRISMA ARCHIVO 189; Pukhov, Konstantin 153; Sabena Jane Blackbird 184, 184, 184, 184; sayan bunard 66; Schafer, Kevin 129; The History Collection 141; The Natural History Museum 184, 187; Thomas Imo 56; Vit Kovalcik 27; WILDLIFE GmbH 52, 52; Williams, Alan 165. |alimdi.net, Deisenhofen: Anton Luhr 30; Frank Stober 149; Ottfried Schreiter 206. |APA-PictureDesk GmbH, Wien: AFP/Blackwood, Torsten 154. |APOPO, Morogoro: Aaron Gekoski 121. |Arco Images GmbH, Lünen: F. Poelking 111; NPL 104; Usher, D. 171. |Ardea, Wandsworth Common: J. L. Mason 145. |Bayrhuber, Prof. Dr. Horst, Gettorf: 8, 86. |Bildagentur Geduldig, Maulbronn: 131, 167. |Bildagentur Schapowalow, Hamburg: Oettel 16. |BilderBox Bildagentur GmbH, Breitbrunn/Hörsching: Erwin Wodicka 171. |Biosphoto, Berlin: J.-L. Klein & M.-L. Hubert 128; Stoelwinder 154. |Blickwinkel, Witten: F. Hecker 154; H.-P. Oetelshofen 17; Hecker/Sauer 173; McPhoto 132; W. Layer 129. |Blume Bild, Celle: 142. |Brauchitsch, Wolfgang von, Bonn: 85. |dieKLEINERT.de, München: Andreas Schiebel 86. |F1online digitale Bildagentur GmbH, Frankfurt/M.: 110; Insadco 63; Wave Images 140. |Fisheries and Oceans Canada, Robert H. Devlin, West Vancouver BC, Canada: Robert H. Devlin 57. |Focus Photo- u. Presseagentur GmbH, Hamburg: eye of science 80, 80; Larry Mulvehill/Photo Researchers 69; National Cancer Institute/Science Source 13; Science Source/Martin Shields 22; © Biophoto Associates/Science Source 40; © Living Art Enterprises,LLC/Science Source 98; © MeckesOttawa / eye of science 9. |Forschungszentrum Jülich GmbH, Jülich: 52. |fotolia.com, New York: Visionär 44. |FotoNatur.de, Ostenfeld: 141, 141; Morsch, Sönke 14. |Getty Images, München: Altrendo RR 102; Bettmann 22; Caroline Schiff 39; Crazytang 193; Hill, Mike 142; Katja Zimmermann 64; Macduff Everton 151; National Geographic 111. |Hippocampus Bildarchiv, Alsbach-Hähnlein: 153, 153, 153; Frank Teigler 153. |iStockphoto.com, Calgary: Andyworks 154; Cobalt88 56; EAQ 114; FatCamera 191; happymannt 134; magicflute002 12; Nadezhda1906 13. |Johannes Lieder GmbH & Co. KG, Ludwigsburg: 11, 11, 11, 11, 11, 11, 11, 15. |juniors@wildlife Bildagentur GmbH, Hamburg: 4, 125, 133, 140, 163; A.Rouse 171; D.Harms 52; M. Harvey 163; M. Varesvuo 127; M.Harvey 86; N.Wu 147; S. E. Arndt 131. |KAGE Mikrofotografie GbR, Lauterstein: 82. |Keystone Pressedienst, Hamburg: DiAgentur 167; Horst Jegen 171. |Koch, Heidi & Hans-Jürgen, Goosefeld: koch@animal-affairs.com 171. |Kull, Ulrich Prof. Dr., Stuttgart: 178. |KWS LOCHOW GMBH, Bergen: 17, 17, 17, 17, 17, 17, 17, 17. |laif, Köln: Ludovic/REA 14. |Maliszewska, Chris: 33. |Matzel, Markus, Essen: 30. |mauritius images GmbH, Mittenwald: 38; Gerard Lacz 137; Grant Heilman Photography/Alamy 204; imagebroker 170; imageBROKER / Jurgen & Christine Sohns/FLPA 130; imageBROKER/Jurgen & Christine Sohns/FLPA 137; imageBROKER/Keil, Andreas 137; Kerstin Layer 164; Memento 156, 193; nature picture library / Inaki Relanzon 129; nature picture library/Taylor, Mark 116; Nigel Dennis 108; Science Faction/Charles Krebs 196; Science Source / NCI/Thomas Ried 21; Science Source/Kuklin, Susan 117; Science Source/Michael Abbey 205; Science Source/NIGMS/CIRM/Xianmin Zeng Lab/Buck Institute for Age Research 60; Steve Bloom 137; Thonig

148; United Archives 164. |Michaela Begsteiger Foto- und Bildagentur, Gleisdorf: 101. |NASA Headquarters, Washington, DC: SeaSWIFS Project, NASA/GSFC an GeoEYE 195. |Naturbildportal, Hannover: Manfred Ruckszio 17. |NATURFOTO.cz, Olesnik: 145. |Neumayer, Dr. Johann, Elixhausen: 165. |OKAPIA KG - Michael Grzimek & Co., Frankfurt/M.: Arndt, Ingo/SAVE 130; Dave Watts/BIOS 166; Hans Reinhard 206; Ingo Arndt/SAVE 127; Jean-Paul Ferrero/Auscape 164; Manfred & Christina Kage 67; Meul, Jef 9; NAS/McHugh, Tom 173; Nigel Cattlin 63; P. Breck 178; P. Parks/OSF 156; Peter Arnold 128; Photo Researchers/Ott, Charlie 151; Photo Researchers/Shields, Martin 151; Prof. Bernhard Grzimek 112; Safari 38; Stan Osolinski/OSF 165; T. Vezo 129; ZoomServerPro 17. |PantherMedia GmbH (panthermedia.net), München: Eraxion Titel. |Passarge, Prof. Dr. Eberhard, Essen: Eberhard Passarge, Elemente der klinischen Genetik. Grundlagen und Anwendung der Humangenetik in Studium und Praxis. (G. Fischer, Stuttgart, 1979) 31. |Paulus, Prof. Dr. Hannes F. - Institut für Zoologie, Abteilung Evolutionsbiologie der Universität Wien, Wien: 148, 148. |Picture-Alliance GmbH, Frankfurt/M.: dpa 61. |pixelio media GmbH, München: Miroslaw 22. |plainpicture, Hamburg: C. Anys 69. |Premium Stock Photography GmbH, Düsseldorf: 147; Brockhaus, Volkmar 148. |Prof. Dr. W. Hauber, Stuttgart: 120. |Roettgers, Joachim E., Stuttgart: Graffiti 52. |Sage Publications: U. D. McCann, K. A. Lowe, G. A. Ricaurte, Long-Lasting Effects of Recreational Drugs of Abuse on the Central Nervous System. In: The Neuroscientist 1997, Vol 3, Nr. 6, S. 401 © 2018 Reprinted by Permission of SAGE Publications Inc. 99, 99. |Science Photo Library, München: AJ Photo/HOOP Americain/SPL 100; Cattlin, Nigel 53; DENNIS KUNKEL MICROSCOPY 87; Guldbrandsen, Klaus 60; JOHN SIBBICK 186; Kunkel, Dennis 47; Natural History Museum, London 186; Pr. Ph. Franceshini / SPL 69; Reader/SPL 184; Sam Ogden/SPL 138; SPL 16; SPL/ LOOK AT SCIENCES 16; SPL/Camacho, Tony 121; SPL/CNRI 48; SPL/David M. Mardtin, MD 82, 82; SPL/Dr. Gopal Murti 72; SPL/James King-Holmes 60; SPL/JOHN BAVARO FINE ART 193; SPL/Mark Newman 170; SPL/Maximilian Stock Ltd. 44; SPL/Pasieka, Alfred 72; SPL/Volker Steger 37. |Shutterstock.com, New York: racorn 41. |Stills-Online Bildagentur, Schwerin: 35, 35. |stock.adobe.com, Dublin: diyanadimitrova 126; happystock 56; Havukka 135; Rogle 121; starkmacher 112; thawats 147; ©regulus56 196. |StockFood GmbH, München: Rauzier-Riviere-Jussy Production 98. |Studio X Images de Presse, Limours: 189. |SVT-Bild, Stockholm: 45. |Thinkstock, Sandyford/Dublin: Robert Churchill 190. |Tierbildarchiv Angermayer, Holzkirchen: Berger 142. |u-connect - Joachim Keil, Mannheim: 67. |Universität Tübingen, Abteilung Ältere Urgeschichte und Quartärökologie, Tübingen: Hilde Jensen 180; Jensen, Hilde 189; Malina, Maria 180. |vario images, Bonn: 13; McPHOTO 6, 167. |VG BILD-KUNST, Bonn: © Olaf Gulbransson/VG Bild-Kunst, Bonn 2018 161. |Visuals Unlimited, Milford NH: Brad Mogen 207; Dr. G. Murti 83; John Cabisco 10. |Wasserthal, Prof. Dr. Lutz Thilo, Erlangen: 146; Prof. Dr. L. T. Wasserthal 146. |WaterFrame, München: Reinhard Dirscherl 143. |Weber, Wilhelm Prof. Dr., Reutlingen: 198, 198. |wikimedia.commons: Rocky Mountain Laboratories/National Institute of Allergy and Infectious Diseases (NIAID) 48. |Wissenschaftliche Film- und Bildagentur Karly, München: 33, 206. |Zentrum für Humangenetik und Laboratoriumsmedizin (MVZ), Martinsried: 15; www.medizinische-genetik.de 24.

Wir arbeiten sehr sorgfältig daran, für alle verwendeten Abbildungen die Rechteinhaberinnen und Rechteinhaber zu ermitteln. Sollte uns dies im Einzelfall nicht vollständig gelungen sein, werden berechtigte Ansprüche selbstverständlich im Rahmen der üblichen Vereinbarungen abgegolten.